COURS

DE

THÈMES ORAUX

EXERCICES GRADUÉS

SUR LES DÉCLINAISONS, LES CONJUGAISONS
ET LES RÈGLES DE LA SYNTAXE DES MOTS

PAR

L. MARTEL

PROFESSEUR AGRÉGÉ AU LYCÉE CARNOT

PREMIER COURS

VINGT ET UNIÈME ÉDITION

PARIS

GARNIER FRÈRES, LIBRAIRES-ÉDITEURS

6, RUE DES SAINTS-PÈRES, 6

1904

COURS

DE

THÈMES ORAUX

OUVRAGES DU MÊME AUTEUR

A LA MÊME LIBRAIRIE

Cours de Thèmes oraux, avec *Questionnaires* et *renvois* à la *Grammaire latine* de M. CHASSANG.

Premier cours (18e éd.). 1 vol. in-18 jésus, rel. toile.   2 fr. 50
Deuxième cours (14e éd.). 1 vol. in-18 jésus, rel. toile.   2 fr. 50

Petit Lexique français-grec (11e éd.). 1 vol. in-18 jésus, cartonné . . . . 3 fr. »

Nouvelle Grammaire latine (*cours élémentaire*) de M. CHASSANG, revue et modifiée par L. MARTEL (2e éd.). 1 vol. in-18 jésus, cartonné . . . . 1 fr. »

Nouvelle Grammaire latine (*cours moyen*) de M. CHASSANG, revue et modifiée au point de vue du *Thème latin*, par L. MARTEL (9e éd.). 1 vol. in-18 jésus relié toile. .   1 fr. 80

Petit Recueil de Proverbes français, avec commentaire, rapprochements, anecdotes (8e éd.). 1 vol. in-18 jésus, broché . . . . 3 fr. »

Selectæ e profanis scriptoribus historiæ, édition simplifiée, avec gravures, annotée par L. MARTEL (7e éd.). 1 vol. in-18 jésus, cartonné. . . . . 1 fr. 75

Lexique latin-français, à l'usage des classes de Grammaire, par H. GOELTZER et L. MARTEL (2e éd.). 1 vol. in-8o, relié toile. . . . . 6 fr. »

Epitome historiæ Græcæ, texte nouveau avec gravures, annoté par L. MARTEL (4e éd.). 1 vol. in-18 jésus, relié toile. . . . . 1 fr. 50

Premiers éléments de Latin, avec exercices, à l'usage des classes élémentaires, par M. L. MARTEL. 1 vol. in-18 jésus, relié toile. . . . . 2 fr. »

AVERTISSEMENT

Cette édition du *Premier Cours de Thèmes oraux* a été faite
en concordance avec la Grammaire latine de M. Chassang
(Cours moyen) *revue et modifiée* par nous. La méthode différente que nous avons suivie, et la division de la Syntaxe en
un nombre plus considérable de règles plus courtes, ont
donné lieu à un ordre nouveau et à une augmentation du
nombre des exercices. Une répartition plus logique de ces
exercices a été faite dans les deux *Cours de Thèmes* : le premier
contient tout ce qui est relatif aux mots, considérés isolément,
et à la syntaxe des mots; le second, outre une revision du
premier, tout ce qui est relatif à la syntaxe des propositions.

Notre *Grammaire latine* ayant été complètement refondue
(9ᵉ édition), les paragraphes de cette dernière édition ne
correspondent pas toujours aux paragraphes des éditions
précédentes. Nous nous référons par l'abréviation : *Anc. Gr.*
aux paragraphes des éditions antérieures à celle de 1898, et
par l'abréviation : *Nouv. Gr.* aux paragraphes de la Grammaire
récemment recomposée.

Nous avons modifié, avec discrétion d'ailleurs, des orthographes latines précédemment usitées (*pænitere* au lieu de *pœ-
nitere*, *cælum* au lieu de *cœlum*, *cena* au lieu de *cœna*, etc.). Ces
orthographes étaient assurément commodes pour donner la

raison de certaines constructions grammaticales, ou pour expliquer le sens de certains mots par des étymologies grecques, qui ne manquaient pas d'ailleurs de vraisemblance. Mais il nous a semblé que des habitudes, si anciennes et si générales qu'elles fussent, ne pouvaient pas tenir contre les indications données par les inscriptions, par le texte des meilleurs manuscrits, par le témoignage même des anciens, ni enfin contre les affirmations formelles de philologues comme MM. Benoist, Bréal et Bailly. Si, comme nous le croyons, il y a lieu de réformer dans les classes les orthographes reconnues vicieuses, c'est au début même de l'étude du latin qu'il faut le faire, et par le moyen de livres élémentaires comme celui-ci.

En faisant des phrases qui composent les exercices autant d'alinéas distincts, en plaçant en regard des exercices les vocabulaires imprimés en caractères gras, nous croyons avoir donné à notre recueil toute la clarté possible. Aussi nous faisons-nous un devoir de rendre hommage au goût et à l'habileté de ceux qui ont su rendre ce livre, d'une composition typographique minutieuse et difficile, aussi plaisant à l'œil que commode à l'usage.

EXPLICATION DES SIGNES EMPLOYÉS

Les mots entre crochets [ ] ne seront pas traduits.

Les mots *français* ajoutés au texte entre parenthèses ( ) devront être rendus en latin.

Plusieurs mots réunis par des traits d'union seront rendus par un seul mot latin.

COURS

DE

THÈMES ORAUX

NOTIONS PRÉLIMINAIRES

CHAPITRE PREMIER

DES LETTRES

Gr. lat. § 1-3

Les lettres latines sont-elles les mêmes que les lettres françaises?

Quelle lettre double l'alphabet latin a-t-il de plus que l'alphabet français?

Comment se prononce la lettre double œ?

Quelles sont les prononciations de la voyelle e?

Quelle est la prononciation des groupes de lettres em, en au commencement et au milieu des mots, devant une consonne?

Comment se prononcent um, un devant une consonne?

Devant quelles voyelles l'u, pré-cédé de la consonne q, ne se pronnonce-t-il pas?

Devant quelles voyelles cet u se prononce-t-il?

Les consonnes finales peuvent-elles ne pas se prononcer?

L'h est-elle quelquefois aspirée?

Quelle est la prononciation de ch?

Deux l de suite ont-elles jamais le son mouillé?

Quel est le signe des voyelles brèves?

Quel est le signe des voyelles longues?

CHAPITRE II

DES DIFFÉRENTES ESPÈCES DE MOTS

Gr. lat. § 3-7

QUESTIONNAIRE

Combien y a-t-il d'espèces de mots en latin?

Quelle espèce de mots n'existe pas en latin?

Quelles sont les espèces de mots variables?

Quelles sont les espèces de mots invariables?

Quels sont les deux éléments principaux dans les mots variables?

Qu'est-ce que le radical d'un mot?

Qu'est-ce que la désinence d'un mot?

A quoi sert la désinence dans la déclinaison et dans la conjugaison?

Montrez, dans un nom et dans un verbe, de quoi la désinence est le signe?

Qu'appelle-t-on terminaison?

Qu'appelle-t-on nom composé?

De quoi sont formés les noms composés?

PREMIÈRE PARTIE

ÉTUDE DES MOTS CONSIDÉRÉS SÉPARÉMENT

CHAPITRE PREMIER

NOMBRES ET GENRES

Gr. lat. § 7-9

QUESTIONNAIRE

Combien y a-t-il de nombres en latin, et comment se distinguent-ils ?

Combien y a-t-il de genres en latin, et comment se distinguent-ils ?

Parmi les noms d'êtres humains et d'animaux, quels sont ceux qui sont du masculin, quels sont ceux qui sont du féminin ?

L'usage a-t-il attribué le genre masculin et le genre féminin seulement à des êtres animés ?

Que désignent, en général, les noms qui sont du genre neutre ?

CAS. — DÉCLINAISONS

Gr. lat. § -9-11

QUESTIONNAIRE

Qu'appelle-t-on déclinaison ?

Que marque la déclinaison ?

Comment appelle-t-on les différences de terminaison du substantif, de l'adjectif et du pronom ?

Par quoi sont marquées ces différences ?

Combien y a-t-il de cas ?

Quelle fonction est marquée par le nominatif ?

Quelle fonction est marquée par l'accusatif ?

Quelle fonction est marquée par le génitif, le datif, l'ablatif ?

Qu'indique, en général, chacun de ces trois derniers cas ?

Qu'indique le vocatif ?

Combien y a-t-il de déclinaisons, et comment se distinguent-elles ?

Quels changements peut subir dans la déclinaison la lettre finale du radical ?

CHAPITRE II

DU NOM OU SUBSTANTIF

Première déclinaison

Gr. lat. § -11-13

Par quelles voyelles est terminé le radical des noms de la première déclinaison ?

Dans les noms à radical en a, quelle est la terminaison du génitif singulier ?

Comment se distinguent le nominatif et le vocatif du singulier de l'ablatif du même nombre ?

A quels cas du singulier et du pluriel la terminaison est-elle æ ?

Quels sont les deux cas du pluriel qui ont la terminaison is ?

A quels cas l'a du radical se combine-t-il avec la désinence ?

A quels cas l'a du radical se supprime-t-il devant la désinence ?

Quelle double désinence certains noms féminins ont-ils au datif et à l'ablatif du pluriel ?

Quel est l'avantage de la désinence bus ?

De quels genres sont les noms en a ?

Quels sont les noms en a qui sont du genre masculin ?

1ᵉʳ EXERCICE

OBSERVATIONS. — **Les sujets** des verbes à un mode personnel et les **attributs** seront **mis au nominatif.** — Ex. : Dieu (*nom.*) est saint (*nom.*).

Le nom de la personne **à qui l'on s'adresse** sera mis au **vocatif.** Ex. : Seigneur (*voc.*), aie pitié de nous.

Le complément **direct** des verbes transitifs sera mis à **l'accusatif.** Ex. : J'aime mes parents (*acc.*).

Le complément **déterminatif,** marqué par de, sera mis au **génitif.** Ex. : J'ai vu le cheval de mon frère (*gén.*).

Le complément **d'attribution,** marqué par à ou **pour,** sera mis au datif. Ex. : J'ai donné du pain à un pauvre (*dat.*). — Rébecca prépara une place pour les chameaux (*dat.*).

Les mots entre crochets [ ] ne seront pas traduits.

1. Dieu (*Deus*) créa (*creavit*) la terre[1]; il sépara (*divisit*) les terres[1] des (*ab, abl.*) eaux[2]; de (*e, abl.*) la terre[1] il fit sortir (*eduxit*) les plantes[3]; la lune[4] et (*et*) les étoiles[5] éclairèrent (*illustraverunt*) les ténè-

1. Terra, æ. — 2. Aqua, æ. — 3. Planta, æ. — 4. Luna, æ. — 5. Stella, æ. — 6. Tenebræ, arum, *plur.*

2. Adam (*Adamus*) et Ève[1] portèrent (*luerunt*) la peine[2] (*plur.*) de [leur] désobéissance[3]; la terre[4] produisit (*fudit*) pour eux (*eis*) des ronces[5].

3. Poussé (*impulsus*) [par] la jalousie[1] (*abl.*) et la colère[2] (*abl.*), Caïn (*Caïnus*) dressa (*struxit*) des embûches[3] à Abel (*Abeli*) et le (*eum*) tua (*occidit*) [d'un coup] de massue[4] (*abl.*).

4. Les habitants[1] de la terre[2] offensèrent (*offenderunt*) Dieu (*Deum*) [par leurs] fautes[3] (*abl.*).

5. L'arche[1] flottait (*fluctuabat*) sur (*in, abl.*) les eaux[2] qui (*quæ*) couvraient (*operiebant*) les terres[3], les îles[4], avec (*cum, abl.*) les cabanes[5], les plantes[6], les bêtes[7].

6. Par (*per, acc.*) une ouverture[1] de l'arche[2], Noé (*Noemus*) lâcha (*emisit*) une colombe[3].

7. La colombe[1] apporta (*attulit*) une branche[2] d'olivier[3].

8. Sortis (*egressi*) de (*ex, abl.*) l'arche[1], les fils (*filii*) de Noé (*Noemi*) habitèrent (*incoluerunt*) l'Asie[2], l'Afrique[3], l'Europe[4]; et bientôt (*brevi*) le souvenir[5] de la vengeance[6] divine (*divinæ*) s'effaça (*exolevit*).

1. Eva, æ. — 2. Pœna, æ. — 3. Contumacia, æ. — 4. Terra, æ. — 5. Spina, æ.

1. Invidia, æ. — 2. Ira, æ. — 3. Insidiæ, arum, *plur.* — 4. Clava, æ.

1. Incola, æ. — 2. Terra, æ. — 3. Culpa, æ.

1. Arca, æ. — 2. Aqua, æ. — 3. Terra, æ. — 4. Insula, æ. — 5. Casa, æ. — 6. Planta, æ. — 7. Bestia, æ.

1. Fenestra, æ. — 2. Arca, æ. — 3. Columba, æ.

1. Columba, æ. — 2. Virgula, æ. — 3. Olea, æ.

1. Arca, æ. — 2. Asia, æ. — 3. Africa, æ. — 4. Europa, æ. — 5. Memoria, æ. — 6. Vindicta, æ.

2ᵉ EXERCICE

1. L'urne[1] est remplie (*impleta est*) d'eau[2] (*abl.*).

2. La victime[1] fut conduite (*ducta est*) à (*ad, acc.*) l'autel[2].

3. Une peste[1] ravagea (*vastavit*) la province[2].

4. L'ignorance[1] produit souvent (*gignit sæpe*) l'injustice[2].

5. Vipère[1], tu ronges inutilement (*rodis frustra*) la lime[2].

1. Urna, æ. — 2. Aqua, æ. —

1. Victima, æ. — 2. Ara, æ.

1. Pestilentia, æ. — 2. Provincia, æ.

1. Ignorantia, æ. — 2. Injustitia, æ.

1. Vipera, æ. — 2. Lima, æ.

6. La mouche[1] a été prise (*excepta est*) [dans] la toile[2] (*abl.*) d'une araignée[3].

1. Musca, æ. — 2. Tela, æ. — 3. Aranea, æ.

7. J'ai brisé (*fregi*) l'anse[1] de l'amphore[2].

1. Ansa, æ. — 2. Amphora, æ.

8. Une statue[1] fut élevée (*posita est*) à Clélie[2].

1. Statua, æ. — 2. Clælia, æ.

9. L'olivier[1] était consacré (*consecrata erat*) à Minerve[2].

1. Olea, æ. — 2. Minerva, æ.

10. Je donnerai (*impendam*) [ma] vie[1] pour [ma] patrie[2].

1. Vita, æ. — 2. Patria, æ.

11. Catilina[1] fut remarquable (*fuit insignis*) [par son] audace[2] (*abl.*).

1. Catilina, æ. — 2. Audacia, æ.

12. L'eau[1] était amenée (*ducebatur*) [par] une machine[2] (*abl.*).

1. Aqua, æ. — 2. Machina, æ.

13. La cabane[1] était tapissée (*vestita erat*) de lierre[2] (*abl.*).

1. Casa, æ. — 2. Hedera, æ.

3e EXERCICE

1. Les roues[1] creusent (*ducunt*) des ornières[2] dans (*in, abl.*) la terre[3].

1. Rota, æ. — 2. Orbita, æ. — 3. Terra, æ.

2. La vie[1] a (*habet*) [des] peines[2].

1. Vita, æ. — 2. Molestia, æ.

3. Nous admirons (*miramur*) la lune[1] et les étoiles[2].

1. Luna, æ. — 2. Stella, æ.

4. Des plumes[1] sont tombées (*ciderunt*) à l'aigle[2] dans (*in, abl.*) la forêt[3].

1. Penna, æ. — 2. Aquila, æ. — 3. Silva, æ.

5. L'avoine[1] des mules[2] est (*est*) dans (*in, abl.*) un coffre[3].

1. Avena, æ. — 2. Mula, æ. 3. Arca, æ.

6. Les chouettes[1] aiment (*amant*) les ténèbres[2].

1. Noctua, æ. — 2. Tenebræ, arum, *plur.*

7. Syracuse[1] était (*erant*) en (*in, abl.*) Sicile[2], Thèbes[3] en (*in, abl.*) Béotie[4], Athènes[5] en (*in, abl.*) Attique[6].

1. Syracusæ, arum, *plur.* — 2. Sicilia, æ. — 3. Thebæ, arum, *plur.* — 4. Bœotia, æ. — 5. Athenæ, arum, *plur.* — 6. Attica, æ.

8. Les déesses[1] se nourrissaient (*vescebantur*) d'ambroisie[2] (*abl.*).

1. Dea, æ. — 2. Ambrosia, æ.

9. Les belettes[1] se régalent (*delectantur*) de farine[2] (*abl.*).

1. Mustela, æ. — 2. Farina, æ.

10. Des bandelettes[1] furent mises sur (*impositæ sunt*) les victimes[2] (*dat.*).

1. Vitta, æ. — 2. Victima, æ.

11. Athènes[1] souffrit souvent (*laboraverunt sæpe*) de la discorde[2] (*abl.*).

1. Athenæ, arum, *plur.* — 2. Discordia, æ.

12. Il s'-est enrichi (*locupletatus est*) [par] des rapines[1] (*abl.*).

1. Rapina, æ.

13. Les cabanes[1] furent détruites (*consumptæ sunt*) [par] les flammes[2] (*abl.*).

1. Casa, æ. — 2. Flamma, æ.

14. Des figures[1] étaient ciselées (*cælatæ erant*) sur (*in, abl.*) les portes[2].

1. Figura, æ. — 2. Porta, æ.

15. La terre[1] nourrit (*nutrit*) les plantes[2].

1. Terra, æ. — 2. Planta, æ.

16. Les troupes[1] furent englouties (*obrutæ sunt*) [sous] les sables[2] (*abl.*).

1. Copiæ, arum, *plur.* — 2. Arena, æ.

17. Tiens (*tene*) l'amphore[1] [par] les anses[2] (*abl.*).

1. Amphora, æ. — 2. Ansa, æ.

4ᵉ EXERCICE

1. J'ai dicté (*dictávi*) une lettre[1] au secrétaire[2].

1. Litteræ, arum, *plur.* — 2. Scriba, æ.

2. Les Spartiates[1] vainquirent (*vicerunt*) les Perses[2].

1. Spartiatæ, arum, *plur.* — 2. Persæ, arum, *plur.*

3. La Seine[1] passe par (*fluit per*) Paris[2] (*acc.*).

1. Sequana, æ. — 2. Lutetia, æ.

4. Les cochers[1], en-faisant-tourner (*vertentes*) [leurs] chars (*currus*) dans (*in, abl.*) l'arène[2], évitaient (*vitabant*) la borne[3].

1. Auriga, æ. — 2. Arena, æ. — 3. Meta, æ.

5. Les matelots[1] sont dirigés (*diriguntur*) [par] les étoiles[2] (*abl.*).

1. Nauta, æ. — 2. Stella, æ.

6. Les Spartiates[1] n'aimaient pas (*tournez : n'étaient pas charmés par, non delectabantur*) la musique[2] (*abl.*), la peinture[3] (*abl.*), les lettres[4] (*abl.*).

1. Spartiatæ, arum, *plur.* — 2. Musica, æ. — 3. Pictura, æ. — 4. Littera, æ.

7. Une tempête[1] a surpris (*deprehendit*) les matelots[2].

1. Procella, æ. — 2. Nauta, æ.

8. La voix (*vox*) des prophètes[1] avait prédit (*prædixerat*) la ruine[2] de Jérusalem[3].

1. Propheta, æ. — 2. Ruina, æ. — 3. Hierosolyma, æ.

9. Nous vîmes (*vidimus*) des laboureurs[1] travaillant (*exercentes*) la terre[2].

1. Agricola, æ. — 2. Terra, æ.

10. Détestons (*exsecremur*) la mémoire[1] des transfuges[2] et des parricides[3].

1. Memoria, æ. — 2. Transfuga, æ. — 3. Parricida, æ.

11. La sépulture[1] n'était pas donnée (*non dabatur*) aux parricides[2].

1. Sepultura, æ. — 2. Parricida, æ.

12. Les convives[1] se mirent (*accubuerunt*) à table[2] (*dat.*).

1. Conviva, æ. — 2. Mensa, æ.

13. Les Perses[1] se coiffaient (*tegebant capita*) de tiares[2] (*abl.*).

1. Persæ, arum, *plur.* — 2. Tiara, æ.

14. César (*Cæsar*) fut pris (*captus est*) par (*a, abl.*) des pirates[1].

1. Pirata, æ.

Exercices dans lesquels des adjectifs sont joints aux noms.

OBSERVATIONS. — Les adjectifs suivent, dans ces exercices, la première déclinaison.

Les adjectifs qualificatifs ou attributs s'accordent en **genre**, en **nombre**, en **cas**, avec les noms auxquels ils se rapportent.

Les substantifs apposés ou employés comme attributs s'accordent en **cas** avec les noms auxquels ils se rapportent, mais conservent le genre et le nombre qui leur sont propres.

5° EXERCICE

1. La laine[1] des toges[2] était (*erat*) blanche[3].

1. Lana, æ, f. — 2. Toga, æ, f. — 3. Candida.

2. L'Afrique[1] est (*est*) chaude[2].

1. Africa, æ, f. — 2. Torrida.

3. Le repas[1] était (*erant*) abondant[2].

1. Epulæ, arum, f., *plur.* — 2. Larga.

4. Les colonnes[1] étaient (*erant*) hautes[2].

1. Columna, æ, f. — 2. Alta.

5. Les pirates[1] s'emparèrent (*politi sunt*) d'un grand[2] butin[3] (*abl.*).

1. Pirata, æ, m. — 2. Magna. — 3. Præda, æ, f.

6. Les matelots[1] laissèrent tomber (*demiserunt*) l'ancre[2] recourbée[3].

1. Nauta, æ, m. — 2. Ancora, æ, f. — 3. Curva.

7. La foule[1] joyeuse[2] applaudit (*applausit*) à l'adresse[3] merveilleuse[4] des cochers[5].

8. Flore[1] et Pomone[2], déesses[3] bienveillantes[4], protégez (*favete*) les laboureurs[5] (*dat.*).

9. Des mouches[1] importunes[2] piquaient (*mordebant*) les mules[3] fatiguées[4].

10. Il a laissé (*reliquit*) une fortune[1] (*plur.*) modique[2] à ses filles[3] encore (*adhuc*) toutes-jeunes[4].

11. L'aigle[1] s'envola (*avolavit*) d'une aile[2] rapide[3] (*abl. plur.*).

12. La bête-sauvage[1] furieuse[2] poursuivait (*instabat*) les nymphes[3] (*dat.*) effrayées[4].

13. La maîtresse[1] sévère[2] fit-battre (*cecidit*) de verges[3] (*abl.*) la servante[4] paresseuse[5].

14. La procession[1] s'avança (*processit*) [par] la voie[2] sacrée[3] (*abl.*).

1. Turba, æ, f. — 2. Læta. — 3. Solertia, æ, f. — 4. Mira. — 5. Auriga, æ, m.

1. Flora, æ, f. — 2. Pomona, æ, f. — 3. Dea, æ, f. — 4. Benigna. — 5. Agricola, æ, m.

1. Musca, æ, f. — 2. Molesta. — 3. Mula, æ, f. — 4. Fessa.

1. Fortuna, æ, f. — 2. Modica. — 3. Filia, æ, f. — 4. Parvula.

1. Aquila, æ, f. — 2. Penna, æ, f. — 3. Rapida.

1. Fera, æ, f. — 2. Rabida. — 3. Nympha, æ, f. — 4. Territa.

1. Domina, æ, f. — 2. Severa. — 3. Virga, æ, f. — 4. Famula, æ, f. — 5. Pigra.

1. Pompa, æ, f. — 2. Via, æ, f. — 3. Sacra.

NOMS TIRÉS DU GREC

Gr. lat. § 39

QUESTIONNAIRE

Par quelles voyelles est terminé le radical des noms tirés du grec?

Comment sont terminés au nominatif les noms féminins?

Comment sont terminés au nominatif les noms masculins?

A quels cas les noms féminins ont-ils une terminaison différente de celle de **rosa**?

A quels cas les noms masculins ont-ils une terminaison différente de celle de **rosa**?

A quels cas les noms masculins ont-ils une double terminaison?

Comment se déclinent au pluriel les noms tirés du grec qui ont ce nombre?

6ᵉ EXERCICE

1. Vous lisez (*legitis*) un abrégé[1] de l'histoire[2] sainte[3].

2. Borée[1], épargne (*parce*) les matelots[2] (*dat.*).

1. Epitome, es, f. — 2. Historia, æ, f. — 3. Sacra.

1. Boreas, æ, m. — 2. Nauta, æ, m.

1.

3. Il fut difficile (*fuit difficile*) d'emmener (*abducere*) Philoctète[1] de (*ex, abl.*) l'île [2]

1. Philoctetes, æ, m. — 2. Insula, æ, f.

4. Une servante[1] fidèle[2] restait (*supererat*) à Pénélope[3].

1. Famula, æ, f. — 2. Fida. — 3. Penelope, es, f.

5. Les étoiles [1] étaient cachées (*occultatæ erant*) [par] la queue[2] (*abl.*) de la comète[3].

1. Stella, æ, f. — 2. Cauda, æ, f. — 3. Cometes, æ, m.

6. Une grande[1] statue[2] de la déesse[3] Minerve [4] fut sculptée (*sculpta fuit*) par (*a, abl.*) Phidias[5].

1. Magna. — 2. Statua, æ, f. — 3. Dea, æ, f. — 4. Minerva, æ, f. — 5. Phidias, æ, m.

7. Nous admirons (*miramur*) Énée[1] arrachant (*eripientem*) Anchise[2] des (*e, abl.*) flammes[3].

1. Æneas, æ, m. — 2. Anchises, æ, m. — 3. Flamma, æ, f.

8. Un satrape[1] gouvernait (*præerat*) une (*uni*) province[2] (*dat.*), chez (*apud, acc.*) les Perses[3].

1. Satrapes, æ, m. — 2. Provincia, æ, f. — 3. Persæ, arum, m. *plur.*

9. Une grande [1] peste[2] fut annoncée (*significata est*) [par] une comète[3] (*abl.*).

1. Magna. — 2. Pestilentia, æ, f. — 3. Cometes, æ, m.

10. Vesta[1] était (*fuit*) la fille[2] de Cybèle[3].

1. Vesta, æ, f. — 2. Filia, æ, f. — 3. Cybele, es, f.

11. Alcide[1] donna (*dedit*) [ses] flèches[2] à Philoctète[3].

1. Alcides, æ, m. — 2. Sagitta, æ, f. — 3. Philoctetes, æ, m.

Deuxième déclinaison

Gr. lat. §   -14-16

NOMS MASCULINS ET FÉMININS

QUESTIONNAIRE

Par quelles voyelles est terminé le radical des noms de la deuxième déclinaison?

De quels genres sont les substantifs en us?

A quels cas le radical est-il terminé par u?

A quels cas le radical est-il terminé par o?

Quel changement subit au vocatif singulier l'u final du radical, dans les noms masculins et féminins?

Devant quelles désinences est supprimée la voyelle finale du radical?

Quels sont les cas terminés en i?

Quels sont les cas terminés en is?

La terminaison du génitif pluriel est-elle commune aux noms masculins et féminins ?

De quel genre sont les noms d'arbres et la plupart des noms de pays, de villes et d'îles en **us** ?

7ᵉ EXERCICE

1. Abraham[1] obéit (*paruit*) à Dieu[2] et quitta (*deseruit*) [sa] patrie[3].

1. Abrahamus, i. — 2. Deus, i. — 3. Patria, æ.

2. Ses (*ejus*) descendants[1] égalèrent (*æquaverunt*) [en] nombre[2] (*abl.*) les étoiles[3].

1. Posteri, orum, *plur.* — 2. Numerus, i. — 3. Stella, æ.

3. Il eut (*habuit*) de (*e, abl.*) Sara[1] un fils[2] qu' (*quem*) il nomma (*nominavit*) Isaac[3] (*acc.*).

1. Sara, æ. — 2. Filius, i. — 3. Isaacus, i.

4. Il se préparait (*parabat*) à immoler (*immolare*) à Dieu[1] Isaac[2] [comme] victime[3] (*acc.*); son (*ejus*) glaive[4] fut retenu (*retentus est*) par (*ab, abl.*) un ange[5]; il sacrifia (*mactavit*) un bouc[6] au (*in, abl.*) lieu[7] de [son] fils[8].

1. Deus, i. — 2. Isaacus, i. — 3. Hostia, æ. — 4. Gladius, i. — 5. Angelus, i. — 6. Hircus, i. — 7. Locus, i. — 8. Filius, i.

5. Abraham[1] envoya (*misit*) [son] serviteur[2] chez (*ad, acc.*) des parents[3], en (*in, acc.*) Mésopotamie[4].

1. Abrahamus, i. — 2. Famulus, i. — 3. Cognatus, i. — 4. Mesopotamia, æ.

6. Le serviteur[1] s'arrêta (*constitit*) près-d' (*prope, acc.*) un puits[2].

1. Famulus, i. — 2. Puteus, i.

7. Des jeunes filles[1] puisaient (*hauriebant*) de l'eau[2] au (*ex, abl.*) puits [avec] des urnes[3] (*abl.*).

1. Puella, æ. — 2. Aqua, æ. — 3. Urna, æ.

8. Rebecca[1] portait (*gerebat*) une urne[2] [sur ses] épaules[3] (*abl.*).

1. Rebecca, æ. — 2. Urna, æ. — 3. Humerus, i.

9. Laban[1] reçut (*excepit*) l'étranger[2] et prépara (*paravit*) une place[3] pour les chameaux[4].

1. Labanus, i. — 2. Advena, æ. — 3. Locus, i. — 4. Camelus, i.

10. Rebecca[1] dit-adieu (*valedixit*) à [ses] parents[2] et se rendit (*se contulit*) auprès d' (*ad, acc.*) Isaac[3], avec (*cum, abl.*) une troupe[4] de servantes[5] et de serviteurs[6].

1. Rebecca, æ. — 2. Propinquus, i. — 3. Isaacus, i. — 4. Turba, æ. — 5. Ancilla, æ. — 6. Famulus, i.

8ᵉ EXERCICE

1. Le maître[1] appela (*vocavit*) [son] esclave[2].

1. Dominus, i. — 2. Servus, i.

2. J'ai donné (*dedi*) une obole[1] au messager[2].

1. Obolus, i. — 2. Nuntius, i.

3. Seigneur[1], aie-pitié (*misereare*) de [ton] serviteur[2] (*gén.*).

1. Dominus, i. — 2. Famulus, i.

4. J'ai bu (*bibi*) l'eau[1] du ruisseau[2].

1. Aqua, æ. — 2. Rivus, i.

5. Corinthe[1] était située (*erat sita*) sur (*in, abl.*) un isthme[2].

1. Corinthus, i. — 2. Isthmus, i.

6. La flèche[1] d'un archer[2] creva (*effodit*) un œil[3] à Philippe[4].

1. Sagitta, æ. — 2. Sagittarius, i. — 3. Oculus, i. — 4. Philippus, i.

7. Le nid[1] du merle[2] a-été abattu (*dejectus est*) [par] le vent[3] (*abl.*).

1. Nidus, i. — 2. Merula, æ. — 3. Ventus, i.

8. Les ânes[1] s'engraissent (*gliscunt*) de paille[2] (*abl.*).

1. Asinus, i. — 2. Palea, æ.

9. Les Germains[1], pendant-l'hiver (*hieme*), se tiennent-enfermés (*se continent*) [dans] des cavernes[2] (*abl.*) souterraines[3], qu' (*quas*) ils recouvrent (*onerant*) de fumier[4] (*abl.*).

1. Germani, orum, *plur.* — 2. Spelunca, æ, f. — 3. Subterranea. — 3. Fimus, i.

10. Pyrrhus[1] régna (*regnavit*) en (*in, abl.*) Épire[2].

1. Pyrrhus, i. — 2. Epirus, i.

11. Le frêne[1] était utile (*erat utilis*) pour [faire] les lances[2] (*dat.*).

1. Fraxinus, i. — 2. Hasta, æ.

12. O Neptune[1], s'écria (*exclamavit*) Idoménée[2], rends-moi (*rursus objice me*) aux ondes[3] et aux rochers[4] ; reçois (*accipe*) ma (*meam*) vie[5] ; épargne (*parce*) la vie[5] (*dat.*) de [mon] fils[6].

1. Neptunus, i. — 2. Idomeneus, i. — 3. Unda, æ. — 4. Scopulus, i. — 5. Vita, æ. — 6. Filius, i.

9ᵉ EXERCICE

1. Les violettes[1] et les roses[2] croissent (*crescunt*) dans (*in, abl.*) les jardins[3].

1. Viola, æ. — 2. Rosa, æ. — 3. Hortus, i.

2. Le Nil[1] nourrit (*alit*) des crocodiles[2].

1. Nilus, i. — 2. Crocodilus, i.

3. Les parasites[1] égayaient (*oblectabant*) [par] des plaisanteries[2] (*abl.*) le repas[3] du maître-de-la-maison[4].

1. Parasitus, i. — 2. Jocus, i. — 3. Epulæ, arum, *plur.* — Herus, i.

4. Les rossignols[1] font (*ædificant*) [leurs] nids[2] dans (*in, abl.*) les forêts[3].

1. Luscinia, æ. — 2. Nidus, i. — 3. Silva, æ.

5. Les chevaux[1] n'obéissaient pas (*non parebant*) au cocher[2].

1. Equus, i. — 2. Auriga, æ.

6. La paille[1] et l'avoine[2] sont (*sunt*) la nourriture[3] des chevaux[4], des mulets[5] et (*et*) des ânes[6].

1. Palea, æ. — 2. Avena, æ. — 3. Cibus, i. — 4. Equus, i. — Mulus, i. — 5. Asinus, i.

7. Bacchus[1] fut élevé (*educatus est*) par (*a, abl.*) Silène[2]; il vivait (*vivebat*) avec (*cum, abl.*) les Satyres[3].

1. Bacchus, i. — 2. Silenus, i. — 3. Satyrus, i.

8. L'Etna[1] projeta (*emisit*) des globes[2] de flammes[3] dans (*in, acc.*) les campagnes[4].

1. Ætna, æ. — 2. Globus, i. — 3. Flamma, æ. — 4. Campus, i.

9. Des esclaves[1] étaient-jetés (*projiciebantur*) aux (*ad, acc.*) bêtes[2] dans (*in, abl.*) le cirque[3].

1. Servus, i. — 2. Bestia, æ. — 3. Circus, i.

10. Les peuples[1] de la Gaule[2] envoyèrent (*miserunt*) des ambassadeurs[3] à Auguste[4].

1. Populus, i. — 2. Gallia æ. — 3. Legatus, i. — 4. Augustus, i.

11. Dans (*apud, acc.*) Homère[1], nous voyons (*videmus*) les dieux[2] combattre (*pugnantes*) pour (*pro, abl.*) les Grecs[3] ou (*aut*) pour les Troyens[4].

1. Homerus, i. — 2. Deus, i 3. Græci, orum. — 4. Trojani orum.

QUESTIONNAIRE

Que devient l'e du vocatif dans quelques noms en ius, et particulièrement dans les noms propres ainsi terminés?

Quel est le vocatif de deus, dieu?

Quelles sont les trois formes de deus au nominatif et au vocatif, au datif et à l'ablatif du pluriel?

Quels sont les trois noms neutres de la deuxième déclinaison qui ont le nominatif en us?

La terminaison us ne se retrouve-t-elle pas à deux autres cas du singulier?

10ᵉ EXERCICE

1. O (*o*) mon (*mi*) fils[1], sois (*esto*) bienveillant (*benignus*) [pour] ton (*tuo*) peuple[2] (*dat.*).

1. Filius, i. — 2. Populus, i.

2. Dieu[1] de Jacob[2], tu as donné (*dedisti*) à ton (*tuo*) peuple[3] la terre[4] de Chanaan[5].

1. Deus, i. — 2. Jacobus, i. — 3. Populus, i. — 4. Terra, æ. — 5. Chanaan, *indécl.*

3. O Virgile[1]! tu l'emportes (*præstas*) [sur] les poètes[2] (*dat.*) de Rome[3].

1. Virgilius, i. — 2. Poeta, æ. — 3. Roma, æ.

4. Épaminondas[1] en mourant (*moriens*) baisa (*osculatus est*) [son] bouclier[2], et dit (*dixit*) : « Tu ne me protégeras plus (*non jam me teges*) dans (*in, abl.*) les combats[3], compagnon[4] de [mes] guerres[5] (*sing.*) et de [ma] gloire[6]. »

1. Epaminondas, æ. — 2. Clipeus, i. — 3. Pugna, æ. — 4. Socius, i. — 5. Militia, æ. — 6. Gloria, æ.

5. Après (*post, acc.*) une vie[1] [si] glorieuse[2], Pompée[3], tu étais réservé (*reservatus eras*) par (*a, abl.*) lês dieux[4] à (*ad, acc.*) un sort[5] indigne[6].

1. Vita, æ, f. — 2. Gloriosa. — 3. Pompeius, i. — 4. Deus, i. — 5. Fortuna, æ, f. — 6. Indigna.

6. Les Hébreux[1] dressèrent (*exstruxerunt*) des autels[2] aux faux (*falsis*) dieux[3].

1. Hebræi, orum, *plur.* — 2. Ara, æ. — 3. Deus, i.

7. La langue[1] des Furies[2] distillait (*stillabat*) un venin[3].

1. Lingua, æ. — 2. Furia, æ. — 3. Virus.

8. Les matelots[1] levèrent (*solverunt*) l'ancre[2] (*plur.*) et gagnèrent (*petierunt*) la haute-mer[3].

1. Nauta, æ. — 2. Ancora, æ. — 3. Pelagus, i.

9. Les tyrans[1] n'osent point (*non audent*) paraître (*prodire*) en (*in, acc.*) public[2] sans (*sine, abl.*) [gardes] armés[3].

1. Tyrannus, i. — 2. Vulgus, i. — 3. Armatus, i.

QUESTIONNAIRE

Quels sont, dans les noms neutres, les trois cas semblables au singulier et au pluriel?

A quels cas du singulier et du pluriel les noms neutres ont-ils une terminaison différente de celle des noms masculins et féminins?

Quelles sont les désinences communes aux noms neutres et aux noms masculins et féminins?

Que devient la voyelle finale du radical devant la désinence a?

N'y a-t-il pas des noms masculins ou féminins au singulier, qui deviennent neutres au pluriel?

N'y a-t-il pas des noms qui présentent, au pluriel, à la fois les terminaisons du masculin et du neutre?

11ᵉ EXERCICE

1. Jacob[1] apporta (*tulit*) à Isaac[2] un mets[3] agréable (*gratum*) au palais[4] du vieillard (*senis*).

1. Jacobus, i. — 2. Isaacus, i. — 3. Pulmentum, i. — 4. Palatum, i.

2. Isaac[1] lui (*ei*) donna (*tribuit*) les b:ens[2] de l'aîné[3].

1. Isaacus, i. — 2. Bonum, i. — 3. Primogenitus, i.

3. Les lamentations[1] d'Ésaü[2] inspirèrent (*moverunt*) du repentir[3] à Isaac[4].

1. Lamentum, i. — 2. Esaüs, i. — 3. Pænitentia, æ. — 4. Isaacus, i.

4. Isaac[1] arriva (*pervenit*) à (*in*, acc.) des lieux[2] déserts (*deserta*) où (*ubi*) des rochers[3] couvraient (*operiebant*) le sol[4].

1. Isaacus, i. — 2. Locus, i. — 3. Saxum, i. — 4. Solum, i.

5. Il s'endormit (*obdormivit*) sur (*in*, abl.) un rocher[1].

1. Saxum, i.

6. Il vit (*vidit*) des troupeaux[1] près d' (*propter*, acc.) un puits[2].

1. Armentum, i. — 2. Puteus, i.

7. Laban[1] donna (*dedit*) à Isaac[2] [sa] fille[3] en (*in*, acc.) mariage[4].

1. Labanus, i. — 2. Isaacus, i. — 3. Filia, æ. — 4. Matrimonium, i.

8. Isaac[1] acquit (*comparavit*) des richesses[2] et offrit (*obtulit*) à Ésaü[3] des présents[4] qui (*quæ*) apaisèrent (*placaverunt*) sa (*ejus*) colère[5].

1. Isaacus, i. — 2. Divitiæ, arum, *plur.* — 3. Esaüs, i. — 4. Donum, i. — 5. Ira, æ.

9. Celui-ci (*hic*) sauta (*insiliit*) au (*in*, acc.) cou[1] d'Ésaü[2], et lui (*ei*) donna (*dedit*) des baisers[3].

1. Collum, i. — 2. Esaüs, i. — 3. Osculum, i.

12° EXERCICE

1. Des présents[1] furent offerts (*oblata sunt*) aux Romains[2] par (*a*, abl.) Cinéas[3], général[4] de Pyrrhus[5].

1. Donum, i. — 2. Romanus, i. — 3. Cineas, æ. — 4. Præfectus, i. — 5. Pyrrhus, i.

2. Vous apprenez (*discitis*) les éléments[1] de la langue[2] latine[3].

1. Elementum, i. — 2. Lingua, æ, f. — 3. Latina.

3. Thésée[1], dans (*in*, abl.) le Labyrinthe[2] de Crète[3], guida (*rexit*) [ses] pas[4] [avec] un fil[5] (*abl.*).

1. Theseus, i. — 2. Labyrinthus, i. — 3. Creta, æ. — 4. Vestigium, i. — 5. Filum, i.

4. Les Tyriens[1] se livraient (*se dabant*) au commerce[2].

1. Tyrius, i. — 2. Commercium, i.

5. Cicéron (*Cicero*), envoyé (*missus*) en (*in*, acc.) exil[1], fut rappelé (*revocatus est*) dans (*in*, acc.) [sa] patrie[2] [par] les suffrages[3] (*abl.*) du peuple[4].

1. Exsilium, i. — 2. Patria, æ. — 3. Suffragium, i. — 4. Populus, i.

6. Tarquin[1] fermait-les-yeux-sur (*connivebat*) les vices (*dat.*)[2] de [ses] fils[3].

1. Tarquinius, i. — 2. Vitium, i. — 3. Filius, i.

7. Agésilas[1] porta (*intulit*) la guerre[2] [en] Égypte[3] (*dat.*).

1. Agesilaüs, i. — 2. Bellum, i. — 3. Ægyptus, i.

8. Des statues[1] étaient (*erant*) dans (*in, abl.*) le vestibule[2] du temple[3].

1. Signum, i. — 2. Vestibulum, i. — 3. Templum, i.

9. Les conjurés[1] furent convaincus (*convicti sunt*) [par] la révélation[2] (*abl.*) d'un esclave[3].

1. Conjuratus, i. — 2. Indicium, i. — 3. Servus, i.

10. Les vins[1] de Lesbos (*Lesbi*) et de Rhodes (*Rhodi*) plaisaient (*placebant*) aux Grecs[2].

1. Vinum, i. — 2. Græci, orum, *plur.*

11. Les Spartiates[1] consultèrent (*consuluerunt*) l'oracle[2] de Delphes[3].

1. Spartiatæ, arum, *plur.* — 2. Oraculum, i. — 3. Delphi, orum, *plur.*

12. Le vent[1] emportait (*rapiebat*) les tentes[2] des Carthaginois[3].

1. Ventus, i. — 2. Tabernaculum, i. — 3. Pœni, orum, *plur.*

NOMS EN ER ET EN IR

Gr. lat. § 15

QUESTIONNAIRE

Quel est le genre des noms en **er** et en **ir** ?

A quels cas et en quoi ces noms diffèrent-ils des noms en **us** ?

Dans la plupart des noms en **er**, l'**e** subsiste-t-il à tous les cas ?

Le vocatif a-t-il une forme différente de celle du nominatif ?

13e EXERCICE

1. Perdiccas[1] reçut (*accepit*) d' (*ab, abl.*) Alexandre[2] [son] anneau[3].

1. Perdiccas, æ. — 2. Alexander, Alexandri. — 3. Annulus, i.

2. Je vous (*tibi*) prêterai (*commodabo*) des livres[1].

1. Liber, libri.

3. Enfant[1], écoute (*audi*) les préceptes[2] du maître[3].

1. Puer, i. — 2. Præceptum, i. — 3. Magister, magistri.

4. Les Perses[1] ne vainquirent jamais (*nunquam vicerunt*) Alexandre[2].

1. Persæ, arum, *plur.* — 2. Alexander, Alexandri.

5. Troie[1] était située-près (*adjacebat*) des rives (*dat.*)[2] du Scamandre[3].

1. Troja, æ. — 2. Ripa, æ. — 3. Scamander, Scamandri.

6. Pyrrhus[1] était détourné (*deterrebatur*) de (*a, abl.*) la guerre[2] par (*a, abl.*) [son] ministre[3] Cinéas[4].

1. Pyrrhus, i. — 2. Bellum, i. — 3. Minister, ministri. — 4. Cineas, æ.

7. J'ai donné (*dedi*) un repas[1] à mon (*meo*) gendre[2] et à mon (*meo*) beau-père[3].

1. Epulæ, arum, *plur.* — 2. Gener, i. — 3. Socer, i.

8. Les champs[1] ont été ravagés (*vastati sunt*) par (*ab, abl.*) des sangliers[2].

1. Ager, agri. — 2. Aper, apri.

9. Brutus[1] assista (*adfuit*) au supplice[2] de [ses] enfants[3].

1. Brutus, i. — 2. Supplicium, i. — 3. Liberi, orum, *plur.*

10. Les hommes[1] de-bien (*boni*) ne disent pas (*nullum dicunt*) [de] mensonge[2].

1. Vir, i. — 2. Mendacium, i.

11. L'histoire[1] blâme (*vituperat*) la cruauté[2] des triumvirs[3].

1. Historia, æ. — 2. Sævitia, æ. — 2. Triumvir, i.

12. Des boucs[1] étaient-immolés (*immolabantur*) à Bacchus[2].

1. Hircus, i. — 2. Liber, i.

13. Secours (*succurre*) les malheureux[1] (*dat.*).

1. Miser, i.

14. Les couleuvres[1] sont (*sunt*) sans (*sine, abl.*) venin[2].

1. Coluber, colubri. — 2. Venenum, i.

15. La modestie[1] convient (*decet*) aux enfants[2] (*acc.*).

1. Modestia, æ. — 2. Puer, i.

NOMS TIRÉS DU GREC

Gr. lat. § 40

QUESTIONNAIRE

Quelle est au nominatif la terminaison des noms masculins de la deuxième déclinaison tirés du grec? Comment leur vocatif est-il terminé?

Quelle est au nominatif la terminaison des noms féminins tirés du grec?

Quelle est au nominatif la terminai-

son des noms neutres tirés du grec?

Quand les noms neutres ont un pluriel, sur quel nom déclinent-ils ce pluriel?

Quelles autres formes trouve-t-on, en poésie, au génitif, au datif, à l'accusatif du singulier des noms masculins en eus?

14e EXERCICE

1. Les Bacchantes[1], méprisées (*contemptæ*) par (*ab, abl.*) Orphée[2], mirent-en-pièces (*laceraverunt*) le poète[3].

1. Baccha, æ. — 2. Orpheus, i. — 3. Poeta, æ.

2. Orphée[1], [toi] qui (*qui*) charmais (*mulcebas*) les bêtes-sauvages[2] et les rochers[3], tu ne pus (*non potuisti*) fléchir (*flectere*) la colère[4] des Bacchantes[5].

1. Orpheus, i. — 2. Fera, æ — 3. Saxum, i. — 4. Ira, æ. — 5. Baccha, æ.

3. Bacchus[1] punit (*castigavit*) les Bacchantes[2] qui (*quæ*) avaient-tué (*necaverant*) Orphée[3].

1. Liber, i. — 2. Baccha, æ. — 3. Orpheus, i.

4. Le sommeil[1] appesantissait (*premebat*) toujours (*semper*) les paupières[2] de Morphée[3], dieu[4] des songes[5].

1. Somnus, i. — 2. Oculus, i. — 3. Morpheus, i. — 4. Deus, i. — 5. Somnium, i.

5. Selon la fable (*ut fabulæ ferunt*), Neptune[1] tira (*eduxit*) Délos[2] de (*ex, abl.*) l'Océan[3].

1. Neptunus, i. — 2. Delos, i. — 3. Oceanus, i.

6. Plusieurs (*multi*) poètes[1] sont nés (*nati sunt*) à Lesbos[2] (*gén.*).

1. Poeta, æ. — 2. Leshos, i.

7. Vulcain[1], précipité (*dejectus*) du (*de, abl.*) ciel[2], tomba (*decidit*) [dans] Lemnos[3] (*acc.*).

1. Vulcanus, i. — 2. Cælum, i. — 3. Lemnos, i.

8. Les géants (*gigantes*) tentèrent (*conati sunt*) d'atteindre (*attingere*) le ciel[1], en mettant (*imponendo*) Pelion[2] [sur] Ossa[3] (*dat.*).

1. Cælum, i. — 2. Pelion, i. — 3. Ossa, æ.

9. Xerxès (*Xerxes*) sépara (*divisit*) [par] un canal[1] (*abl.*) l'Athos[2] de (*a, abl.*) la Thrace[3].

1. Fossa, æ. — 2. Athos, acc. Athon. — 3. Thracia, æ.

10. Les régions[1] du-nord (*septentrionales*) regardent (*spectant ad*) la Grande-Ourse[2] (*acc.*).

1. Terra, æ. — 2. Arctos, i.

Exercices dans lesquels des adjectifs sont joints aux noms.

OBSERVATIONS. — Les observations suivantes s'appliquent aux exercices sur les cinq déclinaisons :

1° Les adjectifs à employer sont tous de la première et de la deuxième déclinaison ;

2° Les adjectifs qui se rapporteront, soit comme qualificatifs, soit comme attributs, à des noms **masculins** auront les terminaisons de **dominus** ou de **puer**;

3° Les adjectifs qui se rapporteront à des noms **féminins** auront les terminaisons de **rosa**;

4° Les adjectifs qui se rapporteront à des noms **neutres** auront les terminaisons de **templum**.

5° On se rappellera que les adjectifs, qualificatifs ou attributs, s'accordent en genre, en nombre, en cas avec les noms auxquels ils se rapportent; que les noms servant d'attributs, ou mis en apposition à d'autres noms, s'accordent en cas avec ceux-ci, mais conservent le genre et le nombre qui leur sont propres.

6° Le genre des noms en um n'est pas indiqué, ces noms étant tous du genre neutre.

15° EXERCICE

Décliner :

Asinus, i,	m.,	tardus, a, um,	l'âne lent.
Avus, i,	m.,	benignus, a, um,	le grand-père bienveillant.
Conviva, æ,	m.,	lætus, a, um,	le convive joyeux.
Pōpulus, i,	f.,	celsus, a, um,	le haut peuplier.
Templum, i,	n.,	magnificus, a, um,	le temple magnifique.
Pōpulus, i,	m.,	liber, a, um,	le peuple libre.
Auriga, æ,	m.,	callidus, a, um,	le cocher expérimenté.
Servus, i,	m.,	dolosus, a, um,	l'esclave trompeur.
Scriba, æ,	m.,	fidus, a, um,	le secrétaire fidèle.
Bellum, i,	n.,	funestus, a, um,	la guerre funeste.
Discipulus, i,	m.,	piger, gra, grum,	l'élève paresseux.
Agricola, æ,	m.,	providus, a, um,	le cultivateur prévoyant.
Laurus, i,	f.,	sacer, cra, crum,	le laurier sacré.
Humus, i,	f.,	fecundus, a, um,	la terre féconde.
Aper, apri,	m.,	hirsutus, a, um,	le sanglier hérissé.
Malus, i,	f.,	frugifer, a, um,	le pommier fertile.
Fagus, i,	f.,	patulus, a, um,	le hêtre au large feuillage.
Cedrus, i,	f.,	altus, a, um,	le cèdre élevé.
Parricida, æ,	m.,	invisus, a, um,	le parricide odieux.
Platanus, i,	f.,	opacus, a, um,	le platane à l'ombre épaisse.

16° EXERCICE

1. Joseph[1] était (erat) odieux[2] aux autres[3] fils[4] de Jacob[5].

1. Josephus, i, m. — 2. Invisus, a, um. — 3. Ceteri, æ, a. — 4. Filius, i, m. — 5. Jacobus, i, m.

2. Des songes[1] divers[2] lui (ei) annoncèrent (portenderunt) une grande[3] puissance[4].

1. Somnium, i. — 2. Varius, a, um. — 3. Magnus, a, um. — 4. Potentia, æ, f.

3. La gerbe[1] de Joseph[2] se-tenait (stabat) droite[3] (nom.); les autres[4] gerbes[1] étaient (erant) abaissées[5].

1. Manipulus, i, m. — 2. Josephus, i, m. — 3. Rectus, a, um. — 4. Ceteri, æ, a. — 5. Demissus, a, um.

4. Tandıs-que (*dum*) les méchants[1] faisaient paître (*pascebant*) les troupeaux[2] de leur père (*tournez* : paternels[3]), ils formèrent (*inierunt*) le projet[4] impie[5] d'attenter (*insidiandi*) à la vie[6] (*dat.*) de l'enfant[7].

1. Malus, i, m. — 2. Armentum, i. — 3. Paternus, a, um. — 4. Consilium, i. — 5. Impius, a, um. — 6. Vita, æ, f. — 7. Puer, i, m.

5. Ils lui (*ei*) enlevèrent (*detraxerunt*) [sa] robe[1] tissée[2] de fils[3] (*abl.*) de diverses-couleurs (*tournez* : variés[4]), et le (*eum*) jetèrent (*detruserunt*) dans (*in, acc.*) une fosse[5] profonde[6].

1. Toga, æ, f. — 2. Textus, a, um. — 3. Filum, i. — 4. Varius, a, um. — 5. Fossa, æ, f. — 6. Profundus, a, um.

6. Puis (*deinde*) ils le (*eum*) vendirent (*vendiderunt*) à des marchands-d'esclaves[1] étrangers[2].

1. Venalitius, i, m. — 2. Advena, æ.

7. Joseph[1] jeté (*conjectus*) dans (*in, acc.*) les fers[2] expliqua (*interpretatus est*) les songes[3] obscurs[4] du grand[5] échanson[6] du pharaon[7].

1. Josephus, i, m. — 2. Vinculum, i. — 3. Somnium, i. — 4. Ambiguus, a, um. — 5. Summus, a, um. — 6. Pincerna, æ, m. — 7. Pharao, onis, m.

8. Celui-ci (*hic*) oublia (*oblitus est*) les services[1] (*gén.*) passés[2] de Joseph[3].

1. Meritum, i. — 2. Præteritus, a, um. — 3. Josephus, i, m.

17ᵉ EXERCICE

1. Les cygnes[1] sont (*sunt*) blancs[2].

1. Cycnus, i, m. — 2. Candidus, a, um.

2. Les Grecs[1] chantèrent (*cecinerunt*) un hymne[2] guerrier[3].

1. Græci, orum, m. *plur.* — 2. Hymnus, i, m. — 3. Bellicus, a, um.

3. Porsena[1] fit (*gessit*) la guerre[2] au (*cum, abl.*) peuple[3] romain[4].

1. Porsena, æ, m. — 2. Bellum, i. — 3. Pŏpulus, i, m. — 4. Romanus, a, um.

4. Des cèdres[1] élevés[2] couvraient (*operiebant*) le Liban[3].

1. Cedrus, i, f. — 2. Celsus, a, um. — 3. Libanus, i, m.

5. Le médecin[1] employa (*adhibuit*) de nombreux[2] antidotes[3].

1. Medicus, i, m. — 2. Multus, a, um. — 3. Antidotum, i.

6. Des poiriers[1] fertiles[2] fournissaient (*præbebant*) à la famille[3] des fruits[4] agréables[5].

1. Pirus, i, f. — 2. Fructuosus, a, um. — 3. Familia, æ, f. — 4. Pomum, i. — 5. Gratus, a, um.

7. Les serviteurs[1] emportèrent (*extulerunt*) du (*e, abl.*) festin[2] Alexandre[3] à demi mort[4].

1. Famulus, i, m. — 2. Convivium, i. — 3. Alexander, dri, m. — 4. Semianimus, a, um.

8. Des Grecs se-cachèrent[1] (*latue-runt*) dans (*in, abl.*) le ventre[2] d'un cheval[3] de-bois[4] (*adjectif*).

1. Græci, orum, m. *plur.* — 2. Alvus, i, f. — 3. Equus, i, m. — 4. Ligneus, a, um.

9. Souvent (*sæpe*) une petite[1] étin-celle[2] négligée[3] a produit (*fudit*) un grand[4] incendie[5].

1. Parvus, a, um. — 2. Scin-tilla, æ, f. — 3. Neglectus, a, um. — 4. Latus, a, um. — 5. Incendium, i.

10. Les amis[1] sûrs[2] sont (*sunt*) les fermes[3] soutiens[4] d'un trône[5].

1. Amicus, i, m. — 2. Fidus, a, um. — 3. Firmus, a, um. — 4. Præsidium, i. — 5. Re-gnum, i.

11. Nous étions-assis (*sedebamus*) à (*in, abl.*) l'ombre[1] d'un large[2] pla-tane[3].

1. Umbra, æ, f. — 2. Patu-lus, a, um. — 3. Platanus, i, f.

12. Le temple[1] de Delphes[2] était (*erat*) rempli[3] de statues[4] (*gén.*), d'armes[5], d'or[6] et d'argent[7].

1. Templum, i. — 2. Delphi, orum, m. *plur.* — 3. Plenus, a, um. — 4. Signum, i. — 5. Arma, orum, n. *plur.* — 6. Aurum, i. — 7. Argentum, i.

13. L'Égypte[1] est-rendue (*effici-tur*) féconde[2] (*nom.*) [par] le Nil[3] (*abl.*).

1. Ægyptus, i, f. — 2. Fe-cundus, a, um. — 3. Nilus, i, m.

14. Le bûcheron[1] a abattu (*deje-cit*) des peupliers[2] élancés[3].

1. Lignarius, i, m. — 2. Po-pulus, i, f. — 3. Procerus, a, um.

THÈME DE RÉCAPITULATION
SUR LES DEUX PREMIÈRES DÉCLINAISONS

Les Sortilèges (*Veneficium, i*).

1. Un esclave[1] devenu[2] libre[3] (*nom.*) avait-acheté (*emerat*) un petit[4] champ[5]. Il le (*eum*) cultiva (*coluit*) [avec] un grand[6] soin[7] (*abl.*), et le champ[8] produisit (*tulit*) de nombreux[9] épis[9] de blé[10]. Les voisins[11], moins (*minus*) laborieux[12], moins (*minus*) habiles[13], furent (*fuerunt*) jaloux[14]. Ils lui (*ei*) dirent (*dixerunt*) : « Tu as usé (*usus es*) de magie[15] (*abl.*), et tu as-fait (*fecisti*) un pacte[16] impie[17] avec (*cum, abl.*) les génies[18] infernaux[19]. Tu as-rendu (*reddidisti*)

1. Servus, i, m. — 2. Factus, a, um. — 3. Liber, a, um. — 4. Par-vus, a, um. — 5. Ager, agri, m. — 6. Magnus, a, um. — 7. Cura, æ, f. — 8. Multus, a, um. — 9. Spica, æ, f. — 10. Frumentum, i. — 11. Vicinus, i, m. — 12. Impiger, impigra, impigrum. — 13. Callidus, a, um. — 14. Invidus, a, um. — 15. Magice, es, f. — 16. Pactum, i. — 17. Impius, a, um. — 18. Genius, i, m. — 19. Infernus, a, um.

ton petit-champ [20] fertile [21] (acc.), et nos [22] terres [23] (acc.) stériles [24]. »
Il fut appelé (vocatus est) en (in, acc.) jugement [25] devant (ad, acc.)
le peuple [26] romain [27]. Il amena (adduxit) avec lui (secum) [sa]
fille [28], paysanne [29] brillante-de-santé [30] et bien (bene) vêtue [31].

Les Sortilèges [16] (suite).

2. Il apporta (adduxit) les instruments [1] habituels [2] du labour [3],
des hoyaux [4] pesants [5], une charrue [6] en-bon-état [7] (adj.) avec
(cum, abl.) [son] tranchant [8] poli [9], des sarcloirs [10], des outils [11]
variés [12], et [ses] bêtes-de-somme [13] vigoureuses [14]. Se tournant
(conversus) vers (ad, acc.) le peuple [15], il dit (dixit) : « Vous voyez
(videtis) les sortilèges [16] criminels [17] et la magie [18] impie [19] que
(quibus) j'emploie (utor). Je ne puis (non queo) produire (producere) mes (meam) sueurs [20] (sing.), [mes] veilles [21], [mes] soucis [22]
de-jour [23] (adj.) et de-nuit [24] (adj.). » Il fut absous (absolutus est)
[par] les suffrages [25] (abl.) de tous [26].

Troisième déclinaison
Anc. Gr. §17,18– Nouv. Gr. § 16-2

QUESTIONNAIRE

De quels genres sont les noms de la troisième déclinaison?

En combien de classes peut-on diviser les noms de la troisième déclinaison, d'après la nature de la lettre qui termine le radical?

A quel cas distingue-t-on presque toujours le vrai radical d'un nom de la troisième déclinaison?

Le radical n'est-il pas souvent altéré au nominatif?

Quelle est la désinence du génitif singulier des noms de la troisième déclinaison?

---

20. Agellus, i, m. — 21. Opimus, a, um. — 22. Noster, nostra, nostrum. —
23. Ager, agri, m. — 24. Infructuosus, a, um. — 25. Judicium, i. — 26. Pŏpulus, i, m. — 27. Romanus, a, um. — 28. Filia, æ, f. — 29. Rustica,
æ, f. — 30. Nitidus, a, um. — 31. Vestitus, a, um.

---

1. Instrumentum, i. — 2. Assuetus, a, um. — 3. Cultura, æ, f. —
4. Rastrum, i. — 5. Ponderosus, a, um. — 6. Aratrum, i. —
7. Integer, integra, integrum. — 8. Culter, cultri, m. — 9. Nitidus, a,
um. — 10. Sarculum, i. — 11. Ferramentum, i. — 12. Varius, a, um. —
13. Jumentum, i. — 14. Robustus, a, um. — 15. Pŏpulus, i, m. — 16. Ve-
neficium, i. — 17. Scelestus, a, um. — 18. Magice, es, f. — 19. Impius, a, um. — 20. Opera, æ, f. — 21. Vigilia, æ, f. — 22. Cura, æ, f. —
23. Diurnus, a, um. — 24. Nocturnus, a, um. — 25. Suffragium, i. —
26. Cuncti, orum, m.

NOMS A RADICAL TERMINÉ PAR UNE CONSONNE
ou IMPARISYLLABIQUES
Anc. Gr. § 19-28. — Nouv. Gr. § 20-26

QUESTIONNAIRE

Comment appelle-t-on les noms à radical terminé par une consonne, par rapport au nombre de syllabes qu'ils ont au nominatif et au génitif?

I. — NOMS A RADICAL TERMINÉ PAR UNE LIQUIDE
Noms à radical en l, r.

QUESTIONNAIRE

Quelles sont les liquides?

Les noms terminés en l et en r ont-ils au nominatif la désinence s?

Y en a-t-il qui présentent au nominatif leur radical non altéré?

Quels sont les trois cas semblables des noms neutres au singulier et au pluriel?

Quels sont les cas où la même terminaison est commune aux noms masculins, féminins et neutres?

Quels sont les deux cas semblables au singulier, et les trois cas semblables au pluriel, dans les noms masculins et féminins?

A quels cas seulement les noms en er conservent-ils l'e?

Quels sont, parmi les noms à nominatif terminé en or, les trois qui

sont féminins et les quatre qui sont neutres?

De quels genres sont les noms en ur? — Citer trois masculins et trois neutres.

N'y a-t-il pas des noms à radical terminé primitivement en s, qui ont changé cette s en r?

A quels cas l's est-elle demeurée?

De quels genres sont ces noms?

N'y a-t-il pas, dans quelques-uns de ces noms, un changement de voyelle?

Quels sont les trois noms masculins à radical en or qui ont deux formes au nominatif?

Citer trois noms neutres à radical en or qui ont conservé l'r au nominatif, en changeant o en u?

18e EXERCICE

OBSERVATION. — Le complément indirect des verbes passifs, précédé en français des propositions par ou de, se met en latin à l'ablatif : 1° avec la préposition a ou ab, s'il désigne une personne, un animal ou une collection de personnes (sénat, cavalerie, infanterie, etc.); 2° sans préposition, s'il désigne une chose. Ex. : Les Grecs furent vaincus par (a) les Romains (abl.). — Cet enfant est aimé de (a) ses condisciples (abl.). — Milon fut mis en pièces par (a) les bêtes féroces (abl.). — Des remerciments furent adressés au consul par (a) le sénat (abl.). — Je suis accablé [de] chagrin (abl.).

1. A Rome[1] (gén.), deux (duo) consuls[2] exerçaient (exercebant) le pouvoir[3].

1. Roma, æ, f. — 2. Consul, is, m. — 3. Imperium, i.

2. Douze (duodecim) licteurs[1] précédaient (præibant) les consuls[2] (dat.).

1. Lictor, is, m. — 2. Consul, is, m.

3. Un voleur[1] attaqua (*aggressus est*) un voyageur[2], mais (*sed*) il fut terrassé (*prostratus est*) par le voyageur[2].

1. Fur, is, m. — 2. Viator, is, m.

4. L'aigle[1] regarde-fixement (*intuetur*) le soleil[2].

1. Aquila, æ, f. — 2. Sol, is, m.

5. Le bec[1] d'un vautour[2] déchirait (*lacerabat*) Prométhée[3] sur (*in, abl.*) le Caucase[4].

1. Rostrum, i. — 2. Vultur, is, m. — 3. Prometheus, i, m. — 4. Caucasus, i, m.

6. Les murailles[1] de Babylone[2] étaient construites (*structi erant*) [en] briques[3] (*abl.*).

1. Murus, i, m. — 2. Babylon, is, f. — 3. Later, is, m.

7. Les Grecs[1] ajoutèrent foi (*adhibuerunt fidem*) à un faux[2] bruit[3].

1. Græci, orum, m. *plur.* — 2. Falsus, a, um. — 3. Rumor, is, m.

8. L'éléphant[1] défendit (*defendit*) courageusement (*fortiter*) [son] cornac[2].

1. Elephantus, i, m. — 2. Rector, is, m.

9. Les femmes[1] des Cimbres[2] se pendirent (*se suspenderunt*) à (*ab, abl.*) des arbres[3] avec (*cum, abl.*) [leurs] enfants[4].

1. Uxor, is, f. — 2. Cimbri, orum, m. *plur.* — 3. Arbor, is, f. — 4. Liberi, orum, m. *plur.*

10. Horace[1] tua (*occidit*) [sa] sœur[2], parce qu'elle avait gémi (*quia ingemuerat*) [sur] le sort[3] (*dat.*) de Curiace[4].

1. Horatius, i, m. — 2. Soror, is, f. — 3. Fatum, i. — 4. Curiatius, i, m.

11. Le plaisir[1] s'-achète souvent (*emuntur sæpe*) [au prix] de la douleur[2] (*abl.*).

1. Deliciæ, arum, f. *plur.* — 2. Dolor, is, m.

12. Les chevaux[1] des Romains[2] furent effrayés (*territi sunt*) par l'odeur[3] des éléphants[4].

1. Equus, i, m. — 2. Romani, orum, m. *plur.* — 3. Odor, is, m. — 4. Elephantus, i, m.

13. Socrate[1] ne-voulut pas (*noluit*) fuir (*fugere*) de (*e, abl.*) la prison[2].

1. Socrates, is, m. — 2. Carcer, is, m.

19ᵉ EXERCICE

Noms neutres.

1. Les plaines[1] de l'Océan[2] se-soulèvent (*intumescunt*).

1. Æquor, is, n. — 2. Oceanus, i, m.

2. Le palais[1] du Soleil[2] était (*erat de* (*ex, abl.*) marbre[3]; le toit[4] était (*erat*) d'-ivoire[5] (*tournez par un adjectif*).

1. Regia, æ, f. — 2. Sol, is, m. — 3. Marmor, is, n. — 4. Tectum, i. — 5. Eburneus, a, um.

3. Le mont[1] Vésuve[2] produit (*gignit*) du soufre[3].

4. Le rat[1] des-champs[2] (*tournez par un adjectif*) mangeait (*edebat*) du froment[3] et de l'ivraie[4].

5. Des pavots[1] poussaient (*crescebant*) devant (*ante, acc.*) la caverne[2] du Sommeil[3].

6. Le ciel[1] étincelle (*micat*) d'éclairs[2] (*abl.*).

7. Le ruisseau[1] coule (*labitur*) avec (*cum, abl.*) un murmure[2].

8. Ganymède[1] présentait (*porrigebat*) aux dieux[2] les coupes[3] de nectar[4].

9. La cigogne[1] introduisait (*inseruit*) [son] cou[2] dans (*in, acc.*) le gosier[3] du renard[4].

10. Catilina[1] fut trouvé (*repertus est*) mort[2] (*nom.*) parmi (*inter, acc.*) des monceaux[3] de cadavres[4].

11. Au commencement[1] (*abl.*) du printemps[2], Verrès[3] parcourait (*circumibat*) [sa] province[4].

12. Les prêtres (*sacerdotes*) rejetaient (*rejiciebant*) le fiel[1] des victimes[2].

13. Les anciens[1] tempéraient la force du vin (*tournez : mélangeaient, temperabant, le vin[2]*) [avec] du miel[3] (*abl.*).

1. Mons, montis, m. — 2. Vesuvius, i, m. — 3. Sulfur, is, n.

1. Mus, muris, m. — 2. Rusticus, a, um. — 3. Ador, is, n. 4. Lolium, i.

1. Papaver, is, n. — 2. Spelunca, æ, f. — 3. Somnus, i, m.

1. Cælum, i. — 2. Fulgur, is, n.

1. Rivus, i, m. — 2. Murmur, is, n.

1. Ganymedes, is, m. — 2. Deus, i, m. — 3. Poculum, i. — 4. Nectar, is, n.

1. Ciconia, æ, f. — 2. Collum, i. — 3. Guttur, is, n. — 4. Vulpes, is, f.

1. Catilina, æ, m. — 2. Mortuus, a, um. — 3. Acervus, i, m. — 4. Cadaver, is, n.

1. Initium, i. — 2. Ver, is, n. — 3. Verres, is, m. — 4. Provincia, æ, f.

1. Fel, fellis, n. — 2. Victima, æ, f.

1. Antiquus, i, m. — 2. Vinum, i. — 3. Mel, mellis, n.

Noms à radical en **m, n.**

QUESTIONNAIRE

Quel est le seul substantif à radical terminé en **m** ?

A-t-il la désinence **s** au nominatif ?

De quels genres sont les substantifs à radical en **n** ?

Ont-ils la désinence **s** au nominatif ? Quels sont ceux qui rejettent, ceux qui conservent n au nominatif ?

Tous ces noms ont-ils conservé l'o qui précédait primitivement l'n ? En quelle autre voyelle quelques-uns l'ont-ils changé ?

Quel est le nom masculin qui a conservé l's au nominatif ?

Quels sont les noms masculins qui ont conservé l'n au nominatif ?

2

20ᵉ EXERCICE

1. Les Romains[1] appelaient (*nominabant*) flamines[2] les prêtres (*sacerdotes*) de certains (*quorumdam*) dieux[3].

1. Romani, orum, m. *plur.* — 2. Flamen, minis, m. — 3. Deus, i, m.

2. Les laboureurs[1] travaillent (*exercent*) la terre[2] [avec] la charrue[3] (*abl.*), [avec] des sarcloirs[4] (*abl.*), des hoyaux[5] (*abl.*) et des houes[6] (*abl.*).

1. Agricola, æ, m. — 2. Humus, i, f. — 3. Aratrum, i. — 4. Sarculum, i. — 5. Rastrum, i. — 6. Ligo, onis, m.

3. Un Gaulois[1] caressa (*permulsit*) la barbe[2] d'un sénateur[3], qui (*qui*) le frappa (*eum percussit*) de [son] bâton[4] (*abl.*) d'ivoire[5] (*adjectif*).

1. Gallus, i, m. — 2. Barba, æ, f. — 3. Senator, is, m. — 4. Scipio, onis, m. — 5. Eburneus, a, um.

4. Socrate[1] reçut (*accepit*) de (*ab, abl.*) l'orateur[2] Lysias[3] un plaidoyer[4] habile[5].

1. Socrates, is, m. — 2. Orator, is, m. — 3. Lysias, æ, m. — 4. Oratio, onis, f. — 5. Disertus, a, um.

5. Diane[1] exigea (*postulavit*) le sacrifice[2] d'une jeune-fille[3], Iphigénie[4], fille[5] d'Agamemnon[6].

1. Diana, æ, f. — 2. Immolatio, onis, f. — 3. Virgo, virginis, f. — 4. Iphigenia, æ, f. — 5. Filia, æ, f. — 6. Agamemnon, is, m.

6. Tite Live[1] a écrit (*scripsit*) l'histoire[2] romaine[3] dès (*ab, abl.*) [ses] origines[4].

1. Titus, i, Livius, i, m. — 2. Historia, æ, f. — 3. Romanus, a, um. — 4. Origo, ginis, f.

7. Les hommes[1] se-nourrissent (*vescuntur*) de froment[2] (*abl.*) et de viande[3] (*abl.*).

1. Homo, hominis, m. — 2. Frumentum, i. — 3. Caro carnis, f.

8. Les mères[1] maudissent (*detestantur*) les dangers[2] de la guerre[3].

1. Mater, matris, f. — 2. Periculum, i, n. — 3. Bellum, i.

9. Les consuls[1] furent créés (*creati sunt*) pendant longtemps (*diu*) dans (*ex, abl.*) l'ordre[2] des patriciens[3].

1. Consul, is, m. — 2. Ordo, ordinis, m. — 3. Pater, patris, m.

10. L'histoire[1] loue (*laudat*) l'amour[2] de deux (*duorum*) frères[3], Cléobis[4] et Biton[5], pour (*in, acc.*) [leur] mère[6].

1. Historia, æ, f. — 2. Amor, is, m. — 3. Frater, fratris, m. — 4. Cleobis, is, m. — 5. Bito, Bitonis, m. — 6. Mater, tris, f.

21ᵉ EXERCICE

Noms neutres.

1. [Dans] l'âge[1] (*abl.*) d'or[2] (*traduisez par un adjectif*), des fleuves[3] de nectar[4] coulaient (*ibant*) dans (*per, acc.*) les plaines[5].

2. L'oiseleur[1] prit (*cepit*) une tourterelle[2] [avec] de la glu[3] (*abl.*).

3. Les hautes[1] montagnes[2] et les grands[3] arbres[4] sont frappés (*feriuntur*) souvent (*sæpe*) de la foudre[5] (*abl. plur.*).

4. Six-cents[1] jeunes-gens[2] s'enrôlèrent (*tournez :* donnèrent, *dederunt,* [leurs] noms[3]).

5. Les soldats[1] affrontaient (*subibant*) un danger[2] de mort[3].

6. Les médecins[1] essayèrent (*experti sunt*) en vain (*frustra*) toute (*omne*) espèce[2] de remèdes[3].

7. Les essaims[1] du berger[2] moururent (*perierunt*) de maladie[3] (*abl.*) et de faim[4] (*abl.*).

8. Corinthe[1] regorgeait (*abundabat*) d'œuvres[2] (*abl.*) de peintres[3], de sculpteurs[4], d'artistes[5] de toute (*omnis*) sorte[6].

9. Diogène[1] refusa (*recusavit*) les présents[2] d'Alexandre[3].

10. Certains[1] hommes[2] préfèrent (*præponunt*) les campagnes[3] et les forêts[4] à la ville[5].

1. Ætas, tatis, f. — 2. Aureus, a, um. — 3. Flumen, minis, n. — 4. Nectar, is, n. — 5. Campus, i, m.

1. Auceps, cipis, m. — 2. Turtur, is, m. — 3. Gluten, tinis, m.

1. Altus, a, um. — 2. Mons, montis, m. — 3. Magnus, a, um. — 4. Arbor, is, f. — 5. Fulmen, minis, n.

1. Sexcenti, æ, a. — 2. Adolescens, centis, m. — 3. Nomen, minis, n.

1. Miles, litis, m. — 2. Discrimen, minis, n. — 3. Mors, mortis, f.

1. Medicus, i, m. — 2. Genus, neris, n. — 3. Remedium, i, n.

1. Examen, minis, n. — 2. Pastor, is, m. — 3. Morbus, i, m. — 4. Fames, famis, f.

1. Corinthus, i, f. — 2. Opus, operis, n. — 3. Pictor, is, m. — 4. Statuarius, i, m. — 5. Artifex, ficis, m. — 6. Genus, generis, n.

1. Diogenes, is, m. — 2. Munus, neris, n. — 3. Alexander, dri, m.

1. Nonnulli, æ, a, *plur.* — 2. Homo, hominis, m. — 3. Rus, ruris, n. — 4. Silva, æ, f. — 5. Urbs, urbis, f.

II. — NOMS A RADICAL TERMINÉ PAR UNE MUETTE

QUESTIONNAIRE

Quelle est au nominatif la désinence des noms terminés par une muette?

Quelles sont les labiales?

De quels genres sont les noms terminés par une labiale?

Quelques-uns ne subissent-ils pas au nominatif un changement de voyelle dans le radical? quel est ce changement?

Quelles sont les gutturales?

Quelle consonne double les gutturales forment-elles, combinées avec la désinence s?

De quels genres sont les noms dont le radical est terminé par une gutturale?

Quel changement de voyelle quelques-uns de ces noms subissent-ils dans le radical, au nominatif?

Comment expliquer que les deux radicaux **noct** (*la nuit*) et **niv** (*la neige*) aient un **x** au nominatif singulier?

Quelles sont les dentales?

De quels genres sont les noms à radical terminé par une dentale?

Quel changement de voyelle quelques-uns de ces noms subissent-ils dans le radical, au nominatif?

Quels sont les trois noms neutres à radical terminé par une dentale?

22ᵉ EXERCICE

Noms à radical en **b, p.**

1. Les premiers[1] empereurs[2] romains (*tournez :* des Romains[3]) étaient appelés (*appellabantur*) princes[4].

2. Ulysse[1] entra (*ingressus est*) dans (*in, acc.*) la caverne[2] du Cyclope[3].

3. Les armes[1] d'Achille[2] furent fabriquées (*fabricata sunt*) par les Cyclopes[3].

4. Cicéron[1] n'était pas (*non erat*) de race[2] (*gén.*) patricienne[3].

5. Les serviteurs[1] placèrent-devant (*apposuerunt*) Midas[2] (*dat.*) une table[3] chargée[4] de mets[5] (*abl.*).

6. La rigueur[1] du consul[2] déplut (*displicuit*) à la plèbe[3].

7. Les soldats[1] passèrent (*trajecerunt*) le fleuve[2] [sur] des poutres[3] jointes[4] (*abl.*).

8. Les Arabes[1] errent (*errant*) dans (*abl.*) les déserts[2].

1. Primus, a, um. — 2. Imperator, is, m. — 3. Romanus, i, m. — 4. Princeps, cipis, m.

1. Ulysses, is, m. — 2. Spelunca, æ, f. — 3. Cyclops, Cyclopis, m.

1. Arma, orum, n. *plur.* — 2. Achilles, is, m. — 3. Cyclops, Cyclopis, m.

1. Cicero, onis, m. — 2. Stirps, stirpis, f. — 3. Patricius, a, um.

1. Minister, tri, m. — 2. Midas, æ, m. — 3. Mensa, æ, f. — 4. Exstructus, a, um. — 5. Daps, dapis, f.

1. Severitas, tatis, f. — 2. Consul, is, m. — 3. Plebs, plebis, f.

1. Miles, militis, m. — 2. Fluvius, i, m. — 3. Trabs, trabis, f. — 4. Junctus, a, um.

1. Arabs, Arabis, m. — 2. Solitudo, dinis, f.

23ᵉ EXERCICE

Noms à radical en. g, c.

1. Socrate[1] fut condamné (*damnatus est*) à mort[2] (*abl.*) par [ses] juges[3].

1. Socrates, is, m. — 2. Caput, capitis, n. — 3. Judex, dicis, m.

2. Les guides[1] égarèrent (*tournez :* écartèrent, *deduxerunt*, de, *de, abl.*, la route[2]) les légions[3].

1. Dux, ducis, m. — 2. Via, æ, f. — 3. Legio, onis, f.

3. Après (*post, acc.*) la mort[1] de Codrus[2], les Athéniens[3] ne-voulurent-plus (*non jam voluerunt*) obéir (*parere*) à un roi[4].

1. Mors, mortis, f. — 2. Codrus, i, m. — 3. Athenienses, ium, m. *plur.* — 4. Rex, regis, m.

4. Les rameurs[1] se-courbèrent-sur (*incubuerunt*) les rames[2] (*dat.*).

1. Remex, migis, m. — 2. Remus, i, m.

5. Les lois[1] faites[2] par Dracon[3] semblaient (*videbantur*) être écrites (*scriptæ esse*) [avec] du sang[4] (*abl.*).

1. Lex, legis, f. — 2. Conditus, a, um. — 3. Draco, Draconis, m. — 4. Sanguis, guinis, m.

6. Les Macédoniens[1] s'avançaient (*incedebant*) dans (*per, acc.*) des plaines[2] couvertes[3] de neige[4] (*abl. plur.*).

1. Macedo, onis, m. — 2. Campus, i, m. — 3. Oppletus, a, um. — 4. Nix, nivis, f.

7. Les lâches[1] évitaient (*vitabant*) le service-militaire[2] en se coupant (*truncando sibi*) le pouce[3].

1. Ignavus, i, m. — 2. Militia, æ, f. — 3. Pollex, pollicis, m.

8. Les généraux[1] romains (*tournez :* des Romains[2]) avaient (*habebant*) droit[3] de vie[4] et de mort[5].

1. Dux, ducis, m. — 2. Romanus, i, m. — 3. Jus, juris, n. — 4. Vita, æ, f. — 5. Nex, necis, f.

9. Miltiade[1] campa (*tournez :* plaça, *posuit*, [son] camp[2]) au pied (*tournez :* sous, *sub, abl.* les racines[3]) des montagnes[4].

1. Miltiades, is, m. — 2. Castra, orum, n. *plur.* — 3. Radix, dicis, f. — 4. Mons, montis, *gén. plur.* montium, m.

11. Les chiens[1] se-reposent (*quiescunt*) le jour[2] (*abl.*) pour veiller (*ut vigilent*) la nuit[3] (*abl.*).

1. Canis, is, m. — 2. Lux, lucis, f. — 3. Nox, noctis, f.

10. Les Romains[1] furent-éveillés (*excitati sunt*) par les cris[2] des oies[3], gardiennes[4] du Capitole[5].

1. Romanus, i, m. — 2. Clamor, is, m. — 3. Anser, is, m. — 4. Custos, todis, m. — 5. Capitolium, i.

12. L'échanson[1] versa (*infudit*) le vin[2] dans (*in, acc.*) les coupes[3].

1. Pincerna, æ, m. — 2. Vinum, i. — 3. Calix, licis, m.

2.

24° EXERCICE

Noms à radical en **d, t.**

1. Caché[1] derrière (*post, acc.*) une cloison[2], un esclave[3] surprit (*excepit*) la conversation[4] des traîtres[5].

1. Occultus, a, um. — 2. Paries, etis, m. — 3. Servus, i, m. — 4. Sermo, monis, m. — 5. Proditor, is, m.

2. Les Arcadiens[1], détestant (*exsecrati*) la perfidie[2] de [leur] roi[3], l'accablèrent (*eum obruerunt*) de pierres[4] (*abl.*).

1. Arcas, adis, m. — 2. Perfidia, æ, f. — 3. Rex, regis, m. — 4. Lapis, lapidis, m.

3. Une flèche[1] se-planta (*infixa est*) [dans] le pied[2] (*dat.*) de Philoctète[3].

1. Sagitta, æ, f. — 2. Pes pedis, m. — 3. Philoctetes, æ, m.

4. Jupiter[1] engloutit (*mersit*) [sous] un marais[2] (*abl.*) une vallée[3] habitée[4] par des hommes[5] impies[6].

1. Jupiter, m. — 2. Palus, paludis, f. — 3. Vallis, is, f. — 4. Habitatus, a, um. — 5. Homo, hominis, m. — 6. Impius, a, um.

5. Les Romains[1] exigeaient (*imperabant*) des otages[2] des nations[3] (*dat.*) vaincues[4].

1. Romanus, i, m. — 2. Obses, obsidis, m. — 3. Gens, gentis, f. — 4. Victus, a, um.

6. Les légions[1] romaines[2] étaient (*fuerunt*) de six (*six*) mille (*millium*) soldats[3] (*gén.*).

1. Legio, onis, f. — 2. Romanus, a, um. — 3. Miles militis, m.

7. Je-me-suis-cassé (*illisi mihi*) une dent[1] [contre] une pierre[2] (*dat.*).

1. Dens, dentis, m. — 2. Lapis, lapidis, m.

8. [Dans] toute[1] la ville[2] (*abl.*), Macédoniens[3] et Perses[4] pleuraient (*deflebant*) la mort[5] d'Alexandre[6].

1. Totus, a, um. — 2. Urbs, urbis, f. — 3. Macedo, donis, m. — 4. Persa, æ, m. — 5. Mors, mortis, f. — 6. Alexander, dri, m.

9 Les Athéniens[1] condamnèrent (*damnaverunt*) à mort[2] (*gén.*) l'interprète[3] de Xerxès[4], roi[5] de Perse (*tournez :* des Perses[6]).

1. Athenienses, ium, m. — 2. Caput, pitis, n. — 3. Interpres, pretis, m. — 4. Xerxes, is, m. — 5. Rex, regis, m. — 6. Persa, æ, m.

10. Eunus[1] feignit d'obéir (*simulavit se parere*) à la volonté[2] des dieux[3] et appela (*vocavit*) les esclaves[4] à (*ad, acc.*) la liberté[5].

1. Eunus, i, m. — 2. Voluntas, tatis, f. — 3. Deus, i, m. — 4. Servus, i, m. — 5. Libertas, tatis, f.

11. Scévola[1] tua (*interfecit*) un garde[2] à-la-place-du (*pro, abl.*) roi[3].

1. Scævola, æ, m. — 2. Satelles, satellitis, m. — 3. Rex, regis, m.

12. De très-nombreux[1] exemples[2] montrent (*ostendunt*) à Sparte[3] (*gén.*) et à Rome[4] (*gén.*) la bravoure[5] des soldats[6] et des généraux[7].

1. Plurimus, a, um. — 2. Exemplum, i. — 3. Sparta, æ, f. — 4. Roma, æ, f. — 5. Virtus, Virtutis, f. — Miles, militis, m. — 7. Dux, ducis, m

III. — GÉNITIF PLURIEL DES NOMS IMPARISYLLABIQUES

25e EXERCICE

1! La férocité[1] des lions[2] inspirait (*injiciebat*) la terreur[3] aux spectateurs[4].

1. Feritas, tatis, f. — 2. Leo, leonis, m. — 3. Terror, is, m. — 4. Spectator, is, m.

2. Les licteurs[1] des deux (*amborum*) consuls[2] précédaient (*præibant*) le dictateur[3] (*dat.*).

1. Lictor, is, m. — 2. Consul, is, m. — 3. Dictator, is, m.

3. Deux (*duæ*) escadrons[1] de cavaliers[2] se-rencontrèrent (*obviæ fuerunt*) sur (*in, abl.*) le même (*eadem*) chemin[3].

1. Ala, æ, f. — 2. Eques, equitis, m. — 3. Via, æ, f.

4. Les Germains[1] s'emparèrent (*potiti sunt*) des aigles[2] (*abl.*) des légions[3].

1. Germanus, i, m. — 2. Aquila, æ, f. — 3. Legio, onis, f.

5. La Nuit[1] tire (*legit*) le sommeil[2] du (*ex, abl.*) suc[3] des pavots[4].

1. Nox, noctis, f. — 2. Sopor, is, m. — 3. Succus, i, m. — 4. Papaver, is, n.

6. Aucun (*nullus*) bruit[1] de gonds[2] [ne] s'entendait (*audiebatur*) dans (*in, abl.*) l'antre[3] du Sommeil[4].

1 Sonus, i, m. — 2. Cardo, cardinis, m. — 3. Antrum, i. — 4. Somnus, i, m.

7. Les-plus-hautes[1] magistratures[2] appartinrent longtemps (*fuerunt diu*) aux patriciens[3] (*gén.*).

1. Summus, a, um. — 2. Honor, is, m. — 3. Pater, patris, m.

8. Miltiade[1] fit (*fecit*) un abatis[2] d'arbres[3] sur (*in, abl.*) les flancs[4] de [ses] troupes[5].

1. Miltiades, is, m. — 2. Strages, is, f. — 3. Arbor, is, f. — 4. Latus, lateris, n. — 5. Copiæ, arum, f. *plur.*

9. L'accusé[1] fut absous (*absolutus est*) par les suffrages[2] des juges[3].

1. Reus, i, m. — 2. Suffragium, i. — 3. Judex, judicis, m.

10. Les consuls[1] avaient (*gerebant*) la toge[2] et le sceptre[3] des rois[4].

1. Consul, is, m. — 2. Toga, æ, f. — 3. Sceptrum, i. — 4. Rex, regis, m.

11. Dans (*in, abl.*) les dangers[1], Rome[2] fut sauvée (*servata est*) par la concorde[3] des trois (*trium*) ordres[4].

1. Periculum, i. — 2. Roma, æ, f. — 3. Concordia, æ, f. — 4. Ordo, ordinis, m.

12. Les voleurs[1] ne-purent-tromper (*non fefellerunt*) la vigilance[2] des gardiens[3].

1. Fur, is, m. — 2. Vigilantia, æ, f. — 3 Custos, custodis, m.

13. Ulysse[1] fut porté (*delatus est*) par la tempête[2] sur (*in, acc.*) l'île[3] des Cyclopes[4].

1. Ulysses, is, m. — 2. Tempestas, tatis, f. — 3. Insula, æ, f. — 4. Cyclops, Cyclopis, m.

14. Cimon[1] fut (*fuit*) cher[2] aux Athéniens[3] à-cause-de (*propter, acc.*) la douceur[4] de [ses] mœurs[5].

1. Cimon, Cimonis, m. — 2. Carus, a, um. — 3. Athenienses, ium, m. *plur.* — 4. Facilitas, tatis, f. — 5. Mos, moris, m.

15. Un geai[1] se mêla (*se immiscuit*) à une troupe[2] de paons[3].

1. Graculus, i, m. — 2. Grex, gregis, m. — 3. Pavo, pavonis, m.

26ᵉ EXERCICE

1. Athènes[1] fut (*fuerunt*) la maîtresse[2] de tous (*omnium*) les arts[3].

1. Athenæ, arum, f. *plur.* — 2. Magistra, æ, f. — 3. Ars, artis, f.

2. Les malades[1] maudissent (*oderunt*) la longueur[2] des nuits[3].

1. Æger, ægri, m. — 2. Longitudo, dinis, f. — 3. Nox, noctis, f.

3. Phèdre[1] a raconté (*narravit*) le combat[2] des rats[3] et des belettes[4].

1. Phædrus, i, m. — 2. Pugna, æ, f. — 3. Mus, muris, m. — 4. Mustela, æ, f.

4. La foule[1] des clients[2] saluait (*salutabat*) le-matin (*mane*) [son] patron[3].

1. Turba, æ, f. — 2. Cliens, clientis, m. — 3. Patronus, i, m.

5. Des monceaux[1] d'ossements[2] et d'armes[3] étaient disséminés (*sparsi erant*) sur (*in, abl.*) le champ[4] de bataille[5].

1. Acervus, i, m. — 2. Os, ossis, n. — 3. Arma, orum, n. *plur.* — 4. Campus, i, m. — 5. Pugna, æ, f.

6. Le commerce[1] est (*est*) un échange[2] de marchandises[3].

1. Commercium, i. — 2. Commutatio, onis, f. — 3. Merx, mercis, f.

7. Les Naïades[1] étaient (*erant*) les nymphes[2] des fontaines[3].

1. Naias, Naiadis, f. — 2. Nympha, æ, f. — 3. Fons, fontis, m.

8. Les Romains[1] honoraient (*colebant*) [leurs] ancêtres[2] sous (*sub, abl.*) le nom[3] de Pénates[4].

1. Romanus, i, m. — 2. Majores, um, m. *plur.* — 3. Nomen, nominis, n. — 4. Penates, penatium, m. *plur.*

9. L'élite[1] des troupes[2] suivait (*sequebatur*) le consul[3].

1. Robur, roboris, n. — 2. Vires, ium, f. — 3. Consul, is, m.

10. Le Scythe[1] Anacharsis[2] fut mis (*habitus est*) au (*in, abl.*) nombre[3] des sages[4] de la Grèce[5].

1. Scytha, æ, m. — 2. Anacharsis, is, m. — 3. Numerus, i, m. — 4. Sapiens, sapientis, m. — 5. Græcia, æ, f.

NOMS A RADICAL

TERMINÉ PAR UNE DES VOYELLES I, E, U

ou PARISYLLABIQUES

Anc. Gr. § 28-32. — Nouv. Gr. § 26-31

I. — NOMS EN RADICAL EN I

QUI ONT L'ACCUSATIF EN EM ET L'ABLATIF EN E

QUESTIONNAIRE

Quel est le genre de la plupart des noms à radical terminé par une voyelle?

Quelle désinence ont-ils au nominatif singulier?

Quelle est la terminaison constante du génitif pluriel, dans les noms à radical en e ou i?

Quelles terminaisons différentes les noms à radical en i présentent-ils à l'accusatif et à l'ablatif du singulier?

Quelle altération de l'i présentent quelques noms neutres au nominatif, au vocatif et à l'accusatif du singulier?

Quelle est la terminaison de ces noms neutres au nominatif, au vocatif, à l'accusatif du pluriel?

Les noms à radical en e peuvent-ils avoir l'accusatif en im et l'ablatif en i?

Quel est le genre de ces noms?

Quelle est la terminaison du génitif pluriel dans les deux noms à radical en u?

27° EXERCICE

1. Les assiégés[1] souffrant (*laborantes*) de la faim[2] (*abl.*) firent (*fecerunt*) du pain[3] avec (*e, abl.*) du son[4].

1. Obsessus, i, m. — 2. Fames, is, f. — 3. Panis is, m. — 4. Furfur, is, m.

2. Des ruisseaux[1] descendent (*defluunt*) de (*de, abl.*) la colline[2].

1. Rivus, i, m. — 2. Collis, is, m.

3. Entourés[1] par les ennemis[2], les Romains[3] firent (*fecerunt*) le cercle[4].

1. Circumventus, a, um. — 2. Hostis, is, m. — 3. Romanus i, m. — 4. Orbis, is, m.

4. [Dans] les mois[1] (*abl.*) d'hiver[2] les laboureurs[3] préparent (*parant*) les travaux[4] du printemps[5].

1. Mensis, is, m. — 2. Hiems, hiemis, f. — 3. Agricola, æ, m. — 4. Opus, operis, n. — 5. Ver, is, n.

5. Les Indiens [1] du littoral [2] (*tournez par un adjectif*) se-couvrent (*teguntur*) de peaux [3] (*abl.*) de bêtes-sauvages [4], et se-nourrissent (*vescuntur*) de poissons [5] (*abl.*) séchés [6] au soleil [7] (*abl.*).

6. Manlius [1] jeta (*jaculatus est*) de (*ab, abl.*) la citadelle [2] des pains [3] sur (*in, acc.*) les Gaulois [4].

7. Brutus [1] se-jeta-sur (*incubuit*) [son] épée [2] (*dat.*).

8. Les femmes [1] de Carthage [2] (*abl.*) firent (*fecerunt*) des câbles [3] avec (*ex, abl.*) [leurs] cheveux [4].

9. L'ombre [1] de la montagne [2] tombait (*cadebat*) dans (*in, acc.*) la vallée [3].

10. Miltiade [1] partit (*profectus est*) d'Athènes [2] (*abl.*) avec (*cum, abl.*) une flotte [3] de cinquante (*quinquaginta*) vaisseaux [4] (*gén.*).

11. Le berger [1] attaqua (*petivit*) le loup [2] [avec] un bâton [3] (*abl.*).

1. Indus, i, m. — 2. Maritimus, a, um. — 3. Pellis, is, f. — 4. Fera, æ, f. — 5. Piscis, is, m. — 6. Duratus, a, um. — 7. Sol, is, m.

1. Manlius, i, m. — 2. Arx, arcis, f. — 3. Panis, is, m. — 4. Gallus, i, m.

1. Brutus, i, m. — 2. Ensis, is, m.

1. Mulier, is, f. — 2. Carthago, ginis, f. — 3. Funis, is, m. — 4. Crinis, is, m.

1. Umbra, æ, f. — 2. Mons, montis, m. — 3. Vallis, is, f.

1. Miltiades, is, m. — 2. Athenæ, arum, f. *plur.* — 3. Classis, is, f. — 4. Navis, is, f.

1. Pastor, is, m. — 2. Lupus, i, m. — 3. Fustis, is, m.

II. — NOMS A RÁDICAL EN I
QUI ONT L'ACCUSATIF EN IM ET L'ABLATIF EN I

28° EXERCICE

1. Le vaisseau [1] fendait (*secabat*) l'eau [2] (*plur.*) de [sa] poupe (*abl.*) [3].

2. Le gosier [1] de Midas [2] était-torturé (*torquebatur*) par une soif [3] ardente [4].

3. Les campagnes [1] sont plantées (*consiti sunt*) de chanvre [2] (*abl.*).

4. Le corps [1] du vieillard [2] était secoué (*quatiebatur*) par la toux [3].

5. Le vent [1] amena (*impulit*) sur (*in, acc.*) l'Égypte [2] une grande [3] quantité [4] de sauterelles [5].

1. Navis, is, f. — 2. Unda, æ, f. — 3. Puppis, is, f.

1. Guttur, is, n. — 2. Midas, æ, m. — 3. Sitis, is, f. — 4. Aridus, a, um.

1. Ager, agri, m. — 2. Cannabis, is, f.

1. Corpus, corporis, n. — 2. Senex, senis, m. — 3. Tussis, is, f.

1. Ventus, i, m. — 2. Ægyptus, i, f. — 3. Magnus, a, um. — 4. Vis, vis, f. — 5. Locusta, æ, f.

6. Trajan[1] naquit (*natus est*) à Séville[2] (*abl.*).

1. Trajanus, i, m. — 2. Hispalis, is, f.

7. Horace[1] compare (*confert*) la poésie[2] à (*cum, abl.*) la peinture[3].

1. Horatius, i, m. — 2. Poesis, is, f. — 3. Pictura, æ, f.

8. Les faisceaux[1] des licteurs[2] n'avaient pas de hache (*tournez :* étaient, *erant,* sans, *sine, abl.,* hache[3]) dans (*in, abl.*) la ville[4].

1. Fascis, is, m. — 2. Lictor, is, m. — 3. Securis, is, f. — 4. Urbs, urbis, f.

9. César[1] fit-approcher (*admovit*) des murs[2] (*dat.*) une tour[3] en-bois[4] (*adjectif*).

1. Cæsar, is, m. — 2. Murus, i, m. — 3. Turris, is, f. — 4. Ligneus, a, um.

10. Horatius[1] traversa-à-la-nage (*tranavit*) le Tibre[2].

1. Horatius, i, m. — 2. Tiberis, is, m.

11. Euryclée[1] apporta (*attulit*) un bassin[2] et lava (*lavit*) les pieds[3] du mendiant[4].

1. Euryclea, æ, f. — 2. Pelvis, is, f. — 3. Pes, pedis, m. — 4. Mendicus, i, m.

12. Annibal[1] assiégea en vain (*obsedit frustra*) Naples[2].

1. Annibal, is, m. — 2. Neapolis, is, f.

13. Les Saturnales[1] se célébraient (*celebrabantur*) [en] décembre[2] (*abl.*).

1. Saturnalia, ium, n. *plur.* — 2. December, decembris, m.

14. Cicéron[1] communiquait (*communicabat*) [ses] projets[2] à (*cum, abl.*) Atticus[3], son (*suo*) contemporain[4] et [son] ami-intime[5].

1. Cicero, Ciceronis, m. — 2. Consilium, i. — 3. Atticus, i, m. — 4. Æqualis, is, m. — 5. Familiaris, is, m.

III. — NOMS NEUTRES A RADICAL EN I

29e EXERCICE

1. Le tribun[1] fut trouvé (*inventus est*) assassiné[2] dans (*in, abl.*) [son] lit[3].

1. Tribunus, i, m. — 2. Occisus, a, um. — 3. Cubile, is, n.

2. Les Perses[1] furent vaincus (*victi sunt*) [sur] terre[2] (*abl.*) et [sur] mer[3].

1. Persæ, arum, m. *plur.* — 2. Terra, æ, f. — 3. Mare, is, n.

3. Un cerf[1] entra (*ingressus est*) dans (*in, acc.*) une étable-à-bœufs[2].

Cervus, i, m. — 2. Bubile, is, n.

4. Siégeant (*sedens*) à (*in, abl.*) [son] tribunal[1], le consul[2] donna (*donavit*) des colliers[3] et des bracelets[4] aux soldats[5] les-plus-braves[6].

1. Tribunal, is, n. — 2. Consul, is, m. — 3. Torquis, is, m. — 4. Armilla, æ, f. — 5. Miles, militis, m. — 6. Fortissimus, a, um.

5. Un enfant[1] s'endormit (*obdor-mivit*) sur (*in, abl.*) la margelle-d'un-puits[2].

6. Une épée[1] pendait (*pendebat*) du (*e, abl.*) plafond[2] sur (*in, acc.*) la tête[3] de Damoclès[4].

7. Le soir[1] (*abl.*), les moutons[2] rentrent (*regrediuntur*) à (*in, acc.*) l'étable[3].

8. L'homme[1] est-au-dessus-des (*antecedit*) animaux[2] (*acc.*) [par] la raison[3] (*abl.*).

9. Lisons (*evolvamus*) les chefs-d'œuvre[1] des Grecs[2].

10. Les fuyards[1] donnèrent de l'éperon (*tournez :* approchèrent, *admoverunt*, les éperons[2]) à [leurs] chevaux[3].

11. Les brebis[1] malades[2] mouraient (*moriebantur*) près (*ad, acc.*) de [leurs] mangeoires[3] pleines[4].

12. Pélopidas[1] entra (*ingressus est*) [dans] Thèbes[2] (*acc.*) portant (*ferens*) des filets[3], comme (*more*) un chasseur[4] (*gén.*).

13. Une foule[1] suppliante[2] accourait (*concurrebat*) aux (*ad, acc.*) autels[3].

14. Ulysse[1] erra (*erravit*) par (*circum, acc.*) toutes (*omnia*) les mers[2].

---

1. Puer, i, m. — 2. Puteal, is, n.

1. Gladius, i, m. — 2. Lacunar, is, n. — 3. Caput, capitis, n. — 4. Damocles, is, m.

1. Vesper, is, m. — 2. Vervex, vervecis, m. — 3. Ovile, is, n.

1. Homo, hominis, m. — 2. Animal, is, n. — 3. Ratio, rationis, f.

1. Exemplar, is, n. — 2. Græci, orum, m. *plur.*

1. Fugiens, fugientis, m. — 2. Calcar, is, n. — 3. Equus, i, m.

1. Ovis, is, f. — 2. Æger, ægra, ægrum. — 3. Præsepe, is, n. — 4. Plenus, a, um.

1. Pelopidas, æ, m. — 2. Thebæ, arum, f. *plur.* — 3. Rete, is, n. — 4. Venator, is, m.

1. Turba, æ, f. — 2. Supplex, supplicis. — 3. Altare, is, n.

1. Ulysses, is, m. — 2. Mare, is, n.

IV. — GÉNITIF PLURIEL

DANS LES NOMS EN RADICAL EN I ou E

30ᵉ EXERCICE

1. Une grande-quantité de poissons (*tournez :* de nombreux[1] poissons[2]) se-prirent (*excepti sunt*) [dans] les mailles[3] (*abl.*) des filets[4].

2. La forêt[1] résonnait (*resonabat*) du chant[2] (*abl. plur.*) des oiseaux[3].

---

1. Permulti, æ, a. — 2. Piscis, is, m. — 3. Macula, æ, f. — 4. Rete, is, n.

1. Silva, æ, f. — 2. Vox, vocis, f. — 3. Avis, is, f.

3. Le génie[1] tutélaire (*tutelare*) des vaisseaux[2] était (*erat*) sculpté[3] ou (*aut*) peint[4] sur (*in, abl.*) la poupe[5].

1. Numen, numinis, n. — 2. Navis, is, f. — 3. Sculptus, a, um. — 4. Pictus, a, um. — 5. Puppis, is, f.

4. Le général[1] conduisait (*ducebat*) [ses] légions[2] sur (*per, acc.*) les pentes[3] des collines[4].

1. Imperator, is, m. — 2. Legio, legionis, f. — 3. Clivus, i, m. — 4. Collis, is, m.

5. Les fables[1] racontent (*narrant*) les ruses[2] des renards[3].

1. Fabula, æ, f. — 2. Dolus, i, m. — 3. Vulpes, is, f.

6. Les frelons[1] mangent (*vescuntur*) le miel[2] (*abl.*) des abeilles[3].

1. Crabro, crabronis, m. — 3. Mel, mellis, n. — 4. Apis is, f.

7. Le courage[1] des citoyens[2] est (*est*) la sauvegarde[3] des villes[4].

1. Virtus, virtutis, f. — 2. Civis, is, m. — 3. Tutela, æ, f. — 4. Urbs, urbis, f.

8. Des troupeaux[1] de brebis[2] paissent (*pascuntur*) l'herbe[3] des vallées[4].

1. Pecus, oris, n. — 2. Ovis, is, f. — 3. Herba, æ, f. — 4. Vallis, is, f.

9. Le printemps[1] revient (*redit*) avec (*cum, abl.*) [son] cortège[2] de fièvres[3] et de maladies[4].

1. Ver, is, n. — 2. Agmen, agminis, n. — 3. Febris, is, f. — 4. Morbus, i, m.

10. La terre[1] s'entr'ouvrit (*discessit*) par [l'effet de] la violence[2] (*abl.*) des pluies[3].

1. Terra, æ, f. — 2. Vis, vis, f. — 3. Imber, imbris, m.

11. La foudre[1] jaillit (*elicitur*) du choc[2] (*abl.*) des nuages[3].

1. Fulmen, fulminis, n. — 2. Impactio, impactionis, f. — 3. Nubes, is, f.

12. Certains (*quidam*) chefs[1] gaulois (*tournez :* des Gaulois[2]) tiraient (*comparabant*) beaucoup (*magnam*) [d']argent[3] [de] la perception[4] (*abl.*) des droits-de-douane[5].

1. Dux, ducis, m. — 2. Gallorum, m. — 3. Pecunia, æ, f. — 4. Perceptio, perceptionis. f. — 5. Vectigal, vectigalis, n.

NOMS TIRÉS DU GREC

Anc. Gr. § 33-37 Nouv. Gr. § 41

31ᵉ EXERCICE

1. Les poètes[1] lyriques[2] invoquent (*invocant*) le secours[3] d'Érato[4], les poètes[1] épiques[5] [celui] de Calliope[6].

1. Poeta, æ, m. — 2. Lyricus, a, um. — 3. Ops, opis, f. — 4. Erato, Eratus, f. — 5. Epicus, a, um. — 6. Calliope, es, f.

3

2. Carthage[1], la ville[2] de Didon[3], eut (*habuit*) [pour] métropole[4] (*acc.*) Sidon[5], en (*in, abl.*) Phénicie[6].

1. Carthago, Carthaginis, f. — 2. Urbs, urbis, f. — 3. Dido, Didonis *ou* Didûs, f. — 4. Metropolis, is, f. —5. Sidon, is, f. — 6. Phœnicia, æ, f.

3. Les Grecs[1] croyaient (*credebant*) [que] l'Hélicon[2] (*acc.*), montagne[3] de Béotie[4], était (*esse*) le séjour[5] (*acc.*) favori[6] d'Apollon[7] (*dat.*) et des Muses[8] (*dat.*).

1. Græci, orum, m. *plur* — 2. Helicon, is, m., *acc.* em ou a.— 3. Mons, montis, m. —4. Bœotia, æ, f. — 5. Sedes, is, f. — 6. Gratissimus, a, um. — 7. Apollo, Apollinis, m. — 8. Musa, æ, f.

4. Les anciens[1] nommaient (*vocabant*) éther[2] (*acc.*) la partie[3] du ciel[4] où (*in qua*) sont (*sunt*) les astres[5].

1. Antiqui, orum, m. *plur.* — 2. Æther, is, *acc.* a, m. — 3. Pars, partis, f. — 4. Cælum, i. — 5. Sidus, sideris, n.

5. Les Béotiens[1] respiraient (*spirabant*) un air[2] épais[3]; de là (*inde*) la lourdeur[4] (*nom.*) de [leurs] esprits[5], dont (*quam*) les Grecs[6] se moquaient (*irridebant*).

1. Bœotii, orum, m. *plur.* — 2. Aer, is, m. — 3. Crassus, a, um. — 4. Tarditas, tarditatis, f. — 5. Ingenium, i. — 6. Græci, orum, m. *plur.*

6. Heureux (*felix*) Achille[1], disait (*inquiebat*) Alexandre[2], Homère[3] a chanté (*cecinit*) tes (*tua*) exploits[4].

1. Achilles, is, m. — 2. Alexander, Alexandri, m. — 3. Homerus, i, m. — 4. Factum, i.

7. L'enchanteresse[1] Circé[2] essaya (*conata est*) de retenir (*retinere*) Ulysse[3] dans (*in, abl.*) son (*sua*) île[4].

1. Saga, æ, f. — 2. Circe, es, f. — 3. Ulysses, is, m. — 4. Insula, æ, f.

8. La victoire[1] de (*apud, acc.*) Marathon[2] illustre (*nobilitat*) à jamais (*in æternum*) le nom[3] (*plur.*) des Athéniens[4] et des Platéens[5].

1. Victoria, æ, f. — 2. Marathon, Marathonis, *acc.* em ou a, m. — 3. Nomen, nominis, n. — 4. Athenienses, ium, m. *plur.* — 5. Platæenses, ium, m. *plur*

9. Le tyran[1] de Sicile[2] Denys[3] écrivait (*scribebat*) des poèmes[4].

1. Tyrannus, i, m. — 2. Sicilia, æ, f. — 3. Dionysius, i, m. — 4. Poema, poematis, n.

10. Un poète[1] grec[2] a composé (*condidit*) un poème[3] sur (*de, abl.*) un combat[4] des rats[5] et des (*tournez : avec, cum, abl.* les) grenouilles[6].

1. Poeta, æ, m. — 2. Græcus, a, um. — 3. Poema, poematis, n. — 4. Pugna, æ, f. — 5. Mus, muris, m. — 6. Rana, æ, f.

11. Thémistocle[1] était (*fuit*) fils[2] de Néoclès[3].

1. Themistocles, is, m. — 2. Filius, i, m. — 3. Neocles, is ou i, m.

12. Le grand[1] sculpteur[2] Phidias[3] était (*fuit*) l'ami[4] de Périclès[5].

1. Præstantissimus, a, um. — 2. Sculptor, is, m. — 3. Phidias, æ, m. — 4. Amicus, i, m. — 5. Pericles, is, m.

32ᵉ EXERCICE

1. Jupiter[1] condamna (*jussit*) le Titan[2] Atlas[3] [à] porter (*sustinĕre*) le ciel[4] [sur ses] épaules[5] (*abl.*).

1. Jupiter, *gén.* Jovis, m. — 2. Titan, is, m. — *3. Atlas, Atlantis, m. — 4. Cælum, t. — 5. Humerus, i, m.

2. Achille[1] (*abl.*) étant-mort[2], les armes[3] du héros[4] furent (*fuerunt*) réclamées[5] par Ajax[6] et Ulysse[7].

1. Achilles, is, m. — 2. Mortuus, a, um. — 3. Arma, orum, n. — 4. Heros, herois, m. — 5. Postulatus, a, um. — 6. Ajax, Ajacis, m. — 7. Ulysses, is, m.

3. La vie[1] de Cyrus[2], racontée[3] par Xénophon[4], est (*est*) mêlée[5] de fictions (*tournez :* de choses[6], *abl.*, inventées[7]).

Vita, æ, f. — 2. Narratus, a, um. — 3. Cyrus, i, m. — 4. Xenophon, Xenophontis, m. — 5. Mixtus, a, um. — 6. Res, rei, f. — 7. Fictus, a, um.

4. Distinguez (*discernatis*) Téthys[1], épouse[2] d'Océanus[3], de (*a, abl.*) Thétis[4], épouse[2] de Pélée[5], roi[6] de Phthie[7], et mère[8] d'Achille[9].

1. Tethys, Tethyos, *acc.* Tethya, f. — 2. Conjux, conjugis, f. — 3. Oceanus, i, m. — 4. Thetis, Thetidis *ou* os, *acc.* Thetida *ou* Thetim, f. — 5. Peleus, i, m. — 6. Rex, regis, m. — 7. Phthia, æ, f. — 8. Mater, matris, f. — 9. Achilles, is, m.

5. Quand (*quum*) vous lirez (*legetis*) l'Énéide[1], vous aimerez (*amabitis*) Didon[2] et vous respecterez (*reverebimini*) Énée[3].

1. Æneis, Æneidos *ou* is, *acc.* a, f. — 2. Dido, Didonis, f. — 3. Æneas, æ, m.

6. Les anciens[1] appelaient (*vocabant*) héros[2] les fils[3] d'un dieu[4] et d'une femme[5] mortelle (*mortalis*) ou (*aut*) d'une déesse[6] et d'un homme[7].

1. Antiqui, orum, m. *plur.* — 2. Heros, herois, m. — 3. Filius, i, m. — 4. Deus, i, m. — 5. Mulier, is, f. — 6. Dea, æ, f. — 7. Homo, hominis, m.

7. Les Égyptiens[1] adoraient (*colebant*) particulièrement (*præcipue*) Osiris[2], le soleil[3], Isis[4], la lune[5], Sérapis[6], le dieu[7] des enfers[8].

1. Ægyptii, orum, m. — 2. Osiris, *gén.* is *ou* idis, *acc.* im *ou* ida, m. — 3. Sol, is, m. — 4. Isis, *gén.* is *ou* idis, *acc.* im *ou* ida, f. — 5. Luna, æ, f. — 6. Serapis, *gén.* is *ou* idis, *acc.* im *ou* ida, m. — 7. Inferi, orum, m. *plur.*

8. Des énigmes[1] étaient proposées (*proponebantur*) par le Sphinx[2] aux voyageurs[3] qui-entraient-dans (*intrantibus*) Thèbes[4] (*acc.*).

1. Ænigma, ænigmatis, n. — 2. Sphinx, Sphingis, f. — 3. Viator, is, m. — 4. Thebæ, arum, f. *plur.*

9. Les poètes[1] ont célébré (*cele-braverunt*) les beaux-sites[2] (*traduisez par le singulier*) de Tempé[3], vallée[4] de la Thessalie[5] entre (*inter, acc.*) l'Œta[6] et l'Olympe[7].

1. Poeta, æ, m. — 2. Amœnitas, amœnitatis, f. — 3. Tempe, n. *plur. indécl.* — 4. Vallis, is, f. — 5. Thessalia, æ, f. — 6. Œta, æ, f. — 7. Olympus, i, m.

Exercices dans lesquels des adjectifs sont joints aux noms.

33e EXERCICE

Décliner :

Consul, is,	*m.*,	providus, a, um,	*le consul prévoyant.*
Orator, is,	*m.*,	disertus, a, um,	*l'orateur habile.*
Rumor, is,	*m.*,	falsus, a, um,	*le bruit mensonger.*
Anser, is,	*m.*,	stridulus, a, um,	*l'oie criarde.*
Vultur, is,	*m.*,	sævus, a, um,	*le vautour cruel.*
Clamor, is,	*m.*,	bellicus, a, um,	*le cri guerrier.*
Senator, is,	*m.*,	romanus, a, um,	*le sénateur romain.*
Pugil, is,	*m.*,	robustus, a, um,	*l'athlète vigoureux.*
Fur, is,	*m.*,	nocturnus, a, um,	*le voleur de nuit.*
Carcer, is,	*m.*,	angustus, a, um,	*la prison étroite.*
Arbor, is,	*f.*,	frugifer, a, um,	*l'arbre fertile.*
Uxor, is,	*f.*,	fidus, a, um,	*l'épouse fidèle.*
Mulier, is,	*f.*,	lacænus, a, um,	*la femme lacédémonienne.*
Soror, is,	*f.*,	dilectus, a, um,	*la sœur aimée.*
Marmor, is,	*n.*,	candidus, a, um,	*le marbre blanc.*
Æquor, is,	*n.*,	immensus, a, um,	*la plaine immense.*
Papaver, is,	*n.*,	somnifer, a, um,	*le pavot somnifère.*
Cadaver, is,	*n.*,	abjectus, a, um,	*le cadavre abandonné.*
Ver, is,	*n.*,	novus, a, um,	*le printemps nouveau.*
Nectar, is,	*n.*,	odoratus, a, um.	*le nectar parfumé.*

34e EXERCICE

Décliner :

Pater, tris,	*m.*,	bonus, a, um,	*le bon père.*
Mater, tris,	*f.*,	sedulus, a, um,	*la mère attentive.*
Virgo, ginis,	*f.*,	verecundus, a, um	*la jeune fille modeste*
Homo, minis,	*m.*,	pius, a, um,	*l'homme pieux.*
Ebur, eboris,	*n.*,	nitidus, a, um,	*l'ivoire éclatant.*
Natio, onis,	*f.*,	ferus, a, um,	*la peuplade sauvage.*
Pulvis, veris,	*m.*,	densus, a, um,	*la poussière épaisse.*
Image, ginis,	*f.*,	verus, a, um,	*l'image exacte.*

Décliner :

Flumen, minis,	n.,	validus, a, um,	le courant puissant.
Leo, onis,	m ,	generosus, a, um,	le lion magnanime.
Mos, moris,	m.,	antiquus, a, um,	la coutume ancienne.
Lepus, poris,	m.,	timidus, a, um,	le lièvre timide.
Opus, operis,	n.,	perfectus, a, um,	l'ouvrage achevé.
Mus, muris,	m.,	exiguus, a, um,	la petite souris.
Pavo, onis,	m.,	superbus, a, um,	le paon orgueilleux.
Corpus, poris,	n.,	caducus, a, um,	le corps périssable.
Hiems, hiemis,	f.,	asper, a, um,	l'hiver rigoureux.
Pecus, coris,	n.,	vagus, a, um	le troupeau vagabond.
Flos, floris,	m.,	purpureus, a, um,	la fleur vermeille.
Scipio, onis,	m.,	eburneus, a, um,	le bâton d'ivoire.

35ᵉ EXERCICE

Décliner :

Cyclops, opis,	m.,	dirus, a, um,	le cyclope cruel.
Trabs, trabis,	f.,	firmus, a, um,	la poutre solide.
Vox, vocis,	f.,	clarus, a, um ,	la voix sonore.
Judex, dicis,	m.,	religiosus, a, um,	le juge consciencieux.
Nox, noctis,	f.,	obscurus, a, um,	la nuit ténébreuse.
Remex, migis,	m.,	impiger, gra, grum,	le rameur infatigable.
Dux, ducis,	m.,	infidus, a,um,	le guide peu sûr.
Lex, legis,	f.,	æquus, a, um,	la loi équitable.
Nix, nivis,	f.,	altus, a, um,	la neige épaisse.
Radix, dicis,	f.,	profundus, a, um,	la racine profonde.
Lapis, pidis,	m.,	rigidus, a, um,	la pierre dure.
Sacerdos, dotis,	m.,	venerandus, a, um,	le prêtre vénérable.
Pes, pedis,	m.,	citus, a, um,	le pied rapide.
Æstas, tatis,	f.,	torridus, a, um,	l'été brûlant.
Caput, pitis,	n.,	pulcher, chra, chrum,	la belle tête.
Miles, litis,	m.,	strenuus, a, um,	le soldat alerte.
Laus, laudis,	f.,	meritus, a, um,	la louange méritée.
Merces, cedis,	f.,	amplus, a, um,	la récompense considérable.
Satelles, llitis,	m.,	armatus, a, um,	le garde armé.
Palus, ludis,	f.,	cænosus, a, um,	le marais fangeux.

36ᵉ EXERCICE

1. Joseph [1] reconnut (agnovit [ses] | 1. Josephus, i, m. — 2. Malus, a, um. — 3. Frater, fratris, m.
méchants [2] frères [3]. |

2. Il leur (*illis*) dit (*dixit*) : « Vous êtes (*estis*) des ennemis [1] de l'Égypte [2]; vous voulez (*vultis*) reconnaître (*explorare*) les villes [3] riches [4] et les endroits [5] fortifiés [6] de cette (*hujus*) belle [7] contrée [8]. »

3. Les fils [1] de Jacob [2], pressés [3] de nouveau (*rursus*) par le manque [4] de blé [5], firent (*susceperunt*) un nouveau [6] voyage [7] en (*in, acc.*) Égypte [8] et amenèrent (*adduxerunt*) [leur] jeune [9] frère [10] Benjamin [11], le-plus-cher [12] au vieux [13] Jacob [14].

4. Joseph [1] invita (*vocavit*) [ses] frères [2] à (*ad, acc.*) un repas [3] somptueux [4] dans (*in, abl.*) [son] palais [5] magnifique [6].

5. L'intendant [1] trouva (*reperit*) la coupe [2] d'or [3] (*tournez par un adjectif*) de Joseph [4] dans (*in, abl.*) le sac [5] de Benjamin [6].

6. Juda [1] dit (*dixit*) à Joseph [2] : « Retiens (*retine*)-nous (*nos*) dans (*in, abl.*) la-plus-dure [3] servitude [4]; mais (*sed*) [que] Benjamin [5] soit (*sit*) la consolation [6] de la vieillesse [7] avancée [8] de notre [9] père [10]. »

7. Joseph [1] renvoya (*dimisit*) [ses] frères [2] comblés [3] de présents [4] (*abl.*) précieux [5].

8. Jacob [1] et ses (*ejus*) fils [2] furent établis (*collocati sunt*) par le pharaon [3] bienfaisant [4] dans (*in, abl.*) la partie [5] la-plus-fertile [6] du royaume [7].

9. Quand (*ubi*) il sentit (*sensit*) [que] la mort [1] (*acc.*) était (*esse*) proche [2] (*acc.*), Jacob [3] demanda (*rogavit*) que

1. Hostis, is, m. — 2. Ægyptus, i, f. — 3. Urbs, urbis, f. — 4. Opulentus, a, um. — 5. Locus, i, m. — 6. Munitus, a, um. — 7. Pulcher, pulchra, pulchrum. — 8. Regio, regionis, f.

1. Filius, i, m. — 2. Jacobus, i, m. — 3. Coactus, a, um. — 4. Egestas, tatis, f. — 5. Frumentum, i, m. — 6. Novus, a, um. — 7. Iter, itineris, n. — 8. Ægyptus, i, f. — 9. Parvulus, a, um. — 10. Frater, fratris, m. — 11. Benjaminus, i, m. — 12. Carissimus, a, um. — 13. Senex, senis, m. — 14. Jacobus, i, m.

1. Josephus, i, m. — 2. Frater, fratris, m. — 3. Epulæ, arum, f. plur. — 4. Lautus, a, um. — 5. Ædes, ium, f. plur. — 6. Magnificus, a, um.

1. Dispensator, is, m. — 2. Calix, calicis, m. — 3. Aureus, a, um. — 4. Josephus, i, m. — 5. Saccus, i, m. — 6. Benjaminus, i, m.

1. Juda, æ, m. — 2. Josephus, i, m. — 3. Durissimus, a, um. — 4. Servitus, tutis, f. — 5. Benjaminus, i, m. — 6. Solatium, i. — 7. Senectus, tutis, f. — 8. Provectus, a, um. — 9. Noster, nostra, nostrum. — 10. Pater, patris, m.

1. Josephus, i, m. — 2. Frater, fratris, m. — 3. Cumulatus, a, um. — 4. Munus, muneris, n. — 5. Pretiosus, a, um.

1. Jacobus, i, m. — 2. Filius, i, m. — 3. Pharao, onis, m. — 4. Beneficus, a, um. — 5. Pars, partis, f. — 6. Fertilissimus, a, um. — 7. Regnum, i.

1. Mors, mortis, f. — 2. Proximus, a, um. — 3. Jacobus, i, m

(*ut*) son (*suum*) corps[4] embaumé[5] fût porté (*transferretur*) dans (*in, acc.*) le pays[6] de-ses-pères[7] (*tournez par un adjectif*).

— 4. Corpus, corporis, n. — 5. Conditus, a, um. — 6. Terra, æ, f. — 7. Patrius, a, um.

37° EXERCICE

1. La couronne[1] de-gazon[2] (*adjectif*) fut souvent (*fuit sæpe*) la récompense[3] du courage[4] guerrier[5] et d'actions[6] éclatantes[7] ; elle fut (*fuit*) le-plus-grand[8] honneur[9] chez (*apud, acc.*) les Grecs[10] et chez les Romains[11].

1. Corona, æ, f. — 2. Gramineus, a, um. — 3. Præmium, i. — 4. Virtus, virtutis, f. — 5. Bellicus, a, um. — 6. Factum, i. — 7. Egregius, a, um. — 8. Summus, a, um. — 9. Honor, is, m. — 10. Græci, orum, m. — 11. Romani, orum, m.

2. La blessure[1] d'Épaminondas[2] était (*erat*) mortelle[3].

1. Vulnus, vulneris, n. — 2. Epaminondas, æ, m. — 3. Mortifer, a, um.

3. Le lion[1] blessé[2] reconnaît (*agnoscit*) [son] agresseur[3] [avec] un coup-d'œil[4] (*abl.*) merveilleux[5].

1. Leo, leonis, m. — 2. Vulneratus, a, um. — 3. Percussor, is, m. — 4. Observatio, onis, f. — 5. Mirus, a, um.

4. La récompense[1] suit toujours (*sequitur semper*) le travail[2] opiniâtre[3].

1. Præmium, i. — 2. Labor, is, m. — 3. Improbus, a, um.

5. Les voyageurs[1] égarés[2] errèrent longtemps (*vagati sunt diu*) [par] des chemins[3] (*abl.*) inconnus[4].

1. Viator, is, m. — 2. Devius, a, um. — 3. Iter, itineris, n. — 4. Ignotus, a, um.

6. Le papillon[1] a été comparé (*comparatus fuit*) à une fleur[2] ailée[3].

1. Papilio, onis, m. — 2. Flos, floris, m. — 3. Aliger, a, um.

7. Les deux (*duo*) plus-belles[1] œuvres[2] de Phidias[3] étaient (*erant*) les statues[4] d'ivoire[5] (*adjectif*) de Jupiter[6] et de Minerve[7].

1. Pulcherrimus, a, um. — 2. Opus, operis, n. — 3. Phidias, æ, m. — 4. Signum, i. — 5. Eburneus, a, um. — 6. Jupiter, *gén.* Jovis, m. — 7. Minerva, æ, f.

8. L'amitié[1] de Cicéron[2] et d'Atticus[3] s'accrut (*crevit*) jusqu'à (*ad, acc.*) [leur] âge[4] le-plus-avancé[5].

1. Amicitia, æ, f. — 2. Cicero, onis, m. — 3. Atticus, i, m. — 4. Ætas, ætatis, f. — 5. Extremus, a, um.

9. Pendant la république (*tournez :* [dans] les temps[1], *abl.*, de la république, *reipublicæ*), les Romains[2] n'employèrent jamais (*nunquam usi sunt*) le concours[3] (*abl.*) de soldats[4]

1. Tempus, temporis, n. — 2. Romani, orum, m. *plur.* — 3. Opera, æ, f. — 4. Miles, militis, m.

mercenaires[5] : tous (*omnes*) les citoyens[6], patriciens[7] et plébéiens[8],
étaient également (*erant pariter*)
soldats[9].

— 5. Mercenarius, a, um. —
6. Civis, is, m.— 7. Patricius,
i, m. — 8. Plebeius, i, m. —
9. Miles, militis, m.

THÈME DE RECAPITULATION
SUR LES TROIS PREMIÈRES DÉCLINAISONS

Le dieu[1] Apis[2].

Apis[2] était adoré (*colebatur*) sous (*sub, abl.*) la forme[3] d'un
taureau[4]. Quand (*quum*) il avait atteint (*pervenerat ad, acc.*) [sa]
huitième[5] année[6], les prêtres[7] le (*eum*) noyaient (*immergebant*)
dans (*in, abl.*) une fontaine[8] sacrée[9]. Alors (*tum*) tout[10] le peuple[11] prenait (*induebat*) des habits[12] de-deuil[13] (*adjectif*) et poussait (*tollebat*) de grands[14] cris[15]. Un nouveau[16] dieu[1] était cherché
(*quærebatur*) alors (*tum*). Il devait (*debebat*) être (*esse*) noir[17]
[par] tout[18] le corps[19] (*abl.*), excepté (*præter, acc.*) une tache[20]
blanche[21] carrée[22] sur (*in, abl.*) le front[23], et une autre[24] tache[20]
(*acc.*) blanche[21] sur (*in, abl.*) le flanc[25] droit[26], faite[27] (*acc.*) en
(*in, acc.*) forme[28] de croissant[29]. Les prêtres[7] envoyaient (*mit-
tebant*) l'heureuse[30] nouvelle[31] aux habitants[32] inquiets[33], dont
(*quorum*) la foule[34], parée[35] d'habits[12] (*abl.*) de-fête[36] (*adjectif*),
allait (*ibat*) au-devant (*obviam*) du nouveau[16] dieu[1] (*dat.*).

---

1. Deus, i, m. — 2. Apis, is, m. — 3. Figura, æ, f. — 4. Taurus, i,
m. — 5. Octavus, a, um. — 6. Annus, i, m. — 7. Sacerdos, dotis, m.
— 8. Fons, fontis, m. — 9. Sacer, sacra, sacrum. — 10. Universus,
a, um. — 11. Pŏpulus, i, m. — 12. Vestis, is, f. — 13. Pullus, a, um. —
14. Magnus, a, um. — 15. Clamor, is, m. — 16. Novus, a, um. — 17. Niger, nigra, nigrum. — 18. Totus, a, um. — 19. Corpus, corporis, n. —
20. Macula, æ, f. — 21. Candidus, a, um. — 22. Quadratus, a, um. —
23. Frons, frontis, f. — 24. Alter, a, um. — 25. Latus, lateris, n. —
26. Dexter, dextra, dextrum. — 27. Factus, a, um. — 28. Figura, æ, f.
— 29. *Tournez : de lune* (luna, æ, f.) *creuse* (cavus, a, um). — 30. Lætus, a, um.
— 31. Nuntius, i, m. — 32. Civis, is, m. — 33. Anxius, a, um. — 34. Turba,
æ, f. — 35. Ornatus, a, um. — 36. Festus, a, um.

THÈME

. Le dieu Apis (*suite*)

Cent (*centum*) prêtres[1] marchaient (*incedebant*), habillés[2] de robes (*abl.*)[3] de-lin[4] (*adjectif*), [ayant] tous[5] (*nom.*) la tête[6] (*abl.*) rasée[7], couronnés (*nom.*)[8] de fleurs[9] (*abl.*), portant (*ferentes*) [à] la main-droite[10] (*abl.*) des encensoirs[11] d'-or[12] (*adjectif*) et des tambours[13]. Après (*pone*) eux (*eos*) venait (*sequebatur*) une longue[14] troupe[15] d'enfants[16] nobles[17] chantant (*canentium*) des cantiques[18]. Des joueurs-de-flûte[19] nombreux[20] accompagnaient (*concinebant*) leurs (*eorum*) voix (*dat.*)[21] mélodieuses[22] et pures[23]. Le bœuf était amené (*perducebatur*) jusqu'à (*ad, acc.*) son[24] temple[25] entouré[26] de colonnes[27] (*abl.*). Près du (*prope, acc.*) temple[28] était (*erat*) un puits[29] sacré[29], duquel (*ex quo*) était puisée (*hauriebatur*) l'eau[30] que (*quam*) les prêtres[1] donnaient (*ministrabant*) au dieu[31], car (*nam*) l'eau[30] du fleuve[32] était (*erat*) impure[33]. Apis[34] rendait (*dabat*) des oracles[35] muets[36]. S'il mangeait (*si edebat*) les aliments[37] [qui lui étaient] offerts[38], le présage[39] était (*erat*) favorable[40]; s'il détournait (*si avertebat*) la tête[6], le présage[39] était (*erat*) funeste[41].

---

1. Sacerdos, dotis, m. — 2. Indutus, a, um. — 3. Vestis, is, f. — 4. Linteus, a, um. — 5. Cuncti, æ, a. — 6. Caput, capitis, n. — 7. Abrasus, a, um. — 8. Coronatus, a, um. — 9. Fios, floris, m. — 10. Dextra, æ, f. — 11. Turibulum, i. — 12. Aureus, a, um. — 13. Tympanum, i. — 14. Longus, a, um. — 15. Agmen, agminis, n. — 16. Puer, i, m. — 17. Ingenuus, a, um. — 18. Canticum, i. — 19. Tibicen, cinis, m. — 20. Multus, a, um. — 21. Vox, vocis, f. — 22. Canorus, a, um. — 23. Liquidus, a, um. — 24. Suus, a, um. — 25. Ædes, is, f. — 26. Circumdatus, a, um. — 27. Columna, æ, f. — 28. Puteus, i, m. — 29. Sacer, sacra, sacrum. — 30. Aqua, æ, f. — 31. Deus, i, m. — 32. Flumen, fluminis, n. — 33. Impurus, a, um. — 34. Apis, is, m. — 35. Oraculum, i. — 36. Mutus, a, um. — 37. Cibus, i, m. — 38. Oblatus, a, um. — 39. Omen, ominis, n. — 40. Faustus, a, um. — 41. Funestus, a, um.

Quatrième déclinaison

Anc. Gr. § 38. — Nouv. Gr. § 31

QUESTIONNAIRE

La quatrième déclinaison offre-t-elle des désinences qui lui soient propres ?

En quoi et à quels cas diffère-t-elle de la troisième déclinaison ?

Expliquer les formes ûs du génitif, û de l'ablatif singulier, ûs du nominatif, du vocatif, de l'accusatif du pluriel ?

La terminaison ui du datif n'est-elle pas elle-même quelquefois contractée ?

Quelle altération subit l'u du radical devant la désinence bus du datif et de l'ablatif du pluriel ?

Cette altération a-t-elle lieu dans tous les noms de la quatrième déclinaison ?

A quels cas le nom domus, la maison, prend-il plus souvent des formes de la deuxième déclinaison ?

Quel est le sens de domi, ancien cas de domus ?

Quelle particularité les noms neutres présentent-ils au singulier ?

Quelles terminaisons prennent-ils au pluriel ?

38ᵉ EXERCICE

OBSERVATIONS. — 1° Le nom qui désigne l'instrument avec lequel on fait quelque chose se met à l'ablatif. Les prépositions avec, de, qui précèdent ce nom, ne s'expriment pas. Ex. : Moïse frappa le rocher [avec] sa verge, ou [de] sa verge (abl.).

2° Le nom qui marque par quelle cause une chose a lieu, par quel moyen ou de quelle manière elle se fait, se met à l'ablatif. Les prépositions de, par, avec, qui précèdent ce nom, ne s'expriment pas. Ex. : Il est mort [de] faim (abl.). — Ésaü effraya Jacob [par] sa colère (abl.). — Joseph gouverna l'Égypte [avec] une grande sagesse (abl.).

1. Du (ex, abl.) Vésuve[1] sortit (orta est) une nuée[2] dont (cujus) la forme[3] était (erat) [celle] d'un pin[4] (gén.).

1. Vesuvius, i, m. — 2. Nubes, is, f. — 3. Forma, æ, f. — 4. Pinŭs, ûs, f.

2. Les premiers[1] hommes[2] vivaient (vivebant) à la manière[3] (abl.) des animaux[4].

1. Primus, a, um. — 2. Homo, hominis, m. — 3. Ritŭs, ûs, m. — 4. Bestia, æ, f.

3. Un appareil[1] considérable[2] suivait (sequebatur) les armées[3] de Xerxès[4].

1. Apparatŭs, ûs, m. — 2. Magnus, a, um. — 3. Exercitŭs, ûs, m. — 4. Xerxes, is, m.

4. Miltiade[1] fut représenté (pictus est) sous (in, abl.) un portique[2], dans (in, abl.) un groupe[3] de demi-dieux[4].

1. Miltiades, is, m. — 2. Porticŭs, ûs, f. — 3. Cœtŭs, ûs, m. — 4. Heros, herois, m

5. Pline[1] tomba (*cecidit*) sans (*sine, abl.*) connaissance[2], [sa] respiration[3] (*abl.*) ayant-été-obstruée[4] par la vapeur[5] du soufre[6].

1. Plinius, *i*, m. — 2 Sensŭs ûs, m. — 3. Spirĭtŭs, ûs, m. — 4. Occlusus, a, um. — 5. Vapor, is, m. — 6. Sulfur, is, n.

6. Les éclaireurs[1] entendirent au loin (*audiverunt procul*) le bruit[2] des chevaux[3] et des hommes[4].

1. Explorator, is, m. — 2. Fremĭtŭs, ûs, m. — 3. Equus, i, m. — 4. Vir, i, m.

7. Des consuls[1] et des préteurs[2] commandaient (*præerant*) les armées[3] (*dat.*).

1. Consul, is, m. — 2. Prætor, is, m. — 3. Exercĭtŭs, ûs, m.

8. Misène[1] était située sur (*appositum erat*) le golfe[2] (*dat.*) de Naples[3].

1. Misenum, i. — 2. Sinŭs, ûs, m. — 3. Neapolis, is, f.

9. Il faut (*oportet*) détendre (*laxare*) les arcs[1], quand ils ne servent pas (*tournez :* quand, *quando,* ils ne sont pas, *non sunt,* à usage[2]).

1. Arcŭs, ûs, m. — 2. Usŭs, ûs, m.

10. Pausanias[1] vivait (*vivebat*) en (*in, abl.*) Thrace[2] avec une somptuosité[3] royale[4].

1. Pausanias, æ, m. — 2. Thracia, æ, f. — 3. Luxŭs, ûs, m. — 3. Regius, a, um.

11. Socrate[1] était accusé (*insimulabatur*) de vouloir substituer (*velle supponere*) le culte[2] d'un dieu[3] nouveau[4] au (*pro, abl.*) culte[5] des dieux[6] nationaux[7].

1. Socrates, is, m. — 2. Cultŭs, ûs, m. — 3. Deus, i, m. — 4. Novus, a, um. — 5. Cultŭs, ûs, m. — 6. Deus, i, m. — 7. Patrius, a, um.

12. A la première[1] vue[2] (*abl.*) du lion[3], Androclès[4] resta immobile (*hæsit immobilis*) de crainte[5].

1. Primus, a, um. — 2. Conspectŭs, ûs, m. — 3. Leo, leonis, m. — 4. Androcles, is, m. — 5. Metŭs, ûs, m.

13. Les nations[1] alliées[2] offraient souvent (*offerebant sæpe*) au sénat[3] des couronnes[4], de l'or[5] et de l'argent[6].

1. Gens, gentis, f. — 2. Socius, a, um. — 3. Senatŭs, ûs, m. — 4. Corona, æ, f. — 5. Aurum, i. — 6. Argentum, i.

39ᵉ EXERCICE

1. Abandonné[1] dans (*in, abl.*) une île[2], Philoctète[3] vécut (*vixit*) dans (*in, abl.*) une caverne[4]; il n'entendait que (*audiebat tantummodo*) le bruit[5] des flots[6] : il ne voyait pas d' (*videbat nullos*) étrangers[7] aborder (*appellere*) dans (*in, acc.*) les

1. Desertus, a, um. — 2. Insula, æ, f. — 3. Philoctetes, æ, m. — 4. Specŭs, ûs, m. — 5. Fremĭtŭs, ûs, m. — 6. Fluctŭs, ûs, m. — 7. Advena, æ, m. —

ports[8]; il exalait (*effundebat*) des plaintes[9] et poussait (*edebat*) des gémissements[10].

2. Le roi[1] Pyrrhus[2]. fut frappé (*ictus fuit*) à (*in, abl.*) la tête[3] d'une tuile[4] lancée[5] par une vieille-femme[6].

3. Les Romains[1] suppliaient (*supplicabant*) les dieux[2] (*dat.*) les mains[3] (*abl.*) renversées[4].

4. Les premiers[1] hommes[2] se nourrissaient (*vescebantur*) des glands[3] qui (*quæ*) tombaient (*decidebant*) des (*ex, abl.*) chênes[4].

5. Isaac[1] eut (*habuit*) [pour] brus[2] Lia[3] et Rachel[4].

6. Le territoire[1] appelé[2] *Ager Romanus* était habité (*habitabatur*) par trente-trois (*triginta tribus*) tribus[3].

7. Autour de (*circa, acc.*) Dodone[1], les anciens[2] Grecs[3] croyaient entendre (*credebant se audire*) des voix[4] sortir (*reddi*) des (*ex, abl.*) troncs[5] des chênes[6].

8. Des tempêtes[1] sévissent (*sæviunt*) sur (*in, abl.*) les lacs[2] de l'Italie[3] et de la Suisse[4].

9. Devant (*pro, abl.*) les ports[1], des jetées[2] contiennent (*arcent*) la violence[3] des flots[4].

10. Ayant-les-yeux-fixés-sur (*defixus in, abl.*) le serpent[1], le lièvre[2] tremblait (*contremiscebat*) de tous (*omnibus*) [ses] membres[3] (*abl.*).

---

8. Portŭs, ûs, m. — **9.** Questŭs, ûs, m. — **10.** Gemitŭs, ûs, m.

1. Rex, regis, m. — **2.** Pyrrhus, i, m. — **3.** Caput, capitis, n. — **4.** Tegula, æ, f. — **5.** Demissus, a, um. — **6.** Anŭs, ûs, f.

1. Romani, orum, m. *plur.* — **2.** Deus, i, m. — **3.** Manŭs, ûs, f. — **4.** Supinus, a, um.

1. Priscus, a, um. — **2.** Homo, hominis, m. — **3.** Glans, glandis, f. — **4.** Quercŭs, ûs, f.

1. Isaacus, i, m. — **2.** Nurŭs, ûs, f. — **3.** Lia, *indécl.* — **4.** Rachel, *indécl.*

1. Solum, i. — **2.** Vocatus, a, um. — **3.** Tribŭs, ûs, f.

1. Dodona, æ, f. — **2.** Priscus, a, um. — **3.** Græci, orum, m. *plur.* — **4.** Vox, vocis, f. — **5.** Truncus, i, m. — **6.** Quercŭs, ûs, f.

1. Tempestas, tatis, f. — **2.** Lacŭs, ûs, m. — **3.** Italia, æ, f. — **4.** Helvetia, æ, f.

1. Portŭs, ûs, m. — **2.** Agger, is, m. — **3.** Vis, vis, f. — **4.** Fluctŭs, ûs, m.

1. Serpens, serpentis, f. — **2.** Lepus, leporis, m. — **3.** Artŭs, ûs, m.

40ᵉ EXERCICE

1. Le toit[1] de la maison[2] s'écroula (*corruit*) sur (*in, acc.*) les Philistins[4] assemblés[4]

1. Tectum, i. — **2.** Domus, ûs, f. — **3.** Philistini, orum, m. — **4.** Congregatus, a, um,

2. L'esclave[1] né[2] dans (*in, abl.*) la maison[3] s'appelait (*vocabatur*) à Rome[4] (*gén.*) verna (*nom.*).

1. Servus, i, m. — 2. Natus, a, um. — 3. Domŭs ûs, f. — 4. Roma, æ, f.

3. La multitude[1] soulevée[2] mit (*injecit*) le feu[3] à la maison[4] de Cicéron[5].

1. Multitudo, dinis, f. — 2. Concitatus, a, um. — 3. Ignis, is, m. — 4. Domŭs, ûs, f. — 5. Cicero, Ciceronis, m.

4. La guerre[1] (*abl.*) terminée[2], les soldats[3] revinrent (*redierunt*) [dans leurs] foyers[4] (*acc. sing.*).

1. Bellum, i. — 2. Confectus, a, um. — 3. Miles, militis, m. — 4. Domŭs, ûs, f.

5. Après (*post, acc.*) les guerres[1], beaucoup de[2] maisons[3] sont (*sunt*) dans (*in, abl.*) le deuil[4].

1. Bellum, i. — 2. Multi, æ, a. — 3. Domŭs, ûs, f. — 4. Luctŭs, ûs, m.

6. Dans (*in, abl.*) les pays[1] où (*ubi*) il neige souvent (*ningit sæpe*), les toits[2] des maisons[3] sont (*sunt*) en-pente[4] (*adjectif*).

1. Regio, onis, f. — 2. Tectum, i. — 3. Domŭs, ûs, f. — 4. Devexus, a, um.

7. Voyant (*videntes*) Rome[1] abandonnée[2] par [ses] habitants[3], les Gaulois[4] entrèrent (*ingressi sunt*) dans (*in, acc.*) les maisons[5].

1. Roma, æ, f. — 2. Desertus, a, um. — 3. Incola, æ, m. — 4. Galli, orum, m. — 5. Domŭs, ûs, f.

8. L'Éridan[1] entraîna (*tulit*) [dans ses] eaux[2] (*abl. sing.*) les troupeaux[3] avec (*cum, abl.*) les étables[4], les hommes[5] avec (*cum, abl.*) les maisons[6].

1. Eridanus, i, m. — 2. Flumen, fluminis, n. — 3. Pecus, pecoris, n. — 4. Stabulum, i. — 5. Homo, hominis, m. — 6. Domŭs, ûs, f.

41° EXERCICE

1. La cavalerie[1] protégeait (*tegebat*) les ailes[2] des armées[3]; aux (*in, abl.*) ailes[2] aussi (*quoque*) était placée (*collocabatur*) l'infanterie[4] des alliés[5].

1. Equitatŭs, ûs, m. — 2. Cornŭ, ûs, n. — 3. Exercitŭs, ûs, m. — 4. Peditatŭs, ûs, m. — 5. Socius, i, m.

2. Les deux (*duo*) premières[1] lignes[2] d'infanterie[3] étaient debout (*stabant*); la troisième (*tertius*) avait un genou en terre (*tournez : était appuyée sur, nixus erat,* un genou[4], *abl.*).

1. Primus, a, um. — 2. Ordo, ordinis, m. — 3. Peditatŭs, ûs, m. — 4. Genŭ, ûs, n.

3. Les Perses[1] se prosternaient (*procumbebant*) aux (*ante, acc.*) genoux[2] des rois[3].

1. Persæ, arum, m. *plur.* — 2. Genŭ, ûs, n. — 3. Rex, regis, m.

4. Blessé[1] dans (*in, abl.*) une ville[2] de l'Inde[3], Alexandre[4] se soutenait (*se excipiebat*) à peine (*vix*) [sur] les genoux[5] (*abl.*).

1. Vulneratus, a, um. — 2. Urbs, urbis, f. — 3. India, æ, f. — 4. Alexander, Alexandri, m. — 5. Genū, ūs, n.

6. Les bons[1] auteurs[2] emploient (*usurpant*) rarement (*raro*) les mots[3] *tonitru* (*tonnerre*), *pecu* (*troupeau*), *penu* (*provisions*).

1. Probatus, a, um.—2. Scriptor, is, m. — 3. Vocabulum, i.

Exercices dans lesquels des adjectifs sont joints aux noms.

42e EXERCICE

Décliner :

Pinŭs, ūs,	f.,	procerus, a, um,	*le pin élancé.*
Manŭs, ūs,	f..	dexter, tra, trum,	*la main droite.*
Arcŭs, ūs,	m.,	tensus, a, um,	*l'arc tendu.*
Specŭs, ūs,	m.,	profundus, a, um,	*la caverne profonde.*
Domŭs, ūs,	f.,	locuples, pletis,	*la maison opulente.*
Quercŭs, ūs,	f.,	sublimis, e,	*le chêne élevé.*
Lacŭs, ūs,	m.,	perspicuus, a, um,	*le lac transparent.*
Fructŭs, ūs,	m.,	suavis, e,	*le fruit parfumé.*
Socrŭs, ūs,	f.,	benignus, a, um,	*la belle-mère bienveil-lante.*
Exercitŭs, ūs,	m.,	terrestris, e,	*l'armée de terre.*
Cornū, ūs,	n.,	minax, acis,	*la corne menaçante.*
Porticŭs, ūs,	f.,	marmoreus, a, um,	*le portique de marbre.*
Sonitŭs, ūs,	m.,	gravis, e,	*le bruit retentissant.*
Anŭs, ūs,	f.,	tremens, entis,	*la vieille femme tremblante.*
Genū, ūs,	n.,	flexus, a, um,	*le genou fléchi.*
Cœtŭs, ūs,	m.,	clandestinus, a, um,	*la réunion clandestine.*
Saltŭs, ūs,	m.,	angustus, a, um,	*le défilé étroit.*
Tribŭs, ūs,	f.,	hebræus, a, um,	*la tribu juive.*
Cursŭs, ūs,	m.,	præceps, cipitis,	*la course précipitée*
Mugitŭs, ŭs,	m.	mæstus, a, um,	*le mugissement plaintif.*

43e EXERCICE

1. L'armée[1] entière[2] des Romains[3] fut enfermée (*clausus fuit*) dans (*in, abl.*) un défilé[4] étroit[5].

1. Exercitŭs, ūs, m. — 2. Totus, a, um. — 3. Romani, orum, m. *plur.* — 4. Saltŭs, ūs, m. — 5. Angustus, a, um.

2. La guerre[1] du-Péloponèse[2] (*adjectif*) eut (*habuit*) une issue[3] funeste[4] [pour] Athènes[5] (*dat.*).

1. Bellum, i. — 2. Peloponnesius, a, um. — 3. Exitŭs, ûs, m. — 4. Funestus, a, um.— 5. Athenæ, arum, f. *plur.*

3. L'athlète[1] Milon[2] vit (*vidit*) un chêne[3] fendu[4] en partie (*ex parte*); il voulut le séparer (*voluit eam discindere*); mais (*sed*) ses (*ejus*) mains[5] furent (*fuerunt*) retenues[6], et il devint (*factus est*) la proie[7] des bêtesféroces[8].

1. Athleta, æ, m. — 2. Milo, Milonis, m. — 3. Quercŭs, ûs, f. — 4. Fissus, a, um. — 5. Manŭs, ûs, f. — 6. Retentus, a, um. — 7. Præda, æ, f. — 8. Fera, æ, f.

4. Les portiques[1], couverts[2] d'un toit[3] supporté[4] par des colonnes[5], étaient (*erant*) des promenoirs[6] abrités[7] contre (*ab, abl.*) l'ardeur-du-soleil[8].

1. Porticŭs, ûs, f. — 2. Opertus, a, um. — 3 Tectum, i. — 4. Fultus, a, um. — 5. Columna, æ, f. — 6. Ambulatio, onis, f. — 7. Defensus, a, um. — 8. Æstŭs, ûs, m.

5. Les arcs[1] des Grecs[2] étaient (*erant*) droits[3] ou (*aut*) recourbés[4].

1. Arcŭs, ûs, m. — 2. Græci, orum, m. *plur.* — 3. Patulus, a, um. — 4. Sinuatus, a, um.

6. Le pin[1] était (*erat*) consacré[2] à Diane[3] et à Pan[4].

1. Pinŭs, ûs, f. — 2. Sacer, sacra, sacrum. — 3. Diana, æ, f. — 4. Pan, is, m.

7. Les prisonniers[1] passaient (*incedebant*) devant (*ante, acc.*) les vainqueurs[2], les mains[3] (*abl.*) liées[4] derrière (*post, acc.*) le dos[5].

1. Captivus, i, m. — 2. Victor, is, m. — 3. Manŭs, ûs, f. — 4. Revinctus, a, um. — 5. Tergum, i.

8. La conspiration (*tournez : des projets*[1]) se préparait (*struebantur*) [dans] (*in, abl.*) des réunions[2] nocturnes[3] et clandestines[4].

1. Consilium, i. — 2. Cœtŭs, ûs, m. — 3. Nocturnus, a, um. — 4. Clandestinus, a, um.

44° EXERCICE

1. Séparés[1] de (*a, abl.*) [leurs] frères[2], les bœufs[3] poussèrent (*ediderunt*) des mugissements[4] plaintifs[5].

1. Abductus, a, um. — 2. Frater, fratris, m. — 3. Bos, bovis, m. — 4. Mugitŭs, ûs, m. — 5. Mæstus, a, um.

2. Les soldats[1] ne pouvaient remuer (*nequibant movere*) [leurs] membres[2] engourdis[3] par le froid[4].

1. Miles, militis, m. — 2. Artŭs, ûs, m. — 3. Torpidus, a, um. — 4. Gelŭ, ûs, n.

3. Il y avait à Athènes une maison (*tournez : une maison*[1] était, *erat*, à Athènes[2], *abl.*) vaste[3] et inhabitée[4], où (*ubi*) étaient entendus (*audieban-*

1. Domŭs, ûs, f. — 2. Athenæ, arum, f. *plur.* — 3. Spatiosus, a, um. — 4. Desertus, a, um. —

Lr, des bruits[5] de chaines[6] et des plaintes[7] lugubres[8].

4. Les cornes[1] élevées[2] du cerf[3] nuisent à impediunt; la rapidité[4] (exr., de sa) course[5].

5. Dans (in, abl.) les maisons[1] opulentes[2], les esclaves[3] remplissaient faciebant, cent vingt centum et viginti, emplois[4] différents[5].

6. L'Épire[1] était erat, célèbre[2] par ses forêts[3] de chênes[4] prophétiques.

5. Sonitūs, ūs, m. — 6 Catena, æ, f. — 7. Questūs, ūs, m. — 8. Luctuosus, a, um.

1. Cornu, ūs, n. — 2. Altus, a, um. — 3. Cervus, i, m. — 4. Celeritas, tatis, f. — 5. Cursūs, ūs, m.

1. Domūs, ūs, f. — 2. Opulentus, a, um. — 3. Servus, i, m. — 4. Ministerium, i. — 5. Diversus, a, um.

1 Epirus, i, f. — 2. Inclytus, a, um. — 3. Silva, æ, f. — 4. Quercus, ūs, f. — 3. Fatidicus, a, um.

Cinquième déclinaison

Anc. Gr. § 39. — Nouv. Gr. § 32

Quelles désinences ont au singulier les noms de la cinquième déclinaison ?

Quelle déclinaison suivent-ils au pluriel ?
Quel est le genre des noms de la cinquième déclinaison ?

45° EXERCICE

OBSERVATIONS. — 1° Le nom qui désigne le lieu dans lequel on est, dans lequel se fait une chose, se met à l'ablatif. Les prépositions françaises dans, en, à, sur, qui précèdent ce nom, se traduisent par in, si ce nom est un nom de pays (Gaule, France, Italie, etc. ou un nom commun (forêt, ville, champ, etc.). Ex. : J'habite en (in) Italie (abl.). — Je cours dans (in) la forêt (abl.).

2° Si ce nom est un nom propre de ville, il se met à l'ablatif sans la préposition. Ex. : Pélopidas naquit [à] Thèbes (Thebis, abl.). — J'ai séjourné [à] Avignon (Avenione, abl.).

3° Si ce nom est un nom propre de ville ou d'île de la première ou de la deuxième déclinaison et du nombre singulier, il prend la terminaison du génitif singulier. Ex. : L'été est malsain à Rome (Romæ). — Apollon était honoré à Délos (Deli).

1. Les Romains[4] divisaient (describebant) le temps[2] du jour[3] en (in, acc.) douze (duodecim) heures[4], le temps[2] de la nuit[5] en (in, acc.) quatre (quattuor) veilles[6].

1. Romani, orum, m. plur. — 2. Tempus, temporis, n. — 3. Dies, ei, m. — 4. Hora, æ, f. — 5. Nox, noctis, f. — 6. Vigilia, æ, f.

2. Un loup[1] très maigre (*tournez :* accablé, *confectus*, [par] la maigreur[2]) rencontra (*occurrit*) dans une forêt[3] un chien[4] (*dat.*) bien-nourri[5].

1. Lupus, i, m. — 2. Macies, ei, f. — 3. Silva, æ, f. — 4. Canis, is, m. — 5. Perpastus, a, um.

3. Les hommes[1] ont représenté (*finxerunt*) les dieux[2] à (*ad, acc.*) leur[3] (*suam*) ressemblance[4].

1. Homo, hominis, m. — 2. Deus, i, m. — 3. Suus, a, um. — 4. Effigies, ei, f.

4. Un (*unus*) consul[1] tomba (*cecidit*) sur le champ-de-bataille[2].

1. Consul, is, m. — 2. Acies, ei, f.

5. Trop-de (*nimia*) confiance[1] (*nom.*) mène (*ducit*) les hommes[2] à (*ad, acc.*) [leur] perte[3].

1. Fiducia, æ, f. — 2. Homo, hominis, m. — 3. Pernicies, ei, i.

6. Noé[1] maudit (*maledixit*) la descendance[2] (*dat.*) de Cham[3].

1. Noemus, i, m. — 2. Progenies, ei, f. — 3. Chamus, i, m.

46e EXERCICE

1. Le cours[1] des eaux[2] est arrêté (*frenatur*) par la glace[3].

1. Cursŭs, ûs, m. — 2. Aqua, æ, f. — 3. Glacies, ei, f.

2. Ne nous abandonnons pas (*ne indulgeamus*) à l'espérance[1].

1. Spes, ei, f.

3. Thémistocle[1] se confia (*se commisit*) à la loyauté[2] d'Admète[3].

1. Themistocles, is, m. — 2. Fides, ei, f. — 3. Admetus, i, m.

4. Les Romains[1] furent effrayés (*territi sunt*) d'abord (*primo*) par l'apparence[2] farouche[3] des Germains[4].

1. Romani, orum, m. *plur.* — 2. Species, ei, f. — 3. Ferus, a, um. — 4. Germani, orum, m. *plur.*

5. Alexandre[1], en Asie[2], s'abandonna (*se dedit*) au luxe[3] des Perses[4].

1. Alexander, Alexandri, m. — 2. Asia, æ, f. — 3. Luxuries, ei, f. — 4. Persæ, arum, m. *plur.*

6. L'Italie[1] est-tournée (*spectat*) vers (*ad, acc.*) le midi[2].

1. Italia, æ, f. — 2. Meridies, ei, m.

7 Le malheur[1] des autres[2] ne doit pas être (*non debet esse*) matière[3] (*nom.*) à plaisanter (*ad jocandum*).

1. Calamitas, tatis, f. — 2. Alii, orum, m. *plur.* — 3. Materies, ei, f.

8. Pour quelques hommes la vie (*tournez :* la vie[1] de quelques, *quorumdam*, hommes[2]) est (*est*) une série[3] de malheurs[4].

1. Vita, æ, f. — 2. Homo, hominis, m. — 3. Series, ei, f. — 4. Calamitas, tatis, f.

47ᵉ EXERCICE

1. Verrès[1] passait (*traducebat*) les nuits[2] [en] festins[3] (*abl.*), les jours[4] à dormir (*tournez :* [dans] le sommeil[5], *abl.*).

1. Verres, is, m. — 2. Nox, noctis, f. — 3. Convivium, i. — 4. Dies, ei, m. — 5. Somnus, i, m.

2. Les soldats[1] emportèrent (*sumpserunt*) des vivres[2] pour dix jours (*tournez :* de dix, *decem*, jours[3], *gén.*).

1. Miles, militis, m. — 2. Cibaria, orum, n.*plur.*— 3. Dies, ei, m.

3. Xerxès[1] passa (*trajecit*) de (*e, abl.*) Grèce[2] en (*in, acc.*) Asie[3] [en] trente (*triginta*) jours[4] (*abl.*).

1. Xerxes, is, m. — 2. Græcia, æ, f. — 3. Asia, æ, f. — 4. Dies, ei, m.

4. Pisistrate[1] s'empara (*potitus est*) du pouvoir suprême (*tournez :* de la direction[2], *abl.*, des choses[3]).

1. Pisistratus, i, m. — 2. Summa, æ, f. — 3. Res, rei, f.

5. Préférons (*præferamus*) les choses[1] du ciel[3] aux choses[4] de la terre[3].

1. Res, rei, f. — 2. Cælum, i. — 3. Terra, æ, f.

6. Le consul eut des visions (*tournez :* des visions[1] furent-devant, *obversatæ sunt*, le consul[2], *dat.*), la nuit[3] (*abl.*) qui précéda (*tournez :* avant, *ante, acc.*) le combat[4].

1. Species, ei, f. — 2. Consul, is, m. — 3. Nox, noctis, f. — 4. Pugna, æ, f.

7. Annibal[1], dans les Alpes[2], essaya (*conatus est*), dit-on (*ut dicitur*), de dissoudre (*solvere*) les glaces[3] avec du vinaigre[4].

1. Annibal, is, m. — 2. Alpes, ium, f. *plur.* — 3. Glacies, ei, f. — 4. Acetum, f.

Exercices dans lesquels des adjectifs sont joints aux noms.

48ᵉ EXERCICE

Décliner :

Dies, ei,	*m.* et *f.*,	festus, a, um,	*le jour de fête.*
Dies, ei,	*m.* et *f.*,	sequens, entis,	*le jour suivant.*
Species, ei,	*f.*,	nocturnus, a, um,	*l'apparition nocturne.*
Effigies, ei,	*f.*,	aureus, a, um,	*le buste d'or.*
Spes, ei,	*f.*,	{ inanis, e, / vanus, a, um, }	*l'espérance vaine.*
Planities, ei,	*f.*,	patens, entis,	*la vaste plaine.*
Facies, ei,	*f.*,	decorus, a, um,	*le beau visage.*
Res, rei,	*f.*,	serius, a, um,	*l'affaire sérieuse.*
Res, rei,	*f.*,	capitalis, e,	*le procès criminel.*

Décliner :

Progenies, ei, *f.*,	longus, a, um,	*la descendance nombreuse*
Glacies, ei, *f.*,	cæruleus, a, um,	*la glace azurée.*
Fides, ei, *f.*,	dubius, a, um,	*la fidélité douteuse.*

49° EXERCICE

1. La mère[1] de Moïse[2] eut (*habuit*) l'espoir[3] de-sauver (*servandi*) [son] fils[4] beau[5] et robuste[6].

1. Mater, matris, f. — 2. Moses, is, m. — 3. Spes, ei, f. — 4. Filius, i, m. — 5. Formosus, a, um. — 6. Robustus, a, um.

2. Elle l' (*eum*) exposa (*exposuit*) parmi (*inter, acc.*) les roseaux[1], près de (*prope, acc.*) la rive[2] du Nil[3] et attendit (*exspectavit*) l'issue[4] de l'aventure[5].

1. Arundo, dinis, f. — 2. Ripa, æ, f. — 3. Nilus, i, m — 4. Eventŭs, ûs, m. — 5. Res, rei, f.

3. Les gémissements[1] plaintifs[2] de l'enfant[3] attirèrent (*converterunt*) les regards[4] de la fille[5] du roi[6]; elle admira (*mirata est*) son (*ejus*) visage[7] gracieux[8]; elle l'éleva (*educavit eum*) dans (*in, abl.*) son[9] palais[10].

1. Gemitŭs, ûs, m. — 2. Querulus, a, um. — 3. Puer, i, m. — 4. Oculus, i, m. — 5. Filia, æ, f. — 6. Rex, regis, m. — 7. Facies, ei, f. — 8. Venustus, a, um. — Suus, a, um. — 10. Ædes, ium, f. *plur.*

4. Devenu (*factus*) déjà (*jam*) vieux[1], Moïse[2] inspira (*injecit*) au roi[3] une crainte[4] très vive[5] par une longue[6] série[7] de prodiges[8] funestes[9] [pour] les Égyptiens[10] (*dat.*).

1. Senex, senis, m. — 2. Moses, is, m. — 3. Rex, regis, m. — 4. Metŭs, ûs, m. — 5. Maximus, a, um. — 6. Longus, a, um. — 7. Series, ei, f. — 8. Prodigium, i. — 9. Funestus, a, um. — 10. Ægyptii, orum, m. *plur.*

5. Souvent (*sæpe*) Dieu[1] punit (*castigavit*) la foi[2] chancelante[3] des Hébreux[4].

1. Deus, i, m. — 2. Fides, f. — 3. Dubius, a, um. — 4. Hebræi, orum, m. *plur.*

6. Les Romains[1] plaçaient (*collocabant*) dans (*in, abl.*) l'atrium[2] les bustes[3] en-cire[4] (*adjectif*) des ancêtres[5].

1. Romani, orum, m. *plur.* — 2. Atrium, i. — 3. Effigies, ei, f. — 4. Cereus, a, um. — 5. Majores, um, m. *plur.*

7. La brièveté[1] de la vie[2] nous (*nos*) interdit (*vetat*) de concevoir (*inchoare*) de longues[3] espérances[4].

1. Brevitas, tatis, f. — 2. Vita, æ, f. — 3. Longus, a, um. — 4. Spes, spei, f.

8. Le premier[1] jour[2] (*abl.*), et le jour[2] suivant[3], la fatigue[4] de la marche[5] parut (*visus est*) supportable[6].

1. Primus, a, um. — 2. Dies, diei, m. — 3. Sequens, entis. — 4. Labor, is, m. — 5. Iter, itineris, n. — 6. Tolerabilis, e.

50ᵉ EXERCICE

1. Le messager[1] m'a semblé (*mihi visus est*) être (*esse*) d'une fidélité[2] (*gén.*) douteuse[3].

1. Nuntius, i, m. — 2. Fides, ei, f. — 3. Dubius, a, um.

2. Les plaines[1] de la Scythie[2] étaient (*erant*) avantageuses[3] [pour] la cavalerie[4] (*dat.*) de la nation[5].

1. Planities, ei, f. — 2. Scythia, æ, f. — 3. Commodus, a, um. — 4. Equitatŭs, ûs, m. — 5. Gens, gentis, f.

3. La fête[1] fut célébrée (*celebratum est*) [pendant] quatre (*quattuor*) jours[2] (*acc.*) de-suite[3] (*adjectif*).

1. Festum, i. — 2. Dies, ei, m. — 3. Continuus, a, um.

4. La justice[1] n'était pas rendue (*non dicebatur*) les jours[2] (*abl.*) néfastes[3].

1. Jus, juris, n. — 2. Dies, ei, m. — 3. Nefastus, a, um.

5. La première[1] ligne[2] (*abl.*) ayant-été-mise-en-déroute[3], la seconde[4] marcha (*successit*) au combat[5] (*dat.*).

1. Primus, a, um. — 2. Acies, ei, f. — 3. Fusus, a, um. — 4. Secundus, a, um. — 5. Pugna, æ, f.

6. Ne remettons pas (*ne differamus*) au (*ad, acc.*) jour[1] suivant[2] les affaires[3] sérieuses[4].

1. Dies, ei, m. — 2. Posterus, a, um. — 3. Res, rei, f. — 4. Serius, a, um.

7. Un enfant[1] d'une beauté[2] (*gén.*) remarquable[2] fut pris (*captus est*) sur le champ-de-bataille[4] et amené (*ductus*) à (*ad, acc.*) Scipion[5].

1. Puer, i, m. — 2. Facies, ei, f. — 3. Eximius, a, um. — 4. Acies, ei, f. — 5. Scipio, Scipionis, m.

8. Le sable[1] (*plur.*) couvre (*tegunt*) les plaines[2] immenses[3] de l'Afrique[4].

1. Arena, æ, f. — 2. Planities, ei, f. — 3. Immensus, a, um. — 4. Africa, æ, f.

8. Xerxès[1], méprisant (*contemnens*) le petit-nombre[2] des Grecs[3], nourrissait (*pascebat*) des espérances[4] vaines[5].

1. Xerxes, is, m. — 2. Paucitas, tatis, f. — 3. Græci orum, m. *plur.* — 4. Spes, ei, f. — 5. Vanus, a, um.

THÈME DE RÉCAPITULATION SUR LES CINQ DÉCLINAISONS

Plaintes[1] de Philoctète[2].

Pendant (*per, acc.*) le siège[3] de Troie[4], je demeurai (*mansi*)

1. Querela, æ, f. — 2. Philoctetes, æ, m. — 3. Obsidium, i. — 4. Troja, æ, f.

seul[8] (*nom.*), sans (*sine, abl.*) secours [6], sans espérance [7], souffrant (*oppressus*) des douleurs[8] (*abl.*) horribles[9], dans une île [10]
déserte [11] et sauvage [12]. J'entendais (*audiebam*) jour[13] (*abl.*) et
nuit[14] (*abl.*) le bruit[15] des vagues[16] de la mer[17], qui (*qui*) se
brisaient (*illidebantur*) [contre] les rochers[18] (*dat.*): Je trouvai
(*inveni*) une caverne[19] vide[20] dans un rocher[21], dont (*cujus*) les
deux (*duo*) cimes[22] s'élevaient (*surgebant*) vers (*ad, acc.*) le ciel[23]
comme (*ut*) deux (*duo*) têtes[24]. Du (*ex, abl.*) rocher[21] sortait
(*oriebatur*) une fontaine[25] claire[26]. La caverne[19] était (*erat*) la
retraite[27] des bêtes-sauvages[28] ; j'étais (*eram*) exposé[29] à leurs
(*earum*) attaques[30] et à leur rage[31]. Pour (*pro, abl.*) lit[32], j'avais
(*habebam*) des feuilles[33] sèches[34], sur lesquelles (*quibus*) je
reposais (*levabam*) [mes] membres[35] fatigués[36]. Aucune[37] autre[38]
chose[39] [ne] me (*mihi*) restait (*supererat*) qu' (*nisi*) un pot[40]
(*nom.*) de-bois[41] (*tournez par un adjectif*) grossièrement (*infabré*)
travaillé[42] et quelques[43] habits[44] (*nom.*) déchirés[45], avec lesquels
(*quibus*) j'enveloppais (*involvebam*) [ma] blessure[46].

THÈME DE RÉCAPITULATION

Plaintes de Philoctète (*suite*).

Abandonné[1] des hommes[2], je cherchais (*quærebam*) [ma]
nourriture[3], et je perçais (*configebam*) de [mes] flèches[4] les
colombes[5] et les rares[6] oiseaux[7] qui (*quæ*) volaient (*volabant*)

— 5. Solus, a, um. — 6. Auxilium, i. — 7. Spes, ei, f. — 8. Cruciatŭs,
ûs, m. — 9. Acerrimus, a, um. — 10. Insula, æ, f. — 11. Desertus, a,
um. — 12. Incultus, a, um. — 13. Dies, ei, m. — 14. Nox, noctis, f. —
15. Sonitŭs, ûs, m. — 16. Fluctŭs, ûs, m. — 17. Mare, maris, n. —
18. Scopulus, i, m. — 19. Specŭs, ûs, m. — 20. Vacuus, a, um. —
21. Rupes, is, f. — 22. Cacumen, cacuminis, n. — 23. Cælum, i. —
24. Caput, capitis, n. — 25. Fons, fontis, m. — 26. Purus, a, um. — 27. Re-
ceptaculum, i. — 28. Fera, æ, f. — 29. Expositus, a, um. — 30. Insidiæ,
arum, f. *plur.* — 31. Rabies, ei, f. — 32. Cubile, cubilis, n. — 33. Folium,
i. — 34. Aridus, a, um. — 35. Membra, orum, n. *plur.* — 36. Fessus, a,
um. — 37. Nullus, a, um. — 38. Alius, alia, aliud. — 39. Res, rei, f.
— 40. Vas, is, n. — 41. Ligneus, a, um. — 42. Factus, a, um. — 43. Pauci,
æ, a. — 44. Vestis, is, f. — 45. Lacer, a, um. — 46. Ulcus, ulceris, n.

---

1. Desertus, a, um. — 2. Homo, hominis, m. — 3. Victŭs, ûs, m. —
4. Sagitta, æ, f. — 5. Columba, æ, f. — 6. Rarus, a, um. — 7. Avis, is, f.

autour de (circa, acc.) [ce] rocher[8]. Je ramassais (colligebam) [ma] proie[9], et je [la] faisais-cuire (coquebam) en allumant (accendendo) du feu[10] avec des cailloux[11] (abl.). Les provisions[12] laissées[13] [pour] moi (mihi) par mes perfides[14] compagnons[15] avaient été (fuerant) bientôt (brevi) consommées[16]. Cette (illa) vie[17] affreuse[18] m'aurait paru (mihi visa fuisset) douce[19] loin (procul ab, abl.) des hommes[2] ingrats[20] et trompeurs[21]; mais (sed) j'étais accablé (oppressus eram) de douleur[22]. J'avais mené (egeram) dans [ma] patrie[23] une vie[17] heureuse[24]; vaincu[25] par les prières[26] des Grecs[27], j'avais quitté (reliqueram) [mes] parents[28] bien-aimés[29] et j'avais suivi (secutus eram) les Grecs[27] dans (in, abl.) [leur] expédition[30] lointaine[31]. Ils m'ont donné (mihi tribuerunt) la récompense[32] méritée[33] de ma (meæ) confiance[34] inconsidérée[35]. Me (me) voyant (videntes) accablé[36] d'un profond[37] sommeil[38] sur le rivage[39] de cette (illius) île[40], ils partirent (profecti sunt).

— 8. Rupes, is, f. — 9. Præda, æ, f. — 10. Ignis, is, m. — 11. Silex, silicis, m. — 12. Cibus, i, m. — 13. Relictus, a, um. — 14. Perfidus, a, um. — 15. Commilito, onis, m. — 16. Consumptus, a, um. — 17. Vita, æ, f. — 18. Fœdus, a, um. — 19. Jucundus, a, um. — 20. Ingratus, a, um. — 21. Dolosus, a, um. — 22. Dolor, is, m. — 23. Patria, æ, f. — 24. Beatus, a, um. — 25. Victus, a, um. — 26. Preces, um, f. plur. — 27. Græci, orum, m. — 28. Parentes, um, m. plur. — 29. Dilectus, a, um. — 30. Expeditio, onis, f. — 31. Longinquus, a, um. — 32. Merces, mercedis, f. — 33. Meritus, a, um. — 34. Fiducia, æ, f. — 35. Inconsultus, a, um. — 36. Oppressus, a, um. — 37. Altus, a, um. — 38. Sopor, is, m. — 39. Litus, litoris, n. — 40. Insula, æ, f.

CHAPITRE III

DE L'ADJECTIF

Anc. Gr. § 40. — Nouv. Gr. § 42

Combien les adjectifs ont-ils de nombres? de genres? de cas?

A quelles déclinaisons empruntent-ils leurs terminaisons?

ADJECTIFS
DE LA PREMIÈRE ET DE LA DEUXIÈME DÉCLINAISON

Anc. Gr. § 41. — Nouv. Gr. § 43

Ces adjectifs ont-ils une terminaison pour chacun de leurs trois genres?

Quelle déclinaison suivent-ils pour chacun de leurs trois genres?

En combien de groupes les distingue-t-on, selon la terminaison du nominatif masculin singulier?

Quelle déclinaison suit le masculin en us?

Quelle déclinaison suit le masculin en er?

Adjectifs du premier groupe.

51ᵉ EXERCICE

1. La crainte[1] d'un châtiment[2] divin[3] détourne (*deterret*) les hommes[4] du (*a, abl.*) crime[5].

2. Adorons (*veneremur*) Dieu[1] avec une âme[2] pure[3], avec une intention[4] pieuse[5] et droite[6].

3. Les Gaulois[1] (*abl.*) arrivant (*advenientibus*), beaucoup de (*multi*) Romains[2] gagnèrent (*petierunt*) les villes[3] voisines[4] et emportèrent (*abstulerunt*) [leurs] objets[5] précieux[6].

4. Ne perdons pas (*ne perdamus*) le temps[1] si (*adeo*) court[2] et [si] rapide[3].

1. Timor, is, m. — 2. Castigatio, onis, f. — 3. Divinus, a, um. — 4. Homo, hominis, m. — 5. Scelus, sceleris, n.

1. Deus, i, m. — 2. Animus, i, m. — 3. Purus, a, um. — 4. Voluntas, tatis, f. — 5. Pius, a, um. — 6. Rectus, a, um.

1. Galli, orum, m. plur. — 2. Romani, orum, m. plur. — 3. Urbs, urbis, f. — 4. Vicinus, a, um. — 5. Res, ei, f. — 6. Pretiosus, a, um.

1. Tempus, temporis, n. — 2. Angustus, a, um. — 3. Fluxus, a um.

5. Un jeune (*adolescens quidam*) Athénien[1], parfumé (*tournez :* oint[2] de parfums[2]), couronné de fleurs (*tournez :* la tête[4], *abl.*, étant couronnée[5] de fleurs[6]), entra (*intravit*) dans (*in, acc.*) l'école[7] d'un philosophe[8], remplie[9] d'une foule[10] (*abl.*) d'hommes[11] savants[12].

1. Atheniensis is, m. — 2. Delibutus, a, um. — 3. Unguentum, i. — 4. Caput, capitis, n. — 5. Coronatus, a, um. — 6. Flos, floris, m. — 7. Schola, æ, f. — 8. Philosophus, i, m. — 9. Refertus, a, um. — 10. Turba, æ, f. — 11. Vir, i, m. — 12. Doctus, a, um.

6. Le renard[1] trompeur[2] servit (*apposuit*) à la cigogne[3] crédule[4] un brouet[5] liquide[6] dans un plat[7] de-bois[8] (*adjectif*).

1. Vulpes, is, f. — 2. Dolosus, a, um. — 3. Ciconia, æ, f. — 4. Credulus, a, um. — 5. Sorbitio, onis, f. — 6. Liquidus, a, um. — 7. Patina, æ, f. — 8. Ligneus, a, um.

7. [Par] une nuit[1] (*abl.*) obscure[2], des voleurs[3] sacrilèges[4] voulurent (*conati sunt*) pénétrer (*penetrare*) dans (*in, acc.*) le temple[5]; ils furent entendus (*exauditi sunt*) par les gardiens[6] attentifs[7].

1. Nox, noctis, f. — 2. Obscurus, a, um. — 3. Fur, is, m. — 4. Sacrilegus, a, um. — 5. Templum, i. — 6. Custos, custodis, m. — 7. Attentus, a, um.

8. Le mot[1] vengeance[2] (*gén.*) est (*est*) inhumain[3].

1. Nomen, nominis, n. — 2. Ultio, onis, f. — 3. Inhumanus, a, um.

9. Pyrrhus[1] envoya (*misit*) à Rome[2] (*acc.*) [son] ministre[3] Cinéas[4] avec (*cum, abl.*) des présents[5] précieux[6] et des offres[7] de paix[8] avantageuses[9].

1. Pyrrhus, i, m. — 2. Roma, æ, f. — 3. Minister, tri, m. — 4. Cineas, æ, m. — 5. Munus, umneris, n. — 6. Pretiosus, a, um. — 7. Conditio, onis, f. — 8. Pax, pacis, f. — 9. Commodus, a, um.

10. Les parjures[1] détruisent (*tollunt*) parmi (*inter, acc.*) les hommes[2] la confiance[3], le lien[4] le-plus-fort[5] de la société[6] humaine[7].

1. Perjurus, i, m. — 2. Homo, hominis, m. — 3. Fides, ei, f. — 4. Vinculum, i. — 5. Maximus, a, um. — 6. Societas, tatis, f. — 7. Humanus, a, um.

11. On combattit longtemps (*pugnatum est diu*) à forces[1] egales[2] (*abl.*).

1. Vires, ium, f. plur. — 2. Æquus, a, um.

12. Les récompenses-honorifiques[1] du peuple[2] romain[3] furent (*fuerunt*) d'abord (*olim*) rares[4] et de-peu-de-valeur (*adjectif*)[5]; dans la suite (*postea*), elles furent (*fuerunt*) prodiguées[6].

1. Honor, is, m. — 2. Populus, i, m. — 3. Romanus, a, um. — 4. Rarus, a, um. — 5. Modicus, a, um. — 6. Effusus, a, um.

13. Les aigles[1] des armées[2] romaines[3] étaient portées (*ferebantur*) par les premiers[4] centurions[5] des légions[6].

1. Aquila, æ, f. — 2. Exercitus, ûs, m. — 3. Romanus, a, um. — 4. Primus, a, um. — 5. Centurio, onis, m. — 6. Legio, onis, f.

Adjectifs du deuxième groupe.

52e EXERCICE

1. Cynégire[1] retint (*tenuit*) de la main[2] droite[3] (*abl.*), puis (*dein*) de la main[2] gauche[4]. un vaisseau[5] chargé[6]; [ses] deux mains (*utraque manu*) ayant-été-coupées[7] (*abl. sing.*), il le (*eam*) saisit (*arripuit*) avec les dents[8].

2. Regulus[1] battit (*profligavit*) les Carthaginois[2] dans beaucoup-de[3] (*adjectif*) rencontres[4].

3. Les poulains[1] difficiles[2] deviennent (*fiunt*) d'excellents[3] chevaux[4] (*nom.*), s'(*si*) ils sont confiés (*tradantur*) à des dompteurs[5] habiles[6].

4. Il est facile de (*est facile*) former (*componere*) les cœurs[1] tendres[2] des enfants[3].

5. Épaminondas[1] comprit (*sensit*) qu'il avait reçu (*se accepisse*) une blessure[2] mortelle[3].

6. Manlius[1] commandait (*præerat*) l'aile[2] (*dat.*) droite[3] de l'armée[4], Décius[5] l'aile[2] (*dat.*) gauche[6].

7. Dans la prospérité (*tournez : dans les choses[1] prospères[2]*) tu auras (*habebis*) beaucoup[3] d' (*adj.*) amis[4].

8. C'est (*est*) un défaut[1] des cités[2] libres[3] que (*ut*) l'envie[4] accompagne la gloire (*tournez : soit, sit, la compagne[5] de la gloire[6]*).

9. Les Sénons[1] (*abl.*) approchant de (*appropinquantibus*) la ville[2] (*dat.*), les Vestales[3] emportèrent (*secum tulerunt*) les vases[4] sacrés[5].

10. Le chien[1] (*acc.*) rassasié[2] eut pitié (*misertum est*) du loup[3] (*gén.*) maigre[4].

1. Cynegirus, i, m. — 2. Manŭs, ûs, f. — 3. Dexter, tra, trum. — 4. Sinister, tra, trum. — 5. Navis, is, f. — 6. Onustus, a, um. — 7. Amputatus, a, um. — 8. Dens, dentis, m.

1. Regulus, i, m. — 2. Pœni, orum, m. *plur.* — 3. Creber, bra, brum. — 4. Prœlium, i.

1. Pullus, i, m. — 2. Asper, a, um. — 3. Optimus, a, um. — 4. Equus, i, m. — 5. Domitor, is, m. — 6. Peritus, a, um.

1. Animus, i, m. — 2. Tener, a, um. — 3. Infans, infantis, m.

1. Epaminondas, æ, m. — 2. Vulnus, vulneris, n. — 3. Mortifer, a, um.

1. Manlius, i, m. — 2. Cornû, ûs, n. — 3. Dexter, tra, trum. — 4. Exercitūs, ûs, m. — 5. Decius, i, m. — 6. Sinister, tra, trum.

1. Res, ei, f. — 2. Prosper, a, um. — 3. Creber, bra, brum. — 4. Amicus, i, m.

1. Vitium, i. — 2. Civitas, tatis, f. — 3. Liber, a, um. — 4. Invidia, æ, f. — 5. Comes, comitis, f. — 6. Gloria, æ, f.

1. Senones, um, m. *plur.* — 2. Urbs, urbis, f. — 3. Vestalis, is, f. — 4. Vas, is, n. — 5. Sacer, cra, crum.

1. Canis, is, m. — 2. Satur, a, um. — 3. Lupus, i, m. — 4. Macer, cra, crum.

11. César[1] avait les yeux (*tour-nez* : était, *erat*, d'yeux[2], *abl.*) noirs[3] et vifs[4].

12. Homère[1] a représenté (*finxit*) les Cyclopes[2] [avec] un visage[3] (*abl.*) repoussant[4].

1. Cæsar, is, m. — 2. Ocu-lus, i, m. — 3. Niger, gra, grum. — 4. Vegetus, a, um.

1. Homerus, i, m. — 2. Cy-clops, Cyclopis, m. — 3. Fa-cies, ei, f. — 4. Teter, tra, trum.

ADJECTIFS DE LA TROISIÈME DÉCLINAISON

Anc. Gr. § 42-44. — Nouv. Gr. § 44-46

QUESTIONNAIRE

En combien de groupes distingue-t-on les adjectifs de la troisième dé-clinaison ?

Combien ceux du premier groupe ont-ils de terminaisons au nominatif du singulier ?

Sur quel nom se déclinent le mas-culin et le féminin ?

Quel est l'accusatif, quel est l'abla-tif du masculin et du féminin ?

Sur quel nom se décline le neutre ?

Combien les adjectifs du deuxième groupe ont-ils de terminaisons au nominatif et au vocatif du singulier ?

Comment se déclinent-ils à partir du génitif ?

Combien les adjectifs du troisième groupe ont-ils de terminaisons au nominatif singulier ?

A quels cas présentent-ils la même terminaison pour les trois genres ?

Adjectifs à deux terminaisons parisyllabiques.

53ᵉ EXÉRCICE

OBSERVATIONS. — 1. Le nom commun ou le nom de pays qui désigne le lieu dans lequel on entre se met à l'accusatif. Les prépositions dans, en, sur, qui le précèdent, se traduisent par in. Ex. : Je vais allé dans (*in*) la ville (*acc.*), en (*in*) Égypte (*acc.*), sur (*in*) la montagne (*acc.*).

2. Si ce nom est un nom de ville ou d'île, il se met à l'accusatif, mais les prépositions à, dans, qui le précèdent, ne se traduisent pas. Ex. : Il entra [dans] Rome (*acc.*), [à] Lemnos (*acc.*).

3. Le nom commun ou le nom de pays qui désigne le lieu vers lequel on se dirige se met à l'accusatif. Les prépositions vers, à, qui le pré-cèdent, se traduisent par ad. Ex. : Je vais vers (*ad*) la ville (*acc.*). — Le condamné fut conduit au (*ad*) supplice (*acc.*).

4. Si ce nom est un nom de ville ou d'île, il se met à l'accusatif, mais les prépositions françaises ne s'expriment pas habituellement. Ex. : La flotte fit voile [vers] Syracuse (*acc.*).

1. Les épées[1] courtes[2] sont (*sunt*) faciles-à-manier[3]

1. Ensis, is, m. — 2. Brevis, e. — 3. Habilis, e.

2. La flotte[1] de Germanicus[2] fut assaillie (*vexata est*) par une violente[3] tempête[4].

3. Je pouvais à peine (*poteram vix*) ouvrir (*aperire*) [mes] yeux[1] appesantis[2] par le sommeil[3].

4. Il ne faut pas (*non oportet*) mettre (*imponere*) de lourds[1] fardeaux[2] [sur] des épaules[3] (*dat.*) faibles[4].

5. Le sort[1] de Crésus[2] est (*est*) un exemple[3] remarquable[4] de l'inconstance[5] de la fortune[6].

6. Atticus[1] a raconté (*narravit*) dans [ses] annales[2] les actions[3] illustres[4] des généraux[5] remarquables[6] de Rome[7].

7. Les prisonniers[1] marchèrent (*ierunt*) au supplice[2] [avec] un visage[3] (*abl.*) gai[4].

8. Tout[1] fardeau[2] est (*est*) lourd[3] [pour] ceux-qui-n'y-sont- pas-habitués[4] (*dat.*).

9. Les inondations[1] du Nil[2] rendaient (*efficiebant*) fertile[3] le sol[4] naturellement (*natura*) fécond[5] de l'Égypte[6].

10. Le général[1] entra (*ingressus est*) à Rome[2] sur le char[3] triomphal[4].

11. Sortis[1] des (*e, abl.*) provinces[2] stériles[3] de la Perse[4], les soldats[5] d'Alexandre[6] entrèrent (*ingressi sunt*) enfin (*tandem*) dans la fertile[7] Babylonie[8].

12. Les naufragés[1] furent portés (*delati sunt*) par les flots[2] vers un rivage[3] uni[4].

1. Classis, is, f. — 2. Germanicus, i, m. — 3. Gravis, e. — 4. Tempestas, tatis. f.

1. Oculus,i, m.—2.Gravis, e. — 3. Somnus, i, m.

1. Gravis, e. — 2. Onus, oneris, n. — 3. Humerus, i, m. — 4. Debilis, e.

1. Sors, sortis, f. — 2. Crœsus, i, m. — 3. Exemplum, i. — 4. Insignis, e. — 5. Varietas, tatis, f. — 6. Fortuna, æ, f.

1. Atticus, i, m. — 2. Annales, ium, m. *plur*. —3. Factum, i. — 4. Illustris, e. — 5. Imperator, is, — 6. Egregius, a, um. — 7. Roma, æ, f.

1. Captivus, i, m. — 2. Supplicium, i. —3. Vultŭs, ûs, m. — 4. Hilaris, e.

1. Omnis, e.—2. Onus, oneris, n. — 3. Gravis, e.—4. Insuetus, i.

1. Exundatio, onis, f. — 2. Nilus, i, m. — 3. Fertilis, e. — 4. Solum, i. — 5. Fecundus, a, um.—6. Ægyptus, i, f.

1. Imperator, is, m. — 2. Roma, æ, f. — 3. Currŭs, ûs, m. — 4. Triumphalis, e.

1. Egressus, a, um. — 2. Provincia, æ, f. — 3. Sterilis, e. — 4. Persis, Persidis, f. — 5. Miles, militis, m. — 6. Alexander, dri, m. — 7. Fertilis, e. — 8. Babylonia, æ, f.

1. Naufragus, i, m.—2. Fluctŭs, ûs, m. — 3. Litus, litoris, n. — 4. Mollis, e.

54ᵉ EXERCICE

1. Le temps[1] adoucit (*mollit*) toutes[2] les douleurs[3].

2. Darius avait un caractère (*tournez : à* Darius[1] *était, erat,* un caractère[2]) doux[3] et facile[4]; cependant (*attamen*) il fit tuer (*occidit*) le Spartiate[5] Charidème[6], qui (*qui*) lui (*ei*) donnait (*dabat*) des conseils[7] utiles[8].

3. Dans une[1] partie[2] de la Bactriane[3], beaucoup-d'[4] (*traduisez par un adjectif*) arbres[5] et [de] vignes[6] produisent (*ferunt*) des fruits[7] abondants[8] et savoureux[9], des sources[10] nombreuses[11] arrosent (*rigant*) le sol[12] fécond[13]; l'autre[1] partie[2] est couverte (*operta est*) de sables[14] stériles[15].

4. Ne déplorons pas (*ne fleamus*), comme (*velut*) [nous étant] particuliers[1], des maux[2] communs[3] à tous[4] les hommes[5] (*gén.*).

5. Ésope[1] était (*fuit*) laid (*tournez :* d'un corps[2], *abl.*, laid[3]).

6. L'ivresse[1] est (*est*) une folie[2] passagère[3]; elle perdit (*perdidit*) Antoine[4], homme[5] d'un noble[6] caractère[7] (*abl.*) et le (*eum*) rendit (*fecit*) cruel[8] (*abl.*).

7. Les Romains[1], fatigués[2] du joug[3] (*abl.*) honteux[4] des Tarquins[5] cruels[6], les (*eos*) envoyèrent (*ejecerunt*) en exil[7].

8. Il [nous] est permis (*licet*) de nous livrer (*indulgere*) au jeu[1] et à la plaisanterie[2] (*plur.*), mais (*sed*) après que (*quum*) nous aurons satisfait (*satisfecerimus*) aux choses[3] graves[4] et sérieuses[5].

1. Tempus, temporis, n. — 2. Omnis, e. — 3. Dolor, is, m.

1. Darius, i, m. — 2. Ingenium, i. — 3. Mitis, e. — 4. Facilis, e. — 5. Spartanus, i, m. — 6. Charidemus, i, m. — 7. Consilium, i. — 8. Utilis, e.

1. Alter, a, um. — 2. Pars, partis, f. — 3. Bactriana, æ, f. — 4. Multi, æ, a. — 5. Arbor, is, f. — 6. Vitis, is, f. — 7. Fructus, ûs, m. — 8. Largus, a, um. — 9. Mitis, e. — 10. Fons, fontis, m. — 11. Creber, bra, brum. — 12. Solum, i. — 13. Fecundus, a, um. — 14. Arena, æ, f. — 15. Sterilis, e.

1. Proprius, a, um. — 2. Malum, i. — 3. Communis, e. — 4. Omnis, e. — 5. Homo, hominis, m.

1. Æsopus, i, m. — 2. Corpus, corporis, n. — 3. Turpis, e.

1. Ebrietas, tatis, f. — 2. Furor, is, m. — 3. Brevis, e. — 4. Antonius, i, m. — 5. Vir, i, m. — 6. Egregius, a, um. — 7. Indoles, is, f. — 8. Crudelis, e.

1. Romani, orum, m. *plur.* — 2. Fessus, a, um. — 3. Jugum, i. — 4. Turpis, e. — 5. Tarquinii, orum, m. *plur.* — 6. Crudelis, e. — 7. Exsilium, i.

1. Ludus, i, m. — 2. Jocus, i, m. — 3. Res, ei, f. — 4. Gravis, e. — 5. Severus, a, um.

9. Le nom[1] de l'amitié[2] est (*est*) saint[3] et vénérable[4].

1. Nomen, nominis, n. — 2. Amicitia, æ, f. — 3. Sanctus, a, um. — 4. Venerabilis, e.

10. Les Gaulois[1] marchèrent (*contenderunt*) vers Rome[2] avec des dispositions[3] hostiles[4].

1. Galli, orum, m. *plur.* — 2. Roma, æ, f. — 3. Animus, i, m. — 4. Hostilis, e.

Adjectifs à trois terminaisons.

55ᵉ EXERCICE

1. La température[1] (*ajoutez :* du ciel[2]) est (*est*) saine[3] dans les pays[4] que (*quas*) baigne (*alluit*) l'Indus[5].

1. Temperies, ei, f. — 2. Cælum, i. — 3. Saluber, bris, bre. — 4. Regio, onis, f. — 5. Indus, i, m.

2. Les Indiens[1], effrayés[2] des victoires[3] d'Alexandre[4], croyaient voir (*credebant se videre*) Bacchus[5], divinité[6] célèbre[7] chez (*tournez :* dans) ces (*illis*) nations[8].

1. Indi, orum, m. *plur.* — 2. Territus, a, um. — 3. Victoria, æ, f. — 4. Alexander, dri, m. — 5. Bacchus, i, m. — 6. Numen, numinis, n. — 7. Celeber, bris, bre. — 8. Gens, gentis, f.

3. Les enfants[1], après (*post, acc.*) [leurs] jeux[2], apportent (*afferunt*) à l'étude (*ad discendum*) un esprit[3] vif[4].

1. Puer, i, m. — 2. Lusus, ûs, m. — 3. Mens, mentis, f. — 4. Acer, acris, acre.

4. Sur le champ[1] de bataille[2] gisaient (*jacebant*) des corps[3] décomposés[4] d'hommes[5] et de chevaux[6].

1. Campus, i, m. — 2. Pugna, æ, f. — 3. Corpus, corporis, n. — 4. Puter, putris, putre. — 5. Vir, i, m. — 6. Equus, i, m

5. Rien-n' (*nihil, neutre*) est (*est*) si (*tam*) rapide[1] qu' (*quam*) une médisance[2] (*nom.*).

1. Volucer, cris, cre. — 2. Maledictum, i.

6. Les Athéniens[1] avertirent (*admonuerunt*) les Lacédémoniens[2] qu'ils avaient besoin (*tournez :* eux avoir besoin, *se egere*) d'un prompt[3] secours[4] (*abl.*).

1. Athenienses, ium, m. *plur.* — 2. Lacedæmonii, orum, m. *plur.* — 3. Celer, celeris, celere. — 4. Auxilium, i.

7. Les Perses[1], confiants[2] [dans leur] cavalerie[3] (*abl.*), débarquèrent (*exposuerunt*) [leur] armée[4] sur un terrain[5] plat[6], à (*apud, acc.*) Marathon[7].

1. Persæ, arum, m. *plur.* — 2. Fretus, a, um. — 3. Equitatûs, ûs, m. — 4. Exercitûs, ûs, m. — 5. Locus, i, m. — 6. Campester, tris, tre. — 7. Marathon, is, m.

8. Léonidas[1] exhorta (*hortatus est*) avec gaieté (*tournez :* un esprit[2] gai[3], *abl.*), [ses] soldats[4] à (*ad, acc.*) [leur] dernier[5] combat[6].

1. Leonidas, æ, m. — 2. Animus, i, m. — 3. Alacer, cris, cre. — 4. Miles, militis, m. — 5. Supremus, a, um. — 6. Certamen, minis, n.

9. Flaminius[1] fut percé (*transfixus est*) de la lance (*abl.*) d'un cavalier[2] insubrien[3].

1. Flaminius, i, m. — 2. Lancea, æ, f. — 3. Eques, equitis, m. — 4. Insuber, bris, bre.

56ᵉ EXERCICE

1. Un lieu[1] déterminé[2] est-réservé (*est*) dans le ciel[3] aux hommes[4] [qui ont été] ardents[5] à défendre (*ad tutandam*) la république[6].

1. Locus, i, m. — 2. Certus, a, um. — 3. Cælum, i. — 4. Vir, i, m. — 5. Alacer, cris, cre. — 6. Respublica, reipublicæ, f.

2. Les parents[1] forcent (*cogunt*) les petits-enfants[2] à souffrir les choses [qui leur sont] salutaires (*tournez :* à, ad, acc., la patience[3] des choses[4] salutaires[5]).

1. Parentes, um, m. *plur.* — 2. Parvulus, i, m. — 3. Patientia, æ, f. — 4. Res, ei, f. — 5. Saluber, bris, bre.

3. Si (*si*) les enfants[1] aiment (*amabunt*) [leurs] maîtres[2], ils iront (*venient*) aux écoles[3] avec gaieté et empressement (*tournez :* gais[4] et empressés,[5] *nom.*).

1. Puer, i, m. — 2. Magister, magistri, m. — 3. Schola, æ, f. — 4. Lætus, a, um. — 5. Alacer, cris, cre.

4. Les sucs[1] d'aliments[2] malsains[3] et nouveaux[4] répandirent (*vulgaverunt*) des maladies[5] dans l'armée[6].

1. Succus, i, m. — 2. Cibus, i, m. — 3. Insaluber, bris, bre. — 4. Novus, a, um. — 5. Morbus, i, m. — 6. Exercitûs, ûs, m.

5. En Judée[1], les corps[2] des habitants[3] sont (*sunt*) sains[4]; les pluies[5] [sont] rares[6], le sol[7] fécond[8].

1. Judæa, æ, f. — 2. Corpus, corporis, n. — 3. Homo, hominis, m. — 4. Saluber, bris, bre. — 5. Imber, imbris, m. — 6. Rarus, a, um. — 7. Solum, i. — 8. Pinguis, e.

6. Les Romains[1] avaient l'avantage (*valebant plus*) dans les combats[2] d'-infanterie[3] (*tournez par un adjectif*), les Campaniens[4] dans les combats[2] de-cavalerie[5] (*adjectif*).

1. Romani, orum, m. *plur.* — 2. Prœlium, i. — 3. Pedester, tris, tre. — 4. Campani, orum, m. *plur.* — 5. Equester, tris, tre.

7. Un enfant[1] de-Lacédémone[2] (*adjectif*) tenait caché (*celabat*) sous (*intra, acc.*) [son] habit[3] un renard[4]

1. Puer, i, m. — 2. Lacedæmonius, a, um. — 3. Vestis, is, f. — 4. Vulpes, is, f. —

volé[5]; l'animal[6] lui (*ei*) rongeait (*rodebat*) le ventre[7]; son (*ejus*) visage[8] ne fut pas altéré (*non fuit turbatus*) par [cette] vive[9] douleur[10].

5. Subreptus, a, um. — 6. Animal, is, n. — 7. Venter, ventris, m. — 8. Vultŭs, ûs, m. — 9. Acer, acris, acre. — 10. Dolor, is, m.

Adjectifs à une terminaison impirasyllabique.

57ᵉ EXERCÍCE

1. Sisygambis[1] ne voulut pas (*noluit*) survivre (*tournez :* être, *esse*, survivante[2], *nom.*) à Alexandre[3].

2. Choisissons-nous (*eligamus*) un ami[1] qui partage[2] (*tournez par un adjectif*) nos[3] joies[4] (*gén.*) et [nos] peines[5] (*gén.*).

3. Le ciel[1] retentissait (*strepebat*) d'un bruit[2] éclatant[3].

4. Après (*post*) la défaite[1] de Trasimène[2] (*adjectif*), une (*quædam*) mère[3], ayant rencontré (*oblata*) tout à coup (*repente*) [son] fils[4] (*dat.*) sain-et-sauf[5], mourut (*exspiravit*) de joie[6] (*abl.*).

5. Les soldats[1] partirent (*profecti sunt*) en silence (*tournez :* [en] troupe[2], *abl.*, silencieuse[3]).

6. Porus[1], roi[2] des Indiens[3], eut (*usus est*) [dans] Alexandre[4] (*abl.*) un vainqueur[5] (*abl.*) clément[6].

7. La pythie[1] fit (*edidit*) une réponse[2] ambiguë[3].

8. Mucius Scévola[1] voulut (*voluit*) délivrer (*liberare*) [sa] patrie[2] par un acte[3] audacieux[4].

9. Dans les cités[1] grecques[2], les grands[3] et le peuple[4] étaient (*fuerunt*) rarement (*raro*) unis (*tournez :* d'un esprit[5], *abl.*, uni[6]).

1. Sisygambis, is, f. — 2. Superstes, superstitis. — 3. Alexander, dri, m.

1. Amicus, i, m. — 2. Particeps, participis. — 3. Noster, tra, trum. — 4. Gaudium, i. — 5. Molestia, æ, f.

1. Cælum, i. — 2. Fragor, is, m. — 3. Ingens, ingentis.

1. Clades, is, f. — 2. Trasimenus, a, um. — 3. Mater, matris, f. — 4. Filius, i, m. — 5. Sospes, sospitis. — 6. Gaudium, i.

1. Miles, militis, m. — 2. Agmen, agminis, n. — 3. Silens, silentis.

1. Porus, i, m. — 2. Rex, regis, m. — 3. Indi, orum, m. *plur.* — 4. Alexander, dri, m. — 5. Victor, is, m. — 6. Clemens, entis.

1. Pythia, æ, f. — 2. Responsum, i. — 3. Anceps, ancipitis.

1. Mucius, i, Scœvola, æ, m. — 2. Patria, æ, f. — 3. Facinus, facinoris, n. — 4. Audax, audacis.

1. Civitas, tatis, f. — 2. Græcus, a, um. — 3. Primores, um, m. *plur.* — 4. Plebs, plebis, f. — 5. Animus, i, m. — 6. Concors, concordis.

10. Manlius[1] fut (*fuit*) odieux[2] à la plèbe[3] à cause de (*propter, acc.*) [son] caractère[4] intraitable[5].

1. Manlius, i, m. — 2. Invisus, a, um. — 3. Plebs, plebis, f. — 4. Ingenium, i. — 5. Atrox, atrocis.

11. Cicéron[1] était (*fuit*) railleur[2] et ami[3] de la plaisanterie[4] (*gén.*).

1. Cicero, ònis, m. — 2. Dicax, dicacis. — 3. Amans amantis. — 4. Facetiæ arum, f. *plur.*

12. Les Athéniens[1] s'élancèrent (*lati sunt*) contre (*in, acc.*) les Perses[2] d'une course[3] (*abl.*) précipitée[4].

1. Athenienses, ium, m. *plur.* — 2. Persæ, arum, m. *plur.* — 3. Cursûs, ûs, m. — 4. Præceps, præcipitis.

13. Le peintre[1] a reproduit (*expressit*) d'une main[2] (*abl.*) habile[3] la ressemblance[4] de mon[5] père[6].

1. Pictor, is, m. — 2. Dextra, æ, f. — 3. Sollers, sollertis. — 4. Similitudo, dinis, f. — 5. Meus, a, um. — 6. Pater, patris, m.

14. Les trois cents[1] Fabius[2] furent entourés (*septi sunt*) par une troupe[3] non-interrompue[4] d'ennemis[5].

1. Trecenti, æ, a. — 2. Fabius, i, m. — 3. Agmen, agminis, n. — 4. Continens, entis. — 5. Hostis, is, m.

15. Le jour[1] (*abl.*) suivant[2], Asdrubal[3] et Claudius[4] eurent (*venerunt ad, acc.*) une entrevue[5].

1. Dies, ei, m. — 2. Insequens, entis. — 3. Asdrubal, is, m. — 4. Claudius, i, m. — 5. Colloquium, i.

58ᵉ EXERCICE

1. Le meurtrier[1] d'Asdrubal[2] fut saisi (*comprehensus est*) par les assistants[3]; tandis que (*quum*) il était soumis à la torture (*tournez :* était déchiré, *laceraretur*, par des tortures[4]), il riait (*ridebat*), la joie[5] (*abl.*) l'emportant-sur[6] les souffrances[7] (*acc.*).

1. Interfector, is, m. — 2. Asdrubal, is, m. — 3. Circumstans, antis. — 4. Tormentum, i. — 5. Lætitia, æ, f. — 6. Superans, antis. — 7. Dolor, is, m.

2. Des montagnards[1], occupant[2] des rochers[3] en-saillie[4] (*adjectif*), se montrèrent (*apparuerunt*) aux Carthaginois[5] qui-gravissaient (*tournez :* gravissant[6]) les premières[7] pentes[8] des Alpes[9].

1. Montanus, i, m. — 2. Tenens, entis. — 3. Saxum, i. — 4. Imminens, entis. — 5. Pœni, orum, m. *plur.* — 6. Superans, antis. — 7. Primus, a, um. — 8. Clivus, i, m. — 9. Alpes, ium, f. *plur.*

3. Les gens-de-la-campagne[1] se-réfugièrent (*confugerunt*) en-grand-nombre[2] (*adjectif, nom.*) dans la ville[3].

1. Agrestis, is, m. — 2. Frequens, entis. — 3. Urbs, urbis, f.

4. Les Athéniens[1] pressaient (*instabant*) la foule[2] (*dat.*) des Perses[3] qui-fuyaient (*tournez :* fuyant[4], *gén.*) vers (*ad, acc.*) [leurs] vaisseaux[5].

1. Athenienses, ium, m. *plur.* — 2. Turba, æ, f. — 3. Persæ, arum, m. *plur.* — 4. Fugiens, entis. — 5. Navis, is, f.

5. Les Athéniens[1] condamnèrent (*damnaverunt*) à mort[2] (*abl.*) [pour] sacrilège[3] (*gén.*) dix (*decem*) généraux[4] innocents[5].

1. Athenienses, ium, m. *plur.* — 2. Caput, capitis, n. — 3. Sacrilegium, i. — 4. Imperator, is, m. — 5. Insons, insontis.

6. Le lion[1] méprise (*contemnit*) le grand-nombre[2] des chiens[3] et des chasseurs[4] qui-le-poursuivent (*tournez :* poursuivant[5], *gén.*).

1. Leo, leonis, m. — 2. Multitudo, dinis, f. — 3. Canis, is, m. — 4. Venator, is, m. — 5. Urgens, entis.

7. La fortune[1] seconde (*juvat*) les [hommes] audacieux[2].

1. Fortuna, æ, f. — 2. Audax, audacis.

8. Les constructions[1] des Germains[2] ne se tiennent pas les unes aux autres (*tournez :* ne sont pas, *non sunt*, se-tenant[3]).

1. Ædificium, i. — 2. Germani, orum, m. *plur.* — 3. Cohærens, entis.

COMPARATIFS ET SUPERLATIFS

Anc. Gr. § 45-47. — Nouv. Gr. § 46-48

QUESTIONNAIRE

Par quels suffixes le latin marque-t-il le comparatif et le superlatif?

Si le radical est terminé par une voyelle, cette voyelle subsiste-elle devant le suffixe?

Le latin a-t-il deux formes différentes pour marquer le superlatif absolu et le superlatif relatif?

Les adjectifs en er, qui se déclinent sur **niger**, ne forment-ils pas différemment leur comparatif,

selon que l'e de er reste ou ne reste pas au radical?

Dans ces mêmes adjectifs, par quel suffixe altéré se forme le superlatif?

Quel adjectif, non en er, suit la même formation au superlatif?

Quels sont les six adjectifs en ilis qui ajoutent le suffixe limus au radical, duquel est tombé l'i final?

59e EXERCICE

OBSERVATION. — Les adverbes **assez** et **trop**, suivis d'un adjectif, seront rendus par le comparatif de cet adjectif.

1. La vie[1] est (*est*) plus tranquille[2] à la campagne (*ruri*).

1. Vita, æ, f. — 2. Tranquillus, a, um.

2. Cet (*hic*) enfant[1] est (*est*) trop bavard[2].

1. Puer, i, m. — 2. Loquax, loquacis.

3. Rarement (*raro*) je me suis promené (*ambulavi*) dans une campagne[1] plus agréable[2].

1. Rus, ruris, n. — 2. Jucundus, a, um.

4. Les amis[1] de Philippe[2] trouvaient (*judicabant*) Bucéphale[3] trop fougueux[4]; Alexandre[5] le (*eum*) mania (*moderatus est*) d'une main[6] plus adroite[7]; le cheval[8] fut (*fuit*) plus calme[9] et plus obéissant[10].

1. Amicus, i, m. — 2. Philippus, i, m. — 3. Bucephalus, i, m. — 4. Ferox, ferocis. — 5. Alexander, dri, m. -- 6. Manŭs, ûs, f. — 7. Sollers, sollertis. — 8. Equus, i, m. — 9. Tranquillus, a, um. — 10. Obediens, entis.

5. L'ellébore[1] est (*est*) une plante[2] assez commune[3] en Grèce[4]; aucun[5] remède[6] [n'] était (*erat*) plus efficace[7] contre (*adversus, acc.*) la folie[8].

1. Helleborum, i. — 2. Herba, æ, f. — 3. Frequens, entis. — 4. Græcia, æ, f. — 5. Nullus, a, um. — 6. Remedium, i. — 7. Efficax, efficacis. — 8. Insania, æ, f.

6. Autour du (*circa, acc.*) consul[1], l'action[2] fut (*fuit*) plus acharnée[3] et plus sanglante[4].

1. Consul, is, m. — 2. Prœlium, i. — 3. Infestus, a, um. — 4. Cruentus, a, um.

7. Scipion Nasica[1] manqua (*amisit*) le consulat[2] pour (*propter, acc.*) une parole[3] assez spirituelle[4], mais (*sed*) trop méprisante[5].

1. Scipio, onis; Nasica, æ, m. — 2. Consulatŭs, ûs, m. — 3. Verbum, i. — 4. Facetus, a, um. — 5. Superbus, a, um.

8. Les Lacédémoniens[1] précipitaient (*dejiciebant*) du (*de, abl.*) Taygète[2] les nouveau-nés[3] trop difformes ou trop faibles (*tournez :* d'un corps[4], *abl.*, trop difforme[5] ou, *aut,* trop faible[6]).

1. Lacedæmonii, orum, m. plur. — 2. Taygetus, i, m. — 3. Parvulus, i, m. — 4. Corpus, corporis, n. — 5. Deformis, e. — 6. Debilis, e.

9. Dans (*in, abl.*) la vieillesse[1], le corps[2] est (*est*) plus faible[3], plus pesant[4]; les membres[5] sont (*sunt*) plus roides[6], les sens[7] plus émoussés[8]; mais (*sed*) elle est (*est*) plus clairvoyante[9], plus libre[10] de soucis[11] (*gén.*).

1. Senectus, tutis, f. — 2. Corpus, corporis, n. — 3. Debilis, e. — 4. Gravis, e. — 5. Membrum, i. — 6. Rigidus, a, um. — 7. Sensŭs, ûs, m. — 8. Hebes, hebetis. — 9. Perspicax, cacis. — 10. Expers, expertis (*sans comp.*). — 11. Cura, æ, f.

10. Personne-ne (*nemo*) vit (*vidit*) jamais (*unquam*) Socrate[1] trop gai[2] ou (*aut*) trop triste[3].

1. Socrates, is, m. — 2. Hilaris, e. — 3. Tristis, e.

60⁰ EXERCICE

OBSERVATIONS. — Le nom ou le pronom qui est le second terme d'une comparaison peut, en général, se traduire de deux manières :

1° Il peut se mettre au même cas que le nom ou pronom qui est le premier terme, et la conjonction **que** se traduit par **quam.** Ex. : Le lion est plus fort que (*quam*) le tigre (*nom.*).

2° Il peut se mettre à **l'ablatif**, et la conjonction **que** ne s'exprime pas. Ex. : Le lion est plus fort [que] le tigre (*abl.*).

1. Les Athéniens[1] étaient (*erant*) plus humains[2] que les Lacédémoniens[3].

1. Athenienses, ium, m. *plur.* — 2. Humanus, a, um. — 3. Lacedæmonii, orum, m. *plur.*

2. La vertu[1] est (*est*) plus utile[2] que la richesse[3].

1. Virtus, virtutis, f. — 2. Utilis, e. — 3. Divitiæ, arum, f. *plur.*

3. Tarquin[1] fut (*fuit*) plus orgueilleux[2] que les autres[3] rois[4] de Rome[5].

1. Tarquinius, i, m. — 2. Superbus, a, um. — 3. Ceteri, æ, a. — 4. Rex, regis, m. — 5. Roma, æ, f.

4. Les conseils[1] sont (*sunt*) moins (*minus*) agréables[2], mais (*sed*) plus utiles[3] que les louanges[4].

1. Consilium, i. — 2. Gratus, a, um. — 3. Utilis, e. — 4. Laus, laudis, f.

5. Aucun[1] vice[2] [n'] est (*est*) plus hideux[3] que l'avarice[4].

1. Nullus, a, um. — 2. Vitium, i. — 3. Teter, tetra, tetrum. — 4. Avaritia, æ, f.

6. Les oies[1] du Capitole[2] eurent l'ouïe plus fine (*tournez* : furent, *fuerunt*, plus fines[3] [d'oreille]) que les chiens[4].

1. Anser, is, m. — 2. Capitolium, i. — 3. Sagax, sagacis. — 4. Canis, is, m.

7. Nuls[1] jeux[2] [n'] étaient (*erant*) plus fréquentés[3] que les [jeux] olympiques[4].

1. Nullus, a, um. — 2. Ludicrum, i. — 3. Celeber, bris, bre. — 4. Olympicus, a, um.

8. Le cerf[1] croyait être (*credebat se esse*) plus beau[2] (*acc.*), plus rapide[3] (*acc.*) que les autres[4] animaux[5].

1. Cervus, i, m. — 2. Pulcher, chra, chrum. — 3. Velox, velocis. — 4. Ceteri, æ, a. — 5. Animal, is, n.

9. L'amitié[1] rend (*facit*) la prospérité (*tournez* : les choses heureuses[2]) plus agréable[4] (*acc. plur. fém.*), l'adversité (*tournez* : les choses[2] contraires[3]) plus légère[6] (*acc. plur. fém.*).

1. Amicitia, æ, f. — 2. Res, rei, f. — 3. Secundus, a, um. — 4. Jucundus, a, um. — 5. Adversus, a, um. — 6. Levis, e.

10. Le combat[1] du (*tournez* : auprès du, *apud, acc.*) lac[2] Régille[3] fut (*fuit*) plus sanglant[4] que les autres[5].

1. Prœlium, i. — 2. Lacŭs, ûs, m. — 3. Regillus, i, m. — 4. Cruentus, a, um. — 5. Ceteri, æ, a.

61° EXERCICE

OBSERVATIONS. — 1° Le complément du superlatif relatif, marqué en français par **de**, se met en latin : 1° s'il est du singulier, au **génitif** ; 2° s'il est du pluriel, au **génitif**, ou à **l'accusatif** précédé de la préposition inter, ou bien à l'ablatif précédé de la préposition e ou ex.

2° L'adjectif qui est au superlatif relatif prend le nombre du nom auquel il se rapporte, mais le genre de celui qui est son complément. Ex. : Le cygne est le plus blanc des oiseaux, *cycnus est candidissima avium*.

1. Le temple[1] d'Apollon[2] à Delphes[3] était (*erat*) le plus saint[4] des temples[1] de la Grèce[5].

1. Templum, i. — 2. Apollo, Apollinis, m. — 3. Delphi, orum, m. *plur*. — 4. Sanctus, a, um. — 5. Græcia, æ, t.

2. Certains (*quidam*) hommes[1] se-défient (*diffidunt*) des amis[2] (*dat.*) les plus chers[3] et les plus sûrs[4], et cachent (*premunt*) tous[5] [leurs] secrets[6].

1. Homo, hominis, m. — 2. Amicus, i, m. — 3. Carus, a, um. — 4. Fidus, a, um. — 5. Omnis, e. — 6. Secretum, i.

3. Les rois[1] se jugent (*se existimant*) très heureux[2] (*acc.*) s' (*si*) ils conquièrent (*obtinent armis*) beaucoup-de[3] (*adj.*) provinces[4]; mais (*sed*) très peu[5] (*adj.*) savent commander (*imperant*) à [leurs] passions[6].

1. Rex, regis, m. — 2. Felix, felicis. — 3. Multi, æ, a. — 4. Provincia, æ, f. — 5. Perpauci, æ, a. — 6. Cupiditas, tatis, f.

4. La mort[1] et l'emprisonnement[2] sont (*sunt*) [pour] les hommes[3] (*dat.*) les deux (*duæ*) choses[4] les plus pénibles[5].

1. Mors, mortis, f. — 2. Carcer, is, m. — 3. Homo, hominis, m. — 4. Res, ei, f. — 5. Gravis, e.

5. Démosthène[1] triompha de (*superavit*) [ses] défauts[2] (*acc.*) physiques (*tournez :* de [sa] nature[3]) par une énergie (*tournez :* force[4] d'âme[5]) très opiniâtre[6].

1. Demosthenes, is, m. — 2. Impedimentum, i. — 3. Natura, æ, f. — 4. Robur, roboris, n. — 5. Animus, i, m. — 6. Pertinax, acis.

6. La plus longue[1] vie[2] humaine[3] est (*est*) très courte[4], si on la compare (*tournez :* comparée[5], *nom. fém.*) à (*cum, abl.*) l'éternité[6].

1. Longus, a, um. — 2. Vita, æ, f. — 3. Humanus, a, um. — 4. Brevis, e. — 5. Collatus, a, um. — 6. Æternitas, tatis, f.

7. Régulus[1] aima mieux (*maluit*) retourner (*reverti*) chez (*ad, acc.*) les plus cruels[2] des ennemis[3], et subir (*pati*) d'effroyables[4] (*superl.*) supplices[5], que (*quam*) [de] violer (*violare*) [son] serment[6], chose[7] si sainte[8] (*superl.*) à cette époque (*illis temporibus*).

1. Regulus, i, m. — 2. Crudelis, e. — 3. Hostis, is, m. — 4. Atrox, atrocis. — 5. Supplicium, i. — 6. Jusjurandum, jurisjurandi, n. — 7. Res, ei, f. — 8. Sanctus, a, um.

8. Des canaux[1], qui unissaient (*tournez :* unissant[2]) le Tigre[3] et (*cum, abl.*) l'Euphrate[4], rendaient (*efficiebant*) la Mésopotamie[5] très fertile[6] (*acc.*).

1. Fossa, æ, f. — 2. Jungens, entis. — 3. Tigris, is, m. — 4. Euphrates, is, m. — 5. Mesopotamia, æ, f. — 6 Fertilis, e.

62° EXERCICE

Superlatif en rrimus.

1. Cimon[1] se montra (*se præstitit*) très intègre[2], et refusa (*repudiavit*) constamment (*constanter*) les dons[3] [qui lui étaient] offerts[4].

1. Cimon, is, m. — 2. Integer, gra, grum. — 3. Donum, i. — 4. Oblatus, a, um.

2. Le corbeau[1] est (*est*) le plus noir[2] des oiseaux[3].

1. Corvus, i, m. — 2. Niger, nigra, nigrum. — 3. Avis, is, f.

3. Le climat[1] de Rome[2] est (*est*) très malsain[3] [en] été[4] (*abl.*); le climat[1] de Naples[5] est (*est*) plus sain[6].

1. Cælum, i. — 2. Roma, æ, f. — 3. Insalubris, e (*formez le superl. comme si le masculin était* insaluber). — 4. Æstas, æstatis, f. — 5. Neapolis, is, f. — 6. Saluber, bris, bre.

4. Sylla[1] mourut (*consumptus est*) de la plus repoussante[2] des maladies[3].

1. Sylla, æ, m. — 2. Teter, tetra, tetrum. — 3. Morbus, i, m.

5. Ulysse[1] préféra (*prætulit*) à l'immortalité[2] Ithaque[3], placée[4] comme (*tanquam*) un nid[5] [sur] des rochers[6] (*dat.*) très escarpés[7].

1. Ulysses, is, m. — 2. Immortalitas, tatis, f. — 3. Ithaca, æ, f. — 4. Affixus, a, um. — 5. Nidus, i, m. — 6. Rupes, is, f. — 7. Asper, a, um.

6. En plaine[1] (*plur.*), le lion[2] recule (*cedit*) avec mépris (*contemptim*); dans les forêts[3], il fuit (*fertur*) d'une course[4] très rapide[5].

1. Campus, i, m. — 2. Leo, leonis, m. — 3. Silva, æ, f. — 4. Cursus, ûs, m. — 5. Acer, acris, acre.

7. Il y avait (*tournez :* étaient, erant) à Athènes[1] des coureurs[2] très agiles[3] qui (*qui*) portaient (*ferebant*) les messages[4] des magistrats[5] dans les autres[6] États[7].

1. Athenæ, arum, f. plur. — 2. Cursor, is, m. — 3. Celer, is, e. — 4. Nuntius, i, m. — 5. Magistratūs, ūs, m. — 6. Alii, æ, a. — 7. Civitas, tatis, f.

8. [Ce] fut (*fuit*) à Rome[1] une maxime[2] (*nom.*) très utile[3] [au salut de] l'État[4] (*dat.*) [que] les prisonniers[5] (*acc.*) ne fussent pas rachetés (*non redimi*).

1. Roma, æ, f. — 2. Sententia, æ, f. — 3. Saluber, bris, bre. — 4. Civitas, tatis, f. — 5. Captivus, i, m.

9. Paul Émile[1] fut (*fuit*) le plus heureux[2] et le plus malheureux[3] des pères[4].

1. Paulus, i, Æmilius, i, m. — 2. Felix, felicis. — 3. Miser, a, um. — 4. Pater, patris, m.

10. Plutarque[1] a écrit (*scripsit*) un très beau[2] livre[3] sur (*de, abl.*) la patience[4].

1. Plutarchus, i, m. — 2. Pulcher, chra, chrum. — 3. Liber, libri, m. — 4. Patientia, æ, f.

63ᵉ EXERCICE

Superlatifs en llimus.

1. [C']est (*est*) une chose¹ (*nom.*) très difficile² [que de] choisir (*eligere*) un genre³ de vie⁴.

1. Res, rei, f. — 2. Difficilis, e. — 3. Genus, generis, n. — 4. Vita, æ, f.

2. Les Gaulois¹ contemplaient (*intuebantur*) dans les vestibules² des maisons³ des hommes⁴ tout à fait semblables⁵ (*superl.*) aux dieux⁶ par [leur] majesté⁷.

1. Galli, orum, m. *plur.* — 2. Vestibulum, i. — 3. Domŭs, ûs, f. — 4. Vir, i, m. — 5. Similis, e. — 6. Deus, i, m. — 7. Majestas, tatis, f.

3. Thémistocle¹ et Aristide² étaient (*fuerunt*) très dissemblables³ de caractère⁴ (*abl.*).

1. Themistocles, is, m. — 2. Aristides, is, m. — 3. Dissimilis, e. — 4. Mores, um, m. *plur.*

4. Les choses¹ les plus difficiles² deviennent (*fiunt*) très faciles³ par l'habitude⁴.

1. Res, rei, f. — 2. Difficilis, e. — 3. Facilis, e. — 4. Consuetudo, dinis, f.

5. Le peuplier¹ est (*est*) le plus élancé² des arbres³ de nos contrées (*tournez :* de notre⁴ ciel⁵).

1. Populus, i, f. — 2. Gracilis, e. — 3. Arbor, is, f. — 4. Noster, nostra, nostrum. — 5. Cælum, i.

6. Nous devons (*debemus*) avoir (*præbere*) [pour nos] parents¹ (*dat.*) plus-de (*majorem*) soins² (*sing.*) et plus-de (*majorem*) respect², quand (*quum*) ils sont (*sunt*) très affaiblis⁴ [dans leur] esprit⁵ (*abl.*) et [dans leur] corps⁶ (*abl.*).

1. Parentes, um, m. *plur.* — 2. Cura, æ, f. — 3. Reverentia, æ, f. — 4. Imbecillis, e. — 5. Mens, mentis, f. — 6. Corpus, corporis, n.

7. [C'est] dans les plus humbles¹ conditions² [que] la vie³ est (*est*) le plus sûre⁴.

1. Humilis, e. — 2. Conditio, onis, f. — 3. Vita, æ, f. — 4. Tutus, a, um.

QUESTIONNAIRE

Les adjectifs en **dicus**, **ficus**, **volus**, forment-ils leur comparatif et leur superlatif d'après la règle générale ?

A quel radical semble-t-il que soient ajoutés les suffixes **ior**, **issimus** ?

N'y a-t-il pas des adjectifs dont le comparatif et le superlatif sont formés de radicaux autres que celui du positif, ou du radical du positif altéré ?

Quels sont les suffixes de superlatif que l'on trouve joints à des radicaux d'adjectifs peu usités au positif ?

N'y a-t-il pas des prépositions desquelles sont formés des adjectifs au comparatif et au superlatif ?

Quels sont les suffixes de ces superlatifs ?

Les adjectifs en **ius, eus, uus**, ajoutent-ils à leur radical les suffixes du comparatif et du superlatif ?

Comment expriment-ils l'idée du comparatif et du superlatif ?

Quels sont les adjectifs en **ius, eus, uus**, qui suivent, pour le comparatif et le superlatif, ou pour l'un des deux, la règle générale ?

64ᵉ EXERCICE

1. Une femme[1] d'Apulie[2], Busa[3], fut (*fuit*) très bienveillante[4] pour (*in, acc.*) les soldats[5] qui-survivaient[6] (*adjectif*) au désastre[7] (*gén.*) de-Cannes[8] (*adjectif*), et se montra (*se præbuit*) très généreuse[9] (*acc.*) pour (*erga, acc.*) le peuple[10] romain[11].

1. Mulier, is, f. — 2. Apulia, æ, f. — 3. Busa, æ, f. — 4. Benevolus, a, um. — 5. Miles, militis. m. — 6. Superstes, superstitis. — 7. Clades, is, f. — 8 Cannensis, e. — 9. Munificus, a, um. — 10. Populus, i, m. — 11. Romanus, a, um.

2. Personne[1], à Rome[2], [ne] fut (*fuit*) plus bienveillant[3] et plus bienfaisant[4] qu'Atticus[5].

1. Nemo, neminis, m. — 2. Roma, æ, f. — 3. Benevolus, a, um. — 4. Beneficus, a, um. — 5. Atticus, i, m.

3. Hyperbolus[1] fut (*fuit*) le plus médisant[2] et le plus malfaisant[3] des Athéniens[4].

1. Hyperbolus, i, m. — 2. Maledicus, a, um. — 3. Maleficus, a, um. — 4. Athenienses, ium, m. *plur.*

4. Thémistocle[1] ne se montra jamais (*nunquam se præbuit*) plus prévoyant[2] (*acc.*) que (*quam*) quand (*quum*) il conseilla (*suasit*) aux Athéniens[3] d'abandonner (*ut relinquerent*) [leur] ville[4].

1. Themistocles, is, m. — 2. Providus, a, um. — 3. Athenienses, ium, m. *plur.* — 4. Urbs, urbis, f.

5. Titus[1] fut appelé (*vocatus fuit*) les délices[2] (*nom.*) du genre humain[4], parce qu'il (*quia*) était (*erat*) naturellement (*naturâ*) très bienveillant[5].

1. Titus, i, m. — 1. Deliciæ, arum, f. *plur.* — 3. Genus, generis, n. — 4. Humanus, a, um. — 5. Benevolus, a, um.

6. A Athènes[1], les citoyens[2] les plus pauvres[3] étaient exclus (*excludebantur*) des magistratures[4] (*abl.*), mais (*sed*) ils étaient (*erant*) exempts[5] d'impôts[6] (*gén.*).

1. Athenæ, arum, f. *plur.* — 2. Civis, is, m. — 3. Egenus, a, um. — 4. Magistratüs, ûs, m. — 5. Immunis, e. — 6. Vectigal, is, n.

65ᵉ EXERCICE

Comparatifs et superlatifs irréguliers.

1. Quel (*quod*) service[1] plus grand[2] et plus utile[3] pouvons-nous (*possumus*) rendre (*afferre*) à la patrie[4] que

1. Munus, muneris, n. — 2. Magnus, a, um. — 3. Bonus, a, um. — 4. Patria, æ, f

(*quam*) d'instruire (*si docemus*) la
jeunesse[3]?

2. Nous sommes (*sumus*) très
vertueux[1] quand (*quum*) nous sommes (*sumus*) malades[2].

3. Benjamin[1], le plus jeune[2] des
douze (*duodecim*) fils[3] était (*erat*) le
plus cher[4] à [son] père[5].

4. Les Égyptiens avaient le plus
grand souci de la justice (*tournez :*
aux Égyptiens[1] était, *erat*, le plus
grand[2] souci[3] des jugements[4]) : ils
choisissaient (*eligebant*) les trente
(*triginta*) [personnes] les plus ver-
tueuses[5] (*masc.*) dans (*e, abl.*) les plus
grandes[2] villes[6] ; devant elles (*apud
eos*) les causes[7] étaient plaidées (*age-
bantur*) par écrit (*scripto*).

5. Les hommes[1] sont mieux
(compar. neutre de *bonus, a, um*)
instruits (*docentur*) par les exemples[2]
que (*quam*) [par] la crainte[3].

6. Vous rendrez (*facies*) un in-
grat[1] meilleur[2] en supportant (*ferendo*) [son ingratitude], pire[3], en [la
lui] reprochant (*exprobrando*).

7. Les hommes[1] vertueux[2] aiment à (*gaudent*) être conseillés
(*admoneri*) : les plus vicieux[3] ne peuvent souffrir (*non patiuntur*) d'être
repris (*tournez :* un censeur[4]).

8. Les Romains[1] appelaient (*ap-
pellabant*) Jupiter[2] très bon[3], très
grand[4].

9. Parmi (*inter, acc.*) les defauts[1]
les plus nombreux[2] et les plus grands[3]
des hommes[4], le plus fréquent[5] est
(*est*) l'ingratitude (*tournez :* le défaut[1] d'une âme[6] ingrate[7]).

10. Ne forme pas (*ne ineas*) plus
de[1] projets[2] que (*quam*) tu [n'en]
peux exécuter (*potes perficere*).

— 5. Juventus, tutis, f.

1. Bonus, a, um. — 2 Ægrotus, a, um.

1. Benjaminus, i. m. — 2. Par-
vus, a, um. — 3. Filius, i. m. —
4 Carus. a. um. — 5. Pater,
patris, m.

1. Ægyptii, orum, m. *plur.* —
2. Magnus, a, um. — 3. Cura,
æ, f. — 4. Judicium, i. — 5. Bonus, a, um. — 6. Urbs, urbis,
f. — 7. Causa, æ, f.

1. Homo, hominis, m. —
2. Exemplum, i. — 3. Metûs,
ûs, m.

1. Ingratus, i, m. — 2. Bonus, a, um. — 3. Malus, a,
um (*compar.*).

1. Vir, i, m. — 2. Bonus, a,
um. — 3. Malus, a, um (*compar.*). — 4. Censor, is, m.

1. Romani, orum, m. *plur.* —
2. Jupiter, *gén.* Jovis, m. —
3. Bonus, a, um. — 4. Magnus,
a, um.

1. Vitium, i. — 2. Multi, æ,
a. — 3. Magnus, a, um. —
4. Homo, hominis, m. — 5. Frequens, entis. — 6. Ani-
mus, i, m. — 7. Ingratus,
a, um.

1. Multi, æ, a (*compar.*) —
2. Consilium, i.

66ᵉ EXERCICE

1. Il y avait (*tournez : étaient, erant*) à Sparte[1] deux (*duo*) sortes[2] d'assemblées[3] : les petites[4] (*compar. fém., au nom.*), composées[5] des (*e, abl.*) Spartiates[6], les grandes[7] (*compar. fém., au nom.*), composées[8] des (*e, abl.*) Spartiates[6] et des Laconiens[9].

2. Un serviteur[1] obéit (*paret*) difficilement (*haud facile*) à plusieurs[2] maîtres[3]

3. Les Romains[1] appelaient (*vocabant*) Gaule[2] (*acc.*) citérieure[3] la partie[4] (*acc.*) de l'Italie[5] septentrionale[6] située[7] en deçà des (*cis, acc.*) Alpes[8], Gaule[2] ultérieure[9] (*acc.*) le pays[10] situé[7] au delà des (*ultra, acc.*) Alpes[8].

4. Deux (*duo*) Denys[1], tyrans[2] cruels[3], régnèrent (*regnaverunt*) à Syracuse[4] : le premier[5] fit (*gessit*) des guerres[6] heureuses[7] ; le second[8] fut (*fuit*) lâche[9] et incapable[10].

5. Les pays[1] situés-sur-les-bords-de[2] la mer[3] (*dat.*) Méditerranée[4] étaient appelés (*vocabantur*) intérieurs[5] (*nom.*), les autres[6], extérieurs[7] (*nom.*).

6. Le loup[1] était (*stabat*) plus près[2] de la source[3] (*acc.*) du ruisseau[4] ; il était (*erat*) plus haut[5] que l'agneau[6] (*abl.*).

7. Le premier[1] des rois[2] et le dernier[3] des empereurs[4] romains[5] s'appelèrent (*habuerunt nomen*) Romulus[6] (*acc.*).

1. Sparta, æ, f. — 2. Genus, generis, n. — 3. Concio, concionis, f. — 4. Parvus, a, um. — 5. Factus, a, um. — 6. Spartani, orum, m. *plur.* — 7. Magnus, a, um. — 8. Mixtus, a, um. — 9. Lacones, um, m. *plur.*

1. Famulus, i, m. — 2. Multi, æ, a (*compar.*). — 3. Dominus, i, m.

1. Romani, orum, m. *plur.* — 2. Gallia, æ, f. — 3. Comparatif formé de citra. — 4. Pars, partis, f. — 5. Italia, æ, f. — 6. Septentrionalis, e. — 7. Situs, a, um. — 8. Alpes, ium, f. *plur.* — 9. Comparatif formé de ultra. — 10. Regio, onis, f.

1. Dionysius, i, m. — 2. Tyrannus, i, m. — 3. Crudelis, e. — 4. Syracusæ, arum, f. *plur.* — 5. Comparatif formé de pro. — 6. Bellum, i. — 7. Prosper, a, um. — 8. Comparatif formé de post. — 9. Ignavus, a, um. — 10. Iners, inertis.

1. Regio, onis, f. — 2. Adjacens, entis. — 3. Mare, is, n. — 4. Mediterraneus, a, um. — 5. Comparatif formé de intra. — 6. Ceteri, æ, a. — 7. Comparatif formé de extra.

1. Lupus, i, m. — 2. Comparatif formé de prope. — 3. Fons, fontis, m. — 4. Rivus, i, m. — 5. Comparatif formé de supra. — 6. Agnus, i, m.

1. Superlatif formé de pro. — 2. Rex, regis, m. — 3. Superlatif formé de post. — 4. Imperator, is, m — 5. Romanus, a, um. — 6. Romulus, i, m.

8. Les eaux[1] de la mer[2] sont (*sunt*) plus froides[3] et plus salées[4] au fond (*tournez* : dans la partie[5] la plus basse[6]) qu' (*quam*) à la surface (*tournez* : dans la partie[5] la plus haute[7]).

1. Aqua, æ, f. — 2. Mare, is, n. — 3. Frigidus, a, um. — 4. Salsus, a, um. — 5. Pars, partis, f. — 6. *Superlatif de* inferus, a, um. — 7. *Superlatif de* superus, a, um.

67ᵉ EXERCICE

Adjectifs qui n'ont pas, d'ordinaire, une forme spéciale pour le comparatif et le superlatif

1. Le silex[1] est (*est*) la matière[2] la plus propre[3] à produire (*ad gignendum*) du feu[4].

1. Silex, silicis, m. — 2. Materia, æ, f. — 3. Idoneus, a, um. — 4. Ignis, is, m.

2. Miltiade[1] rangea (*intruxit*) [son] armée[2] dans une position[3] plus avantageuse[4].

1. Miltiades, is, m.—2. Acies, ei, f. — 3. Locus, i, m. — 4. Æquus, a, um.

3. L'issue[1] de la deuxième[2] guerre[3] punique[4] fut (*fuit*) longtemps (*diu*) très douteuse[5], jusqu'au moment où (*donec*) Scipion[6], général[7] très résolu[8], porta (*intulit*) la guerre[3] [en] Afrique[9] (*dat.*).

1. Eventŭs, ūs, m. — 2. Secundus, a, um. — 3. Bellum, i. — 4. Punicus, a, um. — 5. Dubius, a, um. — 6. Scipio, Scipionis, m. — 7. Dux, ducis, m. — 8. Strenuus, a, um. — 9. Africa, æ, f.

4. L'empereur[1] Claude[2] était (*fuit*) très assidu[3] aux lectures[4] (*dat.*) publiques[5] des poètes[6].

1. Princeps, cipis, m. — 2. Claudius, i, m. — 3. Assiduus, a, um. — 4. Recitatio, onis, f. — 5. Publicus, a, um. — 6. Poeta, æ, m.

5. Albe[1] était (*erat*) plus ancienne[2] que Rome[3].

1. Alba, æ, f. — 2. Antiquus, a, um. — 3. Roma, æ, f.

6. Les monuments[1] de l'Égypte[2] sont (*sunt*) peut-être (*forsan*) les plus anciens[3] de la terre[4].

1. Monumentum, i. — 2. Ægyptus, i, f. — 3. Antiquus, a, um. — 4. Terræ, arum, f. *plur.*

7. Le sens[1] des caractères[2] gravés-sur[3] ces (*illis*) monuments[4] (*dat.*) a été (*fuit*) longtemps (*diu*) très obscur[5] ; il est (*est*) aujourd'hui (*hodie*) tout à fait clair[6] (*superl.*).

1. Significatio, onis, f. — 2. Figura, æ, f. — 3. Insculptus, a, um. — 4. Monumentum, i. — 5. Ambiguus, a, um. — 6. Perspicuus, a, um.

8. La vertu[1] est (*est*) plus nécessaire[2] que (*quam*) la science[3].

1. Virtus, virtutis, f. — 2. Necessarius, a, um. — 3. Doctrina, æ, f.

9. Les généraux[1] les plus distingués[2], [dans] les premiers[3] temps[4] (*abl.*) de la République[5], vivaient (*vivebant*) dans de toutes petites[6] (*superl.*) propriétés[7].

1. Imperator, is, m. — 2. Egregius, a, um. — 3. Primus, a, um. — 4. Tempus, temporis, n. — 5. Respublica, reipublicæ, f. — 6. Exiguus, a, um. — 7. Prædium, i.

10. Numa[1] et Ancus Martius[2] furent (*fuerunt*) plus pieux[3] que (*quam*) les autres[4] rois[5] de Rome[6].

1. Numa, æ, m. — 2. Ancus, i, Martius, i, m. — 3. Pius, a, um. — 4. Ceteri, æ, a. — 5. Rex, regis, m. — 6. Roma, æ, f.

11. Virgile[1] représente (*inducit*) Énée[2] [comme] le plus pieux[3] des hommes[4].

1. Virgilius, i, m. — 2. Æneas, æ, m. — 3. Pius, a, um. — 4. Homo, hominis, m.

12. Plaire (*placere*) à tout le monde (*tournez : à tous*[1]) est (*est*) chose[2] très malaisée[3].

1. Omnes, ium, plur. — 2. Res, ei, f. — 3. Arduus, a, um.

13. Lorsque (*quum*) Xerxès[1] contemplait (*contemplabatur*) à Abydos[2] tant de (*tot*) milliers (*acc.*)[3] de guerriers[4], leur (*eorum*) mort[5] était (*erat*) plus proche[6] qu' (*quam*) il [ne le] pensait (*putabat*).

1. Xerxes, is, m. — 2. Abydos, i, m. — 3. Millia, ium, n. plur. — 4. Armatus, i, m. — 5. Mors, mortis, f. — 6. Propinquus, a, um.

14. Aristide[1] supporta (*tulit*) avec plus de résignation (*tournez : avec une âme[2] plus résignée[3]*) que (*quam*) Scipion[4] (*nom.*) l'Africain[5] l'injustice[6] de [ses] concitoyens[7].

1. Aristides, is, m. — 2. Animus, i, m. — 3. Æquus, a, um. — 4. Scipio, Scipionis, m. — 5. Africanus, i, m. — 6. Injuria, æ, f. — 7. Civis, is, m.

THÈME DE RÉCAPITULATION SUR LES NOMS ET LES ADJECTIFS

Le Chat[1] et les Lapins[2].

Un chat[1], d'une physionomie[2] (*abl.*) douce[4] et d'un maintien[5] (*abl.*) modeste[6], était entré (*ingressa erat*) dans une garenne[7] très peuplée (*tournez : très nombreuse[8] [en] lapins[2], abl.*). Les lapins[2], naturellement (*naturâ*) timides[9], s'enfoncèrent (*se abdiderunt*) dans [leurs] trous[10] profonds[11]. Comme

1. Feles, is, f. — 2. Cuniculus, i, m. — 3. Vultüs, üs, m. — 4. Mitis, e — 5. Habitüs, üs, m. — 6. Modestus, a, um. — 7. Vivarium, i. — 8. Frequens, frequentis. — 9. Timidus, a, um. — 10. Cavus, i, m. — 11. Profundus, a, um. —

(*quum*) l'étranger[12] se tenait (*staret*) immobile[13] (*nom.*) auprès de
(*ad, acc.*) l'entrée[14], les députés[15] de la nation[16], qui (*qui*)
avaient vu (*viderant*) ses (*ejus*) terribles[17] griffes[18], comparu-
rent (*prodierunt*) dans l'endroit[19] le plus étroit[20] de l'entrée[14],
et interrogèrent (*interrogaverunt*) le chat[1]. « Je veux (*volo*) délivrer (*liberare*) vos[21] esprits[22] inquiets[23] d'une crainte[24] (*abl.*)
vaine[25], répondit-il (*respondit*) d'une voix[26] très douce[27]. Vous
voyez (*videtis*) un honnête[23] philosophe[29], avide[30] de science[31]
(*gén.*), qui (*qui*) étudie (*inspicit*) les mœurs[32] diverses[33] des
nations[16]. » Ces (*hæc*) paroles[34] mensongères[35] trompèrent
(*deceperunt*) facilement (*facile*) les députés[15], trop simples[36] et
trop crédules[37].

THÈME DE RÉCAPITULATION

Le Chat et les Lapins (*suite*).

Ils dirent (*dixerunt*) à [leurs] frères[1], [qui étaient] dans
l'attente (*tournez : suspendus*[2] par l'attente[3]) : « Cet (*ille*) étranger[4] est (*est*) le plus sobre[5], le plus désintéressé[6], le plus paci-
fique[7] des philosophes[8] ; il a parcouru (*perlustravit*) les contrées[9] les plus lointaines[10], il a visité (*invisit*) un grand nombre
de nations (*tournez : des nations*[11] très nombreuses[12]), chez
(*apud*) lesquelles (*quas*) il a vu (*vidit*) les choses[13] les plus
merveilleuses[14] ; ses (*ejus*) conversations[15] charmeront (*fallent*)

---

12. Advena, æ, m. — 13. Immobilis, e. — 14. Ostium, i. — 15. Legatus, i, m. — 16. Gens, gentis, f. — 17. Formidandus, a, um. — 18. Unguis,
is, m. — 19. Pars, partis, i. — 20. Angustus, a, um. — — 21. Vester,
vestra, vestrum. — 22. Animus, i, m. — 23. Sollicitus, a, um. — 24. Metŭs, ûs, m. — 25. Vanus, a, um. — 26. Vox, vocis, f. — 27. Blandus, a,
um. — 28. Honestus, a, um. — 29. Philosophus, i, m. — 30. Avidus, a,
um. — 31. Doctrina, æ, f. — 32. Mores, um, m. *plur.* — 33. Varius, a, um.
— 34. Verbum, i. — 35. Fallax, fallacis. — 36. Simplex, simplicis. —
37. Credulus, a, um (*sans compar.*).

---

1. Frater, fratris, m. — 2. Suspensus, a, um. — 3. Exspectatio, onis,
f. — 4. Advena, æ, m. — 5. Sobrius, a, um. — 6. Modestus, a, um.
— 7. Mitis, e. — 8. Philosophus, i, m. — 9. Regio, onis, f. — 10. Longinquus, a, um. — 11. Gens, gentis, f. — 12. Multi, æ, a. —
13. Res, ei, i. — 14. Mirus, a, um, *sans superlatif.* — 15. Sermo, sermo-

les ennuis[16] (*sing.*) de notre[17] vie[18] oisive[19]. » Ces (*ea*) paroles[20] ne persuadèrent pas (*non fecerunt fidem*) un vieux[21] lapin[22] (*dat.*) plus rusé[23] et plus expérimenté[24]. Il soupçonnait (*suspicabatur*) chez (*in, abl.*) ce (*illo*) philosophe[*] si grave[25] (*superl.*) et si doux[26] (*superl.*) de l'hypocrisie[27] et de la cruauté[28]. Malgré lui (*eo invito*), les lapins[22] imprudents[29] sortent (*exeunt*) et saluent (*salutant*) le chat[30], qui (*quæ*) les (*eos*) accueille (*excipit*) [à coups] de dents[31] (*abl.*) et de griffes[32] (*abl.*). Ceux qui survivent (*tournez : les survivants*[33]) au massacre[34] (*gen.*) regagnent (*repetunt*) [leurs] trous[35], bien effrayés[36] (*superl. nomin.*) et confus[37] (*ajoutez : de honte*[38], *abl.*).

THÈME DE RÉCAPITULATION

Le Chat et les Lapins (fin).

Le chat[1] revint (*rediit*) à l'entrée[2] : « Je souffrais (*laborabam*) de la faim[3], dit-il (*inquit*) d'un ton[4] (*abl.*) plein de cordialité[5] (*adj. superl.*); désormais (*postea*) la nation[6] lapine (*tournez : des lapins*[7]) me (*mihi*) sera (*erit*) sacrée[8] (*superl.*); mon (*mea*) amitié[9] vous (*vobis*) sera (*erit*) très utile[10]; vous aurez (*habebitis*) [en] moi (*me*) un défenseur[11] (*acc.*) zélé[12]. » Tandis que (*dum*) les malheureux[13] lapins[7] [lui] répondent (*respondent*) de loin (*procul*), le plus agile[14] sort (*exit*) à la dérobée (*clam*) et avertit (*monet*) un berger[15] voisin[16] de la conduite-insidieuse (*gén.*)[17] du

nis, m. — 16. Tædium, i. — 17. Noster, nostra, nostrum. — 18. Vita, æ, f. — 19. Iners, inertis. — 20. Verbum, i. — 21. Vetus, veteris. — 22. Cuniculus, i, m. — 23. Callidus, a, um. — 24. Prudens, prudentis. — 25. Gravis, e. — 26. Blandus, a, um. — 27. Simulatio, onis, f. — 28. Crudelitas, tatis, f. — 29. Temerarius, a, um. — 30. Feles, is, f. — 31. Dens, dentis, m. — 32. Unguis, is, m. — 33. Superstes, superstitis, m. — 34. Cædes, is, f. — 35. Cavus, i, m. — 36. Perturbatus, a, um. — 37. Confusus, a, um. — 38. Pudor, is, m.

1. Feles, is, f. — 2. Ostium, i. — 3. Fames, is, f. — 4. Vox, vocis, f. — 5. Benignus, a, um. — 6. Gens, gentis, f. — 7. Cuniculus, i, m. — 8. Sacer, sacra, sacrum. — 9. Amicitia, æ, f. — 10. Utilis, e. — 11. Defensor, is, m. — 12. Diligens, diligentis. — 13. Miser, a, um. — 14. Celer, is, e. — 15. Pastor, is, m. — 16 Vicinus, a, um. — 17. Insidiæ, arum, f. *plur.* —

chat[1] Les lapins[7] se nourrissaient (*vescebantur*) de genièvre[18] leur (*eorum*) chair[19] parfumée[20] était (*erat*) agréable[21] au berger[18]. Irrité[22] [contre] le chat[1] (*dat.*), il accourt (*accurrit*) avec (*cum, abl.*) un arc[23] et des flèches[24]; et tandis que (*dum*) le chat[1] trop confiant[25] est attentif (*attendit*) à la proie[26] convoitée[27], il le (*eam*) perce (*transfigit*). Ainsi (*sic*) le chat[1] mourut (*periit*) [victime de] (*tournez :* par) ses [propres] finesses[28].

ADJECTIFS NUMÉRAUX

Anc. Gr. § 47 — Nouv. Gr. § 48

QUESTIONNAIRE

Quelles sont les espèces de noms de nombre que possède le latin?

A quoi servent les noms de nombre distributifs?

Quels sont les noms de nombre cardinaux qui se déclinent?

Sur quels adjectifs se déclinent les noms de centaines?

Sur quel adjectif numéral se décline ambo, ambæ, ambo?

Quelle déclinaison suit le pluriel de mille?

Les noms de nombre ordinaux et distributifs sont-ils déclinables?

De quels adjectifs suivent-ils la déclinaison?

Nombres cardinaux.

68º EXERCICE

1. Les consuls[1] restaient (*erant*) en fonctions[2] (*sing.*) [pendant] un an[3] (*acc.*).

1. Consul, is, m. — 2. Magistratŭs, ûs, m. — 3. Annus, i, m.

2. Les Romains[1] aimèrent mieux (*maluerunt*) être (*esse*) sous (*sub, abl.*) l'autorité[2] de deux consuls[3] que (*quam*) [sous celle] d'un seul roi[4].

1. Romani, orum, m. *plur.* — 2. Imperium, i. — 3. Consul, is, m. — 4. Rex, regis, m.

3. Jusqu'à (*usque ad, acc.*) la mort[1] de Salomon[2], les Hébreux[3] eurent (*habuerunt*) un seul temple[4] et sacrifièrent (*sacra fecerunt*) à un seul Dieu[5].

1. Mors, mortis, f. — 2. Salomon, is, m. — 3. Hebræi, orum, m. *plur.* — 4. Templum, i. — 5. Deus, i, m.

---

18. Juniperus, i, f. — 19. Caro, carnis, f. — 20. Suavis, e. — 21. Gratus, a, um. — 22. Iratus, a, um. — 23. Arcŭs, ûs, m. — 24. Sagitta, æ, f. — 25. Confidens, confidentis. — 26. Præda, æ, f. — 27. Exoptatus, a, um — 28. Dolus, i, m.

4. Salomon[1] employa (*usus est*) un seul bois[2] (*abl.*), le cèdre[3], dans la construction[4] du temple[5].

1. Salomon, is, m. — 2. Lignum, i. — 3. Cedrus, i, f. — 4. Ædificatio, onis, f. — 5. Templum, i.

5. Les deux légions[1] que (*quibus*) commandait (*imperabat*) un seul consul[2] étaient réunies (*continebantur*) [dans] un seul camp[3] (*abl.*).

1. Legio, onis, f. — 2. Consul, is, m. — 3. Castra, orum, n. *plur.*

6. Les généraux[1] d'Alexandre[2] fondèrent (*condiderunt*) deux grandes[3] villes[4], Antioche[5] et Séleucie[6].

1. Præfectus, f, m. — 2. Alexander, dri, m. — 3. Magnus, a, um. — 4. Urbs, urbis, f. — 5. Antiochia, æ, f. — 6. Seleucia, æ, f.

7. Un Indien[1] lança (*emisit*) à (*in*, *acc.*) Alexandre[2] une flèche[3] de deux coudées[4] (*gén.*).

1. Indus, i, m. — 2. Alexander, dri, m. — 3. Sagitta, æ, f. — 4. Cubitum, i.

8. Cicéron[1] compare (*comparat*) à des chiens[2] de chasse[3] (*adjectif*) les deux agents[4] des vols[5] de Verrès[6].

1. Cicero, onis, m. — 2. Canis, is, m. — 3. Venaticus, a, um. — 4. Minister, tri, m. — 5. Rapina, æ, f. — 6. Verres, is, m.

9. Le Parnasse[1] a deux cimes[2].

1. Parnassus, i, m. — 2. Cacumen, minis, n.

10. [Dans] les circonstances[1] les plus graves[2], les armées[3] réunies[4] étaient conduites (*ducebantur*) par les deux consuls[5].

1. Tempus, temporis, n. — 2. Difficilis, e. — 3. Exercitüs, üs, m. — 4. Conjunctus, a, um. — 5. Consul, is, m.

11. Les Locriens[1] coupèrent (*mutilaverunt*) les deux oreilles[2] au sacrilège[3] Pléminius[4], chef[5] de la garnison[6] romaine[7].

1. Locri, orum, m. *plur.* — 2. Auris, is, f. — 3. Sacrilegus, a, um. — 4. Pleminius, i, m. — 5. Dux, ducis, m. — 6. Præsidium, i. — 7. Romanus, a, um.

12. Les habitants[1] des [îles] Baléares[2] combattaient (*pugnabant*) avec trois frondes[3].

1. Incola, æ, m. — 2. Baleares, ium, f. *plur.* — 3. Funda, æ, f.

13. Trois hommes[1], César[2], Pompée[3], Crassus[4], s'allièrent (*fecerunt societatem*) pour organiser la république (*tournez : pour, ad, acc., la république*[5] devant-être-organisée[6]).

1. Vir, i, m. — 2. Cæsar, is, m. — 3. Pompeius, i, m. — 4. Crassus, i. — 5. Respublica, reipublicæ, f. — 6. Constituendus, a, um.

14. Cerbère[1], le gardien[2] des Enfers[3], avait (*habebat*) trois têtes[4].

1. Cerberus, i, m. — 2. Custos, custodis, m. — 3. Inferi, orum, m. *plur.* — 4. Caput, capitis, n.

15. Agésilas[1] conclut (*fecit*) avec (*cum, abl.*) Tissapherne[2], satrape[3] de Lydie[4], une trêve[5] de trois mois[6] (*gén.*).

1. Agesilaüs, i, m. — 2. Tissaphernes, is, m. — 3. Satrapes, æ, m. — 4. Lydia, æ, f. — 5. Induciæ, arum, f. *plur.* — 6. Mensis, is, m.

69e EXERCICE

1. Dans l'année[1] romaine (*tournez : des Romains[2]*), sept mois[3] étaient (*erant*) de trente et un jours[4] (*gén.*), quatre de trente jours[4], un de vingt-huit ou (*aut*) vingt-neuf jours[4]; dans l'année[1] grecque (*tournez : des Grecs[5]*), six mois[3] étaient (*erant*) de trente jours[4] (*gén.*), six de vingt-neuf jours[4]; tous les trois ans (*tournez : chaque troisième année, tertio quoque anno*) était ajouté (*interponebatur*) un mois[3] de trente jours[4] (*gén.*).

1. Annus, i, m. — 2. Romani, orum, m. *plur.* — 3. Mensis, is, m. — 4. Dies, ei, m. — 5. Græci, orum, m. *plur.*

2. Il y avait (*tournez : étaient, erant*) à Athènes[1] sept archontes[2], qui (*qui*) administraient (*administrabant*) les affaires-publiques[3] (*sing.*), et dix stratèges[4] qui (*qui*) commandaient (*præerant*) les armées[5] (*dat.*).

1. Athenæ, arum, f. *plur.* — 2. Archon, archontis, m. — 3. Respublica, reipublicæ, f. — 4. Prætor, is, m. — 5. Exercitüs, üs, m.

3. Quand (*quum*) le préteur[1] rendait-la-justice (*judicabat*), tantôt (*modo*) dix, tantôt (*modo*) cent juges[2] l' (*ei*) assistaient (*assidebant*).

1. Prætor, is, m. — 2. Judex, judicis, m.

4. Le sénat de Sparte comprenait trente membres, celui d'Athènes et celui de Rome trois cents (*tournez : à Sparte[1] étaient, erant, trente sénateurs[2], à Athènes[3] et à Rome[4] trois cents*).

1. Sparta, æ, f. — 2. Senator, is, m. — 3. Athenæ, arum, f. *plur.* — 4. Roma, æ, f.

5. Les rois[1] régnèrent (*regnaverunt*) à Rome[2] deux cent quarante-quatre ans[3] (*acc.*).

1. Rex, regis, m. — 2. Roma, æ, f. — 3. Annus, i, m.

6. La république[1] romaine[2] dura (*stetit*) quatre cent quatre-vingt-un ans[3] (*acc.*).

1. Respublica, reipublicæ, f. — 2. Romanus, a, um. — 3. Annus, i, m.

7. Agésilas[1] mourut (*mortuus est*) à (*tournez : âgé de, natus, acc.*) quatre-vingt-un ans[2].

1. Agesilaüs, i, m. — 2. Annus, i, m.

8. A l'époque[1] (*abl. plur.*) de Céssar[2], une pièce-d'or[3] valait (*valebat*) vingt-quatre deniers[4] (*abl.*), cent deux sesterces[5] (*abl.*), quatre cents as[6] (*abl.*).

1. Tempus, temporis, n. — 2. Cæsar, is, m. — 3. Aureus, i, m. — 4. Denarius, i, m. — 5. Sestertius, i, m. — 6. As, assis, m.

70° EXERCICE

1. La légion[1] romaine[2] était (*fuit*) de trois mille (*gén.*) fantassins[3] (*gén.*) sous Romulus (*tournez* : Romulus[4], *abl.*, régnant[5]), de quatre mille sous Servius Tullius (*tournez* : Servius Tullius[6], *abl.*, régnant[5]), de cinq mille [à] l'époque[7] (*abl.*) de la bataille[8] de-Cannes[9] (*adjectif*), de six mille sous le consulat de Marius (*tournez* : Marius[10], *abl.*, [étant] consul[11]).

1. Legio, onis, f. — 2. Romanus, a, um. — 3. Pedes, peditis, m. — 4. Romulus, i, m. — 5. Regnans, regnantis. — 6. Servius, i, Tullius, i, m. — 7. Tempus, temporis, n. — 8. Pugna, æ, f. — 9. Cannensis, e. 10. Marius, i, m. — 11. Consul, is, m.

2. Le nombre[1] des citoyens[2], à Athènes[3], ne dépassa jamais (*tournez* : ne fut jamais, *nunquam fuit*, plus grand[4] [que] vingt mille (*abl.*).

1. Numerus, i, m. — 2. Civis, is, m. — 3. Athenæ, arum, f. plur. — 4. Magnus, a, um.

3. A chaque (*cuique*) légion[1] était (*erat*) joint[2] un escadron[3] de trois cents cavaliers[4].

1. Legio, onis, f. — 2. Adjunctus, a, um. — 3. Ala, æ, f. — 4. Eques, equitis, m.

4. Une légion[1] se divisait (*divisa erat*) en (*in, acc.*) dix cohortes[2], trente manipules[3], soixante centuries[4], six cents décuries[5]; l'aile[6] de cavalerie (*tournez* : de cavaliers[7]) en dix turmes[8], trente décuries[9].

1. Legio, onis, f. — 2. Cohors, cohortis, f. — 3. Manipulus, i, m. — 4. Centuria, æ, f. — 5. Decuria, æ, f. — 6. Ala, æ, f. — 7. Eques, equitis, m. — 8. Turma, æ, f.

5. Un lieutenant[1] de Marius[2] se porta en avant (*progressus est*) avec (*cum, abl.*) mille cinq cents cavaliers[3], pour repousser (*ut propelleret*) la cavalerie[4] des Numides[5].

1. Legatus, i, m. — 2. Marius, i, m. — 3 Eques, equitis, m. — 4. Equitatŭs, ūs, m. — 5. Numidæ, arum, m. plur.

6. Sous (*sub, abl.*) les empereurs[1], la population (*tournez* : la multitude[2] des habitants[3]) de Rome[4] semble (*videtur*) avoir été (*fuisse*) de cinq cent mille (*gén.*) [habitants].

1. Imperator, is, m. — 2. Multitudo, multitudinis, f. — 3. Incola, æ, m. — 4. Roma, æ, f.

7. Trois cents ans[1] (*abl.*) après (*post, acc.*) Jésus-Christ[2], il y avait

1. Annus, i, m. — 2. Jesus, gén. u, acc. um, Christus, i, m

(*tournez* : étaient, *erant*) à Rome[3] dix-huit cents maisons[4] et quarante-cinq mille petites-habitations[5] (*gén.*) appelées (*tournez* : auxquelles, *quibus*, était, *erat*, nom[6]) îles[7] (*nom.*).

8. [A] l'époque[1] (*abl.*) de la deuxième[2] guerre[3] punique[4], il y avait (*tournez* : étaient, *erant*) en Italie[5] sept cent cinquante mille citoyens[6] (*gén.*) de dix-sept à soixante ans (*tournez* : plus grands[7] [que] dix-sept, plus petits[8] [que] soixante ans[9], *abl.*); sous la dictature de César (*tournez* : César[10], *abl.*, [étant] dictateur[11]), seulement (*tantummodo*) quatre cent cinquante mille.

— 3. Roma, æ, f. — 4. Domůs, ůs, f. — 5. Habitatiuncula, æ, f. — 6. Nomen, nominis, n. — 7. Insula, æ, f.

1. Tempus, temporis, n. — 2. Secundus, a, um. — 3. Bellum, i. — 4. Punicus, a, um. — 5. Italia, æ, f. — 6. Civis, is, m. — 7. Magnus, a, um. — 8. Parvus, a, um. — 9. Annus, i, m. — 10. Cæsar, is, m. — 11. Dictator, is, m.

Nombres ordinaux.

71ᵉ EXERCICE

OBSERVATION. — Le nom qui désigne à quelle date, à quel moment une chose est faite, a été faite, sera faite, se met à l'ablatif, devant lequel ne s'exprime en latin aucune préposition.

Si ce nom est accompagné d'un adjectif numéral, cet adjectif, qui est presque toujours cardinal en français, doit être ordinal en latin.

En français, les substantifs jour, an, sont souvent supprimés dans l'indication des dates ; le latin les exprime.

Ex. : J'arriverai le trente de ce mois (*tournez* : le trentième jour, *abl.*). — Rome fut fondée en sept cent cinquante-quatre avant J.-C. (*tournez* : l'an (*abl.*) sept centième cinquantième quatrième).

1. César[1] aurait-mieux aimé (*maluisset*) être (*esse*) le premier (*nom.*) dans un village[2] que (*quam*) le second (*nom.*) à Rome.

1. Cæsar, is, m. — 2. Pagus i, m.

2. A Athènes[1], le premier archonte[2] représentait l'État (*gerebat personam civitatis*); le second était le chef (*tournez* : présidait, *præerat*) de la religion (*tournez* : aux choses[3] divines[4]); le troisième commandait (*imperabat*) les armées[5] (*dat.*); les autres[6] présentaient (*ferebant*) les lois[7] au (*ad, acc.*) peuple[8].

1. Athenæ, arum, f. *plur.* — 2. Archon, archontis, m. — 3. Res, ei, f. — 4. Divinus, a, um. — 5. Exercitůs, ůs, m. — 6. Ceteri, æ, a. — 7. Lex, legis, f. — 8. Populus, i, m.

3. Le-jour-des-calendes[1] était (*tournez : * arrivait, *contingebant*) le premier jour[2] du mois[3]; le-jour-des-nones[4] tantôt (*modo*) le cinquième, tantôt le septième; le-jour-des-ides[5] tantôt le treizième, tantôt le quinzième.

4. J'arriverai (*veniam*) le trente de ce mois[1], à huit heures[2].

5. César[1] mourut (*mortuus est*) l'an[2] quarante-quatre avant (*ante*, *acc.*) Jésus-Christ[3], Auguste[4] l'an quatorze après (*post*, *acc.*) Jésus-Christ[3].

6. La Grèce[1] fut soumise (*subacta est*) par les Romains[2] l'an deux de la cent cinquante-septième olympiade[2].

7. La Pentecôte[1] est célébrée (*celebratur*) le cinquantième jour[2] après (*post*, *acc.*) Pâques[3].

1. Calendæ, arum, f. *plur.* — 2. Dies, ei, m. — 3. Mensis, is, m. — 4. Nonæ, arum, f. *plur.* — 5 Idus, uum, f. *plur.*

1. Mensis, is, m. — 2. Hora, æ, f.

1. Cæsar, is, m. — Annus, i, m. — 3. Jesus, *gén.* u, *acc.* um, Christus, i, m. — 4. Augustus, i, m.

1. Græcia, æ, f. — 2. Romani, orum, m. *plur.* — 3. Olympias, olympiadis, f.

1. Pentecoste, f. *indécl.* — 2. Dies, ei, m. — 3. Pascha, æ, f.

72ᵉ EXERCICE

1. Les Grecs[1] comptaient (*numerabant*) les années[2] à partir de (*ab*, *abl.*) l'année[2] sept cent soixante-seize (*tournez par l'ordinal*), époque à laquelle (*quo tempore*) les jeux[3] olympiques[4] furent célébrés (*celebrati sunt*) pour-la-première-fois (*primum*); les Romains[5] [comptaient les années] à-partir-de (*ab*, *abl.*) l'an[2] sept cent cinquante-quatre (*tournez par l'ordinal*), époque à laquelle (*quo tempore*) Rome[6] fut fondée (*condita est*) par Romulus[7].

2. Les Juifs[1] retournèrent (*reverterunt*) à Jérusalem[2] la cinquante et unième année[3] de la captivité[4].

3. Romulus[1] devint (*factus est*) roi[2] (*nom.*) de Rome[3] l'an[4] sept cent cinquante-quatre, Numa Pompilius[5]

1. Græci, orum, m. *plur.* — 2. Annus, i, m. — 3. Ludus, i, m. — 4. Olympicus, a, um. — 5. Romani, orum, m. *plur.* — 6. Roma, æ, f. — 7. Romulus, i, m.

1. Judæi, orum, m. *plur.* — 2. Hierosolyma, æ, f. — 3. Annus, i, m. — 4. Captivitas, tatis, f.

1. Romulus, i, m. — 2. Rex, regis, m. — 3. Roma, æ, f. — 4. Annus, i, m. — 5. Numa, æ, Pompilius, i, m. —

l'an sept cent quatorze, Tullus Hostilius[6] l'an six cent soixante-douze, Ancus Martius[7] l'an six cent quarante, Tarquin[8] l'Ancien[9] l'an six cent seize, Servius Tullius[10] l'an cinq cent soixante-dix-huit, Tarquin[11] le Superbe[12] l'an cinq cent trente-quatre; la royauté (*tournez* : la puissance[13] royale[14]) fut abolie (*sublata est*) l'an cinq cent dix.

4. Les tribuns[1], défenseurs[2] de la plèbe[3], furent institués (*creati sunt*) l'an[4] quatre cent quatre-vingt-treize.

5. La bataille[1] de-Salamine[2] (*adjectif*) fut livrée (*commissa est*) l'an quatre cent quatre-vingt.

6. Nous sommes (*agimus*) [dans] la dix-huit cent quatre-vingt-huitième année[1] (*acc.*) après (*post, acc.*) Jésus-Christ[2].

6. Tullus, i, Hostilius, i, m. — 7. Ancus, i, Martius, i, m. — 8. Tarquinius, i, m. — 9. Prior, is. — 10. Servius, i, Tullius, i, m. — 11. Tarquinius, i, m. — 12. Superbus, a, um. — 13. Potestas, tatis, f. — 14. Regius, a, um.

1. Tribunus, i, m. — 2. Defensor, is, m. — 3. Plebs, plebis, f. — 4. Annus, i, m.

1. Pugna, æ, f. — 2. Salaminius, a, um.

1. Annus, i, m. — 2. Jesus, *gén.* u, *acc.* um, Christus, i, m.

Nombres distributifs.

73e EXERCICE

1. L'hydre[1] dévora (*voravit*) les grenouilles[2] une à une.

2. Dans une île[1] située à[2] (*in, abl.*) l'embouchure[3] de l'Indus[4], un (*singuli, æ, a*) cheval[5] (*plur.*) coûte (*tournez* : est acheté, *emuntur*) un (*singuli, æ, a*) talent[6] (*abl. plur.*).

3. Une armée[1] [appelée] régulière[2] était composée (*efficiebatur*) de (*e, abl.*) deux légions[3] [ensemble].

4. L'esclave[1] Eunus[2] prit (*expugnavit*) deux camps[3] de préteurs[4].

5. Les convives[1] étaient couchés (*accumbebant*) [au nombre de] quatre (*nom.*) [ensemble] sur trois lits[2].

6. J'ai reçu (*accepi*) de vous (*a te*) cinq lettres[1] [ensemble].

1. Hydrus, i, m. — 2. Rana, æ, f.

1. Insula, æ, f. — 2. Situs, a, um. — 3. Ostium, i. — 4. Indus, i, m. — 5. Equus, i, m. — 6. Talentum, i, n.

1. Exercitŭs, ûs, m. — 2. Justus, a, um. — 3. Legio, ionis, f.

1. Servus, i, m. — 2. Eunus, i, m. — 3. Castra, orum, n. *plur.* — 4. Prætor, is, m.

1. Conviva, æ, m. — 2. Lectus, i, m.

1. Epistola, æ, f.

7. Les soldats¹ emportèrent (*sump-serunt*) des vivres² pour (*tournez : de*) cinq jours³ (*gén.*) et sept pieux¹ [chacun].

8. Les douze licteurs¹ de chaque (*cujusque*) consul² précédaient (*præi-bant*) le dictateur³ (*dat.*).

9. Cent guerriers¹ [à-la-fois] sortaient (*erant*) de (*ex, abl.*) chaque (*unoquoque*) bourgade².

10. Les soldats reçurent (*accepe-runt*) [chacun] cinq cents sesterces² sur (*e, abl.*) le butin³.

11. Xerxès¹ fit (*recensuit*) le dénombrement² de [ses] soldats³ en les entassant (*cogendo eos*) dix mille [à la fois] dans une enceinte⁴.

1. Miles, militis, m. — 2. Cibus, i, m. — 3. Dies, ei, m. — 4. Vallus, i, m.

1. Lictor, is, m. — 2. Consul, is, m. — 3. Dictator, is, m.

2. Armatus, i, m. — 2. Pagus, i, m.

1. Miles, militis, m. — 2. Sestertius, i, m. — 3. Præda, æ, f.

1. Xerxes, is, m. — 2. Numerus, i, m. — 3. Miles, militis, m. — 4. Septum, i.

CHAPITRE IV

ADJECTIFS-PRONOMS

DÉMONSTRATIFS

Anc. Gr. § 50. — Nouv. Gr. § 51-53

74ᵉ EXERCICE

OBSERVATION. — L'adjectif-pronom ce, cet, cette, ces, celui-ci, celle-ci, ceci, ceux-ci, celles-ci, se traduit par hic, hæc, hoc, lorsque celui qui parle montre près de lui, ou comme lui appartenant, une personne ou une chose.

Dans l'exercice suivant, le démonstratif est supposé marquer la **proximité** des personnes et des choses.

1. Cette rose¹ est (*est*) belle².

2. Ce cheval¹ est (*est*) docile².

3. Ce présent¹ m' (*mihi*) est (*est*) agréable².

1. Rosa, æ, f. — 2. Pulcher chra, chrum.

1. Equus, i, m. — 2. Docilis, e.

1. Munus, muneris, n. — 2. Gratus, a, um.

4. Les fruits[1] de cet arbre[2] sont (*sunt*) savoureux[3].

5. J'ai donné (*dedi*) une récompense[1] à cet élève[2].

6. Je cultive (*colo*) ce champ[1] fertile[2].

7. Je prévoyais (*prævidebam*) cette tempête[1].

8. J'admire (*miror*) cet ouvrage[1].

9. Je suis (*sum*) content[1] de cette vie[3] (*abl.*) modeste[2].

10. [Depuis] plusieurs[1] années[2] (*acc.*) je souffre (*laboro*) de cette maladie[3] (*abl.*).

11. Ces soldats[1] partent (*proficiscuntur*) pour (*tournez : vers*) la guerre[2].

12. Ces arbres[1] ont été renversés (*dejectæ sunt*) par le vent[2].

13. Ces vases[1] sont (*sunt*) beaux[2].

14. Le sens[1] de ces vers[2] est (*est*) obscur[3].

15. Les médecins[1] ne guérissent pas (*non medentur*) ces maladies[2] (*dat.*).

16. Le chat[1] a fait tomber (*dejecit*) ces petits-oiseaux[2] de (*de, abl.*) [leur] nid[3].

17. J'ai acheté (*emi*) ces armes[1].

18. Ces jours[1]-ci (*abl.*), le ciel[2] est (*est*) nuageux[3]

1. Fructŭs, ûs, m. — 2. Arbor, is, f. — 3. Mitis, e. —

1. Præmium, i. — 5. Discipulus, i, m.

1. Ager, agri, m. — 2. Fertilis, e.

1. Tempestas, tatis, f.

1. Opus, operis, n.

1. Contentus, a, um. — 2. Vita, æ, f. — 3. Mediocris, e.

1. Multi, æ, a. — 2. Annus, i, m. — 3. Morbus, i, m.

1. Miles, militis, m. — 2. Bellum, i.

1. Arbor, is, f. — 2. Ventus, i, m.

1. Vas, is, n. — 2. Pulcher, chra, chrum.

1. Significatio, onis, f. — 2. Versŭs, ûs, m. — 3. Ambiguus, a, um.

1. Medicus, i, m. — 2. Morbus, i, m.

1. Feles, is, f. — 2. Avicula, æ, f. — 3. Nidus, i, m.

1. Arma, orum, n. plur.

1. Dies, ei, m. — 2. Cælum, i. — 3. Nubilus, a, um.

75ᵉ EXERCICE

OBSERVATION. — L'adjectif-pronom ce, cet, cette, ces, celui-là, celle-là, cela, ceux-là, celles-là se traduit par is, ea, id, ou ille, illa, illud, quand celui qui parle montre une personne ou une chose comme appartenant à la personne de qui il parle, ou comme éloignée de lui.

Ille, illa, illud s'emploie aussi quand on veut attirer l'attention sur une personne ou une chose très connue.

Dans l'exercice suivant, le démonstratif est supposé marquer l'éloignement des personnes et des choses ou leur notoriété.

1. Cette colonne[1] est faite (*facta est*) de (*e, abl.*) marbre[2].

2. Cette œuvre[1] fait (*movet*) l'admiration[2] des artistes[3] (*dat.*).

3. Un enfant[1] nourrit (*aluit*) un serpent[2] et éprouva (*expertus est*) la reconnaissance[3] de cet [animal].

4. Le vaisseau[1] s'est brisé contre (*illisa est*) ce rocher[2] (*dat.*).

5. Ornez (*ornate*) de fleurs[1] (*abl.*) ce tombeau[2].

6. Ces armes[1] sont (*sunt*) à mon[2] frère[3] (*gén.*).

7. Les cornes[1] de ces cerfs[2] sont (*sunt*) élevées[3].

8. Donne (*præbe*) à manger (*tournez :* de la nourriture[1]) à ces chiens[2].

9. Corrige (*tolle*) ces fautes[1].

10. Tu étais (*eras*) digne[1] de ces récompenses[2] (*abl.*).

11. Phidias[1], cet admirable[2] artiste[3], ne (*non*) nous (*nobis*) est (*est*) [pas] connu[4] par ses[5] œuvres[6].

12. Nous admirerons (*mirabimur*) toujours (*semper*) cette glorieuse[1] victoire[2] de (*apud, acc.*) Marathon[3].

13. Ces jeux[1] si connus[2] (*superl.*) des Grecs[3] étaient (*erant*) plus humains[4] que [ceux] (*tournez :* les jeux[1]) des Romains[5].

1. Columna, æ, f. — 2 Marmor, is, n.

1. Opus, operis, n. — 2. Admiratio, onis, f. — 3. Artifex, ficis, m.

1. Puer, i, m. — 2. Draco, onis, m. — 3. Animus, i, m., gratus, a, um.

1. Navis, is, f. — 2. Scopulus, i, m.

1. Flos, floris, m. — 2. Sepulcrum, i.

1. Arma, orum, n. *plur.* — 2. Meus, a, um. — 3. Frater, fratris, m.

1. Cornû, ûs, n. — 2. Cervus, i, m. — 3. Altus, a, um.

1. Esca, æ, f. — 2. Canis, is, m.

1. Mendum, i.

1. Dignus, a, um. — 2. Præmium, i.

1. Phidias, æ, m. — 2. Admirandus, a, um. — 3. Artifex, ficis, m. — 4. Notus, a, um. — 5. Suus, a, um. — 6. Opus, operis, n.

1. Clarissimus, a, um. — 2. Victoria, æ, f. — 3. Marathon, is, m.

1. Ludus, i, m. — 2. Celeber, bris, bre. — 3. Græci, orum, m. *plur.* — 4. Humanus, a, um. — 5. Romani, orum, m. *plur.*

76° EXERCICE

OBSERVATION. — Le démonstratif ce, cet, cette, ces, se traduit par iste, ista, istud, quand celui qui parle désigne une personne ou une chose comme appartenant à la personne à qui il s'adresse, ou comme ayant une notoriété mauvaise.

Dans l'exercice suivant, le démonstratif est supposé exprimer l'une de ces deux idées.

1. Ta (*tournez :* cette) lettre[1] m' (*mihi*) a rendu (*restituit*) l'espoir[2].

2. Cette statue[1] t' (*tibi*) a coûté (*constitit*) beaucoup (*magno*) [d'argent].

3. Des paysans[1] mirent en fuite (*fugaverunt*) les soldats[2] de Verrès[3], ce général[4] de-nuit[5] (*adjectif*).

4. Les Grecs[1] se moquaient (*illudebant*) de Thersite[2] (*dat.*), ce (*ajoutez :* homme[3]) lâche[4] difforme[5] et insolent[6].

5. Tu ne te repentiras pas (*te non pænitebit*) de ta (*tournez :* cette) libéralité[1] (*gén.*).

6. Alexandre[1] dit (*interrogavit*) [à] un prince[2] (*acc.*) devenu[3] pauvre[4] (*acc.*) : « Comment (*quomodo*) as-tu pu supporter (*tulisti*) cette pauvreté[5], à laquelle (*cujus*) tu n'étais pas accoutumé (*tournez :* tu étais, *eras,* inaccoutumé[6])? »

7. Dieu[1] mit (*imposuit*) un signe[1] [sur] Caïn[3] (*dat.*) et lui (*ei*) dit (*dixit*): « Tous[4] [les hommes] verront[2] *vec* horreur (*horrebunt*) ces mains[1] criminelles[6]; mais (*sed*), avertis (*moniti*) par ce signe[2], ils ne te (*te*) tueront pas (*non necabunt*). »

8. Un officier[1] d'Alexandre[2] dit (*dixit*) à Abdalonyme[3] : « Échange (*permuta*) tes (*tournez :* ces) haillons[4] malpropres[5] contre (*cum, abl.*) ce costume[6] royal[7] que (*quam*) tu vois (*vides*) dans mes[8] mains[9]. »

9. Une mort-violente[1] bien-méritée[2] délivra (*liberavit*) Rome[3] de ces monstres[4] (*abl.*) de-cruauté[5] (*adjectif*), Caligula[6], Néron[7], Commode[8], Domitien[9].

---

1. Epistola, æ, f. — 2. Spes, ei, f.

1. **Statua**, æ, f.

1. Agrestis, is, m. — 2. Miles, militis, m. — 3. Verrès, is, m. — 4. Imperator, is, m. — 5. Nocturnus, a, um.

1. Græci, orum, m. *plur.* — 2. Thersites, æ, m. — 3. Homo, hominis, m. — 4. Ignavus, a, um. — 5. Deformis, e. — 6. Protervus, a, um.

1. Liberalitas, tatis, f.

1. Alexander, Alexandri, m. — 2. Vir, i, m., regius, a, um. — 3. Factus, a, um. — 4. Pauper, is. — 5. Paupertas, tatis, f. — 6. Insuetus, a, um.

1. Deus, i, m. — 2. Signum, i. — 3. Caïnus, i. — 4. Omnes, ium, m. *plur.* — 5 Manûs, ûs, f. — 6. Scelestus, a, um.

1. Præfectus, i, m. — 2. Alexander, dri, m. — 3. Abdalonymus, i, m. — 4. Pannus i, m. — 5. Squalidus, a, um. — 6. Vestis, is, f. — 7. Regius, a um. — 8. Meus, a, um. — 9. Manûs, ûs, f.

1. Nex, necis, f. — 2. Meritus, a, um. — 3. Roma, æ, f. — 4. Monstrum, i. — 5. Immanis, e. — 6. Caligula, æ, m. — 7. Nero, onis, m. — 8. Commodus, i, m. — 9. **Domitianus**, i, m.

77ᵉ EXERCICE

Ipse. — Idem. — 1. Le général[1] ennemi (*tournez :* des ennemis[2]) demanda (*petivit*) la vie[3] pour lui (*sibi*)-même et pour [ses] enfants[4].

1. Dux, ducis, m. — 2. Hostis, is, m. — 3. Vita, æ, f. — 4. Liberi, orum, m. *plur.*

2. La confiance[1] de Moïse[2] même fut ébranlée (*labavit*) quelque temps (*aliquandiu*).

1. Fiducia, æ, f. — 2. Moses, is, m.

3. A Athènes[1], l'exil[2] menaçait (*imminebat*) toujours (*semper*) les meilleurs[3] citoyens[4] (*dat.*) même.

1. Athenæ, arum, f. *plur.* — 2. Exsilium, i. — 3. Optimus, a, um. — 4. Civis, is, m.

4. Seigneur[1], dit (*inquit*) Ruben[2], nous sommes (*sumus*) douze (*duodecim*) frères[3], enfants[4] du même père[5].

1. Dominus, i, m. — 2. Ruben, *indécl.* — 3. Frater, fratris, m. — 4. Filius, i, m. — 5. Pater, patris, m.

5. De retour (*reversus*) dans [sa] ferme[1], Caton[2] vivait (*vivebat*) avec (*cum, abl.*) [ses] esclaves[3] : il s'occupait (*vacabat*) aux mêmes travaux[4], se mettait (*accumbebat*) à la même table[5] (*dat.*), mangeait (*vescebatur*) le même pain[6] (*abl.*) et buvait (*bibebat*) le même vin[7].

1. Villa, æ, f. — 2. Cato, Catonis, m. — 3. Servus, i, m. — 4. Opus, operis, n. — 5. Mensa, æ, f. — 6. Panis, is, m. — 7. Vinum, i.

6. La terre[1] ne (*non*) nourrit (*alit*) [pas] les mêmes animaux[2] qu'(*atque*) avant (*ante, acc.*) le déluge[3].

1. Terra, æ, f. — 2. Animal, is, n. — 3. Diluvium, i.

INTERROGATIFS

Anc. Gr. § 52. — Nouv. Gr. § 53

78ᵉ EXERCICE

1. Qui a créé (*creavit*) le ciel[1] et la terre[2]?

1. Cælum, i. — 2. Terra, æ, f.

2. Quelle est (*est*) ta[1] patrie[2]?

1. Tuus, a, um. — 2. Patria, æ, f.

3. Quel fleuve[1] arrose (*alluit*) Paris[2]?

1. Flumen, fluminis, n. — 2. Lutetia, æ, f.

4. De qui Isaac[1] était-il (*erat*) fils[2]?

1. Isaacus, i, m. — 2. Filius i, m.

5. A qui as-tu prêté (*commodavisti*) ton[1] livre[2]?

1. Tuus, a, um. — 2. Liber, libri, m.

6. Quel livre[1] lis-tu (*legis*)?

1. Liber, libri, m.

7. Que (*tournez : quelle* [chose], *neutre*) fais-tu (*agis*)?

8. Quelle résolution[1] as-tu prise (*inivisti*)?

1. Consilium, i.

9. Quels rois[1] gouvernèrent (*præfuerunt*) les Juifs[2] (*dat.*)?

2. Rex, regis, m. — 2. Judæi, orum, m. *plur.*

10. Quels prodiges[1] effrayèrent (*terruerunt*) le pharaon[2]?

1. Prodigium, i. — 2. Pharao, onis, m.

11. De quels fils[1] Noé[2] éprouva-t-il (*expertus est*) le respect[3]?

1. Filius, i, m. — 2. Noemus, i, m. — 3. Reverentia, æ, f.

12. A quels combats[1] as-tu assisté (*adfuisti*)?

1. Prœlium, i.

13. Quels présents[1] Éliézer[2] offrit-il (*obtulit*) à Rébecca[3]?

1. Munus, muneris, n. — 2. Eliezer, *indécl.* — 3. Rebecca, æ, f.

14. De quels aliments[1] Dieu[2] nourrit-il (*aluit*) les Hébreux[3] dans le désert[4]?

1. Cibus, i, m. — 2. Deus, i, m. — 3. Hebræi, orum, m. *plur.* — 4. Solitudo, dinis, f.

79e EXERCICE

Aliquis. — 1. Une femme[1] est venue (*venit*) ce matin (*mane*).

1. Mulier, is, f.

2. Quelque [chose] *neutre*) me (*me*) tourmente (*angit*).

3. J'ai acheté (*emi*) une statue[1] de quelque valeur[2] (*gén.*).

1. Statua, æ, f. — 2. Pretium, i.

4. Occupe-toi (*intende*) à quelque travail[1] (*dat.*).

1. Opus, operis, n.

5. Envoie-moi (*mitte ad me*) quelqu'un de (*e, abl.*) tes[1] esclaves[2].

1. Tuus, a, um. — 2. Servus, i, m.

6. Quelques petits-présents[1] satisfont (*delectant*) les enfants[2].

1. Munusculum, i, — 2. Puer, i, m.

7. Quelques habits[1] déchirés[2] me (*mihi*) restaient (*supererant*).

1. Vestis, is, f. — 2. Lacer a, um.

8. La mer[1] rejeta (*ejecit*) quelques corps[2] sur le rivage[3].

1. Mare, is, n. — 2. Corpus, corporis, n. — 3. Litus, litoris, n.

Quisque. — **1.** Chaque légion[1] avait (*habebat*) une aigle[2] [pour] enseigne[3] (*acc.*).

1. Legio, onis, f. — 2. Aquila, æ, f. — 3. Vexillum, i.

2. Chaque fort[1] était (*erat*) bien (*abunde*) muni[2] de vivres[3] (*abl.*).

1. Castellum, i. — 2. Instructus, a, um. — 3. Cibus, i, m.

3. L'âme[1] de chaque [homme] est (*est*) l'homme[2] lui-même.

1. Animus, i, m. — 2. Homo, hominis, m.

4. Rends (*redde*) à chacun ce-qui-lui-appartient (*tournez : le sien*[1], *neutre*).

1. Suus, a, um.

5. Les censeurs[1] étaient nommés (*creabantur*) tous les cinq ans (*tournes : chaque cinquième*[2] *année*[3]).

1. Censor, is, m. — 2. Quintus, a, um. — 3. Annus, i, m.

80° EXERCICE

Uter, utra, utrum et ses composés. — **1.** David[1] et Salomon[2] furent (*fuerunt*) [deux] grands[3] rois[4]; duquel des deux la sagesse[5] est-elle (*est*) renommée[6]?

1. David, is, m. — 2. Salomon, is, m. — 3. Magnus, a, um. — 4. Rex, regis, m. — 5. Sapientia, æ, f. — 6. Celebratus, a, um.

2. Auquel Dieu[1] accorda-t-il (*tribuit*) la gloire[2] de construire (*ædificandi*) le temple[3]?

1. Deus, i, m. — 2. Gloria, æ, f. — 3. Templum, i.

3. Romulus[1] et Rémus[2] étaient (*erant*) frères[3]; par lequel Rome[4] fut-elle fondée (*condita est*)?

1. Romulus, i, m. — 2. Remus, i, m. — 3. Frater, fratris, m. — 4. Roma, æ, f.

4. Après (*post, acc.*) la victoire[1] du (*apud, acc.*) Métaure[2], le Sénat[3] accorda (*decrevit*) le triomphe[4] aux deux consuls (*tournez : à l'un et à l'autre consul*[5]).

1. Victoria, æ, f. — 2. Metaurus, i, m. — 3. Senatüs, üs, m. — 4. Triumphus, i, m. — 5. Consul, is, m.

5. Cynégire[1] fut mutilé (*truncatus est*) des deux mains (*tournez : de l'une et de l'autre main*[2], *abl.*).

1. Cynegirus, i, m. — 2. Manüs, üs, f.

6. Côme[1] fut (*fuit*) la patrie[2] des deux Pline (*tournes : de l'un et de l'autre Pline*[3]).

1. Comum, i. — 2. Patria, æ, f. — 3. Plinius i, m.

7. Deux voleurs[1] se disputaient (*contendebant*) un âne (*de rapiendo asino*); l'animal[2] [n]'appartint (*fuit*) ni à l'un ni à l'autre (*gén.*); un troisième[3] larron[4] l' (*eum*) emmena (*abduxit*).

1. Fur, is, m. — 2. Animal, is, n. — 3. Tertius, a, um. — 4. Latro, latronis, m.

CONJONCTIFS OU RELATIFS

81° EXERCICE

OBSERVATION. — Le pronom **qui, quæ, quod** a le même **genre** et le même **nombre** que le nom ou le pronom dont il tient la place, et que l'on appelle son **antécédent.**

Il se met au **cas** déterminé **par la fonction** qu'il remplit dans la proposition.

Le pronom **dont** ne correspond pas seulement au génitif latin, marquant le complément déterminatif. Il peut marquer le complément d'un verbe passif (Ex. : J'aime ceux dont (par lesquels) je suis aimé) et d'autres compléments que le latin ne rendrait pas par le génitif. Le cas auquel il faudra mettre le pronom relatif, dans les exercices suivants, ne sera pas indiqué quand les élèves pourront le reconnaître eux-mêmes, d'après les règles posées précédemment sous forme d'**observations.**

1. Jephté[1] sacrifia (*mactavit*) [sa] fille[2], qui était venue (*venerat*) au-devant de (*obviam*) lui (*ei*).

1. Jephte, *indécl.* — 2. Filia, æ, f.

2. Dieu[1] fit (*fecit*) le firmament[2] qu'il appela (*vocavit*) ciel[3].

1. Deus, i, m. — 2. Firmamentum, i. — 3. Cælum, i.

3. Hercule[1] tua (*occidit*) un serpent[2] dont les têtes[3] renaissaient (*renascebantur*).

1. Hercules, is, m. — 2. Serpens, serpentis, f. — 3. Caput, capitis, n.

4. La langue[1] latine[2], que (*dat.*) vous étudiez (*studetis*), est (*est*) belle[3].

1. Lingua, æ, f. — 2. Latinus, a, um. — 3. Pulcher, chra, chrum.

5. Caïn[1] porta (*luit*) la peine (*plur.*) du crime[3] qu'il avait commis (*commiserat*).

1. Caïnus, i, m. — 2. Pœna, æ, f. — 3. Scelus, sceleris, n.

6. Pêcheur[1], fais sécher (*expone*) au (*in, abl.*) soleil[2] tes[3] filets[4] qui sont (*sunt*) humides[5].

1. Piscator, is, m. — 2. Sol, is, m. — 3. Tuus, a, um. — 4. Rete, is, n. — 5. Madidus, a, um.

7. Le Rhin[1] et le Rhône[2], dont la source[3] est (*est*) voisine[4], coulent (*defluunt*) dans (*in, acc.*) des directions[5] opposées[6].

1. Rhenus, i, m. — 2. Rhodanus, i, m. — 3. Fons, fontis, m. — 4. Vicinus, a, um. — 5. Pars, partis, f. — 6. Diversus, a, um.

8. Souvent (*sæpe*) les hommes[1] à qui nous avons fait du bien (*benefecimus*) nous (*nos*) haïssent (*oderunt*); ils supportent (*ferunt*) avec peine (*ægre*) les bienfaits[2] qu'ils ont reçus (*acceperunt*).

1. Homo, homĭnis, m. — 2. Benefĭcium, i.

9. Cécrops[1] donna (*instituit*) aux habitants-de-l'Attique[2] des lois[3] par lesquelles leurs (*eorum*) mœurs[4] furent (*fuerunt*) adoucies[5].

1. Ceerops, Cecrŏpis, m. — 2. Attĭci, orum, m. — 3. Lex, legis, f. — 4. Mos, moris, m. — 5. Emollĭtus, a, um.

82° EXERCICE

1. David[1] punit (*castigavit*) l'homme[2] de (*a, abl.*) qui il reçut (*accepit*) la tête[3] d'Isboseth[4].

1. David, is, m. — 2. Homo, homĭnis, m. — 3. Caput, capĭtis, n. — 4. Isboseth, indécl. —

2. Le temple[1] fut bâti (*ædificatum est*) [avec] des cèdres[2] (*abl.*) du Liban[3], dont le bois[4] était (*erat*) plus beau[5] et plus résistant[6].

1. Templum, i. — 2. Cedrus, i, f. — 3. Libanus, i, m. — 4. Lignum, i. — 5. Pulcher, chra, chrum. — 6. Solĭdus, a, um.

3. La mer[1], qui avait donné (*præbuerat*) accès[2] aux Hébreux[3], engloutit (*obruit*) les Égyptiens[4].

1. Mare, maris, n. — 2. Adĭtŭs, ûs, m. — 3. Hebræi, orum, m. — 4. Ægyptĭi, orum, m.

4. Le pharaon[1] eut (*habuit*) un songe[2] que Joseph[3] expliqua (*interpretatus est*).

1. Pharao, pharaŏnis, m. — 2. Somnium, i. — 3. Josephus, i, m.

5. Dans le désert[1], Dieu[2] fit tomber (*demisit*) la manne[3], dont (*abl.*) les Hébreux[4] se nourrirent (*nutriti sunt*) pendant (*per, acc.*) quarante (*quadraginta*) ans[5].

1. Solitudo, dĭnis, f. — 2. Deus, i, m. — 3. Manna, n., indécl. — 4. Hebræi, orum, m. — 5. Annus, i, m.

6. Le pharaon[1], à qui l'esclavage[2] des Hébreux[3] était utile (*proderat*), ne voulut pas (*noluit*) les (*eos*) laisser partir (*dimittere.*)

1. Pharao, onis, m. — 2. Servĭtium, i. — 3. Hebræi, orum, m.

7. Moïse[1] contempla (*contemplatus est*) le pays[2] dont Dieu[3] lui (*ei*) avait interdit (*interdixerat*) l'entrée[4] (*abl.*).

1. Moses, is, m. — 2. Terra, æ, f. — 3. Deus, i, m. — 4. Adĭtŭs, ûs, m.

8. Josué[1] marcha (*accessit*) contre (*ad, acc.*) la ville[2] [de] Jéricho[3] qu'il détruisit (*evertit*).

1. Josue, indécl. — 2. Oppĭdum, i. — 3. Jericho, indécl.

6

9. Les montagnes[1] dont l'Arcadie[2] est entourée (*cincta est*) n'offrent d' (*præbent nullum*) issue[3] aux eaux[4] que (*nisi*) vers (*ad, acc.*) la mer[5] Ionienne[6].

1. Mons, montis, m. — 2. Arcadia, æ, f. — 3. Exĭtŭs, ûs, m. — 4. Aqua, æ, f. — 5. Mare, maris, n. — 6. Ionius, a, um.

10. Daniel[1] demeura (*permansit*) sept (*septem*) jours[2] (*acc.*) parmi (*inter, acc.*) les bêtes-féroces[3], a là fureur[4] desquelles il avait été exposé (*expositus fuerat*).

1. Daniel, is, m. — 2. Dies, ei, m. — 3. Fera, æ, f. — 4. Furor, is, m.

83ᵉ EXERCICE

Composés de qui. — 1. Il y avait (*tournez :* était, *erat*) à Athènes[1] une certaine classe[2] d'hommes[3], dont le métier[4] était (*erat*) de porter (*ut ferrent*) en-courant (*cursu*) les messages[5] des magistrats[6].

1. Athenæ, arum, f. — 2. Genus, generis, n. — 3. Homo, hominis, m. — 4. Ministerium, i. — 5. Nuntius, i, m. — 6. Magistratŭs, ûs, m.

2. Pausanias[1] fut dénoncé (*indicatus est*) par un certain Argilius[2].

1. Pausanias, æ, m. — 2. Argilius, i, m.

3. Pyrrhus[1] fut tué (*occisus est*) par la mère[2] d'un certain Argien[3] qu' (*dat.*) il menaçait (*intentabat*) [de] son épée[4] (*acc.*).

1. Pyrrhus, i, m. — 2. Mater, matris, f. — 3. Argivus, i, m. — 4. Gladius, i, m.

4. Ésope[1] déplut (*displicuit*) à un certain Zénas[2] qui commandait (*præerat*) les esclaves[3] (*dat.*).

1. Æsopus, i, m. — 2. Zenas, æ, m. — 3. Servus, i, m.

5. Certains supplices[1] étaient-appliqués (*adhibebantur*) aux (*in, acc.*) esclaves[2] seuls (*tournez :* seulement, *tantummodo*).

1. Supplicium, i. — 2. Servus, i, m.

6. Léonidas[1], précepteur[2] d'Alexandre[3], mit dans l'esprit de son élève (*tournez :* remplit, *imbuit*, [son] élève[4]) des germes[5] (*abl.*) de certains défauts[6] qui le (*eum*) suivirent (*prosecuta sunt*) jusque (*usque*) sur (*in, acc.*) le trône[7].

1. Leonidas, æ, m. — 2. Præceptor, is, m. — 3. Alexander, Alexandri, m. — 4. Alumnus, i, m. — 5. Elementum, i. — 6. Vitium, i. — 7. Regnum, i.

7. Nous supporterons (*tolerabimus*) courageusement (*fortiter*) tous les accidents qui (*tournez :* les [choses] quelconques-qui[1], *nom. plur. neut.*) nous (*nobis*) arriveront (*accident*).

1. Quicunque, ~~quæcunque~~, quodcunque.

8. Le pharaon[1] essaya (*conatus est*) de retenir (*retinere*) les Hébreux[2] par toute sorte de moyens (*tournez :* par un moyen[3] quelconque).

1. Pharao, onis, m. — 2. Hebræi, orum, m. — 3. Ratio, rationis, f.

9. Les flatteurs[1] s'insinuent (*irrepunt*) dans l'esprit[2] (*plur.*) des rois[3] par toutes sortes de voies (*tournez :* par des voies[4] quelconques).

1. Adulator, is, m. — 2. Animus, i, m. — 3. Rex, regis, m. — 4. Via, æ, f.

INDÉFINIS

Anc. Gr. § 53. — Nouv. Gr. § 54

84° EXERCICE

1. Cet homme[1] ne se souvient (*meminit*) d'aucun bienfait[2] (*gén.*).

1. Homo, hominis, m. — 2. Beneficium, i.

2. Tu n'obéis (*obedis*) à aucun maître[1].

1. Magister, magistri, m.

3. Je n'avais (*habebam*) aucunes provisions[1].

1. Cibus, i, m.

4. Les soldats[1] irrités[2] n'épargnèrent (*pepercerunt*) aucun prisonnier[3] (*dat.*).

1. Miles, militis, m. — 2. Iratus, a, um. — 3. Captivus, i, m.

5. Cette bague[1] n'est (*est*) d'aucune valeur[2] (*gén.*).

1. Annulus, i, m. — 2. Pretium, i.

6. Périclès[1] ne fit de mal (*nocuit*) à aucun citoyen[2].

1. Pericles, is, m. — 2. Civis, is, m.

7. Celui-qui (*qui*) désire (*appetit*) le bien[1] d'un autre homme[2] perd (*amittit*) justement (*merito*) le sien[3].

1. Bonum, i. — 2. Homo, hominis, m. — 3. Suus, a, um.

8. Dieu[1] fit (*edidit*) un autre prodige[2] pour inspirer (*ut afferret*) de la confiance[3] à Gédéon[4].

1. Deus, i, m. — 2. Prodigium, i. — 3. Fiducia, æ, f. — 4. Gedeo, onis, m.

9. Ne fais pas (*ne inferas*) à un autre homme[1] le mal[2] que les autres ne (*non*) te (*tibi*) font (*inferunt*) [pas].

1. Homo, hominis, m. — 2. Malum, i.

10. Homère[1] a composé (*scripsit*) l'Iliade[2] et l'Odyssée[3]; le sujet[4] de l'une (*alter, a, um*) est (*est*) la guerre[5] de-Troie[6] (*adjectif*); le sujet[4] de l'autre (*alter, a, um*) est (*est*) le retour[7] d'Ulysse[8] dans [sa] patrie[9].

1. Homerus, i, m. — 2. Ilias, Iliadis, f. — 3. Odyssea, æ, f. — 4. Materia, æ, f. — 5. Bellum, i. — 6. Trojanus, a, um. — 7. Reditus, ûs, m. — 8. Ulysses, is, m. — 9. Patria, æ, f.

11. Moïse[1] et Aaron[2] furent (*fuerunt*) les chefs[3] des Hébreux[4]; Dieu[5] donna (*permisit*) à l'un (*alter, a, um*) l'autorité-militaire[6], à l'autre (*alter, a, um*) le soin[7] des choses[8] religieuses[9].

1. Moses, is, m. — 2. Aaron, *indécl.* — 3. Dux, ducis, m. — 4. Hebræi, orum, m. — 5. Deus, i, m. — 6. Imperium, i. — 7. Cura, æ, f. — 8. Res, rei, f. — 9. Divinus, a, um.

12. A Périclès[1], seul (*unus, a, um*) entre (*inter, acc.*) tous[2] les grands[3] citoyens[4], les Athéniens[5] n' (*nunquam*) infligèrent (*irrogaverunt*) [jamais] aucune (*ullus, a, um*) peine[6].

1. Pericles, is, m. — 2. Omnis, e. — 3. Præstans, præstantis. — 4. Civis, is, m. — 5. Athenienses, ium, m. — 6. Pœna, æ, f.

13. Un feu[1] mal (*male*) éteint[2] brûla (*combussit*) les arbres[3] de l'île[4] tout entière.

1. Ignis, is, m. — 2. Exstinctus, a, um. — 3. Arbor, is, f. — 4. Insula, æ, f.

14. Des soldats entourèrent la forêt tout entière (*tournez :* des soldats[1] furent mis autour de, *circumdati sunt* la forêt[2] (*dat.*) tout entière).

1. Miles, militis, m. — 2. Silva, æ, f.

CHAPITRE V

PRONOMS PERSONNELS

Anc. Gr. § 54. — Nouv. Gr. § 55

PREMIÈRE ET DEUXIÈME PERSONNES

85ᵉ EXERCICE

OBSERVATIONS. — 1° L'élève devra reconnaître si les pronoms **me, moi, nous, te, toi, vous,** sont compléments directs, pour **moi, nous, toi, vous,** ou compléments d'attribution, pour **à moi, à nous, à toi, à vous.** Ex. Suivez-moi (*compl. dir.*). — Donnez-moi (*compl. d'attrib.*) ce livre. — Il t' (*compl. dir.*) a suivi. — Il t' (*compl. d'attrib.*) a donné un livre. — Secourez nous (*compl. dir.*). — Il vous (*compl. d'attrib.*) a porté secours.

2° Le pronom **vous** se rend par le singulier, quand on l'emploie en parlant à une seule personne.

1. Seigneur[1], ayez pitié (*misereare*) de moi (*gén.*).

1. Dominus, i, m.

2. Apporte (*fer*)-moi (*dat.*) ce livre[1].

1. Liber, libri, m.

3. Tes conseils[2] m' (*dat.*) ont été (*fuerunt*) utiles[2].

1. Consilium, i. — 2. Utilis, e.

4. La musique[1] me (*acc.*) charme (*delectat*).

1. Musica, æ, f.

5. Je (*nom.*) suis (*sum*) le Seigneur[1], ton[2] Dieu[3].

1. Dominus, i, m. — 2. Tuus, a, um. — 3. Deus, i, m.

6. La maison[1] a été achetée (*empta est*) par moi.

1. Domŭs, ûs, f.

7. Nous et nos[1] enfants[2], [nous] partirons (*proficiscemur*) demain (*cras*)·

1. Noster, nostra, nostrum. — 2. Liberi, orum, m.

8. Qui de nous (*gén.*) ne (*non*) déteste (*odit*) le mensonge[1] ?

1. Mendacium, i.

9. Tu as été (*fuisti*) pour nous (*dat.*) comme (*quasi*) un second[1] père[2].

1. Alter, a, um. — 2. Pater, patris, m.

10. La tempête[1] nous a surpris (*deprehendit*).

1. Tempestas, tempestatis, f.

11. Vous êtes (*estis*) plus heureux[1] que nous.

1. Felix, felicis.

12. Léonidas, aux Thermopyles[2], dit (*dixit*) à [ses] compagnons[3] : Lacédémone[4] nous a assigné (*assignavit*) ce poste[5] : pas-un (*tournez :* aucun) de nous (*gén.*) [ne] voudra (*volet*) l' (*eam*) abandonner (*deserere*); la mort[6] nous attend (*manet*), mais (*sed*) notre[7] patrie[8] sera couverte (*afficietur*) de gloire[9] par nous.

1. Leonidas, æ, m. — 2. Thermopylæ, arum, f. — 3. Commilito, onis, m. — 4. Lacedæmon, is, f. — 5. Statio, onis, f. — 6. Mors, mortis, f. — 7. Noster, nostra, nostrum. — 8. Patria, æ, f. — 9. Gloria, æ, f.

13. Tu m'as rendu (*præstitisti*) de grands[1] services[2].

1. Magnus, a, um. — 2. Officium, i.

14. Dieu[1] d'Israël[2], dit (*inquit*) Tobie[3], souvenez-vous (*memento*) de moi (*gén.*); [que] votre[4] miséricorde[5]

1. Deus, i, m. — 2. Israel, *indécl.* — 3. Tobias, æ, m. — 4. Tuus, a, um. — 5. Misericordia, æ, f. —

6.

m' (*dat.*) épargne (*parcat*); ne (*ne*) me punissez (*punias*) [pas] de (*propter, acc.*) mes[6] péchés[7]; donnez (*da*) -moi le pardon[8] et la paix[9] de l'âme[10].

6. Meus, a, um. — 7. Peccatum, i. — 8. Venia, æ, f. — 9. Pax, pacis, f. — 10. Animus, i, m.

86ᵉ EXERCICE

1. Tu aimes le jeu (*tournez :* tu es charmé, *delectaris,* par le jeu[1]), moi, j'aime la conversation (*tournez :* je suis charmé, *delector,* par la conversation[2], *plur.*).

1. Ludus, i, m. — 2. Sermo, onis, m.

2. Les hommes[1] que (*dat.*) tu as obligés (*benefecisti*) ne (*non*) se souviendront (*recordabuntur*) [pas] toujours (*semper*) de toi (*acc.*).

1. Homo, hominis, m.

3. J'ai pitié (*misereor*) de toi (*gén.*).

4. L'étude[1] de la grammaire[2] te (*dat.*) sera (*erit*) utile[3].

1. Studium, i. — 2. Grammatica, æ, f. — 3. Utilis, e.

5. Isaac[1] dit (*dixit*) à Jacob[2] : « [Que] Dieu[3] te donne (*largiatur*) la rosée[4] du ciel[5] et les fruits[6] de la terre[7]; [que] les princes[8] se prosternent devant (*venerentur*) toi (*acc.*), et [que] les peuples[9] te (*dat.*) servent (*serviant*). »

1. Isaacus, i, m. — 2. Jacobus, i, m. — 3. Deus, i, m. — 4. Ros, roris, m. — 5. Cælum, i. — 6. Fructŭs, ûs, m. — 7. Terra, æ, f. — 8. Rex, regis, m. — 9. Populus, i, m.

6. Daniel[1] expliqua (*interpretatus est*) ainsi (*sic*) le songe[2] du roi[3] : « O roi[3], ce songe[2] vous fait connaître (*significat*) la sentence[4] de Dieu[5] : les hommes[6] vous chasseront (*expellent*) de (*e, abl.*) leur[7] société[8]; vous habiterez (*habitabis*) parmi (*inter, acc.*) les bêtes-sauvages[9], jusqu'à ce que (*donec*) Dieu[5] vous (*dat.*) pardonne (*ignoscat*).

1. Daniel, is, m. — 2. Somnium, i. — 3. Rex, regis, m. — 4. Sententia, æ, f. — 5. Deus, i, m. — 6. Homo, hominis, m. — 7. Suus, a, um. — 8. Cœtŭs, ûs, m. — 9. Fera, æ, f.

7. Isaïe[1] menaça (*minatus est*) [en] ces termes[2] (*abl.*) les habitants[3] (*dat.*) de Jérusalem[4] : « Malheur (*væ*) à vous (*dat.*)! Le Seigneur[5] vous avait choisis (*elegerat*); il attendait

1. Isaïas, æ, m. — 2. Verbum, i. — 3. Incola, æ, m. — 4. Hierosolyma, æ, f. — 5. Dominus, i, m. —

(exspectabat) de (a, abl.) vous la reconnaissance (tournez : un esprit[6] reconnaissant[7]); il vous voit (videt) ingrats[8] et impies[9]. Il détourne (avertit) de (a, abl.) vous [ses] regards[10] et ne se souvient plus (non jam meminit) de vous (gén). »

6. Animus, i, m. — 7. Gratus, a, um. — 8. Ingratus, a, um. — 9. Impius, a, um. — 10. Oculus, i, m.

TROISIÈME PERSONNE

87ᵉ EXERCICE

OBSERVATION. — Deux formes du pronom de la troisième personne doivent attirer l'attention ; ce sont en et y.

En peut être un complément déterminatif (ex. : J'ai visité la ville et j'en ai admiré les monuments), ou un complément de verbe passif (ex. : J'aime mes enfants et j'en suis aimé) ; un complément d'instrument (ex. : Il saisit une épée et en frappa son agresseur), etc. Ce pronom sera mis au cas déterminé par la fonction qu'il remplit dans la proposition.

Y est d'ordinaire un complément d'attribution et signifie à lui, à elle, à eux, à elles. Ex. : Cette étude me plaît ; je m'y appliquerai.

1. Le tyran[1] Polycrate[2] redoutait (reformidabat) la jalousie[3] des dieux[4] : son bonheur (tournez : le bonheur[5] de lui) leur déplaisait (displicebat).

1. Tyrannus, i, m. — 2. Polycrates, is, m. — 3. Invidia, æ, f. — 4. Deus, i, m. — 5. Prosperitas, tatis, f.

2. Pour les apaiser (tournez : pour qu'il apaisât, ut placaret, eux), il jeta (abjecit) dans la mer[1] un anneau[2] très précieux[3].

1. Mare, is, n. — 2. Annulus, i, m. — 3. Pretiosus, a, um.

3. Un poisson[1] l'avala (voravit); un pêcheur[2] prit (cepit) le poisson[1] et le porta (tulit) chez (ad, acc.) le tyran[3]. L'anneau[4] lui fut rendu (redditus est) ainsi (sic).

1. Piscis, is, m. — 2. Piscator, is, m. — 3. Tyrannus, i, m. — 4. Annulus, i, m.

4. Je te (dat.) remercie (gratias ago) de (de, abl.) ton[1] présent[2], je l'ai reçu (accepi) avec-grand-plaisir (libenter, au superl.).

1. Tuus, a, um. — 2. Donum, i.

5. Le géographe[1] Pausanias[2] visita (obiit) la Grèce[3] ; il en a laissé (reliquit) une description[4] très exacte[5].

1. Geographus, i, m. — 2. Pausanias, æ, m. — 3. Græcia, æ, f. — 4. Descriptio, onis, f. — 5. Accuratus, a, um.

6. Alexandre[1] rendit (*restituit*) à Porus[2] son[3] royaume[4] et y ajouta (*addidit*) le territoire[5] voisin[6].

1. Alexander, dri, m. — 2. Porus, i, m. — 3. Suus, a, um. — 4. Regnum, i. — 5. Regio, onis, f. — 6. Vicinus, a um.

7. Cyrus[1] renvoya (*dimisit*) à Jérusalem[2] les Juifs[3] captifs[4] et leur rendit (*restituit*) les vases[5] d'or[6] (*adjectif*) du temple[7].

1. Cyrus, i, m. — 2. Hierosolyma, æ, f. — 3. Judæi, orum, m. — 4. Captivus, a, um. — 5. Vas, is, n. — 6. Aureus, a, um. — 7. Templum, i.

8. David[1] ramassa (*sustulit*) une pierre[2] et en frappa (*percussit*) Goliath[3].

1. David, is, m. — 2. Lapis, lapidis, m. — 3. Goliath, *indécl.*

9. Dans le parvis[1] intérieur[2] du temple[3] étaient (*erant*) l'autel[4] des holocaustes[5] et la mer[6] d'-airain[7] (*adjectif*) ; le peuple[8] les voyait (*videbat*), mais (*sed*) ne pouvait (*non poterat*) en (*tournez : vers, ad, acc., eux*) approcher (*accedere*).

1. Area, æ, f. — 2. Interior, us. — 3. Templum, i. — 4. Altare, is, n. — 5. Holocaustum, i. — 6. Mare, is, n. — 7. Æreus, a, um. — 8. Vulgus, i, n.

10. Les soldats[1] de Gédéon[2] brisent (*frangunt*) les vases[3] de-terre[4] (*adjectif*) et agitent (*jactant*) les torches[5]. Les Madianites[6] voient (*vident*) une lumière[7] soudaine[8] et en sont effrayés (*perterrentur*).

1. Miles, militis, m. — 2. Gedeo, onis, m. — 3. Vas, is, n. — 4. Fictilis, e. — 5. Fax, facis, f. — 6. Madianitæ, arum, m. — 7. Fulgor, is, m. — 8. Subitus, a, um.

PRONOM RÉFLÉCHI

Anc. Gr. § 55. — Nouv. Gr. § 56

88e EXERCICE

OBSERVATION. — Le pronom réfléchi **se, soi,** se traduit par le pronom réfléchi latin **sui, sibi, se.** — Le pronom personnel **le, la, lui, les, leur,** se traduit aussi par **sui, sibi, se,** quand il représente le sujet de la proposition où il se trouve. Ex. : **Jésus-Christ** appelait à lui les petits enfants. Sinon, il se rend par l'un des pronoms **is, ea, id; hic, hæc, hoc; ille, illa, illud.** Ex. : Les petits enfants l'aimaient.

1. Chacun[1] s'aime (*amat*).

1. Quisque, quæque, quidque.

2. Les hommes[1] jouissent (*fruuntur*) rarement (*raro*) de leur propre renommée (*tournez : de la renommee*[2], *abl*, d'eux-mêmes).

1. Homo, hominis, m. — 2. Fama, æ, f.

3. David[1] s'était acquis (*adeptus erat*) une grande[2] gloire[3] par la mort[4] de Goliath[5] ; Saül[6] se montra (*ostendit*) jaloux[7] de lui.

4. Les Égyptiens[1] s'engagèrent (*immiserunt*) dans le lit[2] de la mer[3] Rouge[4].

5. Dieu[1] se choisit (*elegit*) une nation[2] fidèle[3].

6. Annibal[1] portait (*ferebat*) toujours (*semper*) du poison[2] avec (*cum, abl.*) lui.

7. Le lion[1] prit (*sustulit*) pour lui toutes[2] les parts[3] de la proie[4].

8. Les avares[1] se nuisent (*nocent*) à eux-mêmes, car (*nam*) ils se privent (*fraudant*) du nécessaire (*tournez :* des choses[2], *abl.*, nécessaires[3]).

9. La femme[1] d'Asdrubal[2] prit (*arripuit*) avec (*cum, abl.*) elle [ses] enfants[3] et se précipita (*dejecit*) dans sa[4] maison[5] embrasée[6]. Asdrubal[2] ne fut (*fuit*) pas digne[7] d'elle (*abl.*) ; il se rendit (*dedidit*) aux Romains[8].

10. Louis[1] onze (*tournez :* onzième[2]) faisait venir (*vocabat*) devant (*ad, acc.*) lui des bergers[3] qui jouaient (*modulabantur*) des airs[4] de-leur-pays[5] (*adjectif*) ; des serviteurs[6] achetaient (*emebant*) pour lui des animaux[7] rares[8] ; rien-ne (*nihil*) pouvait (*poterat*) le distraire (*oblectare*) ; tout[9] (*plur. neut.*) lui causait (*movebant*) du dégoût[10].

11. Les Hébreux[1], dans le désert[2], attirèrent (*concitaverunt*) souvent (*sæpe*) sur (*in, acc.*) eux la colère[3] divine[4] par leur[5] désobéissance[6] ; Dieu[7] leur pardonnait (*ignoscebat*) bientôt (*mox*).

1. David, is, m. — 2. Magnus, a, um. — 3. Gloria, æ, f. — 4. Nex, necis, f. — 5. Goliath, *indécl.* — 6. Saül, is, m. — 7. Obtrectator, is, m.

1. Ægyptii, orum, m. — 2. Alveus, i, m. — 3. Mare, maris, n — 4. Ruber, bra, brum.

1. Deus, i, m. — 2. Gens, gentis, f. — 3. Fidelis, e.

1. Annibal, is, m. — 2. Venenum, i.

1. Leo, leonis, m. — 2. Omnis, e. — 3. Pars, partis, f. — 4. Præda, æ, f.

1. Avarus, i, m. — 2. Res, rei, f. — 3. Necessarius, a, um.

1. Uxor, is, f. — 2. Asdrubal, is, m. — 3. Liberi, orum, m. — 4. Suus, a, um. — 5. Domus, ûs, f. — 6. Ardens, ardentis. — 7. Dignus, a, um. — 8. Romani, orum, m.

1. Ludovicus, i, m. — 2. Undecimus, a, um. — 3. Pastor, is, m. — 4. Cantüs, ûs, m. — 5. Patrius, a, um. — 6. Famulus, i, m. — 7. Animal, is, n. — 8. Rarus, a, um. — 9. Omnis, e. — 10. Fastidium, i.

1. Hebræi, orum, m. — 2. Solitudo, dinis, f. — 3. Ira, æ, f. — 4. Divinus, a, um. — 5. Suus, a, um. — 6. Contumacia, æ, f. — 7. Deus, i, m.

Adjectifs-pronoms possessifs

Anc. Gr. § 56. — Nouv. Gr. § 57

OBSERVATION. — Ces adjectifs suivant la déclinaison de bonus, bona, bonum (sauf. meus, au vocatif masculin singulier mi), ou celle de niger, nigra, nigrum, nous ne donnons pas d'exercices d'application

---

CHAPITRE VI

DU VERBE

QUESTIONNAIRE

Anc. Gr. § 57-63. — Nouv. Gr. § 58-63

En combien d'espèces peut-on diviser les verbes latins d'*après leur sens* ?

Quelles sont ces espèces de verbes ?

Quelle différence y a-t-il entre les verbes *transitifs* et les verbes *intransitifs* ?

En combien d'espèces peut-on diviser les verbes latins d'*après leur forme* ?

Qu'indiquent la voix active et la voix passive ?

Qu'appelle-t-on verbes déponents ? — D'où vient ce nom ?

N'y a-t-il pas quelques verbes qui ont la forme active et la signification passive ?

QUESTIONNAIRE

Anc. Gr. § 63-69. — Nouv. Gr. § 63-69

Quels sont les trois temps principaux dans la conjugaison latine ?

Quelles sont les subdivisions du passé ?

Le passé défini et le passé indéfini de la conjugaison française sont-ils exprimés en latin par deux temps différents ?

Quelles sont les deux sortes de futur ?

Combien y a-t-il de temps en latin ?

N'y a-t-il pas un mode de la conjugaison française qui manque en latin ?

Comment se rend le conditionnel présent ?

Comment se rend le conditionnel passé ?

L'impératif exprime-t-il toujours un ordre qui doit être exécuté immédiatement ?

Quand il indique une prescription pour l'avenir, par quelles terminaisons l'impératif est-il marqué à l'actif et au passif ?

Quelles personnes l'impératif a-t-il à l'actif ?

Par quel mode exprime-t-on les

deux personnes (1re et 3e) qui manquent à l'impératif?

Pourquoi l'infinitif et le participe, ainsi que le gérondif et le supin, peuvent-ils être appelés noms verbaux ?

Quelles sont, dans les verbes, les deux formes spéciales à la langue latine?

Sont-ce des formes indéclinables ?

VERBE **SUM** ET SES COMPOSÉS

Anc. Gr. § 69. — Nouv. Gr. § 69

QUESTIONNAIRE

Le verbe **sum** est-il seulement le verbe substantif?

Quel rôle joue-t-il encore, comme en français, dans la conjugaison latine?

Combien le verbe **sum** a-t-il de radicaux?

A quelles personnes de l'indicatif présent le radical **es** apparaît-il distinctement?

A quels modes du présent perd-il l'e?

A quels temps de l'indicatif change-t-il **s** en **r**?

Quelles formes donne le radical **fu**?

Quelle est l'altération de ce radical dans l'une des deux formes de l'imparfait du subjonctif et du futur de l'infinitif?

Quelles sont les formes qui manquent au verbe **sum**?

89e EXERCICE

OBSERVATION. — La négation **ne pas**, **ne point** se rend par **non**, qui se place devant le verbe.

1. La vie[1] est courte[2].

2. Les nuits[1] d'hiver[2] (*adj.*) sont longues[3].

3. Qui êtes-vous?

4. Nous sommes en sûreté[1] (*adj.*) ici (*hic*).

5. Nous étions inquiets[1] au-sujet-de (*de, abl.*) ta santé[2].

6. Isaac[1] dit (*dixit*) à Jacob[2] : « Dieu[3] multipliera (*multiplicabit*) ta race[4] afin que (*ut, subj.*) tu sois le chef[5] d'un grand[6] peuple[7] ; sois le maître[8] de tes frères[9]. »

1. **Vita, æ**, f. — 2. **Brevis, e**.

1. **Nox, noctis**, f. — 2. **Hibernus, a, um**. — 3. **Longus, a, um**.

1. **Tutus, a, um**.

1. **Sollicitus, a, um**. — 2. **Valetudo, dinis**, f.

1. **Isaacus, i**, m. — 2. **Jacobus, i**, m. — 3. **Deus, i**, m. — 4. **Progenies, ei**, f. — 5. **Dux, ducis**, m. — 6. **Magnus, a, um**. — 7. **Gens, gentis**, f. — 8. **Dominus, i**, m. — 9. **Frater, fratris**, m.

7. Les sénateurs[1] (des) Lacédémoniens[2] étaient des vieillards[3] prudents[4].

1. Senator, is, m. — 2. Lacédæmonii, orum, m. — 3. Senex, senis, m. — 4. Prudens, prudentis.

8. Soyons miséricordieux[1] envers (in, acc.) les autres[2], pour que (ut, subj.) Dieu[3] soit miséricordieux[1] envers (in, acc.) nous.

1. Misericors, misericordis. — 2. Alii, orum, m. — 3. Deus, i, m.

9. Dieu[1] dit (dixit) : « Que la lumière[2] soit (impér.). »

1. Deus, i, m. — 2. Lux, lucis, f.

10. Soyez laborieux[1] ; les récompenses[2] sont le prix[3] du travail[4].

1. Impiger, gra, grum. — 2. Præmium, i. — 3. Merces, cedis, f. — 4. Labor, is, m.

11. Si (si) les champs[1] se reposent (requiescent), ils seront plus fertiles[2] ; au contraire (contra), la mémoire[3], si (si) elle est (subj.) oisive[4] quelque temps (aliquandiu), est moins (minus) facile[5].

1. Ager, agri, m. — 2. Fertilis, e. — 3. Memoria, æ, f. — 4. Otiosus, a, um. — 5. Promptus, a, um.

12. Le renard[1] dit (dixit) au corbeau[2] : « Si (si) ta voix[3] était (subj.) aussi (tam) mélodieuse[4] que (quam) tes plumes[5] sont brillantes[6], tu serais le premier[7] (fém.) des oiseaux[8]. »

1. Vulpes, is, f. — 2. Corvus, i, m. — 3. Vox, vocis, f. — 4. Canorus, a, um. — 5. Penna, æ, f. — 6. Nitidus, a, um. — 7. Primus, a, um. — 8. Avis, is, f.

13. Les Lacédémoniens[1] battaient (cædebant) les enfants[2] de verges[3] pour qu' (quo) ils fussent plus durs[4] à la douleur[5] (gén.).

1. Lacedæmonii, orum, m. — 2. Puer, i, m. — 3. Virga, æ, f. — 4. Patiens, entis. — 5. Dolor, is, m.

14. Le chien[1] dit (dixit) au loup[2] : « Nous nous reposons (quiescimus) [pendant] le jour[3] (abl.), afin que (quo) nous soyons plus vigilants[4] la nuit[5] (abl.). »

1. Canis, is, m. — 2. Lupus, i, m. — 3. Dies, ei, m. — 4. Vigilans, antis. — 5. Nox, noctis, f.

15. Le loup[1] dit (dixit) au chien[2] : « Je ne veux pas (nolo) être biennourri[3] (nom.), pour n'être pas (tournez : afin que, ut, je ne sois pas) libre[4]. »

1. Lupus, i, m. — 2. Canis, is, m. — 3. Perpastus, a, um. — 4. Liber, a, um.

16. Nous serions bien (commode) ici (hic), si (si) le vent[1] était (subj.) moins (minus) froid[2].

1. Ventus, i, m. — 2. Frigidus, a, um.

90° EXERCICE

1. J'ai été malade[1] hier (*heri*) comme (*ut*) je [l'] avais été le mois[2] (*abl.*) dernier[3].

2. Quand (*quum*) vous aurez été oisifs[1] quelque temps (*aliquandiu*), l'étude[2] vous sera plus pénible[3].

3. Nous étions dans la forêt[1] : tout[2] (*tournez* : toutes [choses], *plur. neut.*) était silencieux[3] autour (*circa*) [de nous]; nous fûmes tout à coup (*subito*) entourés[4] par des brigands[5]; nos cris[6] furent vains[7] d'abord (*primum*) : nous pensions (*credebamus*) que nos adversaires[8] seraient (*tournez* : nos adversaires, *acc.*, devoir être) plus-forts[9] [que nous]; votre arrivée[10] a été notre salut[11] (*tournez* : à salut à nous).

4. Vous aviez été plus heureux[1] dans [votre] condition[2] antérieure[3].

5. Quand (*quum*) tu auras été une fois (*semel*) trompé[1], tu seras plus défiant[2].

6. Solon[1] [n'] avait établi (*sanxerat*) aucune[2] peine[3] contre (*adversus, acc.*) le parricide[4]. « Est-il jamais arrivé (*num unquam evenit*). - ai· il (*inquiebat*), qu' (*ut*) un fils[5] ait é᷄é coupable[6] d'un si grand[7] crime[8] (*gén.*)? »

7. Le paon[1] dit (*dixit*) au geai[2] : « Si (*si*) tu avais été (*subj.*) moins (*minus*) vaniteux[3], tu n'aurais pas été maltraité[4]. »

8. Soyons envers (*erga, acc.*) les malheureux[1] comme si nous devions être (*tournez* : comme, *ut*, devant être, *nom.*) malheureux[1] un jour *aliquando*).

1. Æger, ægra, ægrum. — 2. Mensis, is, m. — 3. Proximus, a, um.

1. Otiosus, a, um. — 2. Studium, i. — 3. Molestus, a, um.

1. Silva, æ, f. — 2. Omnis, e — 3. Silens, silentis. — 4. Circumventus, a, um. — 5. Latro, onis, m. — 6. Clamor, is, m. — 7. Irritus, a, um. — 8. Adversarius, i, m. — 9. Superior, us. — 10. Adventus, ûs, m. — 11. Salus, salutis, f.

1. Beatus, a, um. — 2. Conditio, onis, f.; *ajoutez : de vie,* vita, æ, f. — 3. Prior, us.

1. Deceptus, a, um. — 2. Suspiciosus, a, um (*sans comp.*).

1. Solon, is, m. — 2. Nullus, a, um. — 3. Pœna, æ, f. — 4. Parricidium, i. — 5. Filius, i, m. — 6. Noxius, a, um. — 7. Tantus, a, um. — 8. Scelus, sceleris, n.

1. Pavo, pavonis, m. — 2. Graculus, i, m. — 3. Superbus, a, um. — 4. Mulcatus, a, um.

1. Pauper, is.

9. Nous savons (*scimus*) que la Sicile n'a pas toujours été (*tournez :* la Sicile[1], *acc.*, n'avoir pas été toujours, *semper*) une île[2] (*acc.*).

10. L'histoire[1] nous (*acc.*) apprend (*docet*) que la vieillesse était (*tournez :* les vieillards[2], *acc.*, avoir été) en (*in, abl.*) honneur[3] à Lacédémone[4].

11. Jérémie[1] prédit (*prædixit*) que les Juifs[2] seraient (*tournez :* les Juifs, *acc.*, devoir être) captifs[3] (*acc.*).

12. Les laboureurs[1] espèrent (*sperant*) que les moissons seront (*tournez :* les moissons[2], *acc.*, devoir être) abondantes[3] (*acc.*).

13. Thalès[1] avait deviné (*intellexerat*) qu'il y aurait abondance d'olives (*tournez :* abondance[3], *acc.*, d'olives[2] devoir être) cette année[4].

1. Sicilia, æ, f. — 2. Insula, æ, f.

1. Historia, æ, f. — 2. Senex, senis, m. — 3. Honor, is, m. — 4. Lacedæmon, is, f.

1. Jeremias, æ, m. — 2. Judæi, orum, m. — 3. Captivus, i, m.

1. Agricola, æ, m. — 2. Seges, segetis, f. — 3. Lætus, a, um.

1. Thales, Thaletis, m. — 2. Ubertas, tatis, f. — 3. Olea, æ, f. — 4. Annus, i, m.

Verbes composés de SUM

91e EXERCICE

OBSERVATION. — Les composés de *esse* ont leur complément au **datif**, sauf *abesse*, être absent, qui se construit avec l'**ablatif**, précédé de la préposition **a** ou **ab**.

1. Rien-ne (*nihil, n.*) me manque[1].

2. J'ai acheté (*emi*) les livres[1] qui me manquaient[2].

3. Tobie[1] captif[2] [ne] manqua[3] à aucun[4] devoir[5] d'humanité[6] envers (*in, acc.*) ses frères[7].

4. Ne (*ne*) faisons [pas] défaut[1] (*subj.*) à nos amis[2].

5. Je n'avais pas de feu (*tournez :* le feu[1] me manquait[2]).

6. Si (*si*) les vivres[1] avaient manqué (*subj.*), les assiégés[2] se seraient rendus (*tournez :* auraient fait, *fecissent,* [leur] soumission[3]).

1. Deesse.

1. Liber, libri, m. — 2. Deesse.

1. Tobias, æ, m. — 2. Captivus, a, um. — 3. Deesse. — 4. Nullus, a, um. — 5. Officium, i. — 6. Humanitas, tatis, f. — 7. Frater, fratris, m.

1. Deesse. — 2. Amicus, i, m.

1. Ignis, is, m. — 2. Deesse.

1. Cibus, i, m. — 2. Obsessus, i, m. — 3. Deditio, nis, f.

7. Tu vois (vides) que les bons[1] conseils[2] ne te manqueront[2] pas (tournez : les bons conseils, acc., ne devoir pas manquer à toi).

1. Bonus, a, um. — 2. Consilium, i. — 3. Deesse.

8. Je crois (credo) que la persévérance[1] t'a manqué (tournez : la persévérance, acc., avoir manqué à toi).

1. Perseverantia, æ, f.

9. Nous arrivons[1] de (ex, abl.) la Suisse[2].

1. Adesse. — 2. Helvetia, æ, f.

10. Trente (triginta) élèves[1] étaient présents[2].

1. Discipulus, i, m. — 2. Adesse.

11. Mille (mille) Platéens[1] arrivèrent[2] pour combattre (ut pugnarent) à (apud, acc.) Marathon[3].

1. Platæenses, ium, m. — 2. Adesse. — 3. Marathon, is, m.

12. Si (si) vous aviez assisté[1] (subj.) votre ami[2] dans [son] procès[3], il ne [l'] aurait pas perdu (non amisisset).

1. Adesse. — 2. Amicus, i, m. — 3. Lis, litis, f.

13. Est-il possible (num fieri potest) que (ut) Brutus[1] ait assisté[2] au supplice[3] de ses enfants[4]?

1. Brutus, i, m. — 2. Adesse. — 3. Supplicium, m. — 4. Filius, i, m.

14. Sois[1] -moi témoin[2].

1. Adesse. — 2. Testis, is, m.

15. Compagnons-d'armes[1], assistez[2] -moi.

1. Commilito, tonis, m. — 2. Adesse.

16. Quand (postquam) tu auras assisté[1] à l'assemblée[2], tu viendras me trouver (me convenies).

1. Adesse. — 2. Concilium, i.

17. J'espère (spero) que beaucoup d'[1] amis[2] assisteront (tournez : beaucoup d'amis, acc., devoir assister[3]) à mon repas[4].

1. Multi, æ, a. — 2. Amicus, i, m. — 3. Adesse. — 4. Epulæ, arum, f.

18. Le Tibre[1] était[2] entre (inter, acc.) le Janicule[3] et les autres[4] (acc.) collines[5] de Rome[6].

1. Tiberis, is, m. — 2. Interesse. — 3. Janiculus, i, m. — 4. Ceteri, æ, a. — 5. Collis, is, m. — 6. Roma, æ, f.

19. Cinquante et un (unus et quinquaginta) ans[1] s'écoulèrent[2] entre (inter, acc.) le commencement[3] de la captivité[4] et le retour[5] (acc.) des Juifs à Jérusalem[7].

1. Annus, i, m. — 2. Interesse. — 3. Initium, i. — 4. Captivitas, tatis, f. — 5. Reditüs, ûs, m. — 6. Judæi, orum, m. — 7. Hierosolyma, æ, f.

20. Après avoir assisté (tournez : après qu', postquam, ils eurent as-

sisté [1]) à un festin [2], les Macédoniens [4] mirent (*injecerunt*) le feu [4] au palais [5] de Persépolis [6].

1. Interesse. — 2. Convivium-i. — 3. Macedones, um, m. — 4. Ignis, is, — 5. Regia, æ, f. — 6. Persepolis, is, f.

92ᵉ EXERCICE

1. Il-y-a-longtemps-que (*jamdudum*] vous êtes absents [1] de la ville [2].

1. Abesse. — 2. Urbs, urbis, f.

2. Mon père-et-ma-mère [1] étaient-éloignés [2] de moi.

1. Parentes, um, m. — 2. Abesse.

3. Cet élève [1] a toujours (*semper*) été-à-l'abri [2] d'un reproche [3].

1. Discipulus, i, m. — 2. Abesse. — 3. Reprehensio, onis, f.

4. Comme (*quum*) les consuls [1] étaient absents [2] (*subj.*), le préteur [3] convoqua (*convocavit*) le peuple [4] au (*in, acc.*) Champ [5]-de-Mars [6] (*adjectif*).

1. Consul, is, m. — 2. Abesse. — 3. Prætor, is, m. — 4. Populus, i, m. — 5. Campus, i, m — 6. Martius, a, um.

5. Quand (*quum*) nous aurons été absents [1] quelque temps (*aliquandiu*) de notre patrie [2], elle nous (*dat.*) sera plus chère [3].

1. Abesse. — 2. Patria, æ, f. — 3. Carus, a, um.

6. Socrate [1] aurait répugné [2] à l'idée [3] de fuir (*fugiendi*) de (*ex, abl.*) [sa] prison [4].

1. Socrates, is, m.—2. Abesse. — 3. Consilium, i. — 4. Carcer, is, m.

7. Si (*si*) tu n'étais pas éloigné [1] (*subj.*) (*ajoutez :* loin de, *procul ab, abl.*) de la ville [2], je te (*a te*) demanderais (*peterem*) un service [3].

1. Abesse. — 2. Urbs, urbis, f. — 3. Beneficium, i.

8. Crésus [1] disait (*dicebat*) [que] rien-n' (*nihil, n.*) avait jamais (*unquam*) manqué [2] (*tournez :* rien-n' *acc.*, avoir manqué) à son bonheur [3]; il croyait (*credebat*) [que] rien-n' (*nihil, n.*) [y] manquerait [3] (*tournez :* rien-ne, *acc.*, devoir manquer, *le participe au neutre sing.*) jamais (*unquam*).

1. Crœsus, i, m. — 2. Deesse. — 3. Felicitas, tatis, f.

9. Soyons-utiles [1] aux autres [2].

1. Prodesse.—2. Alii, orum, m.

10. Cet exercice [1] te servira [2] beaucoup (*multum*).

1. Exercitatio, onis, f. — 2. Prodesse.

11. Les herbes [1] sont-utiles [2] pour guérir (*ad sanandum*) les maladies [3].

1. Herba, æ, f. m. — 2. Prodesse. — 3. Morbus, i, m.

12. Les éléphants[1] ne furent pas longtemps (*diu*) utiles[2] à Annibal[3].

1. Elephantus, i, m.—2. Prodesse. — 3. Annibal, is, m.

13. Je t'enverrai (*mittam*) les ouvrages[1] que (*acc.*) je croirai (*credam*) devoir t'être utiles[2] (*le participe au masc. plur.*).

1. Liber, libri, m. — 2. Prodesse.

14. Alcibiade[1] fut très (*multum*) utile[2] et (il fut) très (*multum*) nuisible[3] à [sa] patrie[4].

1. Alcibiades, is, m.—2. Prodesse. — 3. Obesse. — 4. Patria, æ, f.

15. Ta présomption[1] te nuira[2] plus tard (*serius*).

1. Arrogantia, æ, f. — 2. Obesse.

16. Un certain[1] bégayement[2] nuisit[3] d'abord (*primo*) à Démosthène[4].

1. Aliquis, a, od. — 2. Hæsitatio, onis, f. — 3. Obesse. — 4. Demosthenes, is, m.

17. Jacob[1] ne sentait (*intelligebat*) pas que sa prédilection[2] pour (*tournez :* de) Joseph[3] lui nuirait[4] (*tournez :* sa prédilection, *acc.*, de Joseph devoir nuire à lui, *le participe au masc. sing.*).

1. Jacobus, i, m.—2. Amor, is, m.; præcipuus, a, um. — 3. Josephus, i, m.—4. Obesse.

93ᵉ EXERCICE

1. Vous donnerez (*impendetis*) au jeu[1] le temps[2] qui [vous] restera[3].

1. Ludus, i, m. — 2. Tempus, temporis, n. — 3. Superesse.

2. La mère[1] de Darius[2], qui avait survécu[3] à son fils[4], ne survécut[5] pas à Alexandre[6].

1. Mater, matris, f.—2. Darius, i, m. — 3. Superesse. — 4. Filius, i, m.—5. Alexander, dri, m.

3. César[1] croyait (*reputabat*) que rien-n' (*nihil*) était fait (*tournez :* rien-n', *acc.*, être fait, *actum esse*), si (*si*) quelque chose (*quid*) restait[2] (*subj.*) à faire (*agendum*).

1. Cæsar, is, m. — 2. Superesse.

4. Si (*nisi*) Saül[1] [n'] avait épargné (*pepercisset*) Agag[2], aucun[3] des Amalécites[4] n'aurait survécu[5] au combat[6].

1. Saül, is, m. — 2. Agag, *indécl.* — 3. Nullus, a, um. — 4. Amalecitæ, arum, m. — 5. Superesse.—6. Pugna, æ, f.

5. Les tables[1] de la loi[2] étaient[3] dans l'arche[4] d'alliance[5].

1. Tabula, æ, f. — 2. Lex, legis, f. — 3. Inesse. — 4. Arca, æ, f. — 5. Fœdus, fœderis, n.

6. Cet enfant a de la modestie (*tournez :* [de] la modestie[1] est-dans[2] cet enfant[3]).

1. Modestia, æ, f.—2. Inesse. — 3. Puer, i, m.

7. Le soleil[1], après (post, acc.) [son] coucher[2], paraît (videtur) être-sous[3] l'Océan[4].

1. Sol, is, m. — 2. Occasûs ûs, m. — 3. Subesse. — 4. Oceanus, i, m.

8. Le message[1] de Thémistocle[2] à (ad, acc.) Xerxès[3] cachait une ruse (tournez : une ruse[4] était-sous[5] le message...).

1. Nuntius, i, m. — 2. Themistocles, is, m. — 3. Xerxes, is, m. — 4. Dolus, i, m. — 5. Subesse.

9. Que le maître[1] préside[2] (subj.) lui-même à la culture[3] de [ses] champs[4].

1. Dominus, i, m. — 2. Præesse. — 3. Cultura, æ, f. — 4. Ager, agri, m.

10. Jésus-Christ[1] naquit (natus est) tandis qu' (quum) Hérode[2] gouvernait[2] (subj.) la Judée[4].

1. Jesus Christus. — 2. Herodes, is, m. — 3. Præesse. — 4. Judæa, æ, f.

11. Aristide[1] mourut (mortuus est) pauvre[2] (nom.), après avoir administré (tournez : après que, postquam, il avait administré[3]) le trésor[4] commun[5] de la Grèce[6].

1. Aristides, is, m. — 2. Pauper, is. — 3. Præesse. — 4. Ærarium, i. — 5. Communis, e. — 6. Græcia, æ, f.

12. Quatorze (quattuordecim) juges[1] gouvernèrent[2] les Israélites[3].

1. Judex, judicis, m. — 2. Præesse. — 3. Israelitæ, arum, m.

CONJUGAISONS ACTIVES

Observations générales sur la conjugaison.

QUESTIONNAIRE

Anc. Gr. § 71-79. — Nouv. Gr. § 71-77

Combien y a-t-il de conjugaisons en latin, et comment les distingue-t-on ?

Comment sont terminés les radicaux dans les infinitifs des quatre conjugaisons ?

L'e de leg e re appartient-il au radical ?

Comment reconnaît-on à quelle conjugaison appartient un verbe ?

Combien y a-t-il de formes, ou radicaux verbaux, desquelles on peut

dériver toutes les autres ? — Quelles sont-elles ?

Quels temps sont dérivés du présent de l'indicatif ? — du parfait ? — du supin ?

Le présent de l'infinitif est-il réellement un temps formateur ?

Qu'appelle-t-on caractéristiques des temps et des modes ?

Qu'appelle-t-on désinences ?

Observations sur la voix active.

Anc. Gr. § 77-79. — Nouv. Gr. § 88-90

QUESTIONNAIRE

Quelles sont les caractéristiques des temps et des modes dans les temps formés du présent? — du parfait? — du supin?

Quelles sont les désinences personnelles, à la voix active?

A quels temps la 1re et la 2e personne du singulier n'ont-elles pas de désinence?

Au présent de l'indicatif, les désinences personnelles s'ajoutent-elles immédiatement au radical dans les quatre conjugaisons?

Quelles particularités offre, sous ce rapport, la 3e conjugaison?

A quels temps de la 3e conjugaison trouve-t-on une voyelle de liaison? — Quelles sont les voyelles de liaison?

Ne trouve-t-on pas une voyelle de liaison dans certaines formes de la 4e conjugaison?

Première conjugaison.

Anc. Gr. § 79. — Nouv. Gr. § 78

94e EXERCICE

OBSERVATION. — En latin, comme en français, un verbe peut avoir pour complément toute une proposition.

La proposition qui sert de complément aux verbes *dire, penser, croire, apprendre, comprendre, savoir, voir, espérer*, etc., est ordinairement unie à ces verbes par la conjonction **que**, suivie d'un verbe à un mode personnel, le plus souvent à l'indicatif, quelquefois au subjonctif.

En latin, la conjonction **que** n'est pas exprimée; le verbe qui la suit est au mode **infinitif**, et le nom ou pronom sujet de ce verbe est à l'**accusatif**. Cette proposition composée d'un sujet à l'accusatif et d'un verbe à l'infinitif s'appelle **proposition infinitive**.

Ex. : Je crois que Dieu existe (*tournez* : Je crois Dieu, *acc.*, exister). — J'apprends que mon père a débarqué hier (*tournez* : J'apprends mon père, *acc.*, avoir débarqué hier). — J'espère que tu viendras demain (*tournez* : J'espère toi, *acc.*, devoir venir demain).

Si l'infinitif a une forme composée, dans laquelle entre un participe, comme au futur simple (*amaturum, am, um esse*), ou au futur antérieur (*amaturum, am, um fuisse*), ce participe, attribut du sujet à l'accusatif, en prend le genre et le nombre aussi bien que le cas.

Ex. : Une lettre m'apprend que ma sœur arrivera demain, *epistola me monet sororem meam adventuram esse cras*...; que mes frères arriveront demain, *fratres meos adventuros esse cras*. — Le laboureur prévoit que les grains manqueront cette année, *agricola prævidet frumenta defutura esse hoc anno*.

Tu appelles (**vocare, o, as, avi**, atum), tu appelleras, **tu** appellais, tu appellerais, appelle ton serviteur (*servus, i, m.*); il faut (*oportet*) que (*ut*) tu appelles (*subj.*) tes serviteurs; j'ai entendu (*audivi*) que tu appelais (*prop. inf. prés.*) tes serviteurs.

Nous louerions (**laudare, o, as, avi,** atum), louons, nous louions, nous louons, nous louerons les vertus (*virtus, tutis, f.*) des autres (*alii, orum*); il est juste (*æquum est*) que (*ut*) nous louions (*subj.*) les vertus des autres.

Les assiégés (*obsessus, i, m.*) supporteraient (**tolerare, o, as, avi, atum**), supportaient, supportent, supporteront la famine (*fames, is, f.*); il est-utile (*refert*) que (*ut*) les assiégés supportent (*subj.*) la famine; il était-utile (*referebat*) que (*ut*) les assiégés supportassent la famine; assiégés, supportez la famine; nous savons (*scimus*) que les assiégés supportent (*prop. inf. prés.*) la famine.

J'attendrais (**exspectare, e, as, avi, atum**), j'attends, j'attendais, j'attendrai ton arrivée (*adventŭs, ūs, m.*).

L'hirondelle (*hirundo, dinis, f.*) passe (**migrare, o, as, avi, atum**), passera, passerait, passait dans des pays (*regio, onis, f.*) plus chauds (*tepidus, a, um*); la rigueur (*sævitia, æ, f.*) de l'hiver (*hiems, hiemis, f.*) contraint (*adigit*) l'hirondelle à passer (*tournez :* à ce que, *ut,* elle passe, *subj.*) dans un climat plus chaud; hirondelle, passe dans (*in, acc.*) des pays plus chauds; nous voyons (*videmus*) l'hirondelle passer (*prop. inf. prés.*) dans un pays plus chaud.

Vous accusiez (**accusare, o, as, avi, atum**), vous accusez, vous accuseriez, vous accuserez, accusez cet homme (*homo, hominis, m.*) d'ingratitude (*animus, i, m. gén.; ingratus, a, um.*

Ne supportant pas le froid (*frigus, frigoris, n.*), les hirondelles émigrent.

En supportant la faim, les assiégés lassèrent (**fatigare, e, as, avi, atum**) l'ennemi (*hostis, is, m.*)

Les hommes (*vir, i, m.*) de-bien (*bonus, a, um*) louent les magistrats (*magistratŭs, ūs, m.*) qui accusent (*tournez :* accusant) un méchant (*improbus, i, m.*).

95° EXERCICE

Vous aurez blâmé (**vituperare, o, as, avi, atum**), vous eussiez blâmé, vous blâmâtes, vous auriez blâmé l'orgueil (*superbia, æ, f.*) de cet enfant ; je ne-suis-pas-étonné (*non miror*) que (*quod*) vous ayez blâmé l'orgueil de cet enfant ; je sais (*scio*) que vous avez blâmé (*prop. inf. au passé*) l'orgueil de cet enfant.

Mon frère (*frater, fratris, m.*) a espéré (**sperare, o, as, avi, atum**), avait espéré, aurait espéré, espéra, aura espéré un résultat (*eventŭs, ūs, m.*) meilleur (*felix, felicis, au comp.*) ; je crois (*credo*) qu'il avait espéré (*prop. inf. au passé*) un résultat meilleur.

J'eusse souhaité (**optare, o, as, avi, atum**), j'aurai souhaité, j'avais souhaité, que j'aie souhaité, j'ai souhaité, j'aurais souhaité ton retour (*reditŭs, ūs, m.*) ; est-il étonnant (*num mirum est*) que (*quod*) j'aie souhaité ton retour? tu n'ignores pas (*non ignoras*) que j'ai souhaité (*prop. inf. au passé*) ton retour.

Nous aurons approuvé (**probare, o, as, avi, atum**), nous approuvâmes, nous avions approuvé, nous avons approuvé, nous eussions approuvé votre sévérité (*severitas, tatis, f.*) ; vous savez (*scitis*) pourquoi (*cur*) nous avons approuvé (*subj.*) votre sévérité ; j'avoue (*confiteor*) que nous avons approuvé (*prop. inf. au passé*) votre sévérité.

Tu auras obtenu (**impetrare, e, as, avi, atum**), tu eusses obtenu, tu obtins, tu avais obtenu, tu aurais obtenu ; j'ai appris (*cognovi*) que tu avais obtenu le salaire (*merces, mercedis, f.*) mérité (*meritus, a, um*) de ton travail (*opera, operæ f.*).

Mes domestiques (*famulus, i, m.*) auraient préparé (**parare, o, as, avi, atum**) avaient préparé, auront préparé, ont préparé ; je ne sais (*nescio*) si (*num*) mes domestiques ont préparé (*subj.*) ; je vois (*video*) que mes domestiques ont préparé (*prop. inf. au passé*) les choses (*res, rei, f.*) nécessaires (*necessarius, a, um*) pour (*ad, acc.*) mon départ (*profectio, onis, f.*).

96° EXERCICE

Sur le point de châtier (*tournez : devant châtier* (castigare, o, as, avi, atum) un esclave (*servus i, m.*), Platon (*Plato, Plato-*

nis, m.) domina (temperare, o, as, avi, atum) sa colère (*ira, æ, f., dat.*).

Socrate (*Socrates, is, m.*) ne pria (orare, o, as, avi, atum) point ses juges (*judex, judicis, m.*) qui allaient le condamner (*tournez :* devant condamner, damnare, o, as, avi, atum, lui, *ipsum*) à mort (*caput, capitis, gén.*).

Xerxès (*Xerxes, is, m.*) espérait (sperare, o, as, avi, atum) que son armée (*excreitûs, ûs, m.*) occuperait (occupare, o, as, avi, atum; *prop. inf. fut.*) la Grèce (*Græcia, æ, f.*); que ses soldats (*miles, militis, m.*) occuperaient (*prop. inf. fut.*) la Grèce.

J'espérais que la servante (*famula, æ, f.*) aurait préparé (parare, o, as, avi, atum; *prop. inf. fut. antér.*) le repas (*cena, æ, f.*); que les servantes auraient préparé (*prop. inf. fut. antér.*) le repas.

97ᵉ EXERCICE

1. Alexandre⁴ dompta² beaucoup³ de² nations⁴.

1. Alexander, dri, m. — 2. Domare, o, as, ui, itum. — 3. Multus, a, um. — 4. Gens, gentis, f.

2. Des esclaves⁴ portaient² [leur] maître³ [en] litière⁴ (*abl.*).

4. Servus, i, m. — 2. Portare, o, as, avi, atum. — 3. Dominus, i, m. — 4. Lectica, æ, f.

3. Des bêtes-de-somme⁴ transporteront² les bagages³.

1. Jumentum, i. — 2. Portare, o, as, avi, atum. — 3. Impedimentum, i.

4. Sur le point de (*tournez :* devant) combattre⁴, le gladiateur² salua³ l'empereur⁴.

1. Pugnare, o, as, avi, atum. — 2. Gladiator, is, m. — 3. Salutare, o, as, avi, atum. — 4. Princeps, cipis, m.

5. Tu aurais prié⁴ en vain (*frustra*) [tes] juges².

1. Orare, o, as, avi, atum. — 2. Judex, dicis, m.

6. Préparez⁴ les choses² nécessaires³ pour (*ad, acc.*) mon départ⁴.

1. Parare, o, as, avi, atum. — 2. Res, rei, f. — 3. Necessarius, a, um. — 4. Profectio, onis, f.

7. Tu ne supporterais⁴ pas l'insolence² de cet homme³.

1. Tolerare, o, as, avi, atum. — 2. Insolentia, æ, f. — 3. Homo, minis, m.

8. Nous espérons⁴ que tu obtiendras² (*tournez :* toi, *acc.,* devoir obtenir) [ton] pardon³.

1. Sperare, o, as, avi, atum. — 2. Impetrare, o, as, avi, atum. — 3. Venia, æ, f.

9. Je suis-heureux (*gaudeo*) que (*quod*) vous ayez approuvé[4] ma résolution[5].

1. Approbare, o, as, avi, atum. — 2. Consilium, i.

10. Tu appelleras[1] les convives[2], quand (*quum*) tu auras apprêté[3] le repas[4].

1. Vocare, o, as, avi, atum. — 2. Conviva, æ, m. — 3. Parare, o, as, avi, atum. — 4. Cena, æ, f.

11. Les accusés[1] se-tinrent-debout[2] devant (*pro, abl.*) le tribunal[3] du préteur[4].

1. Reus, i, m. — 2. Stare, o, as, steti, statum. — 3. Tribunal, is, n. — 4. Prætor, is, m.

12. Vous ne doutez[1] pas que (*quin, subj.*) nous [n'] aimions votre frère[2].

1. Dubitare, o, as, avi, atum. — 2. Frater, fratris, m.

Observations sur les verbes de la première conjugaison.

Anc. Gr. § 81. — Nouv. Gr. § 90

QUESTIONNAIRE

Tous les verbes de la 1re conjugaison ont-ils le radical du parfait terminé par un v?

Quelle voyelle finale présentent certains radicaux de parfaits?

Quel est le supin des verbes à parfait en ui?

Ui et vi sont-ils deux syllabes différentes?

Quels sont les deux verbes qui appartiennent à la 3e conjugaison par le parfait?

Quels sont les deux verbes qui ont un redoublement au parfait? — Quel changement de voyelle subissent-ils dans leurs composés?

Deuxième conjugaison.

Anc. Gr. § 82. — Nouv. Gr. § 80

98e EXERCICE

Un léger (*levis, e*) bruit (*sonus, i, m.*) effrayait (**terrēre, eo, es, ui, itum**), effrayera, effraye, effrayerait les oiseaux (*avis, is f.*); il arrive (*evenit*) souvent (*sæpe*) qu' (*ut*) un bruit léger effraye (*subj.*) les oiseaux; nous voyons (*videmus*) qu'un bruit léger effraye (*prop. inf. prés.*) les oiseaux.

Vous aviez (**habēre, eo, es, ui, itum**), vous aurez, vous avez, vous auriez, ayez; vous méritez (*meremini*) d'avoir (*tournez: que, ut, vous ayez*) des amis (*amicus, i, m.*) sûrs (*fidus, a, um*).

Tu obéiras (*parēre, eo, es, ui*), tu obéirais, tu obéissais, tu obéis, obéis à tes maîtres (*magister, tri, m.*); je vois (*video*) que tu obéis (*prop. inf. prés.*) à tes maîtres.

Nous enseignions (*docēre, eo, es, ui, doctum*), nous enseignerions, nous enseignons, enseignons, nous enseignerons; c'est notre devoir (*nostrum munus est*) d'enseigner (*tournez : que, ut,* nous enseignions) la grammaire (*grammatica, æ, f.*) aux enfants (*puer, i, m. acc.*).

J'écartais (*arcēre, eo, es, ui*), j'écarterais, j'écarte, j'écarterai; il faut (*oportet*) que (*ut*) j'écarte (*subj.*) le loup (*lupus, i, m.*) de (*ab, abl.*) la bergerie (*ovile, is, n.*); je vois (*video*) que le chien (*canis, is, m.*) écarte (*prop. inf. prés.*) les loups de la bergerie.

Les pluies-d'orage (*imber, imbris, m.*) nuisaient (*nocēre, eo, es, ui, itum*), nuiraient, nuiront, nuisent aux moissons (*seges, segetis, f.*).

Nous voyons (*vidēre, eo, es, vidi, visum*), le soleil (*sol, is, m.*) briller (*tournez : brillant, splendēre, eo, es*), dans le ciel (*cælum, i*).

Appelle (*vocare, o, as, avi, atum*) ces enfants (*puer, i, m.*) qui pleurent (*tournez : pleurant, flēre, eo, es, flevi, fletum*).

J'étais désireux (*studiosus, a, um*) de voir (*vidēre, eo, es, vidi, visum ; gérond. en di*) la ville (*urbs, urbis, f.*).

Tu-feras-des-progrès (*proficies*) en exerçant (*exercēre, eo, es, ui, itum ; gér. en do*) ta mémoire (*memoria, æ, f.*).

Cet enfant (*puer, i, m.*) est (*est*) porté (*pronus, a, um*) à (*ad*) se moquer (*irridēre, eo, es, irrisi, irrisum ; gér. en dum*) [de] ses camarades (*condiscipulus, i, m. acc.*).

99° EXERCICE

Nous nous-sommes-tus (*tacēre, eo, es, ui, intrans.*), nous nous-serions tus, nous nous-tûmes, nous nous-serons tus, nous nous-étions-tus; il est heureux (*bene evenit*) que (*ut*) nous nous-soyons-tus; il nous (*dat.*) a été utile de (*profuit*) nous-être-tus.

L'échanson (*pincerna, æ, m.*) eût mélangé (*miscēre, eo, es, ui, mixtum et mistum*), avait mélangé, aurait mélangé, mélangea, aura mélangé; je crois (*credo*) que l'échanson avait mélangé (*prop. inf. au passé*) l'eau (*aqua, æ, f.*) avec (*cum, abl.*) le vin (*vinum, i*).

Des fantômes (*species, ei, f.*) menaçants (*dirus, a, um*) apparurent (apparēre, **eo, es**, ui, *intrans.*), seraient apparus, sont apparus, seront apparus, étaient apparus aux méchants (*improbus, i, m.*); il est arrivé (*evenit*) souvent (*sæpe*) que (*ut*) des fantômes menaçants sont apparus (*subj.*) aux méchants; nous lisons (*legimus*) que des fantômes menaçants sont apparus (*prop. inf. au passé*) aux méchants.

J'aurai employé (adhibēre, **eo, es, ui, itum**), j'avais employé, j'eusse employé, j'ai employé en vain (*frustra*) tous (*omnis, e*) les remèdes (*remedium, i*); l'événement (*eventŭs, ŭs, m.*) a prouvé (*probare, o, as, avi, atum,*) que j'avais employé (*prop. inf. au passé*) en vain tous les remèdes.

Vous eussiez mérité (merēre, **eo, es, ui, itum**), vous avez mérité, vous méritâtes, vous aurez mérité, vous aviez mérité, vous auriez mérité une confiance (*fides, ei, f.*) plus grande (*magnus, a, um, au compar.*); il n'est douteux pour personne (*nemini dubium est*) que (*quin*) vous [n']ayez mérité une confiance plus grande; je crois (*credo*) que vous méritiez (*prop. inf. au passé*) une confiance plus grande.

Tu avais exercé (exercēre, **eo, es**, ui, itum), tu exerças, tu auras exercé, tu eusses exercé, tu as exercé ta voix (*vox, vocis, f.*); je m'aperçois (*audio*) que tu as exercé (*prop. inf. au passé*) ta voix.

100ᵉ EXERCICE

La fable (*fabulæ, arum, f.*) représente (*fingunt*) les Danaïdes (*Danaïdes, um, f.*). [comme] devant remplir (implēre, **eo, es, evi, etum**) sans (*sine, abl.*) cesse (*finis, is, m.*) un tonneau (*dolium, i*) percé (*pertusus, a, um*).

Nous demandons (*petimus*) souvent (*sæpe*) à (*a, abl.*) Dieu (*Deus, i, m.*) des faveurs (*munus, muneris, n.*) qui nous nuiraient (*tournez :* devant nuire, nocēre, **eo, es,** ui, itum).

Les ennemis (*hostis, is, m.*) victorieux (*victor, is, m.*) menacèrent (*minati sunt*) de détruire (*tournez :* soi devoir détruire, delēre, **eo, es, evi, etum**) la ville (*urbs, urbis, f.*).

Ma sœur (*soror, is, f.*) m'a promis (*mihi promisit*) d'employer (*tournez :* soi devoir employer, **adhibēre, eo, es, ui, itum**) ce médecin (*medicus, i, m.*).

Je t'avais averti (**monēre, eo, es, ui, itum**) que les conseils (**consilium, i**) de cet ami (*amicus, i, m.*) te nuiraient (**nocēre, es, es, ui, itum,** *prop. inf. au futur*).

Observations sur les verbes de la deuxième conjugaison.

Anc. Gr. § 84. — Nouv. Gr. § 91

QUESTIONNAIRE

Quels sont les verbes de la 2ᵉ conjugaison qui ont le radical du parfait terminé par un **v**?

Quelle consonne, dans ces verbes, termine le radical du supin?

N'y a-t-il pas des verbes qui présentent, à la fin du radical du parfait, d'autres lettres qu'**u** ou **v**?

Citer des verbes intransitifs à parfait en **ui**, qui n'ont pas de supin.

Quels sont les quatre verbes qui ont un redoublement au parfait?

101ᵉ EXERCICE

1. Nous enseignons[1], nous avons toujours (*semper*) enseigné et nous enseignerons toujours que la vertu[2] a sa récompense[3] (*tournez :* à la vertu être sa récompense).

1. Docēre, eo, es, ui, doctum. — 2. Virtus, tutis, f. — 3. Præmium, i.

2. Tu aurais augmenté[1] [ta] mémoire[2] en [l'] exerçant[3].

1. Augēre, eo, es, xi, ctum. — 2. Memoria, æ, f. — 3. Exercēre, eo, es, ui, itum.

3. Les barbares[1] assiégèrent[2] et détruisirent[3] Rome[4].

1. Barbarus, i, m. — 2. Obsidēre, eo, es, sedi, sessum. — 3. Delēre, eo, es, evi, etum. — 4. Roma, æ, f.

4. La fable[1] raconte[2] que les bêtes-sauvages[3], les rochers[4], les arbres[5], les fleuves[6] pleurèrent[7] (*tournez :* les bêtes-sauvages, acc., etc., avoir pleuré) Orphée[8] tué[9] par les Bacchantes[10].

1. Fabulæ, arum, f. — 2. Narrare, o, as, avi, atum. — 3. Fera, æ, f. — 4. Saxum, i. — 5. Arbor, is, f. — 6. Fluvius, i, m. — 7. Flēre, fleo, fles, flevi, fletum. — 8. Orpheus, i, acc. a, m. — 9. Necatus, a, um. — 10. Baccha, æ, f.

5. Le chien[1] t'aurait mordu[2] si (*si, subj.*) tu l'avais agacé[3] plus-longtemps (*ultra*).

1. Canis, is, m. — 2. Mordēre, eo, es, momordi, morsum. — 3. Irritare, o, as, avi, atum.

6. Le vainqueur[1] s'-était engagé[2] à accorder[3] (*tournez :* soi, *se*, devoir accorder) la vie[4] aux vaincus[5].

1. Victor, is, m. — 2. Spondĕre, eo, es, spopondi, sponsum, *intr.* — 3. Dare, do, das, dedi, datum. — 4. Vita, æ, f. — 5. Victus, i, m.

7. Nos braves[1] (*superlatif*) soldats[2] écarteront[3] les ennemis[4] de (*a, abl.*) nos frontières[5].

1. Fortis, e. — 2. Miles, litis, m. — 3. Arcēre, eo, es, ui. — 4. Hostis, is, m. — 5. Finis, is, m.

8. Mélangez[1] l'eau[2] et (*tournez :* avec, *cum, abl.*) le vin[3].

1. Miscēre, eo, es, ui, mixtum *ou* mistum. — 2. Aqua, æ, f. — 3. Vinum, i.

9. Quand (*quum*) vous aurez appliqué[1] les échelles[2], vous franchirez[3] les murs[4], et votre vue[5] soudaine[6] effrayera[7] les ennemis[8].

1. Admovēre, eo, es, i, admotum. — 2. Scala, æ, f. — 3. Superare, o, as, avi, atum. — 4. Mœnia, um, n. — 5. Conspectŭs, ūs, m. — 6. Subitus, a, um. — 7. Terrēre, eo, es, ui, itum. — 8. Hostis, is, m.

10. Nous obéirons[1] à [nos] maîtres[2] et nous remplirons[3] [nos] devoirs[4], pour mériter[5] (*tournez :* pour que, *ut, subj.*, nous méritions) l'estime[6].

1. Parēre, eo, es, ui. — 2. Magister, tri, m. — 3. Implēre, eo, es, evi, etum. — 4. Officium, i. — 5. Merēre, eo, es, ui, itum. — 6. Laus, laudis, f.

THÈME SUR LES VERBES DES DEUX PREMIÈRES CONJUGAISONS (VOIX ACTIVE).

Androclès[1].

L'esclave[2] Androclès[1] avait[3] [pour] maître[4] le proconsul[5] de la province[6] d'Afrique[7] qui l'avait toujours (*semper*) tourmenté[8] et le battait[9] sans cesse (*perpetuo*). Le pauvre[10] esclave[2] supporta[11] longtemps (*diu*) ces mauvais-traitements[12] (*au sing.*) qu'il n'évitait[13] pas par son obéissance docile (*tournez :* en obéissant[14] docilement, *modeste*). Un jour (*quadam die*) il s'-échappa[15] de (*e, abl.*) la maison[16] de [son] maître[4]. « Bientôt (*brevi*), disait-

1. Androcles, is, m. — 2. Servus, i, m. — 3. Habēre, eo, es, ui, itum. — 4. Dominus, i, m. — 5. Proconsul, is, m. — 6. Provincia, æ, f. — 7. Africa, æ, f. — 8. Vexare, o, as, avi, atum. — 9. Verberare, o, as, avi, atum. — 10. Miser, a, um. — 11. Tolerare, o, as, avi, atum. — 12. Maleficium, i. — 13. Vitare, o, as, avi, atum. — 14. Parēre, eo, es, ui. — 15. Avolare, o, as, avi, atum, *intr.* — 16. Domŭs, ūs, f. —

il (*inquiebat*), les coups[17] m'auront achevé[18] ; les bêtes-féroces[19] me feront moins de mal (*tournez :* me nuiront[20] moins, *minus*) qu' (*quam*) un maître[4] (*nom.*) impitoyable[21]. » Bientôt (*mox*) le désert[22] s'-ouvrit[23] [devant] lui (*dat.*), et les sables[24] sans-fin[25] (*adjectif*) apparurent[26] devant (*ante, acc.*) ses yeux[27] (*tournez :* les yeux de lui).

Androclès (*suite*).

Voyant[1] une caverne[2], il y (*eo*) pénétra[3] pour éviter (*tournez :* pour qu', *ut*, il évitât[4], *subj.*) la chaleur-brûlante[5] du soleil[6], et s'-étendit[7] pour (*ad, gér. en dum*) reposer[8] [ses] membres[9] fatigués[10]. Bientôt (*mox*) il vit[1] un lion[11] s'-approcher[12] et entrer[13] dans la caverne[2]. La vue[14] de l'animal[15] aurait effrayé[16] Androclès, s' (*si*) il avait souhaité[17] (*subj.*) [de] vivre (*vivere*), mais (*sed*) il ne redoutait[18] pas la mort[19]. D'ailleurs (*ceterum*) le lion[11] était tranquille[20] ; il montrait[21] par [ses] gémissements[22] qu'il souffrait (*tournez :* soi souffrir[23]); il présenta[24] à Androclès [sa] patte[25] [dans] laquelle (*dat.*) était-enfoncée[26] une grosse[27] épine[28]. Quand (*quum*) l'esclave[29] l'eut délivré[30] (*pl.-que-parf. subj.*) de [son] mal[31] (*abl.*) et eut soigné[32] (*pl.-que-parf. subj.*) la blessure[33], le lion[11] dormit[34], Androclès (*abl.*) tenant[35] sa (*ejus*) patte[36] dans ses mains[36]. Dans-la-suite (*postea*) le lion[11]

---

17. Verber, is, n. — 18. Enecare, o, as, avi, atum. — 19. Fera, æ, f. — 20. Nocēre, eo, es, ui, itum. — 21. Immisericors, cordis. — 22. Solitudo, dinis, f. — 23. Patēre, eo, es, ui. — 24. Arena, æ, f. — 25. Immensus, a, um. — 26. Apparēre, eo, es, ui. — 27. Oculus, i, m.

---

1. Vidēre, eo, es, i, visum. — 2. Specŭs, ûs, m. — 3. Penetrare, o, as, avi, atum. — 4. Vitare, o, as, avi, atum. — 5. Æstŭs, ûs, m. — 6. Sol, is, m. — 7. Jacēre, eo, ui. — 8. Recreare, o, as, avi, atum. — 9. Artŭs, ûs, m. — 10. Fatigatus, a, um. — 11. Leo, leonis, m. — 12. Adventare, o, as, avi, atum. — 13. Intrare, o, as, avi, atum. — 14. Conspectŭs, ûs, m. — 15. Animal, is, n. — 16. Terrēre, eo, es, ui, itum. — 17. Optare, o, as, avi, atum. — 18. Formidare, o, as, avi, atum. — 19. Mors, mortis, f. — 20. Placidus, a, um. — 21. Significare, o, as, avi, atum. — 22. Gemitŭs, ûs, m. — 23. Dolēre, eo, es, ui. — 24. Præbēre, eo, es, ui, itum. — 25. Pes, pedis, m. — 26. Adhærēre, eo, es, adhæsi, adhæsum, *intrans.* — 27. Ingens, ingentis. — 28. Spina, æ, f. — 29. Servus, i, m. — 30. Liberare, o, as, avi, atum, — 31. Cruciatŭs, ûs, m. — 32. Curare, o, as, avi, atum. — 33. Vulnus, vulneris, n. — 34. Dormitare, o, as, avi, atum. — 35. Tenēre, eo, es, ui. — 36. Manŭs, ûs, f. --

fournit[37] à Androclès [sa] nourriture[38] quotidienne[39], les meil-
leures[40] parties[41] des bêtes[42] qu'-il-prenait (*tournez :* prises[43]).

Troisième conjugaison.

Anc. Gr. § 83. — Nouv. Gr. § 82

102° EXERCICE

Les exilés (*exsul, is, m.*) quitteraient (relinquĕre, o, is, reliqui, relictum), quittaient, quittent, quitteront [leur] patrie (*patria, æ, f.*); il faut (*oportet*) que (*ut, subj.*) les exilés quittent
[leur] patrie.

Je comprendrai (intelligĕre, o, is, intellexi, intellectum), je
comprends, je comprenais, je comprendrais; il n'est pas possible (*fieri non potest*) que (*ut*) je comprenne; je crois (*credo*)
que je comprends (*prop. inf. prés.*) cette fable (*fabula, æ, f.*) de
Phèdre (*Phædrus, i, m.*).

Il arrive (*evenit*) rarement (*raro*) que (*ut, subj.*) le vainqueur
(*victor, is, m.*) montre (ostendĕre, o, is, i, ostensum *et* ostentum)
de la clémence (*clementia, æ, f.*); le vainqueur montrait, montre, montrera, montrerait de la clémence.

Vous apprendrez (discĕre, o, is, didici, discitum), vous apprenez, vous apprendriez, apprenez, vous appreniez l'histoire (*historia, æ, f.*) sainte (*sacer, sacra, sacrum*); je vous (*dat.*) conseille
(*suadeo*) d'apprendre (*tournez :* que, *ut*, vous appreniez) l'histoire sainte.

Tu écrivais (scribĕre, o, is, scripsi, scriptum), tu écris, tu écri-
ras, tu écrirais, écris; je vois (*video*) que tu écris (*prop. inf. au
prés.*) une lettre (*epistola, æ, f.*) à ton père (*pater, patris, m.*).

Nous vivions (vivĕre, o, is, vixi, victum), nous vivrons, vivons,
nous vivrions, nous vivons; nous voulons (*volumus*) vivre selon
(*secundum, acc.*) la justice (*justitia, æ, f.*).

L'oracle (*oraculum, i*) fit (*dedit*) une réponse (*responsum, i*)

---

37. Suppeditare, o, as, avi, atum. — 38. Cibus, i, m. — 39. Quotidianus,
a, um. — 40. Bonus, a, um, *superl.* — 41. Membrum, i. — 42. Fera,
æ, f. — 43. Captus, a, um.

ambiguë (*ambiguus, a, um*) à ceux qui [le] consultaient (*tournez :* aux consultant, **consulère, o, is, ui, consultum**).

Sur la demande de Saül (*tournez :* Saül, *Saùl, is, m., abl.*) [le] demandant (**petère, o, is, ivi** *ou* **ii, itum**), David jouait (**ludère, o, is, lusi, lusum**) de la cithare (*cithara, æ, f., abl*).

Tu trouveras (*reperies*) le livre (*liber, libri, m.*) perdu (*amissus, a, um*) en [le] cherchant (**quærère, o, is, quæsivi, quæsitum**).

La richesse (*divitiæ, arum, f. plur.*) ne sert (*prodesse, prosum, prodes*) pas pour (*ad, gér. en dum*) vivre (**vivěre, o, is, vixi, victum**) heureux (*tournez :* avec-bonheur, *beate*).

Le moment (*tempus, temporis, n.*) de jouer (**ludère, o, is, lusi, lusum;** *gér. en di*) est-venu (*venit*).

103° EXERCICE

Nous aurions accordé (**tribuěre, o, is, i, tributum**), nous avions accordé, nous accordâmes, nous aurons accordé; tu sais (*scis*) que nous avons accordé (*prop. inf. au passé*) à cet enfant (*puer, i, m.*) des éloges (*laus, laudis, f.*) mérités (*meritus, a, um*).

Le vieux (*veteranus, a, um*) soldat (*miles, militis, m.*) aura montré (**ostendère, o, is, i, ostensum** *et* **ostentum**), a montré, avait montré, eût montré; nous lisons (**legěre, o, is, i, lectum**) que le vieux soldat montra (*prop. inf. au passé*) à César (*Cæsar, is, m.*) les cicatrices (*cicatrix, tricis, f.*) [de ses blessures].

Les jardiniers (*olitor, is, m.*) auront arraché (**evellěre, o, is, i** *et* **evulsi, evulsum**), avaient arraché, auraient arraché, arrachèrent; je vois (*viděre, eo, es, vidi, visum*) que les jardiniers ont arraché (*prop. inf. au passé*) les mauvaises (*sterilis, e*) herbes (*herba, æ, f.*); je désire (*cupio*) que (*ut*) les jardiniers aient arraché bientôt (*brevi*) les mauvaises herbes.

Tu auras méprisé (**respuěre, o, is, i**), tu aurais méprisé, tu méprisas, tu eusses méprisé, tu avais méprisé; je suis persuadé (*persuasum habeo*) que tu as méprisé (*prop. inf. au passé*) les flatteries (*adulatio, onis, f.*); je ne suis pas étonné (*non miror*) que (*quod*) tu aies méprisé les flatteries.

J'avais accusé (**arguěre, o, is, i**), j'aurai accusé, j'eusse accusé, j'ai accusé; je me-souviens (*memini*) d'avoir accusé (*tournez :*

moi avoir accusé) le serviteur (*famulus, i, m.*) d'un larcin (*fur-tum, i, gén.*).

Vous auriez montré (**ostendĕre, o, is, i, ostensum** *et* **ostentum**), vous montrâtes, vous aviez montré, vous aurez montré ; je sais (*scio*) que vous avez montré (*prop. inf. au passé*) de la fermeté (*constantia, æ, f.*) dans le danger (*periculum, i*).

104° EXERCICE

Le maître-d'école (*ludimagister, ludimagistri, m.*) menait (**ducĕre, o, is, duxi, ductum**) [ses] élèves (*discipulus, i, m.*) jouer (*tournez :* devant jouer, **ludĕre, o, is, lusi, lusum**) hors de (*extra, acc.*) la ville (*urbs, urbis, f.*).

Les Lacédémoniens (*Lacedæmonii, orum, m.*) voulurent (*vo-luerunt*) empêcher les Athéniens d'entourer la ville de murs (*tournez :* s'-opposer, *obstare,* aux Athéniens, *Atheniensis, is, m.,* devant entourer, **cingĕre, o, is, cinxi, cinctum**) [leur] ville (*urbs, urbis, f.*) de murs (*murus, i, m. abl.*).

J'espère (*spero*) que ces enfants (*puer, i, m.*) comprendront (**intelligĕre, o, is, intellexi, intellectum;** *prop. inf. au futur*) l'utilité (*utilitas, tatis, f.*) de l'étude (*studium, i*).

J'espère (*spero*) que ma mère (*mater, matris, f.*) me (*dat.*) pardonnera (**ignoscĕre, o, is, ignovi, ignotum;** *prop. inf. au futur*).

Verbes de la troisième conjugaison
ayant le suffixe I

Anc. Gr. § 88. — Nouv. Gr. § 85

Qu'est-ce que l'i que présentent un certain nombre de verbes de la 3° conjugaison, à la suite du radical ?

En quoi diffère-t-il de l'i qui termine le radical des verbes de la 4° conjugaison ?

Cet i suffixe existe-t-il aussi à la suite du radical du parfait et du supin ?

A quelles personnes du présent de l'indicatif a-t-il disparu ?

A quels temps dérivés du présent a-t-il aussi disparu ?

A quels temps le trouve-t-on .

105° EXERCICE

Le licteur (*lictor, is, m.*) frappera (**percutĕre, io, is,percussi, percussum**), frappe, frapperait, frappait le coupable (*sons, sontis, m.*) de la hache (*securis, is, f., abl.*); le consul (*consul, is, m.*) ordonne (*imperare, o, as*) que (*ut*) le licteur frappe (*subj.*) le coupable.

Nous désirerons (**cupĕre, io, is, ivi** *ou* **ii, cupitum**), nous désirerions, nous désirions, désirons, nous désirons; il est certain (*certum est*) que nous désirons (*prop. inf. au prés.*) souvent (*sæpe*) [des choses] nuisibles (*noxius, a, um, plur. neut.*).

J'apercevais (**adspicĕre, io, is, adspexi, adspectum**), j'apercevrai, j'apercevrais, j'aperçois; je crois (*mihi videor*) apercevoir la lueur (*lux, lucis, f.*) d'un incendie (*incendium, i*).

Vous fuirez (**fugĕre, io, is, fugi, fugitum**), vous fuiriez, vous fuyez, fuyez, vous fuyiez; je suis heureux (*gaudeo*) que vous fuyiez (*prop. inf.*) la société (*societas, tatis, f.*) des hommes (*homo, hominis, m.*), vicieux (*vitiosus, a, um*); il faut (*oportet*) que (*ut*) vous fuyiez la société des hommes vicieux.

Les avares (*avarus, i, m.*) creuseront (**fodĕre, io, is, fodi, fossum**), creuseraient, creusaient, creusent la terre (*terra, æ, f.*) pour enfouir (*tournez*: pour qu', *ut*, ils enfouissent, *obruĕre, o, is, subj. prés.*) [leurs] trésors (*thesaurus, i, m.*).

Tu admires (**suspicĕre, io, is, suspexi, suspectum**), tu admirais, admire, tu admireras, tu admirerais ce beau (*eximius, a, um*) tableau (*pictura, æ, f.*).

Les vainqueurs (*victor, is, m.*) pressèrent (*institerunt*) les fuyards (*tournez*: les fuyant, *dat.*, **fugĕre, io, is, fugi, fugitum**).

J'aperçus (*adspexi*) un enfant (*puer, i, m.*) qui secouait (*tournez*: secouant, **concutĕre, io, is, concussi, concussum**) un noisetier (*corylus, i, f.*).

Le temps (*tempus, temporis, n.*) [me] manque (*deest*) pour (*ad, gér. en dum*) achever (**conficĕre, io, is,confeci, confectum**) mon livre (*liber, libri, m.*).

Je suis (*sum*) désireux (*cupidus, a, um*) de recevoir (**excipĕre, io, is, excepi, exceptum**, *gér. en di*) mes amis (*amicus, i, m.*).

Je me suis fatigué (*tournez*: j'ai été fatigué (*fatigare, o; as, uvi, atum*) à creuser (*tournez :* en creusant, fodére, io, is, fodi, fossum) la terre (*terra, æ, f.*).

Observations sur les verbes de la troisième conjugaison.

Anc. Gr. § 89-99. — Nouv. Gr. § 92-103

QUESTIONNAIRE

Quelles sont les quatre verbes de la 3ᵉ conjugaison qui ont perdu l'e à la 2ᵉ personne du singulier du présent de l'impératif?

Ces formes abrégées subsistent-elles dans les composés?

N'y a-t-il pas des verbes de la 3ᵉ conjugaison qui ont le radical terminé par une voyelle?

Conservent-ils cette voyelle au supin?

Quels sont les deux verbes à radical en v?

Quels sont les deux verbes qui ont un redoublement au radical du présent?

VERBES A RADICAL TERMINÉ PAR UNE MUETTE

Tous les verbes à radical terminé par une dentale la gardent-ils au parfait et au supin?

En quelle consonne la changent-ils souvent à ces deux temps?

Citer deux verbes dans lesquels la nasale n s'est introduite dans le radical du présent.

Quels sont les cinq verbes à dentale qui ont un redoublement au parfait?

De quelle consonne est le plus souvent suivie au parfait et au supin la labiale qui termine lo radical?

Au supin, la labiale b peut-elle précéder le t qui termine le radical?

Citer des verbes ayant le parfait en iv i.

Quel verbe a la nasale m devant le p qui termine le radical du présent?

Par quelle consonne double se termine généralement au parfait le radical des verbes à gutturale? et d'où résulte cette consonne? Quel est le supin?

Quels sont les deux verbes qui ont au présent et au parfait la nasale n qu'ils rejettent au supin?

Quels sont ceux qui rejettent cette nasale au parfait et au supin?

Citer des verbes qui ne prennent pas l's au radical du parfait. Quelle modification subit la voyelle de leur radical?

Quels sont les six verbes qui prennent un redoublement au parfait?

Citer des verbes qui gardent au supin l's (ou l'x) qui termine le radical du parfait.

VERBES A RADICAL TERMINÉ PAR UNE LIQUIDE

Quelles sont les deux formes de parfait et de supin que présentent les verbes en l, m, n?

Quelles sont les deux formes de parfait et de supin que présentent les verbes à radical en r?

Quels sont les cinq verbes qui ont un redoublement au parfait?

VERBES A RADICAL TERMINÉ EN SS

Quelle forme de parfait et de supin prennent les verbes à radical terminé en ss ?

A quelle conjugaison appartiennent le parfait et le supin ?

VERBES A RADICAL TERMINÉ EN SC

A quels temps trouve-t-on le suffixe sc ?

Comment les verbes en sco forment-ils leur parfait et leur supin,

quand ils sont dérivés de verbes ? — quand ils sont dérivés d'adjectifs ? — quand le suffixe s'est ajouté à un radical pur ?

106° EXERCICE

1. Les soldats[1], sur le point de combattre[2] (*tournez :* devant combattre), aiguisèrent[3] [leurs] épées[4] et [se] revêtirent[5] [de] [leurs] cuirasses[6] (*acc.*)

1. Miles, litis, m. — 2. Dimicare, o, as, avi, atum. — 3. Acuěre, o, is, i. — 4. Gladius, i, m. — 5. Induěre, o, is, i, indutum. — 6. Lorica, æ, f., *au singulier.*

2. Les citoyens[1] que les Athéniens[2] avaient exilés (*tournez :* avaient chassés[3] de la ville[4], *abl.*) restaient-absents[5] [pendant] dix (*decem*) ans[6] (*acc.*).

1. Civis, is, m. — 2. Atheniensis, is, m. — 3. Pellěre, o, is, pepuli, pulsum. — 4. Urbs, urbis, f. — 5. Abesse, absum. — 6. Annus, i, m.

3. Les récompenses[1] appartiendront[2] à ceux (*gén.*) qui n'épargneront[3] pas leur peine[4] (*dat.*).

1. Præmium, i. — 2. Esse, sum. — 3. Parcěre, o, is, peperci, parsum. — 4. Opera, æ, f.

4. Vous n'ignorez[1] pas que les Romains[2] brûlaient[3] (*tournez :* les Romains, *acc.*, avoir brûlé) les corps[4] des morts[5].

1. Ignorare, o, as, avi, atum. — 2. Romanus, i, m. — 3. Urěre, o, is, ussi, ustum. — 4. Corpus, oris, n. — 5. Defunctus, i, m.

5. Les doigts[1] de Midas[2] changeaient[3] en (*in, acc.*) or[4] tout-ce-qu' (*quidquid*) ils avaient touché[5].

1. Digitus, i, m. — 2. Midas, æ, m. — 3. Mutare, o, as, avi, atum. — 4. Aurum, i. — 5. Tangěre, o, is, tetigi, tactum.

6. Apelle[1], dans (*in, abl.*) un tableau[2], avait peint[3] des raisins[4] : des oiseaux[5], croyant[6] qu'ils étaient (*tournez :* eux, *acc.*, être) véritables[7], les becquetèrent[8].

1. Apelles, is, m. — 2. Tabula, æ, f. — 3. Pingěre, o, is, pinxi, pictum. — 4. Uva, æ, f. — 5. Avis, is, f. — 6. Creděre, o, is, credidi, creditum. — 7. Verus, a, um. — 8. Appetěre, o, is, ivi *ou* ii, itum (*ajoutes :* rostro).

7. Le général[1] envoya[2] des sol-dats[3] dans (*in, acc.*) la campagne[4] pour se-procurer[5] (*tournez :* pour qu'[6], *ut, subj.*, ils se-procurassent, des vivres[6].

1. Imperator, **is**, m. — 2. Mit-těre, o, **is**, misi, missum. — 3. Miles, lĭtis, m. — 4. Ager, agri, m., *au pluriel.* — 5. Petěre, o, **is**, ivi *ou* ii, ĭtum. — 6. Ci-bus, i, m.

8. J'espère[1] que mes prières[2] flé-chiront[3] (*tournez :* mes prières, *acc.*, devoir fléchir) ton cœur[4].

1. Sperare, o, **as**, avi, atum. — 2. Preces, um, f. — 3. Flec-těre, o, **is**, flexi, flexum. — 4. Animus, i, m.

Quatrième conjugaison.
Anc. Gr. § 100. — Nouv. Gr. § 87
107e EXERCICE

La mère (*mater, matris, f.*) nourrissait (**nutrire, io, is, ivi, ĭtum**), nourrira, nourrit, nourrirait; il faut (*oportet*) que (*ut*) la mère nourrisse [ses] enfants (*liberi, orum, m.*).

Tu sauterais (**salire, io, is, ii** *ou* **ui, saltum**), saute, tu sautais, tu sauteras, tu sautes à-bas-de (*ex, abl.*) [ton] cheval (*equus, i, m.*); j'ai vu (*vidi*) que tu sautais (*prop. inf. prés.*) à bas de ton cheval.

Les deux généraux (*imperator, is, m.*) venaient (**venire, io, is, veni, ventum**), viennent, viendront, viendraient; le roi (*rex, regis, m.*) ordonne (*imperat*) que (*ut*) les deux généraux vien-nent (*subj.*) à (*ad, acc.*) une entrevue (*colloquium, i*).

Formons (**erudire, io, is, ivi, ĭtum**), nous formerions, nous formerons, nous formions, nous formons les enfants (*puer, i, m.*) à (*ad, acc.*) la modestie (*modestia, æ, f.*) et à la franchise (*sinceritas, tatis, f.*).

Je sens (**sentire, io, is, sensi, sensum**), je sentirai, je senti-rais, je sentais; vous voyez (*vides*) que je sens (*prop. inf. prés.*) la douceur (*suavitas, tatis, f.*) de ce chant (*cantŭs, ŭs, m.*); tu doutes (*dubitas*) que (*num*) je sente (*subj.*) la douceur de ce chant.

Vous obéirez (**obedire, io, is, ivi, ĭtum**), vous obéiriez, vous obéissez, vous obéissiez, obéissez à vos maîtres (*magister, ma-gistri, m.*).

Je [t']ai réveillé (*excitare, o, as, avi, atum*) parce que tu dor-mais (*tournez :* toi dormant, **dormire, io, is, ivi, ĭtum**) depuis longtemps (*jamdudum*).

J'ai rencontré (*occurrěre o, is, i, occursum*) mes amis (*amicus, i, m. dat.* comme ils venaient (*tournez :* venant).

Le cavalier (*eques, equitis, m.*) s'est brisé (*frangĕre, o, is, fregi, fractum*) une jambe (*crus, cruris, n.*) en sautant (*desilire, io, is, ii ou ui, desultum*; *gér. en do*) de (*ex, abl.*) cheval (*equus, i, m.*).

Les consuls (*consul, is, m.*) déterminèrent (*perducĕre, o, is, xi, perductum*) l'esclave (*servus, i, m.*) à (*ad, gér. en dum*) découvrir (*aperire, io, is, ui, apertum*) la conjuration (*conjuratio, onis, f.*).

108ᵉ EXERCICE

Peux-tu douter (*num potes dubitare*) que (*quin*) ton arrivée (*adventŭs, ŭs, m.*) [n]'ait adouci (*lenire, io, is, ivi, itum*) ma peine (*dolor, is, m.*)? Ton arrivée eût adouci, aura adouci, a adouci, avait adouci ma peine; je sens (*sentio*) que ton arrivée a adouci (*prop. inf. au passé*) ma peine.

Les Athéniens (*Athenienses, ium, m.*) avaient enseveli (**sepelire, io, is, ivi, sepultum**), auront enseveli, ensevelirent, auraient enseveli; nous lisons (*legĕre, o, is, i, lectum*) que les Athéniens ont enseveli (*prop. inf. au passé*) les morts (*tournez : les corps, corpus, corporis, n.*, des morts, *defunctus, i, m.*) [dans] des cercueils (*arca, æ, f., abl.*) de-cyprès (*cupressinus, a, um*).

Nous aurons nourri (**nutrire, io, is, ivi, itum**), nous eussions nourri, nous avons nourri, nous avions nourri; vous voyez (*vides*) que nous avons nourri (*prop. inf. au passé*) beaucoup-de (*multi, æ, a*) pauvres (*pauper, is, m.*) cet hiver (*hiems, hiemis, f., abl.*).

Vous aviez obéi (**obedire, io, is, ivi, itum**), vous avez obéi, vous eussiez obéi, vous aurez obéi aux ordres (*jussum, i*) du général (*imperator, is, m.*); vous avez été vaincus (*victi estis*), quoique (*quamvis*) vous ayez obéi aux ordres du général.

Tu as corrigé (**mollire, io, is, ivi, itum**), tu auras corrigé, tu aurais corrigé, tu avais corrigé; je désire (*cupio*) que (*ut*) tu aies corrigé le naturel (*ingenium, i*) emporté (*iracundus, a, um*) de cet enfant (*puer, i, m.*).

J'aurais dormi (**dormire, io, is, ivi, itum**), j'aurai dormi, j'avais dormi, je dormis [pendant] six (*sex*) heures (*hora, æ, f., acc.*); je crois (*credo*) avoir dormi (*prop. inf. au passé*) pendant six heures.

109° EXERCICE

Les Égyptiens (*Ægyptii, orum, m.*) avaient trouvé (**invenire, io, is, inveni, inventum**) des herbes (*herba, æ, f.*) propres à conserver (*tournez :* devant conserver, **condire, io, is, ivi, itum**) les morts (*mortuus i, m.*).

Le jardinier (*olitor, is, m.*) espère (*sperare, o, as, avi, atum*) qu'il adoucira (*tournez :* soi devoir adoucir, **mollire, io, is, ivi, itum**) ces fruits (*fructŭs, ūs, m.*) par la culture (*tournez :* en cultivant, **colĕre, o, is, ui, cultum, gér. en do**).

Nous espérons (*sperare, o, as, avi, atum*) que ces consolations (*solatium, i*) adouciront (**lenire, io, is, ivi, itum**; *prop. inf. au futur*) ta douleur (*dolor, is, m.*).

110° EXERCICE

1. Les assiégés[1] ouvrirent[2] aux vainqueurs[3] les portes[4] de la ville[5].

1. Obsessus, i, m. — 2. Aperire, io, is, aperui, apertum. — 3. Victor, is, m. — 4. Porta, æ, f. — 5. Urbs, urbis, f.

2. On raconte[1] (*tournez :* ils racontent) que le philosophe[2] Cléanthe[3] tirait[4] (*tournez :* le philosophe, *acc.,* Cléanthe avoir tiré) de l'eau[5] d' (*e, abl.*) un puits[6], pour vivre (*tournez :* pour qu', *ut, subj.,* il se procurât[7] de la nourriture[8]).

1. Narrare, o, as, avi, atum. — 2. Philosophus, i, m. — 3. Cleanthes, is, m. — 4. Haurire, io, is, hausi, haustum. — 5. Aqua, æ, f. — 6. Puteus, i, m. — 7. Comparare, o, as, avi, atum. — 8. Victŭs, ūs, m.

3. Pour rendre les derniers devoirs à (*tournez :* devant ensevelir[1]) des parents[2], les Grecs[3] se couronnaient de fleurs (*tournez :* mettaient sur[4] leurs têtes[5], *dat.* des couronnes[6] de, *e, abl.,* fleurs[7]).

1. Sepelire, io, is, ivi, sepultum. — 2. Propinquus, i, m. — 3. Græcus, i, m. — 4. Imponĕre, o, is, imposui, impositum. — 5. Caput, pitis, n. — 6. Corona, æ, f. — 7. Flos, floris, m.

4. Dis[1]-moi ce que (*tournez :* quelle chose, *quid*) tu penses[2] (*subj.*).

1. Dicĕre, o, is, dixi, dictum. — 2. Sentire, io, is, sensi, sensum.

5. Cicéron[1] accusa[2] Verrès[3], préteur[4] de Sicile[5], d'enchaîner[6] et de mettre à mort[7] (*tournez :* de ce que, *quod, subj.,* il enchaînait...) des citoyens[8] romains[9].

1. Cicero, onis, m. — 2. Accusare, o, as, avi, atum. — 3. Verres, is, m. — 4. Prætor, is, m. — 5. Sicilia, æ, f. — 6. Vincire, io, is, vinxi, vinctum. — 7. Necare, o, as, avi, atum. — 8. Civis, is, m. — — 9. Romanus, a, um.

8

6. La chaleur[1] de l'été[2] (*tournez par un adjectif*) adoucira[3] l'âpreté (*tournez :* la saveur[4] âpre[5]) de ces fruits[6].

1. Calor, is, m. — 2. Æstivus, a, um. — 3. Mollire, io, is, ivi, itum. — 4. Sapor, is, m. — 5. Asper, a, um. — 6. Fructûs, ûs, m.

7. Le général[1] romain[2] ne prévoyait[3] pas que les assiégés[4] se soumettraient (*tournez :* les assiégés, *acc.*, devoir venir[5] à, *in, acc.*, la soumission[6]) si tôt (*tam cito*).

1. Imperator, is, m. — 2. Romanus, a, um. — 3. Prævidēre, eo, es, i, prævisum. — 4. Obsessus, i, m. — 5. Venire, io, is, veni, ventum, — 6. Deditio, onis, f.

8. Lycurgue[1] donna[2] lui-même[3] l'exemple-de-l'observation[4] des lois[5] qu'il avait établies[6].

1. Lycurgus, i, m. — 2. Dare, do, das, dedi, datum. — 3. Ipse, a, um. — 4. Documentum, i. — 5. Lex, legis, f. — 6. Sancire, io, is, sanxi, sanctum *ou* sancitum.

9. Vous obéirez[1] à [vos] chefs[2], vous n'abandonnerez[3] pas les drapeaux[4], vous secourrez[5] vos compagnons[6] (*dat.*) en danger[7] (*tournez par le participe présent*).

1. Obedire, io, is, ivi, itum. — 2. Dux, ducis, m. — 3. Deserĕre, o, is, ui, desertum. — 4. Vexillum, i. — 5. Subvenire, io, is subveni, subventum. — 6. Commilito, onis, m. — 7. Periclitans, antis.

10. Les Perses[1] surprirent[2] les barbares[3] tandis qu'ils dormaient[4] (*tournez :* dormant).

1. Persæ, arum, m. — 2. Opprimĕre, o, is, oppressi, oppressum. — 3. Barbarus, i, m. — 4. Dormire, io, is, ivi, itum.

THÈME SUR LES QUATRE CONJUGAISONS (ACTIF)

Androclès (*suite*).

Il n'ignorait[1] pas l'art[2] de faire-jaillir[3] (*gér. en di*) le feu[4] des (*e, abl.*) cailloux[5]; mais (*sed*) sur ce sable[6] stérile[7] il [ne] trouvait[8] ni (*neque*) bois[9] ni (*neque*) feuilles[10]; quand (*quum*) il avait fait-cuire[11] quelque temps (*paulisper*) la chair[12] au (*in*) soleil[13] (*abl.*) de-midi[14] (*adjectif*), il la mangeait[15]. « Que les dieux[16], s'écriait-il[17], punissent[18] (*subj. prés.*) d'un semblable[19] sup-

1. Ignorare, o, as, avi, atum. — 2. Ars, artis, f. — 3. Elicĕre, io, is, elicui, elicitum. — 4. Ignis, is, m. — 5. Silex, silicis, m. — 6. Arena, æ, f. — 7. Sterilis, e. — 8. Reperire, io, is, i, repertum. — 9. Lignum, i. — 10. Folium, i. — 11. Torrēre, eo, es, ui, tostum. — 12. Caro, carnis, f. — 13. Sol, is, m. — 14. Meridianus, a, um. — 15. Comedĕre, o, is, i, comesum. — 16. Deus, i, m. — 17. Exclamare, o, as, avi, atum. — 18. Allicĕre, io, is, affeci, affectum. — 19. Idem, eadem, idem. —

plice[20] (*abl. plur.*) les maîtres[21] iniques[22] et impitoyables[23]! »
Après-qu' (*postquam*) il eut vécu[24] (*pl.-que-parf. ind.*) trois
ans[25] (*acc.*) de cette vie[26] (*abl.*) de-bête-sauvage[27] (*adjectif*), Androclès quitta[28] la caverne[29]. Le voyant[30] arriver[31] du (*e, abl.*)
désert[32], des soldats[33] le prirent[34] et le conduisirent[35] au (*ad,
acc.*) proconsul[36]; les juges[37] le condamnèrent[38] à mort[39] (*gén.*),
parce qu' (*quod*) il s'était-enfui[40] de-chez (*a, abl.*) [son] maître[21].

Androclès (*fin*).

Deux mois[1] (*abl.*) après (*post*), un jour[2] (*abl.*) de-fête[3] (*adjectif*), des gladiateurs[4] et des esclaves[5] entraient[6] dans le cirque[7]
pour combattre (*tournez :* pour qu', *ut*, ils combattissent[8]) contre
(*adversus, acc.*) des lions[9]; Androclès était parmi (*inter, acc.*)
eux. A peine (*vix*) il osait[10] regarder[11] les terribles[12] animaux[13]
qui allaient le mettre en pièces (*tournez :* qui étaient devant-
mettre-en-pièces[14] lui). Comment (*quomodo*) repousserait-il[15]
leur (*eorum*) attaque-furieuse[16]? Tout à coup (*subito*) le plus-
grand[17] des lions[9], le voyant[18], s'avança[19] vers (*ad, acc.*) lui;
on eût dit (*tournez :* tu dirais[20]) qu'il avait reconnu[21] (*prop. inf.
au passé*) un ancien[22] ami[23]. Il léchait[24] la main[25] de l'esclave[26]
et montrait[27] [sa] joie[28] en agitant[29] (*gér. en do*) la queue[30].

---

20. Molestia, æ, f. — 21. Dominus, i, m. — 22. Iniquus, a, um. — 23.
Immisericors, cordis. — 24. Vivěre, o, is, vixi, victum. — 25. Annus,
i, m. — 26. Vita, æ, f. — 27. Ferinus, a, um. — 28. Relinquěre, o, is,
reliqui, relictum. — 29. Specŭs, ũs, m. — 30. Viděre, eo, es, i, visum. — 31. Venire, io, is, i, ventum. — 32. Solitudo, dinis, f. — 33.
Miles, militis, m. — 34. Deprehenděre, o, is, i, deprehensum. — 35.
Ducěre, o, is, duxi, ductum. — 36. Proconsul, is, m. — 37. Judex, judicis, m. — 38. Damnare, o, as, avi, atum. — 39. Caput, capitis, n. —
40. Fugěre, io, is, fugi, fugitum, *intr.*

1. Mensis, is, m. — 2. Dies, ei, m. — 3. Festus, a, um. — 4. Gladiator,
is, m. — 5. Servus, i, m. — 6. Intrare, o, as, avi, atum. — 7. Circus, i,
m. — 8. Pugnare, o, as, avi, atum. — 9. Leo, leonis, m. — 10. Auděre,
eo, es. — 11. Adspicěre, io, is, adspexi, adspectum. — 12. Terribilis, e.
— 13. Animal, is, n. — 14. Lacerare, o, as, avi, atum. — 15. Arcěre,
eo, es, ui. — 16. Vis, vis, f. — 17. Magnus, a, um. — 18. Cerněre, o, is,
crevi, cretum. — 19. Proceděre, o, is, processi, processum, *intr.* — 20.
Dicěre, o, is, dixi, dictum. — 21. Agnoscěre, o, is, agnovi, agnitum. —
22. Vetus, veteris. — 23. Amicus, i. — 24. Lamběre, o, is. — 25. Manŭs,
ũs, f. — 26. Servus, i, m. — 27. Significare, o, as, avi, atum. — 28. Lætitia, æ, f. — 29. Mověre, eo, es, movi, motum. — 30. Cauda, æ, f.—

Des soldats[31] avaient pris[32] aussi (*quoque*) le compagnon[33] d'Androclès et l'avaient transporté[34] à Rome[35]. Ce spectacle[36]
excita[29] la pitié[37] des spectateurs[33] (*dat.*). L'empereur[39] affran-
chit[40] Androclès et lui donna[41] le lion*.

CONJUGAISONS PASSIVES

Observations sur la voix passive.

Anc. Gr. § 102-107 — Nouv. Gr. § 114-117

QUESTIONNAIRE

De quels radicaux verbaux les temps sont-ils dérivés, à la voix passive ?

Comment sont composés le parfait et les temps qui en sont formés ?

Quelles sont les caractéristiques des temps et des modes ?

Les désinences personnelles marquent-elles seulement les personnes ?

Quelles sont les désinences personnelles ?

Quelle est la caractéristique du présent de l'infinitif dans les quatre conjugaisons ?

Première conjugaison.

Anc. Gr. §107. — Nouv. Gr. § 105

111° EXERCICE

La circonstance (*res, rei, f.*) exige (*postulare, o, as, avi, atum*)
que (*ut*) les esclaves (*servus, i, m.*) soient appelés (**vocare, o, as,
avi**, atum); les esclaves étaient appelés, seraient appelés, sont
appelés; j'entends (*audio*) que les esclaves sont appelés (*prop.
inf. prés.*) par [leur] maître (*dominus, i, m.*).

Vous seriez attendus (**exspectare, o, as, avi**, atum), vous étiez
attendus, vous serez attendus, soyez attendus, vous êtes attendus; je sais (*scio*) que vous êtes attendus (*prop. inf. prés.*) par
vos parents (*parentes, um, m.*).

---

31. Miles, militis, m. — 32. Capĕre, io, is, cepi, captum. — 33. Socius, i, m.
— 34. Transportare, o, as, avi, atum. — 35. Roma, æ, f. — 36. Spectaculum, i. — 37. Misericordia, æ, f. — 38. Spectans, antis. —39. Imperator, is, m. — 40. Liberare, o as, avi, atum. — 41. Donare, o, as,
avi, atum.

Enfant (*puer, i, m*). désobéissant (*contumax, contumacis*), tu seras châtié (*castigare o, as, avi, atum*), tu étais châtié, sois châtié, tu serais châtié, tu es châtié; il faut (*oportet*) que (*ut*) tu sois châtié; il est utile (*refert*) que tu sois châtié (*prop. inf. prés.*) par ton père (*pater, patris, m.*) irrité (*iratus, a, um*).

La grâce (*venia, æ, f.*) du coupable (*sons, sontis, m.*) était obtenue (*impetrare, o, as, avi, atum*), est obtenue, sera obtenue; j'apprends (*audio*) que la grâce du coupable est obtenue (*prop. inf. prés.*) du (*ab, abl.*) juge (*judex, judicis, m.*) clément (*clemens, entis*); je souhaitais (*optare, o, as, avi, atum*) que (*ut*) la grâce du coupable fût obtenue.

Je suis approuvé (*probare, o, as, avi, atum*), je serais approuvé, je serai approuvé, j'étais approuvé; je crois (*credo*) que je suis approuvé (*prop. inf. prés.*) par les hommes (*vir, i, m., dat.*) vertueux (*bonus, a, um*).

Nous serions accusés (*accusare, o, as, avi, atum*), soyons accusés, nous sommes accusés, nous serons accusés, nous étions accusés; tu reconnais (*agnoscis*) que nous sommes accusés (*prop. inf. prés.*) injustement (*falso*) de ce délit (*delictum, i, gén.*).

112° EXERCICE

La défaite (*clades, is, f.*) aura été annoncée (*nuntiare, o, as, avi, atum*), eût été annoncée, avait été annoncée, aurait été annoncée, fut annoncée par les fuyards (*fugiens, fugientis, m.*).

Je m'étonne (*miror*) que (*quod*) tu aies été blâmé (*vituperare, o, as, avi, atum*); tu aurais été blâmé, tu as été blâmé, tu auras été blâmé, tu avais été blâmé par ton maître (*magister, tri, m.*)

Nous aurions été sauvés (*servare, o, as, avi, atum*), nous avions été sauvés, nous aurons été sauvés, nous fûmes sauvés par de braves (*fortis, e*) soldats (*miles, militis, m.*).

Les autels (*ara, æ, f.*) avaient été ornés (*ornare, o, as, avi, atum*), eussent été ornés, auront été ornés, ont été ornés de fleurs (*flos, floris, m., abl.*).

Vous aurez été blessés (*vulnerare, o, as, avi, atum*), vous fûtes blessés, vous auriez été blessés, vous aviez été blessés [dans] la dernière (*novissimus, a, um*) guerre (*bellum, i, abl.*).

8.

J'aurais été surpassé (*superare, o, as, avi, atum*), j'avais été
surpassé, je fus surpassé, j'aurai été surpassé [en] générosité
(*liberalitas, tatis, f., abl.*) par mon frère (*frater, fratris, m.*); je
regrette (*me piget*) d'avoir été surpassé (*tournez :* que, *quod*)
j'aie été surpassé [en] générosité.

113ᵉ EXERCICE

1. Les Alpes [1], couvertes [2] de neige [3]
(*abl. plur.*), furent franchies [4] par
l'armée [5] d'Annibal [6].

1. Alpes, ium, f. — 2. Opertus, a, um. — 3. Nix, nivis, f.
— 4. Superare, o, as, avi,
atum. — 5. Exercitŭs, ūs, m.
— 6. Annibal, is, m.

2. Vous serez blâmés [1], si (*si*) vous
vous montrez [2] (*fut.*) ingrats [3] envers
(*in, acc.*) ceux qui vous (*dat.*) ont fait
du bien [4] (*fut. antér.*).

1. Vituperare, o, as, avi,
atum. — 2. Praebēre, eo, is,
ui, itum. — 3. Ingratus, a, um.
— 4. Benefacĕre, io, is, benefeci.

3. La fable [1] (*plur.*) raconte [2] que
les peuples [3] de l'Inde [4] furent domptés [5] (*prop. inf. au passé*) par (*a, abl.*)
Bacchus [6].

1. Fabula, æ, f. — Narrare,
o, as, avi, atum. — 3. Gens,
gentis, f. — 4. India, æ, f. —
5. Domare, o, as, ui, itum. —
6. Bacchus, i.

4. A Rome [1] (*gén.*), les consuls [2]
étaient créés [3] pour (*in, acc.*) un an [4].

1. Roma, æ, f. — 2. Consul,
is, m. — 3. Creare, o, as, avi,
atum. — 4. Annus, i, m.

5. Le consul [1] avait annoncé [2] [que]
ceux (*acc.*) qui combattraient [3] sans
son ordre (*injussu suo*), seraient punis [4] (*tournez :* devoir être punis).

1. Consul, is, m. — 2. Praenuntiare, o, as, avi, atum. —
3. Pugnare, o, as, avi, atum.
— 4. Castigare, o, as, avi,
atum.

6. Si (*si*) tu avais été (*subj.*) moins
(*minus*) téméraire [1], tu n'aurais pas
été blessé [2] dans (*in, abl.*) le combat [3].

1. Temerarius, a, um. —
2. Vulnerare, o, as, avi, atum.
— 3. Proelium, i.

7. Je ne doute [1] pas que (*quin, subj.*)
nous [ne] soyons charmés [2] par la lecture de tes ouvrages [3] (*tournez :* par
tes ouvrages devant-être-lus [4]).

1. Dubitare, o, as, avi, atum.
— 2. Delectare, o, as, avi,
atum. — 3. Liber, libri, m. —
4. Legĕre, o, is, i, lectum.

8. Il est arrivé [1] souvent (*sæpe*)
qu' (*ut, subj.*) une grande [2] gloire [3]
militaire (*tournez :* de guerre [4]) ait été
souillée [5] par une mort [6] honteuse [7].

1. Evenire, evēnit, evēnit,
intrans. — 2. Magnus, a, um.
— 3. Gloria, æ, f. — 4. Bellum,
i. — 5. Maculare, o, as, avi,
atum. — 6. Mors, mortis, f. —
7. Turpis, e.

9. Le préteur fit livrer aux bêtes l'esclave fugitif (*tournez* : le préteur[1] eut-soin[2] l'esclave[3] fugitif[4] devant être livré[5] aux, *ad, acc.*, bêtes[6]).

1. Prætor, is, m. — 2. Curare, o, as, avi, atum. — 3. Servus, i, m. — 4. Fugitivus, a, um. — 5. Dare, do, das, dedi, datum. — 6. Bestia, æ, f.

10. [C]'était la coutume[1] chez (*apud, acc.*) les anciens[2] Romains[3] que (*ut, subj.*) l'on déjeunât[4] et que l'on dînât[5] (*tournez* : qu'il fût déjeuné...) les portes[6] (*abl.*) ouvertes[7], sous (*in, abl.*) les yeux[8] des citoyens[9].

1. Mos, moris, m. — 2. Priscus, a, um. — 3. Romanus, i, m. — 4. Pransitare, o, as, avi, atum. — 5. Cenitare, o, as, avi, atum. — 6. Janua, æ, f. — 7. Patens, entis. — 8. Oculus, i, m. — 9. Civis, is, m.

114° EXERCICE

1. L'histoire[1] sainte[2] nous (*acc.*) apprend[3] que le monde[4] fut créé[5] (*prop. inf. au passé*) [en] six (*sex*) jours[6] (*abl.*), ou (*vel*) époques[7].

1. Historia, æ, f. — 2. Sacer, sacra, sacrum. — 3. Docēre, eo, es, ui, doctum. — 4. Mundus, i, m. — 5. Creare, o, as, avi, atum. — 6. Dies, ei, m. — 7. Ætas, tatis, f.

2. Nous lisons[1] que Troie[2] fut assiégée[3] (*prop. inf. au passé*) [pendant] dix (*decem*) ans[4] (*acc.*).

1. Legĕre, o, is, i, lectum. — 2. Troja, æ, f. — 3. Oppugnare, o, as, avi, atum. — 4. Annus, i, m.

3. Tite Live[1] raconte[2] que trois cents[3] membres[4] de la famille[5] Decia[6] furent tués[7] (*prop. inf. au passé*) [dans] le même[8] combat[9] (*abl.*).

1. Titus, i, Livius, i, m. — 2. Narrare, o, as, avi, atum. — 3. Trecenti, æ, a. — 4. Vir, i, m. — 5. Gens, gentis, f. — 6. Decius, a, um. — 7. Necare, o, as, avi, atum. — 8. Idem, eadem, idem. — 9. Pugna, æ, f.

4. Nous savons[1] que les vertus[2] d'Aristide[3] ont été toujours (*semper*) louées[4] (*prop. inf. au passé*).

1. Scire, io, is. — 2. Virtus, virtutis, f. — 3. Aristides, is, m. — 4. Laudare, o, as, avi, atum.

5. Annibal[1] disait[2] que des fleuves[3] avaient été comblés[4] (*prop. inf. au passé*) par les cadavres[5] des Romains[6].

1. Annibal, is, m. — 2. Dictitare, o, as, avi, atum. — 3. Flumen, fluminis, n. — 4. Cumulare, o, as, avi, atum. — 5. Cadaver, is, n. — 6. Romani, orum, m.

6. Je crois (*credo*) que les guerres[1] des Grecs[2] contre (*adversus, acc.*) les Perses[3] seront célébrées[4] (*prop. inf. au fut.*) dans tous les siècles (*tournez* : à jamais, *in æternum*).

1. Bellum, i. — 2. Græci, orum, m. — 3. Persæ, arum, m. — 4. Celebrare, o, as, avi, atum.

7. Votre maître [1] m'a dit [2] que vous
seriez punis [3] (prop. inf. au fut.) pour
(propter, acc.) votre paresse [4].

1. Magister, tri, m. — 2. Dicĕre, o, is, dixi, dictum. — 3. Castigare, o, as, avi, atum. — 4. Pigritia, æ, f.

Deuxième conjugaison.

Anc. Gr. §109. — Nouv. Gr. § 107

115° EXERCICE

Il n'est pas rare (haud raro accidit) que (ut) le laboureur (agricola, æ, m.) soit effrayé (terrēre, eo, es, ui, itum) par la vue (conspectŭs, ūs) d'une comète (cometes, æ, m.); le laboureur est effrayé, sera effrayé, était effrayé; nous remarquons (animadvertĕre, o, is, i, animadversum) que le laboureur est souvent (sæpe) effrayé (prop. inf. prés.) par la vue d'une comète.

Vous seriez instruits (docēre, eo, es, ui, doctum), soyez instruits, vous serez instruits, vous êtes instruits, vous étiez instruits; je crois (credo) que vous êtes instruits (prop. inf. prés:) par l'adversité (res, ei, f. plur.; adversus, a, um); je souhaite (opto) que (ut) vous ne soyez pas instruits par l'adversité.

Sois regardé (habēre, eo, es, ui, itum), tu serais regardé, tu étais regardé, tu es regardé, tu seras regardé comme · un élève (discipulus, i, m.) laborieux (impiger, g²a, grum); je sais (scio) que tu es regardé (prop. inf. prés.) comme un élève (acc.) laborieux.

Les soldats (miles, militis, m.) seront retenus (continēre, eo, es, ui, contentum), sont retenus, seraient retenus, étaient retenus; je vois (video) que les soldats sont retenus (prop. inf. prés.) dans le camp (castra, orum).

Nous étions avertis (admonēre, eo, es, ui, itum), nous serons avertis, nous serions avertis, nous sommes avertis, soyons avertis; sache (scias) que nous sommes avertis (prop. inf. prés.) de (de, abl.) ton retour (reditŭs, ūs, m.) prochain (proximus, a, um).

Je paraîtrai (employez le passif de vidēre, eo, es, i, visum), je parais, je paraîtrais, je paraissais trop (nimis) vif (acer, acris, acre); je crois (credo) que je parais (prop. inf. prés.) trop vif (acc.).

116ᵉ EXERCICE

Une couronne (*corona, æ, f.*), civique (*civicus, a, um*) aurait été due (*debēre, eo, es, ui, itum*), aura été due, a été due, avait été due; nous pensons (*existimare, o, as, avi, atum*) [qu']une couronne civique était due (*prop. inf. au passé*) à ce brave (*fortis, e, superl.*) soldat (*miles, militis, m.*).

Tu auras été détourné (**deterrēre, eo, es, ui, itum**), tu eusses été détourné, tu fus détourné, tu avais été détourné; je comprends (*intelligo*) que tu aies été détourné (*prop. inf. au passé*) de (*ab, abl.*) cette faute (*culpa, æ, f.*) [par] les conseils (*consilium, i*) de ton ami (*amicus, i, m.*); je me-réjouis (*gaudeo*) que (*quod*) tu aies été détourné de cette faute.

Nous fûmes touchés (**movēre, eo, es, movi, motum**), nous eussions été touchés, nous avons été touchés, nous avions été touchés; j'avoue (*confiteor*) que nous fûmes touchés (*prop. inf. au passé*) de compassion (*misericordia, æ, f., abl.*).

Les juges (*judex, judicis, m.*) furent instruits (**docēre, eo, es, ui, doctum**), eussent été instruits, auront été instruits, avaient été instruits; nous savons (*scimus*) qu'ils avaient été instruits (*prop. inf. au passé*) des (*de, abl.*) délits (*delictum, i*) antérieurs (*prior, us*) de l'accusé (*reus, i, m.*); il importe (*refert*) que (*ut*) les juges aient été instruits des délits de l'accusé.

Je me serais exercé (**exercēre, eo, es, ui, itum,** *au passif*), je m'étais exercé, je me serai exercé, je me suis exercé; tu vois (*vides*) [que] je me suis exercé (*prop. inf. au passé*) à parler-à-haute-voix (*in declamando*).

Vous aurez été avertis (**monēre, eo, es, ui, itum**), vous aviez été avertis, vous auriez été avertis, vous avez été avertis; je sais (*scio*) que vous avez été avertis (*prop. inf. au passé*) du danger (*periculum, i, gén.*).

117ᵉ EXERCICE

1. Un[1] riche[2] Romain[3] ayant été assassiné[4] (*tournez :* comme, *quum, subj.*, un riche Romain avait été as-

1. Quidam, quædam, quoddam. — 2. Dives, divitis. — 3. Romanus, i, m. — 4. Necare, o, as, avi, atum. —

sassiné) ses (*ejus*) quatre cents[5] es-
slaves[6] furent mis-à-la-torture[7].

2. Si (*si*) nous avons bien (*bene*)
vécu[1] (*fut. antér.*), nous ne serons
pas effrayés[2] par l'approche de la
mort (*tournez : par la mort*[3] *venant*[4]).

3. [Dans] les premiers[1] temps[2]
(*abl.*) de notre histoire[3], les rois[4]
détrônés (*tournez : chassés*[5] *du trône*[6],
abl.) étaient rasés[7].

4. Vous aviez été avertis[1] de (*de,
abl.*) notre départ[2].

5. Annibal[1] se-vantait[2] d'avoir
rempli trois boisseaux (*tournez : trois*[3]
boisseaux[4] avoir été remplis[5]) des
anneaux[6] (*abl.*) des soldats[7] tués[8] à
la bataille[9] (*abl.*) de-Cannes[10] (*adj.*).

6. Je te (*dat.*) conseille[1] de t'exer-
cer[2] (*tournez : que ut, subj.*, tu sois
exercé) aux longues[3] marches[4] (*abl.*)
et à la fatigue[5] (*abl.*).

7. Xerxès[1] ne se-doutait[2] pas que
de si-grandes[3] armées[4] seraient détruites[5] (*tournez : de si-grandes armées, acc.*, devoir être détruites) [en]
quelques[6] mois[7] (*abl.*).

8. Je ne doutais[1] pas que (*quin,
subj.*) tu [n'] eusses été touché[2] par
les prières[3] de ton fils[4] repentant[5].

9. Socrate[1] demanda[2] à (*a, abl.*)
[ses] juges[3] d'être nourri (*tournez :
que, ut, subj.* la nourriture[4] lui, *sibi*,
fût fournie[5]) dans le Prytanée[6].

10. Le général[1] fit tenir les soldats (*tournez : eut-soin*[2] *les soldats*[3],
acc, devant être tenus[4]) dans le
camp[5].

5. Quadringenti, æ, a. — 6. Servus, i, m. — 7. Torquēre. eo,
es, torsi, tortum.

1. Vivĕre, o, is, vixi, victum.
— 2. Terrēre, eo, es, ui, itum.
— 3. Mors, mortis, f. — 4. Venire, io, is, veni, ventum.

1. Primus, a, um. — 2. Tempus, oris, n. — 3. Historia, æ,
f. — 4. Rex, regis, m. — 5. Pulsus, a, um. — 6. Regnum, i.
— 7. Tondēre, eo, es, totondi,
tonsum.

1. Monēre, eo, es, ui, itum.
— 2. Profectio, onis, f.

1. Annibal, is, m. — 2. Jac-
tare, o, as, avi, atum. — 3. Tres,
tria. — 4. Modius, i, m. — 5. Implēre, eo, es, evi, etum. —
6. Annulus, i, m. — 7. Miles,
litis, m. — 8. Occisus, a, um.
— 9. Prœlium, i. — 10. Cannensis, e.

1. Suadēre, eo, es, suasi, suasum. — 2. Exercēre, eo, es, ui,
itum. — 3. Magnus, a, um. —
4. Iter, itineris, n. — 5. Labor,
is, m.

1. Xerxes, is, m. — 2. Prævidēre, eo, es prævidi, prævisum. — 3. Tantus, a, um. —
4. Exercitùs, ûs, m. — 5. Delēre,
eo, es, evi, etum. — 6. Pauci,
æ, a, — 7. Mensis, is, m.

1. Dubitare, o, as, avi, atum.
— 2. Movēre, eo, es, movi, motum. — 3. Preces, um, f. —
4. Filius, i, m. — 5. Pœnitens,
entis.

1. Socrates, is, m. — 2. Pe-
tēre, o, is, ivi ou ii, itum. —
3. Judex, dicis, m. — 4. Vic-
tùs, ûs, m. — 5. Præbēre, eo,
es, ui, itum. — 6. Prytaneum, i.

1. Imperator, is, m. — 2. Curare, o, as, avi, atum. —
3. Miles, litis, m. — 4. Continēre, eo, es, ui, contentum.
— 5. Castra, orum, n.

118e EXERCICE

OBSERVATIONS. — Pour savoir à quel temps il faut mettre le verbe de la proposition infinitive, il faut voir si l'action que marque ce verbe se fait ou s'est faite **avant** l'action marquée par le verbe de la proposition principale, ou en **même temps**, ou si elle se fera **après**. Dans le premier cas, le verbe de la proposition infinitive sera au **passé**, dans le deuxième au **présent**, dans le troisième au **futur**.

Les élèves seront amenés à reconnaître quel temps il faut employer dans la proposition infinitive en tournant, en français même, par la proposition infinitive.

Ex. : Je vois que vous lisez (*tournez* : je vois vous **lire**, *présent*).

Je vois que vous avez lu beaucoup (*tournez* : je vois vous **avoir lu**, *passé*, beaucoup).

J'espère que vous lirez ce livre avec attention (*tournez* : j'espère vous **devoir lire**, *futur*, ce livre avec attention).

Employez le même moyen à la voix passive.

1. Virgile[1] raconte[2] que le ventre[3] d'un cheval[4] de-bois[5] (*adjectif*) fut rempli[6] (*prop. inf.*) de guerriers[7] (*abl.*) armés[8].

1. Virgilius, i, m. — 2. Narrare, o, as, avi, atum. — 3. Alvus, i, f. — 4. Equus, i, m. — 5. Ligneus, a, um.—6. Implēre, eo, es, evi, etum. — 7. Miles, militis, m.—8. Armatus, a, um.

2. Nous lisons[1] que les armées[2] innombrables[3] des Perses[4] furent détruites[5] (*prop. inf.*) en (*intra, acc.*) un[6] an[7]

1. Legĕre, o, is, i, lectum. — 2. Exercitŭs, ūs, m. — 3. Innumerabilis, e. — 4. Persæ, arum, m. — 5. Delēre, eo, es, delevi, deletum. — 6. Unus, a, um. — 7. Annus, i, m.

3. L'histoire[1] nous (*acc.*) apprend[2] que les jeunes-filles[3] lacédémoniennes[4] étaient exercées[5] (*prop. inf.*) à mépriser la douleur (*tournez* : [dans] la douleur[6], *abl.*, devant être méprisée[7]).

1. Historia, æ, f. — 2. Docēre, eo, es, ui, doctum. — 3. Virgo, virginis, f. — 4. Lacedæmonius, a, um. — 5. Exercēre, eo, es, ui, itum. — 6. Dolor, is, m. — 7. Contemnĕre, o, is, contempsi, contemptum.

4. Les Carthaginois[1] espéraient[2] que les Romains[3] seraient effrayés[4] (*prop. inf.*) par la vue[5] et l'odeur[6] des éléphants[7].

1. Carthaginienses, ium, m. — 2. Sperare, o, as, avi, atum. —3. Romani, orum, m.—4.Terrēre, eo, es, ui, itum. —5. Conspectŭs, ūs, m. — 6. Odor, is, m. — 7. Elephantus, i, m.

5. Socrate[1] disait[2] que les hommes[3] vertueux[4] seraient admis[5] (*prop. inf.*) après (*post, acc.*) la mort[6] [dans] l'assemblée[7] (*dat.*) des dieux[8].

1. Socrates, is, m. — 2. Dicĕre, o, is, disci, dictum. — 3. Vir, i, m. — 4. Bonus, a, um. —5. Adhibēre, eo, es, ui, itum. — 6. Mors, mortis, f. —7. Concilium, i. — 8. Deus, i, m.

THÈME DE RÉCAPITULATION
SUR LES DEUX PREMIÈRES CONJUGAISONS PASSIVES

Les deux[1] renards[2].

Deux renards étaient tourmentés[3] par la faim[4]. Ils entrèrent[5] la nuit (*noctu*) dans un poulailler[6] dont (*cujus*) la porte[7] avait été mal (*male*) assujettie[8]. Bientôt (*brevi*) le coq[9] et les poules[10] furent étranglés[11]. Comme (*quum*) les habitants[12] de la maison[13] voisine[14] n'avaient pas été réveillés[15] (*subj.*) par les cris[16] des oiseaux[17] massacrés[18], les larrons[19] mangèrent[20] à-leur-aise (*libere*). Quand (*quum*) ils eurent rempli[21] (*plus-que-parf. subj.*) [leur] estomac[22] avide[23], et [que] leur (*earum*) faim[4] eut été apaisée[24] (*plus-que-parf. subj.*), le plus jeune[25] dit au plus vieux[26] : « J'espère[27] que mon conseil[28] sera approuvé[29] (*prop. inf.*) par toi. Dévorons[30] toute[31] cette proie[32] que nous a procurée notre hardiesse (*tournez :* qui nous a été procurée[33] par notre hardiesse[34]). Peut-être (*forsan*) serons-nous empêchés[35] de revenir (*tournez :* du retour[36], *abl.*) au (*in, acc.*) poulailler[6] ; nous aurons été privés[37] ainsi (*ita*) du fruit[38] (*abl.*) de notre adresse[39]. »

---

1. Ambo, æ, o. — 2. Vulpes, is, f. — 3. Torquĕre, eo, es, torsi, tortum. — 4. Fames, is, f. — 5. Irrepĕre, o, is, irrepsi. — 6. Gallinarium, i. — 7. Ostium, i. — 8. Firmare, o, as, avi, atum. — 9. Gallus, i, m. — 10. Gallina, æ, f. — 11. Strangulare, o, as, avi, atum. — 12. Habitator, is, m. — 13. Domŭs, ûs, f. — 14. Vicinus, a, um. — 15. Excitare, o, as, avi, atum. — 16. Vox, vocis, f. — 17. Avis, is, f. — 18. Trucidare, o, as, avi, atum. — 19. Latro, onis, m. — 20. Comedĕre, o, is, i, comesum. — 21. Implĕre, eo, es, evi, impletum. — 22. Venter, ventris, m. — 23. Avidus, a, um. — 24. Placare, o, as, avi, atum. — 25. Junior, is. — 26. Senior, is. — 27. Sperare, o, as, avi, atum. — 28. Consilium, i. — 29. Probare, o, as, avi, atum. — 30. Vorare, o, as, avi, atum. — 31. Totus, a, um. — 32. Præda, æ, f. — 33. Comparare, o, as, avi, atum. — 34. Audacia, æ, f. — 35. Prohibĕre, eo, es, ui, itum. — 36. Reditŭs, ûs, m. — 37. Fraudare, o, as, avi, atum. — 38. Fructŭs, ûs. m. — 39. Sollertia, æ, f.

Les deux renards (*suite*)

Le plus vieux[1] répondit[2] : « Je souhaite[3] que (*ut*) tu sois détourné[4] de (*ab, abl.*) ce projet[5] imprudent[6] par mes paroles[7]. Sois instruit[8] par mon expérience[9]. Quand (*quum*) les poules[10] auront été dévorées[11] par nous aujourd'hui (*hodie*), nous serons tourmentés[12] demain (*cras*) par la faim[13]. Qu'une partie[14] de ces provisions[15] soit conservée[16] pour (*in, acc.*) les jours[17] suivants[18]. — Le maître[19] veillera[20], dit (*inquit*) l'autre (*altera*); nous serons tués[21] quand (*quum*) nous reviendrons[22] au poulailler[23]. » Le jeune[24] mourut[25] d'indigestion[26] (*abl*) ; le vieux[1] fut assommé[21] par le maître[19]

Troisième conjugaison.

Anc. Gr. § 111 — Nouv. Gr. § 109

119ᵉ EXERCICE

Les raisins (*uva, æ, f.*) seront foulés (pressère, o, is, pressi, pressum), étaient foulés, seraient foulés, sont foulés ; nous vîmes (*vidēre, eo, es, vidi, visum*) que les raisins étaient foulés (*prop. inf. prés.*).

Tu seras séduit (trahère, o, is, traxi, tractum), tu es séduit, sois séduit, tu étais séduit ; je crois (*credo*) que tu es séduit (*prop. inf.*) par l'amour (*studium, i*) de la science (*doctrina, æ, f.*); j'au·

---

1. Senior, is. — 2. Respondère, eo, es, respondi, responsum. — 3. Optare, o, as, avi, atum. — 4. Deterrère, eo, es, ui, itum. — 5. Consilium, i. — 6. Temerarius, a, um. — 7. Verbum, i. — 8. Admonère, eo, es, ui, itum. — 9. Experientia, æ, f. — 10. Gallina, æ, f. — 11. Vorare, o, as, avi, atum. — 12. Torquère, eo, es, torsi, tortum. — 13. Fames, is, f. — 14. Pars, partis, f. — 15. Cibus, i, m. — 16. Servare, o, as, avi, atum. — 17. Dies, ei, m. — 18. Sequens, entis. — 19. Dominus, i, m. — 20. Vigilare, o, as, avi, atum. — 21. Necare, o, as, avi, atum. — 22. Repetère, o, is, repetivi *ou* repetii, repetitum *trans.* — 23. Gallinarium, i. — 24. Junior, is. — 25. Laborare, o, *intr* — 26. Cruditas, tatis, f.

rais voulu (*voluissem*) que (*ut*) tu fusses séduit par l'amour de la science.

Vous êtes respectés (colĕre, o, is, colui, cultum), vous seriez respectés, soyez respectés (*subj.*), vous serez respectés, vous étiez respectés; je suis persuadé (*habeo persuasum*) [que] vous êtes respectés (*prop. inf.*) par (*a, abl.*) vos enfants (*liberi, orum, m.*) pieux (*pius, a, um*).

Le coupable (*sons, sontis, m.*) sera recherché (quærĕre, o, is,) quæsivi, quæsitum), est recherché, était recherché; il est important (*interest*) que (*ut*) le coupable soit recherché; j'apprends (*audio*) que le coupable est recherché (*prop. inf.*) par des soldats (*miles, militis, m.*).

Je serais compris (intelligĕre, o, is, intellexi, intellectum), j'étais compris, je suis compris, je serai compris; je crois (*credo*) que je suis compris (*prop. inf.*) par ces étrangers (*homo, hominis, m.; externus, a, um*); je doute (*dubito*) que (*num*) je sois compris par ces étrangers.

Nous serions nourris (alĕre, o, is, ui), nous étions nourris, nous sommes nourris, soyons nourris, nous serons nourris par la chair (*caro, carnis, f.*) des animaux (*animal, is, n.*).

120ᵉ EXERCICE

Les présents (*munus, muneris, n.*) des ennemis (*hostis, is, m.*) auraient été rejetés (repellĕre, o, is, repuli, repulsum), eussent été rejetés, auront été rejetés, furent rejetés, avaient été rejetés par le général (*dux, ducis, m.*) intègre (*integer, gra, grum*).

Vous aurez été abandonnés (deserĕre, o, is, deserui, desertum), vous eussiez été abandonnés, vous avez été abandonnés, vous aviez été abandonnés dans votre infortune (*miseriæ, arum, f., plur.*); je me demande (*miror*) comment (*qui*) vous avez été abandonnés (*subj.*) dans votre infortune.

Un grand (*magnus, a, um*) butin (*præda, æ, f.*) fut emmené (agĕre, o, is, egi, actum), eût été emmené, avait été emmené, aura été emmené par les ennemis (*hostis, is, m.*).

Tu as été mis (reponĕre, o, is, reposui, repositum), tu aurais été mis, tu avais été mis, tu auras été mis, tu fus mis au (*in*, *abl.*) nombre (*numerus, i, m.*) des gens-de-bien (*boni, orum, m., plur.*).

Nous aurons été assaillis (lacessĕre, o, is, ivi, itum), nous avons été assaillis, nous aurions été assaillis, nous avions été assaillis [à coups] de pierres (*lapis, lapidis, m., abl.*); je ne puis (*nequeo*) comprendre (*intelligĕre*) pourquoi (*cur*) nous avons été assaillis (*subj.*) à coups de pierres.

J'eusse été reconduit (deducĕre, o, is, deduxi, deductum), j'aurai été reconduit, j'avais été reconduit, j'aurais été reconduit, j'ai été reconduit chez moi (*domum*) par mes amis (*amicus, i, m.*).

121° EXERCICE

1. Nous lisons[1] qu'après (*post, acc.*) la victoire[2] les prisonniers[3] athéniens[4] furent renvoyés[5] (*prop. inf.*) par Philippe[6], et que les corps[7] des morts[8] furent ensevelis (*tournez :* avoir été livrés[9] à la sépulture[10]).

1. Legĕre, o, is, legi, lectum. — 2. Victoria, æ, f. — 3. Captivus, i, m. — 4. Atheniensis, e. — 5. Dimittĕre, o, is, dimisi, dimissum. — 6. Philippus, i, m. — 7. Corpus, corporis, n. — 8. Occisus, i, m. — 9. Tradĕre, o, is, tradidi, traditum. — 10 Sepultura, æ, f.

2. Tite Live[1] raconte[2] qu'une mère[3] mourut (*tournez :* avoir été tuée[4]) de joie[5], en voyant[6] (*part. prés.*) [son] fils[7] qu' (*acc.*) elle croyait[8] avoir été tué[9].

1. Titus, i, Livius, i, m. — 2. Narrare, o. — 3. Mater, matris, f. — 4. Exanimare, (. as, avi, atum. — 5. Gaudium, i. — 6. Vidĕre, eo, es, i, visum. — 7. Filius, i, m. — 8. Credĕre, o, is, credidi, creditum. — 9. Occidĕre, o, is, i, occisum.

3. J'espère[1] que ces brigands[2] seront arrêtés[3] (*prop. inf.*).

1. Sperare, o, as, avi, atum. — 2. Latro, latronis, m. — 3. Comprehendĕre, o, is, i, comprehensum.

4. Xerxès[1] croyait[2] que les Thermopyles[3] seraient forcées[4] (*prop. inf.*) à la première[5] attaque[6] (*abl.*).

1. Xerxes, is, m. — 2. Credĕre, o, is, credidi, creditum. — 3. Thermopylæ, arum, f. — 4. Perrumpere, o, is, perrupi, perruptum. — 5. Primus, a um. — 6. Concursŭs, ūs, m.

5. César[1] ne prévoyait[2] pas qu'il serait assassiné (*tournez :* soi devoir être assassiné[3]) par un homme[4] qu'il avait comblé[5] de bienfaits[6] (*abl.*).

1. Cæsar, is, m. — 2. Prævidĕre, eo, es, prævidi, prævisum. — 3. Interimĕre, o, is, emi, emptum. — 4. Homo, hominis, m. — 5. Cumulare, o, as, avi, atum. — 6. Beneficium, i.

Troisième conjugaison. — Verbes en IO

Anc. Gr. § 113. — Nouv. Gr. § 111

122º EXERCICE

Vous étiez trompés (decipĕre, io, is, decepi, deceptum), vous seriez trompés, soyez trompés, vous serez trompés, vous êtes trompés ; je crois (credo) que vous êtes trompés (prop. inf.) par ce serviteur (famulus, i, m.).

Des inimitiés (inimicitia, æ, f.) seraient encourues (suscipĕre, io, is, suscepi, susceptum), seront encourues, étaient encourues, sont encourues ; nous voyons (vidēre, eo) que des inimitiés (prop. inf.) sont encourues même (etiam) par les gens (vir, i, m.) de bien (bonus, a, um) ; il n'est pas rare (haud raro fit) que (ut) des inimitiés soient encourues par des gens de bien.

Nous sommes entraînés (rapĕre, io, is, rapui, raptum), nous étions entraînés, nous serions entraînés, nous serons entraînés, soyons entraînés ; il est beau (est pulchrum) [d']être entraîné par l'amour (amor, is, m.) de la vertu (virtus, virtutis, f.).

Une mine [metallium, i) d'-argent (argentarius, a, um) sera exploitée (fŏdĕre, io, is, fŏdi, fossum), était exploitée, est exploitée, serait exploitée ; nous voyons (vidēre eo) [que] cette mine est exploitée (prop. inf.).

Tu serais rejeté (rejicĕre, io, is, rejeci, rejectum), tu seras rejeté, tu étais rejeté, sois rejeté, tu es rejeté ; je veux (volo) que tu sois rejeté (prop. inf.) de (e, abl.) la société (cœtŭs, ûs, m.) des gens-de-bien (boni, orum, m.).

Je suis accueilli (excipĕre, io, is, excepi, exceptum), je serais accueilli, j'étais accueilli, je serai accueilli ; je sais (scio) que je suis accueilli (prop. inf.) toujours (semper) avec bienveillance (benigne) par ton père (pater, patris, m.).

123º EXERCICE

1. Sur l'ordre du tyran Denys (tournez : le tyran[1], abl., Denys[2] ordonnant[3]), la barbe[4] d'or[5] (adj.) fut

1. Tyrannus, i, m. — 2. Dionysius, i, m. — 3. Jubēre, eo, es, jussi, jussum. — 4. Barba, æ, f. — 5. Aureus, a, um. —

arrachée[6] à la statue[7] d'Esculape[8].

2. Vous serez poussés[1] vers (*ad, aec.*) la Grèce[2] par un vent[3] favorable[4].

3. Ulysse[1] et ses (*ejus*) compagnons[2] avaient été poussés[3] par les vents[4] de mer en mer (*tournez :* autour de, *circum, acc.*, toutes[5] les mers[6]).

4. Tandis qu' (*dum, indic.*) Alexandre[1], célébrant[2] les fêtes-de-Bacchus[3], traversait (*tournez :* faisait[4] route[5] par, *per, acc*) les villes[6] de l'Inde[7], on jonchait les routes de fleurs (*tournez :* les routes[8] étaient jonchées[9] de fleurs[10], *abl.*) et l'on disposait[11] '*même tour*) des cratères[12] de vin[13] sur (*in, abl.*) le seuil[14] (*plur.*) des maisons[15].

5. Il est vraisemblable[1] (*neutre*) [que] l'Olympe[2] (*acc.*) et l'Ossa[3] (*acc.*), montagnes[4] de la Thessalie[5], étaient joints[6] (*tournez :* avoir été joints) autrefois (*olim*) et furent peu à peu (*paulatim*) séparés[7] (*tournez :* avoir été séparés) par l'effort-des-eaux[8] du Pénée[9].

6. La panique[1] fut si-grande[2] que (*ut, subj.*) beaucoup-de[3] soldats[4] coururent[5] au (*ad, acc.*) lac[6] et s'y (*in eo*) tinrent[7] plongés[8].

7. Il est juste (*neutre[1]*) que (*ut, subj.*) des éloges[2] soient donnés[3] à la vertu[4].

8. Le consul[1] ordonna[2] que (*ut, subj.*) des soldats[3] fussent envoyés[4] pour occuper le rocher (*tournez :* pour, *ad, acc.*, le rocher[5] devant être occupé[6]).

6. Demĕre, o, is, dempsi, demptum. — 7. Signum, i. — 8. Æsculapius, i, m.

1. Impellĕre, o, is, impuli, impulsum. — 2. Græcia, æ, f. — 3. Ventus, i, m. — 4. Secundus, a, um.

1. Ulysses, is, m. — 2. Socius, i, m. — 3. Agĕre, o, is, egi, actum. — 4. Ventus, i, m. — 5. Omnis, e. — 6. Mare, is, n

1. Alexander, dri, m. — 2. Agitare, o, as, avi, atum. — 3. Dionysia, orum, n. — 4. Facĕre, io, is, feci, factum. — 5. Iter, itinĕris, n. — 6. Urbs, urbis, f. — 7. India, æ, f. — 8. Via, æ, f. — 9. Sternĕre, o, is, stravi, stratum. — 10. Flos, floris, m. — 11. Disponĕre, o, is, disposui, dispositum. — 12. Crater, is, m. — 13. Vinum, i. — 14. Limen, inis, n. — 15. Ædes, is, f.

1. Verisimilis, e. — 2. Olympus, i, m. — 3. Ossa, æ, f. — 4. Mons, montis, m. — 5. Thessalia, æ, f. — 6. Jungĕre, o, is, junxi, junctum. — 7. Dividĕre, o, is, divisi, divisum. — 8. Impulsŭs, ûs, m. — 9. Peneus, i, m.

1. Terror, is, m. — 2. Tantus, a, um. — 3. Multi, æ, a. — 4. Miles, litis, m. — 5. Currĕre, o, is, cucurri, cursum. — 6. Lacŭs ûs, m. — 7. Stare, sto, stas, steti, statum, *intr.* — 8. Immergĕre, o, is, immersi, immersum.

1. Æquus, a, um. — 2. Laus, laudis, f. — 3. Tribuĕre, o, is, i, tributum. — 4. Virtus, tutis, f.

1. Consul, is, m. — 2. Imperare, o, as, avi, atum. — 3. Miles, litis, m. — 4. Mittĕre, o, is, misi, missum. — 5. Petra, æ, f. — 6. Occupandus, a, um.

9. Une fille[1] de Priam[2] avait prédit[3] [que] Troie[4] serait renversée[5] (*tournez :* Troie, *acc.*, devoir être renversée).

10. Si (*si, subj.*) vous aviez été plus compatissant (*tournez :* d'une âme[1], *abl.*, plus, *magis,* compatissante[2]) envers (*in, acc.*) les autres[3], vous n'auriez pas été abandonné[4] vous-même dans (*in, abl.*) votre malheur[5].

1. Filia, æ, f. — 2. Priamus, i, m. — 3. Prædicĕre, o, is, prædixi, prædictum. — 4. Troja, æ, f. — 5. Evertĕre, o, is, i, eversum.

1. Animus, i, m. — 2. Misericors, cordis. — 3. Alius, a, ud. — 4. Deserĕre, o, is, ui, desertum. — 5. Calamitas, tatis, f.

Quatrième conjugaison.

Anc. Gr. §114 — Nouv. Gr. § 113

124° EXERCICE

La porte (*porta, æ, f.*) de la ville (*oppidum, i*) sera ouverte (**aperire, io, is, ui, apertum**), était ouverte, est ouverte, serait ouverte; l'ennemi (*hostis*) exige (*postulat*) que (*ut*) la porte soit ouverte; le gouverneur (*præfectus, i, m.*) ordonne (*jubĕre, eo*) que la porte soit ouverte (*prop. inf.*) au (*sub, acc.*) lever (*ortŭs, ŭs, m.*) du soleil (*sol, is, m.*).

Soyons ensevelis (**sepelire, io, is, ivi, sepultum**), nous serions ensevelis, nous serons ensevelis, nous étions ensevelis, nous sommes ensevelis; l'usage (*mos*) est que nous soyons ensevelis (*prop. inf.*) près de (*prope, acc.*) nos parents (*propinquus, i, m.*).

Vous serez instruits (**erudire, io, is, ivi, itum**), soyez instruits, vous seriez instruits, vous étiez instruits, vous êtes instruits; je vois (*video*) que vous êtes instruits (*prop. inf.*) par un maître (*præceptor, is, m.*) savant (*doctus, a, um*); je désire (*cupio*) que (*ut*) vous soyez instruits par un maître savant.

Je serais appelé (**excire, io, is, ivi, itum**), j'étais appelé, je suis appelé; une lettre (*epistola, æ, f.*) m' (*acc.*) annonce (*monĕre, eo*) que je suis appelé (*prop. inf.*) au (*ad, acc.*) service-militaire (*militia, æ, f.*).

Assassin (*interfector, is, m.*), tu serais enchaîné (**vincire, io, is, vinxi, vinctum**), tu es enchaîné, sois enchaîné, tu seras enchaîné, **tu ét**ais enchaîné ; la loi (*lex, legis, f.*) veut (*jubĕre, eo*) que tu sois enchaîné (*prop. inf.*).

125° EXERCICE

Ce **lapin** (*cuniculus, i, m.*) aura été nourri (**nutrire, io, is, ivi, itum**), avait été nourri, a été nourri, aurait été nourri de genièvre (*juniperus, i, f.*).

Vous eussiez été enchaînés (devincire, io, is, devinxi, devinctum), vous aurez été enchaînés, vous fûtes enchaînés, vous aviez été enchaînés par les bienfaits (*beneficium, i*) du roi (*rex, regis, m.*).

Nous aurions été séduits (**delenire io, is, ivi, itum**), nous avons été séduits, nous avions été séduits, nous aurons été séduits par les paroles (*sermo, sermonis, m., au sing.*) aimables (*blandus, a, um*) de cet étranger (*advena, æ, m.*) ; il n'est pas étonnant (*non mirum est*) que (*quod*) nous ayons été séduits par les paroles de cet étranger.

J'ai été retenu-prisonnier (custodire, io, is, ivi, itum), j'eusse été retenu, j'aurai été retenu, j'avais été retenu, je fus rētenu-prisonnier par des brigands (*latro, latronis, m.*).

Tu as été entendu (audire, io, is, ivi, itum), tu eusses été entendu, tu avais été entendu, tu auras été entendu, tu fus entendu par les passants (*præteriens, prætereuntis, m.*).

Les villes (*urbs, urbis, f.*) de cette contrée (*regio, onis, f.*) auront été fortifiées (**munire, io, is, ivi, itum**), avaient été fortifiées, auraient été fortifiées, ont été fortifiées ; dites-moi (*dic mihi*) **si** (*num*) les villes de cette contrée ont été fortifiées (*subj.*).

126° EXERCICE

1. Pline [1] **raconte** [2] qu'un **dauphin** [3] fut **nourri** [4] (*prop. inf.*) par un **enfant** [5].

1. Plinius, i, m. — 2. Narrare, o, as, avi, atum. — 3. Delphinus, i, m. — 4. Nutrire, io, is, ivi, itum. — 5. Puer, i, m.

2. Cornélius Népos [1] **dit** [2] que les **conseils** [3] d'**Alcibiade** [4] **exilé** [5] furent **méprisés** [6] (*prop. inf.*) par les **généraux** [7] (des) **Athéniens** [8].

1. Cornelius, i, Nepos, Nepotis, m. — 2. Scribĕre, o, is, scripsi, scriptum. — 3. Consilium, i. — 4. Alcibiades, is, m. — 5. Exsul, is, m. — 6. Fastidire, io, is, ivi, itum. —7. Dux, ducis, m. — 8. Athenienses, ium, m.

8. La fable[1] raconte[2] que les ti-gres[3] étaient adoucis[4] (*prop. inf.*) par les chants[5] d'Orphée[6].

1. Fabula, æ, f., *au plur.* — 2. Narrare, o, as, *à* vi, atum. — 3. Tigris, is, m. — 4. Lenire, io, is, ivi, itum. — 5. Cantüs, ûs, m. — 6. Orpheus, i, m.

4. Thémistocle[1] déclara (*professus est*) aux magistrats[2] de Sparte[3] que la ville[4] [d'] Athènes[5] avait été entourée[6] (*prop. inf.*) de murs[7] par son conseil[8].

1. Themistocles, is, m. — 2. Magistratŭs, ûs, m. — 3. Sparta, æ, f. — 4. Urbs, urbis, f. — 5. Athenæ, arum, f. — 6. Sepire, io, is, sepsi, septum. — 7. Murus, i, m. — 8. Consilium, i.

5. Les villes[1] de la Thrace[2] pré-voyaient[3] que leurs provisions[4] se-raient épuisées[5] (*prop. inf.*) [en] deux[6] repas[7] (*abl.*) par les armées[8] de Xerxès[9].

1. Urbs, urbis, f. — 2. Thracia, æ, f. — 3. Prævidēre, eo, es, i, prævisum. — 4. Cibus, i, m. — 5. Exhaurire, io, is, exhausi, exhaustum — 6. Duo, æ, o. — 7. Cena, æ, f. — 8. Exercitŭs, us, m. — 9. Xerxes, is, m.

6. J'espère[1] que votre colère[2] sera apaisée[3] (*prop. inf.*) par mon repentir[4].

1. Sperare, o. — 2. Ira, æ, f. — 3. Mollire, io, is, ivi, itum. — 4. Pænitentia, æ, f.

127ᵉ EXERCICE

1. Le sommet[1] de l'Olympe[2] est souvent (*sæpe*) couvert[3] (*parf. passif*) de nuages[4] (*abl.*).

1. Culmen, minis, n. — 2. Olympus, i, m. — 3. Operire, io, is, ui, opertum. — 4. Nubes, is, f.

2. Thémistocle[1] persuada[2] aux Athéniens[3] de fortifier la ville (*tournez :* que, *ut, subj.*, la ville[4] fût fortifiée[5]).

1. Themistocles, is, m. — 2. Persuadēre, eo, es, persuasi, persuasum. — 3. Athenienses, ium, m. — 4. Urbs, urbis, f. — 5. Munire, io, is, ivi, itum.

3. Un[1] Perse[2] pauvre[3] offrit (*obtulit*) au roi[4] Artaxerxès[5] de l'eau[6] [qu'il avait] puisée[7] [dans sa] main[8] (*abl.*).

1. Quidam, quædam, quoddam. — 2. Persa, æ, m. — 3. Pauper, is. — 4. Rex, regis, m. — 5. Artaxerxes, is, m. — 6. Aqua, æ, f. — 7. Haurire, io, is, hausi, haustum. — 8. Manŭs, ûs, f.

4. Autrefois (*olim*), à Athènes[1], les (corps[2] des) morts[3] étaient ensevelis[4] avant (*ante, acc.*) le jour[5].

1. Athenæ, arum, f. — 2. Corpus, poris, n. — 3. Defunctus, i, m. — 4. Sepelire, io, is, ivi, sepultum. — 5. Lux, lucis, f.

5. Il importe (*refert*) que (*ut, subj.*) les lois[1] soient sanctionnées[2] par l'exemple[3] de celui qui les a faites[4].

1. Lex, legis, f. — 2. Sancire, io, is, sanxi, sanctum *et* sancitum. — 3. Exemplum, i. — 4. Condĕre, o, is, condidi, conditum.

6. A Athènes[1] (*abl.*) et à Rome[2] (*gén.*) les enfants[3] étaient instruits[4] par des maîtres[5], chez (*ad, acc.*) lesquels ils étaient conduits[6] par [leurs] précepteurs[7].

7. Pline[1] a écrit[2] [qu'] un dauphin[3] (*acc.*) fut nourri[4] (*tournez :* avoir été nourri) de pain[5] (*abl.*) par un enfant[6].

8. Thémistocle[1] défendait[2] [ses] concitoyens[3] (*dat.*) devant les tribunaux (*tournez :* dans les jugements[4]), espérant[5] qu'ils seraient enchaînés[6] (*tournez :* eux, *acc.*, devoir être enchaînés) par la reconnaissance[7] (*ajoutez :* du bienfait[8]).

9. Maître[1] zélé[2] et instruit[3], tu seras écouté[4] par les élèves[5] avides[6] d'apprendre[7] (*gér. en di*).

10. Le camp[1] n'avait pas été gardé[2] avec vigilance (*vigilanter*).

1. Athenæ, arum, f. — 2. Roma, æ, f. — 3. Puer, i, m. — 4. Erudire, io, is, ivi, itum. — 5. Magister, tri, m. — 6. Deducĕre, o, is, deduxi, deductum. — 7. Pædagogus, i, m.

1. Plinius, i, m. — 2. Scribĕre, o, is, scripsi, scriptum. — 3. Delphinus, i, m. — 4. Nutrire, io, is, ivi, itum. — 5. Panis, is, m. — 6. Puer, i, m.

1. Themistocles. is, m. — 2. Adesse, adsum. — 3. Civis, is, m. — 4. Judicium, i. — 5. Sperare, o, as, avi, atum. — 6. Devincire, io, is, devinxi, devinctum. — 7. Gratia, æ, f. — 8. Beneficium, i.

1. Magister, tri, m. — 2. Diligens, entis. — 3. Doctus, a, um. — 4. Audire, io, is, ivi, itum. — 5. Discipulus, i, m. — 6. Avidus, a, um. — 7. Discĕre, o, is, didici, discitum.

1. Castra, orum, n. — 2. Custodire, io, is, ivi, itum.

THÈME DE RÉCAPITULATION
SUR LES CONJUGAISONS PASSIVES

+ **Le Moine**[1] **indien**[2], **la Corneille**[3] **et le Faucon**[4].

Un de (*ex, abl.*) ces moines indiens qui mènent[5] une vie[6] oisive[7] et mendient[8] pour gagner (*tournez :* pour qu', *ut*, ils gagnent[9], *subj.*) [leur] nourriture[10], passait (*tournez :* faisait[11] route[12]) par (*per, acc.*) une forêt[13]. Des cris-plaintifs[14] (*sing.*) qu'-il-entend (*tournez :* entendus[15]) frappent[16] son (*ejus*) oreille[17]

1. Monachus, i, m. — 2. Indus, a, um. — 3. Cornix, cornicis, f. — 4. Falco, falconis, m. — 5. Agĕre o, is, egi, actum. — 6. Vita, æ, f. — 7. Iners, inertis, — 8. Mendicare, o, as, avi, atum. — 9. Quærĕre, o, is, quæsivi, quæsitum. — 10. Victŭs, ŭs, m. — 11. Facĕre, io, is, feci, factum. — 12. Iter, itineris, n. — 13. Silva, æ, f. — 14. Quiritatŭs, ŭs, m. — 15. Audire, io, is, ivi, itum. — 16. Verberare, o, as, avi, atum. — 17. Aures ium, f. —

9.

(*plur.*). Levant-la-tête [18], il voit [19] dans un nid [20] une jeune [21] corneille [8] qui avait été abandonnée [22] par des parents [23] cruels [24]. Un faucon [4] descend [25] et introduit [26] de la pâture [27] dans le bec [28] ouvert [29] de l'oiseau [30]. « Que les hommes [31] avares [32] et durs [33] soient instruits [34] par l'exemple [35] de ce faucon [4], dit (*inquit*) le moine [1]; ils seraient adoucis [36], s' (*si*) ils voyaient [19] '*subj.*) le moins (*minime*) compatissant [37] des oiseaux [30] être ému [38] par le malheur [39] d'un autre [40]. Jamais (*nunquam*) les délices [41] de la vie [42] [ne] seront désirées [43] par un moine [1] pieux [44]; mais (*sed*), si (*si*) la Providence [45] est juste [46], il ne sera point pressé [47] par le besoin [48] (*abl.*) et sera nourri [49] comme (*velut*) cette corneille [8] (*nom.*). J'attends [50] que (*dum*) la nourriture [51] me soit envoyée [52] du (*de, abl.*) ciel [53]. »   ✝

THÈME DE RÉCAPITULATION

Le Moine indien, la Corneille et le Faucon (*suite*).

Notre [1] [homme], couché-sur-le-dos [2], considère [3] avec-quel-ordre (*quam apte*) et avec-quelle-magnificence (*quam magnifice*) toutes [4] (*plur. neut.*) [choses] ont été faites [5] (*subj.*) par Dieu [6]. Quand le soir vint (*tournez :* le jour [7], *abl.*, s'-éloignant [8]), l'estomac [9] du moine [10] était tiraillé [11] déjà (*jam*) par la faim [12];

---

18. Suspicĕre, io, is, suspexi, suspectum. — 19. Vidĕre, eo, es, vidi, visum. — 20. Nidus, i, m. — 21. Parvulus, a, um. — 22. Deserĕre, o, is, deserui, desertum. — 23. Parentes, um, m. — 24. Crudelis, e. — 25. Devolare, o, as, avi, atum. — 26. Immittĕre, o, is, immisi, immissum. — 27. Esca, æ, f. — 28. Rostrum, i. — 29. Aperire, io, is, aperui, apertum. — 30. Avis, is, f. — 31. Homo, hominis, m. — 32. Avarus, a, um. — 33. Durus, a, um. — 34. Erudire, io, is, ivi, itum. — 35. Exemplum, i. — 36. Mollire, io, is, ivi, itum. — 37. Misericors, cordis. — 38. Movĕre, eo, es, movi, motum. — 39. Miseria, æ, f. — 40. Alter, a, um. — 41. Deliciæ, arum, f. — 42. Vita, æ, f. — 43. Cupĕre, io, is, ivi, itum. — 44. Pius, a, um. — 45. Deus, i, m. — 46. Justus, a, um. — 47. Premĕre, o, is, pressi, pressum. — 48. Egestas, tatis, f. — 49. Nutrire, io, is, ivi, itum. — 50. Exspectare, o, as, avi, atum. — 51. Cibus, i, m. — 52. Demittĕre, o, is, demisi, demissum. — 53. Cælum, i.

---

1. Noster, nostri. — 2. Recubans, antis. — 3. Spectare, o, as, avi, atum. — 4. Omnis, e. — 5. Facĕre, io, is, feci, factum. — 6. Deus, i, m. — 7. Dies, ei, m. — 8. Decedĕre, o, is, decessi, decessum, *intr.* — 9. Venter, ventris, m. — 10. Monachus, i, m. — 11. Lacessĕre, o, is, ivi, itum. — 12. Fames, is, f. —

il espéra[13] qu'elle serait apaisée[14] (*prop. inf.*) par le sommeil[15] :
il dormit[16]. L'aurore-avait-paru (*diluxerat*) déjà (*jam*) lorsqu'
(*quum*) il se-réveilla[17]. Il voit[18] de nouveau (*rursus*) la corneille[19], à qui la pâture[20] était présentée[21] par le faucon[22]
bienfaisant[23]. « Les anges[24] de Dieu⁶ ne se-montreront (*tournez :
seront montrés* [25]) donc (*igitur*) pas! La nourriture[26] depuis-
long-temps (*jamdudum*) attendue[27] me sera refusée[28] encore
(*adhuc*)! Je serais nourri[29], si (*si*) j'étais (*subj.*) oiseau[30] ; serviteur[31] de Dieu⁶, je mourrai de faim (*tournez : je serai détruit*[32] par la faim[13]). » Tout à coup (*subitó*) il entendit ces
paroles du faucon (*tournez : ces paroles*[33] du faucon[34] furent
entendues[35]) : « Amie[36], si (*si*) je n'avais pris[37] (*subj.*) soin[38] de
toi, tu serais morte de faim (*tournez : tu aurais été tuée*[39] par
la faim[13]). Tu as grandi[40] ; ne (*ne*) sois (*subj.*) [pas] paresseuse[41] ;
la nourriture[26] que tu chercheras[42] sera trouvée[43] par toi.
Adieu[44]. » Le moine[10] comprend[45] que ces paroles[33] s'appliquent[46] (*prop. inf.*) à lui (*traduisez :* à, *ad, acc.,* soi ;) et, pour
manger (*tournez : pour qu', ut,* il mange[47], *subj.*) enfin (*tandem*),
il se loue (*tournez : il loue*[48] [son] travail[49]) à un fermier[50].

13. Sperare, o, as, avi, atum. — 14. Sedare, o, as, avi, atum, *au passif.*
—15. Somnus, i, m. — 16. Dormire, io, is, ivi, itum.—17. Expergisci, or,
ĕris, experrectus sum, *dép. intrans.* — 18. Vidēre, eo, es, vidi, visum.—
19. Cornix, cornicis, f. — 20. Esca, æ, f. —21. Porrigĕre, o, is, porrexi,
porrectum. — 22. Falco, falconis, m. — 23. Beneficus, a, um. — 24. Angelus, i, m. — 25. Ostendĕre, o, is, i. — 26. Cibus, i, m. — 27. Exspectare, o, as, avi, atum. — 28. Denegare, o, as, avi, atum. — 29. Alĕre, o,
is, alui. — 30. Avis, is, f. — 31. Famulus, i, m. — 32. Absumĕre, o, is,
absumpsi, absumptum. — 33. Verbum, i. — 34. Falco, falconis, m. —
35. Audire, o, is, ivi, itum. — 36. Amica, æ, f. — 37. Suscipĕre, io, is,
suscepi, susceptum.—38. Cura, æ, f. — 39. Enecare, o, as, avi, atum.
— 40. Adolescĕre, o, is, adolevi, adultum. — 41. Piger, gra, grum. —
42. Quærĕre, o, is, quæsivi, quæsitum. — 43. Reperire, io, is, i, repertum.—44. Vale.—45. Intelligĕre, o, is, intellexi, intellectum.—46. Pertinēre, eo, es, ui. — 47. Edere, o, is, edi, esum. — 48. Locare, o, as,
avi, atum. — 49. Opera æ, f. — 50. Villicus, i, m.

VERBES DÉPONENTS

Observations sur les verbes déponents.

Anc. Gr. § 116-119. — Nouv. Gr. § 117

QUESTIONNAIRE

Qu'appelle-t-on verbes déponents ?

Quels sont leurs temps à forme active ?

Quelle est la signification du participe passé en **us, a, um** ?

A quel temps ont-ils la signification passive ?

Pourquoi n'ont-ils pas la forme d'infinitif futur en **um iri.**,

Quels sont les trois verbes déponents qui ont un participe futur irrégulier ?

1ʳᵉ et 2ᵉ conjugaisons (modes personnels).

128ᵉ EXERCICE

Nous avons accompagné (**comitari, or, aris, atus .sum**), nous accompagnerons, nous accompagnerions, accompagnons, nous accompagnions, nous accompagnâmes les soldats (*miles, militis, m.*) jusqu'à (*ad, acc.*) la porte (*porta, æ, f.*) de la ville (*urbs, urbis, f.*).

Tu as avoué (**confiteri, eor, eris, confessus sum**), tu avoueras, tu avouais, avoue, tu auras avoué, tu eusses avoué, tu avouerais les fautes (*culpa, æ, f.*); il faut (*oportet*) que (*ut*) tu avoues (*subj.*) les fautes.

Les prisonniers (*captivus, i, m.*) se lamentaient (**lamentari, or, aris, atus sum**), se lamentèrent, s'étaient lamentés, se lamenteraient, se lamenteront, se lamentent; qu'y a-t-il d'étonnant (*quid mirum*) que (*si*) les prisonniers se lamentent (*subj.*), se soient lamentés (*subj.*)?

Soldats (*miles, militis, m.*), vous avez protégé (**tueri, eor, eris, itus sum**), vous aviez protégé, vous eussiez protégé, vous protégeriez, protégez, vous protégez, vous protégerez la patrie (*patria, æ, f.*).

Le général (*dux, ducis, m.*) exhortera (**hortari, or, aris, atus**

sum), avait exhorté, exhorterait, aurait exhorté, exhortait, ex
horte, aura exhorté [son] armée (*excrcitŭs, ŭs, m.*).

Je promets (**polliceri, oor, eris, itus sum**), je promettrais, je
promettrai, j'eusse promis, j'aurai promis, je promettais, j'avais
promis, j'ai promis des récompenses (*præmium, i*) aux élèves
(*discipulus, i, m.*) laborieux (*impiger, gra, grum*).

3° et 4° conjugaisons (modes personnels).

129° EXERCICE

Vous avez acquis (**adipisci, scor, eris, adeptus sum**), vous aurez
acquis, vous acquérez, vous eussiez acquis, vous avez acquis,
acquérez de la gloire (*gloria, æ, f.*); il est digne (*dignum*) de
votre nom (*abl.*) que (*ut*) vous acquériez de la gloire.

Nous nous efforçons (**eniti, or, eris, enisus sum**), nous nous
efforçâmes, nous nous efforcerions, nous nous efforcerons, effor-
çons-nous, nous nous serons efforcés, nous nous étions efforcés,
nous nous efforcions, nous nous efforçons [de] corriger (*tollĕre,
o, is*) nos défauts (*vitium, i*).

Les magistrats (*magistratŭs, ŭs, m.*) prépareront (**moliri, ior,
ris, itus sum**), avaient préparé, auraient préparé, préparaient,
préparent, auront préparé, ont préparé, prépareraient un piège
(*insidiæ, arum, f.*) au traître (*proditor, is, m.*).

Vous avez suivi (**sequi, or, eris, secutus sum**), vous suivriez,
vous suiviez, suivez, vous suivrez, vous aurez suivi, vous eussiez
suivi, vous suivez l'exemple (*exemplum, i*) de-votre-père (*adjectif,
paternus, a, um*); il importe (*refert*) que (*ut*) vous suiviez l'exemple
de-votre-père.

Jeune homme (*adolescens, entis, m.*), tu venges (**ulcisci, or,
eris, ultus sum**), tu auras vengé, tu vengerais, tu aurais vengé,
venge, tu vengeras un jour (*aliquando*) ta patrie (*patria, æ, f.*).

J'avais éprouvé (**experiri, ior, iris, expertus sum**), j'éprouvais,
j'éprouverai, j'aurai éprouvé, j'éprouverais, j'ai éprouvé le jugement (*judicium, i*) de ces enfants (*puer, i, m.*).

VERBES DÉPONENTS DES QUATRE CONJUGAISONS

Modes impersonnels.

130ᵉ EXERCICE

1. Le roi[1] consola[2] les mères[3] qui-se-lamentaient (*tournez :* se-lamentant[4]).

1. Rex, regis, m. — 2. Consolari, or, aris, atus sum. — 3. Mater, matris, f. — 4. Lamentari, or, aris, atus sum.

2. J'allai-au-devant[1] des soldats[2] (*dat.*) qui entraient (*tournez :* entrant[3]) dans la ville[4].

1. Occurrĕre, o, is, i, occursum. — 2. Miles, militis, m.— 3. Ingredi, ior, eris, ingressus sum. — 4. Urbs, urbis, f.

3. J'ai blâmé[1] cet enfant[2] qui mentait (*tournez :* mentant[3]).

1. Vituperare, o, as, avi, atum. — 2. Puer, i, m. — 3. Mentiri, ior, iris, itus sum.

4. Étant-sur-le-point-de-partir (*tournez :* devant partir[1]), je dis-adieu[2] à mes amis[3].

1. Proficisci, or, eris, profectus sum. — 2. Valedīcĕre, o, is, valedixi, valedictum. — 3. Amicus, i, m.

5. Le visage[1] sévère[2] du père[3] effraya[4] l'enfant[5] qui-allait-avouer (*tournez :* devant avouer[6]) sa faute[7].

1. Vultŭs, ŭs, m. — 2. Severus, a, um. — 3. Pater, patris, m. — 4. Terrēre, eo, es, ui, itum.— 5. Puer, i, m.—6. Confitēri, eor, eris, confessus sum. — 7. Culpa, æ, f.

6. Étant sorti[1] de la maison[2] (*abl.*), Ésope[3] vit[4] deux[5] corneilles[6] s'-abattre (*tournez :* s'abattant[7]) sur le toit[8].

1. Egredi, ior, eris, egressus sum. — 2. Domŭs, ŭs, f. — 3. Æsopus, i, m. — 4. Vidēre, eo, es, vidi, visum. — 5. Duo, æ, o. — 6. Cornix, cornicis, f. — 7. Devolare, o, as, avi, atum. — 8. Tectum, i.

7. Ayant suivi[1] la route[2] indiquée[3] par vous, nous arrivâmes[4] à la forêt[5].

1. Sequi, or, eris, secutus sum. — 2. Via, æ f. — 3. Monstrare, o, as, avi, atum. — 4. Pervenire, io, is, perveni, perventum. — 5. Silva, æ, f

8. Je reconnais[1] que j'ai éprouvé[2] (*prop. inf.*) souvent (*sæpe*) ton dévouement[3].

1. Confitēri, eor, eris, confessus sum.— 2. Experiri, ior, iris, expertus sum.—3. Fides, ei, f.

9. Je me rappelle (*memini*) que ces enfants[1] ont menti[2] (*prop. inf.*) sou-

1. Puer, i, m. — 2. Mentiri ior, iris, itus sum. —

vent (*sæpe*); ils ont promis[2] qu'ils ne mentiraient (*tournez* : soi ne devoir mentir[3]) plus (*jam*).

10. Un auteur[1] raconte[2] que les esclaves[3] tyriens (*tournez* : des Tyriens[4]) se-révoltèrent[5] (*prop. inf.*) et se-vengèrent[6] (*prop. inf.*) [de] [leurs] maîtres[7] (*acc.*).

11. Alexandre[1] croyait[2] [que] les Macédoniens[3] s'-empareraient[4] (*prop. inf.*) plus promptement (*celerius*) de Tyr[5] (*abl.*).

12. Je ne me rappelle pas (*non memini*)que ma mère[1] se-soit jamais (*unquam*) irritée[2] (*prop. inf.*) [contre] moi (*dat.*).

3. Pollicēri, eor, eris, itus sum.

1. Scriptor, is, m. — 2. Narrare, o, as, avi, atum. — 3. Servus, i, m. — 4. Tyrii, orum, m. — 5. Rebellare, o, as, avi, atum, *intr.* — 6. Ulcisci, or, eris, ultus sum — 7. Dominus, i, m.

1. Alexander, dri, m. — 2. Credĕre, o, is, credidi, creditum. — 3. Macedo, onis, m. —4. Potiri, ior, iris, itus sum. — 5. Tyrus, i, f.

1. Mater, matris, f. — 2. Irasci, or, eris, iratus sum, *intr.*

Verbes français (intransitifs et pronominaux) dont les temps composés sont formés avec l'auxiliaire ÊTRE.

131e EXERCICE

OBSERVATION. — Un certain nombre de verbes intransitifs et tous les verbes pronominaux ont, en français, dans leurs temps composés, l'auxiliaire être au lieu de l'auxiliaire avoir. Nous donnons les deux exercices suivants pour prévenir chez les élèves la faute fréquente qui consiste à confondre ces verbes avec des verbes passifs.

Nous sommes arrivés (**pervenire, io, is, perveni, perventum**), nous serions arrivés, nous serons arrivés, nous étions arrivés; je crois (*credo*) que nous sommes arrivés (*prop. inf.*).

L'héritage (*hereditas, tatis, f.*) m'était échu (**obvenire, io, is, obveni**), m'échut, me sera échu, m'est échu, me serait échu; j'apprends (*audio*) que l'héritage m'est échu (*prop. inf.*).

Les soldats (*miles, militis, m.*) blessés (*vulnerare, o, as, avi, atum*) sont morts (**mori, ior, eris, mortuus sum**), seraient morts, moururent, seront morts, étaient morts; je suis affligé (*doleo*) que les soldats (*acc.*) blessés soient morts (*prop. inf.*).

Tu seras entré (**intrare, o, as, avi, atum**); tu fusses entré, tu étais entré, tu es entré; je savais (*scire, io, is, scivi, scitum*) que tu étais entré (*prop. inf.*) dans la ville (*urbs, urbis, f.*).

Je serais tombé (**cadĕre, o, is, cecĭdi, casum**), je serai tombé, je suis tombé, j'étais tombé; tu as appris (*audire, io, is, ivi, itum*) que j'étais tombé (*prop. inf.*).

Vous serez sortis (**egredi, ior, eris, egressus sum**), vous fussiez sortis, vous êtes sortis, vous étiez sortis; je sais (*scio*) que vous êtes sortis (*prop. inf.*) hier (*heri*).

132° EXERCICE

OBSERVATION. — Le second pronom, dans les verbes pronominaux ci-dessous, ne sera pas rendu en latin, le verbe latin étant intransitif.

Je m'étais enfui (**fugĕre, io, is, fugi, fugitum**), je me suis enfui, je me serai enfui, je me serais enfui; j'avoue (*confiteor*) que je me suis enfui (*prop. inf.*).

Les vainqueurs (*victor, is, m.*) se seraient abstenus (**abstinēre, eo, es, ui**), s'abstinrent, se seront abstenus, s'étaient abstenus; je m'étonne (*miror*) que les vainqueurs se soient abstenus (*prop. inf.*) de piller (*tournez*: de butin, *præda, æ, f., abl.*).

Ce prisonnier (*captivus, i, m.*) s'était échappé (**evadĕre, o, is, evasi, evasum**), se sera échappé, s'est échappé, se serait échappé; ce prisonnier dit (*dicĕre, o*) qu'il s'est échappé (*tournez : soi s'être échappé*) des (*e, abl.*) mains (*manŭs, ūs, f.*) des ennemis (*hostis, is, m.*).

Nous nous serons reposés (**quiescĕre, o, is, quievi, quietum**), nous nous fussions reposés, nous nous étions reposés, nous nous sommes reposés; il nous a-été-utile (*prodesse, prosum*), [de] nous être reposés.

Soldats (*miles, militis, m.*), vous vous serez emparés (**potiri, ior, iris, itus sum**), vous vous fussiez emparés, vous vous êtes emparés, vous vous étiez emparés; je vous (*dat.*) félicite (*gratulari, or*) [de] vous être emparés (*tournez : vous, acc., vous être emparés*) d'une ville (*urbs, urbis, f., abl.*) puissante (*potens, potentis*).

Tu te seras lamenté (**lamentari, or, aris, atus sum**), tu te serais lamenté, tu t'es lamenté, tu t'étais lamenté ; j'ai appris (*cogno-scĕre, o, is, cognovi, cognitum*) que tu t'étais lamenté (*prop. inf.*) avec trop peu de courage (*parum viriliter*).

VERBES IRRÉGULIERS

Verbes à radical altéré.

An. Gr. § 120 — Nouv. Gr. § 125

QUESTIONNAIRE

De quels éléments est composé **possum** ?

Ce verbe présente-t-il un radical unique ?

Le t de la racine **pot** subsiste-t-il devant les formes de **sum**, qui commencent par une **s** ?

Le t subsiste-t-il devant les formes

de **sum**, qui commencent par un **e** ?

Que devient le t devant les formes de **sum**, qui commencent par une **f** (parfait et ses modes) ?

Quel est le sens de l'ancien participe présent **potens** ?

133e EXERCICE

1. Joseph[1] put expliquer[2] le songe[3] du pharaon[4].

2. Moïse[1] ne pouvait vaincre[2] l'obstination[3] du roi[4].

3. David[1] aurait pu tuer[2] Saül[3] endormi[4] (*tournez :* dormant).

4. Le peuple[1], ne pouvant (*tournez :* comme, *quum*, il ne pouvait, *subj.*) supporter[2] l'impôt[3], demanda[4] qu' (*ut*) il fût diminué[5].

5. Autant-que (*quantum*) tu [le] pourras, sois bienfaisant[1] et généreux[2].

1. Josephus, i, m. 2.—Interpretari, or, aris, atus sum, *dép.* — 3. Somnium, i. — 4. Pharao, onis, m.

1. Moses, is, m. — 2. Vincĕre, o, is, vici, victum. — 3. Pertinacia, æ, f. — 4. Rex, regis, m.

1. David, is, m. — 2. Interficĕre, io, is, interfeci, interfectum. — 3. — Saül, is, m. — 4. Dormire, io, is, ivi, itum.

1. Populus, i, m. — 2. Ferre, fero, fers, tuli, latum. — 3. Vectigal, is, n. — 4. Poscĕre, o, is, poposci, poscitum. — 5. Minuĕre, o, is, i, minutum.

1. Beneficus, a, um. — 2. Liberalis, e.

6. Véturie[1] dit[2] à Coriolan[3] : « Tu as pu ravager[4] le pays[5] qui t'a donné le jour (*tournes :* qui t'a engendré[6]) ! »

1. Veturia, æ, f. — 2. Dicĕre, o, is, dixi, dictum. — 3. Coriolanus, i, m. — 4. Populari, or, aris, atus sum, *dép.* — 5. Terra, æ, f. — 6. Gignĕre, o, is, genui, genitum.

7. Les Gaulois[1] crurent[2] pouvoir (*tournes :* soi pouvoir) surprendre[3] les Romains[4] dans le Capitole[5].

1. Galli, orum, m. — 2. Credĕre, o, is, credidi, creditum. — 3. Opprimĕre, o, is, oppressi, oppressum. — 4. Romani, orum, m. — 5. Capitolium, i.

8. Tite Live[1] raconte[2] qu'ils purent (*prop. inf.*) tromper[3] (l'ouïe) des chiens[4] (*acc.*), [mais] non (*non*) [celle des] oies[5] (*acc.*).

1. Titus, i, Livius, i, m. — 2. Narrare, o, as, avi, atum. — 3. Fallĕre, o, is, fefelli, falsum. — 4. Canis, is, m. — 5. Anser, is, m.

QUESTIONNAIRE

Quel est le parfait et le supin de **edere, edo,** manger?

A quelles personnes du présent de l'indicatif et de l'impératif ce verbe a-t-il, outre la forme régulière, une forme ressemblant à celle du verbe **sum**?

A quel temps du subjonctif a-t-il les deux formes à toutes les personnes?

Combien de radicaux présente le verbe **fero, je porte**?

Quel radical a-t-il au présent, au parfait, au supin?

Quelle lettre perd-il à l'impératif présent, actif et passif?

A quelles personnes du présent de l'indicatif perd-il la voyelle de liaison?

Quelle irrégularité présente-t-il au présent de l'infinitif et à l'imparfait du subjonctif de la voix active et de la voix passive?

134e EXERCICE

1. Apporte[1]-moi (*ad, acc.*) ce livre[2].

1. Ferre, fero, fers, tuli, latum. — 2. Liber, libri, m.

2. Le temps[1] emporte[2] bien-des[3] (*plur. neut.*) [choses] avec-lui (*secum*).

1. Tempus, temporis, n. — 2. Auferre, aufero, aufers, abstuli, ablatum. — 3. Multi, æ, a.

3. Verrès[1] avait-coutume[2] [de] se faire porter (*tournez :* d'être porté[3]) [en] litière[4] (*abl.*).

1. Verres, is, m. — 2. Solĕre, eo, es. — 3. Ferre, fero, fers, tuli, latum. — 4. Lectica, æ, f.

4. Le vaisseau[1] est porté[2] [par] la tempête contre (*in, acc.*) les écueils[4].

1. Navis, is, f. — 2. Ferre, fero, fers, tuli, latum. — 3. Tempestas, tatis, f. — 4. Scopulus, i, m.

5. Si (*si*) j'avais[1] (*subj.*) plus (*plus*), je te [l'] offrirais[2].

6. La cigogne[1] retira[2] [sa] tête[3] du gosier[4] (*abl.*) du loup[5].

7. La flotte[1] fut emportée[2] loin du rivage (*tournez :* loin de, *procul a, abl.,* la vue[3] du rivage[4]) [par] un vent[5] favorable[6].

8. Aristide[1] laissa[2] à-peine (*vix*) de-quoi (*qui*) être enterré (*tournez :* il fût enterré[3], *imparf. subj.*).

9. Mon voyage[1] ne sera pas retardé[2].

10. La guerre[1] fut portée[2] [en] Judée[3] (*dat.*) par les rois[4] de Ninive[5] et de Babylone[6].

11. J'espère[1] que ta[2] crainte[3] sera bientôt (*mox*) dissipée[4] (*prop. inf.*).

1. Habēre, eo, es, ui, itum. — 2. Offerre, offero, offers, obtuli, oblatum.

1. Ciconia, æ, f. — 2. Auferre, aufero, aufers, abstuli, ablatum. — 3. Caput, capitis, n. — 4. Os, oris, n. — 5. Lupus, i, m.

1. Classis, is, f. — 2. Auferre, aufero, aufers, abstuli, ablatum. — 3. Conspectūs, ūs, m. — 4. Litus, litoris, n. — 5. Ventus, i, m. — 6. Secundus, a, um.

1. Aristides, is, m. — 2. Relinquĕre, o, is, reliqui, relictum. — 3. Efferre, effero, effers, extuli, elatum.

1. Peregrinatio, onis, f. — 2. Differre, differo, differs, distuli, dilatum.

1. Bellum, i. — 2. Inferre, infero, infers, intuli, illatum. — 3. Judæa, æ, f. — 4. Rex, regis, m. — 5. Niniva, æ, f. — 6. Babylon, is, f.

1. Sperare, o, as, avi, atum. — 2. Iste, ista, istud. — 3. Metūs, ūs, m. — 4. Tollĕre, o, is, sustuli, sublatum.

QUESTIONNAIRE

Quel est le radical du verbe **ire**, aller?

Devant quelles lettres l'i du radical se change-t-il en e?

Quelles formes a le verbe **ire** quand il est employé au passif?

L'infinitif passif **iri** ne sert-il pas, avec le supin en **um**, à la formation de l'un des temps de l'infinitif, dans la conjugaison passive?

135ᵉ EXERCICE

1. J'allais[1] [par] la voie[2] (*abl.*) sacrée[3].

2. Je reviens[1] [de] Lyon[2] (*abl.*).

3. Nous irons[1] en Espagne[2].

1. Ire, eo, is, ivi, itum. — 2. Via, æ, f. — 3. Sacer, cra, crum.

1. Redire, eo, is, ivi, itum. — 2. Lugdunum, i.

1. Ire, eo, is, ivi, itum. — 2. Hispania, æ, f.

4. Va-t'en[1] et reviens[2] vite (*celeriter*).

1. Abire, eo, is, ivi, itum. — 2 Redire, eo, is, ivi, itum.

5. Je partirai[1] au commencement du printemps (*tournez :* le printemps[2], *abl*, commençant[3]).

1. Proficisci, or, eris, profectus sum, *dép.* — 2. Ver, is, n. — 3. Inire, eo, is, ivi, itum.

6. En passant[1] (*prés. part.*) je t'ai aperçu[2].

1. Præterire, eo, is, ivi, itum. — 2. Adspicĕre, io, is, adspexi, adspectum.

7. Le médecin[1] m'a conseillé[2] de m'en aller (*tournez :* que, *ut*, je m'en-allasse[3]) en Italie[4].

1. Medicus, i, m. — 2. Suadĕre, eo, es, suasi, suasum. — 3. Abire, eo, is, ivi, itum. — 4. Italia, æ, f.

8. L'été[1] (*abl.*), on va[2] [à] la campagne[3] (*acc.*).

1. Æstas, tatis, f. — 2. Ire, eo, is, ivi, itum. — 3. Rus, ruris, n.

9. Le médecin[1] de Pyrrhus[2] forma[3] le projet[4] de tuer[5] (*gérond. en di*) [son] maître[6].

1. Medicus, i, m. — 2. Pyrrhus, i, m. — 3. Inire, eo, is, ivi, itum. — 4. Consilium, i. — 5. Necare, o, as, avi, atum. — 6. Dominus, i, m.

10. Quand (*quum*) tu seras revenu[1], je partirai[2].

1. Redire, eo, is, ivi, itum. — 2. Proficisci, or, eris, profectus sum, *dép.*

11. Je crois[1] que les hirondelles[2] reviendront[3] (*prop. inf.*) bientôt (*mox*).

1. Credĕre, o, is, credidi, creditum. — 2. Hirundo, dinis, f. — 3. Redire, eo, is, ivi, itum.

QUESTIONNAIRE

Quels sont les composés de **volo**, je veux?
Quel élément entre, avec **volo**, dans la composition de chacun de ces verbes?

136e EXERCICE

1. Un proverbe[1] dit (*est*) : Si (*si*) tu veux la paix[2], prépare[3] la guerre[4].

1. Proverbium, i. — 2. Pax, pacis, f. — 3. Parare, o, as, avi, atum. — 4. Bellum, i.

2. Les peuples[1] dégénérés[2] aiment-mieux être esclaves[3] que (*quam*) [de] combattre[4].

1. Populus, i, m. — 2. Degener, is. — 3. Servire, io, is, ii, itum. — 4. Pugnare, a, as, avi, atum.

3. Les assiégés[1] aimèrent-mieux périr[2] par le fer[3] que (*quam*) par la faim[4].

1. Obsessus, i, m. — 2. Perire, eo, is, ii, itum. — 3. Ferrum, i. — 4. Fames, is, f.

4. Je voudrais (*prés. subj.*) que (*ut*) tu m'écrivisses[1] (*prés. subj.*).

1. Scribĕre, o, is, scripsi, scriptum.

5. N'insulte pas (*tournez :* ne-veuille-pas-insulter[1]) ces malheureux[2] (*dat.*).

6. Les Athéniens[1] condamnèrent[2] Socrate[3] à mort[4] (*abl.*); bientôt-après (*mox*) ils auraient voulu le rappeler[5] à (*ad, acc.*) la vie[6].

7. Le chêne[1] fut brisé[2], parce qu' (*quia*) il voulait lutter[3] contre (*contra, acc.*) la violence[4] du vent[5].

8. Le fils[1] de Titus Manlius[2] menaça un tribun de le tuer (*tournez :* menaça[3] la mort[4] à un tribun[5]), s' (*si*) il ne voulait pas (*subj.*) se-désister[6] de (*ab, abl.*) l'accusation[7] [portée] contre (*adversus, acc.*) son (*ipsius*) père[8].

9. Il n'est pas étonnant[1] (*neutre*) que le loup[2] ait préféré sa vie pénible et indépendante à la servitude heureuse du chien (*tournez :* ait mieux aimé, *prop. inf.*, sa vie[3] pénible[4] et indépendante[5] que, *quam*, la servitude[6] heureuse[7], *acc.*, du chien[8]).

1. Insultare, o, as, avi, atum. — 2. Miser, i, m.

1. Athenienses, ium, m. — 2. Damnare, o, as, avi, atum. — 3. Socrates, is, m. — 4. Mors, mortis, f. — 5. Revocare, o, as, avi, atum. — 6. Vita, æ, f.

1. Quercŭs, ûs, f. — 2. Frangĕre, o, is, fregi, fractum. — 3. Contendĕre, o, is, i. — 4. Vis, is, f. — 5. Ventus, i, m.

1. Filius, i, m. — 2. Titus, i, Manlius, i, m. — 3. Minari, or, aris, atus sum, *dép.* — 4. Mors, mortis, f. — 5. Tribunus, i, m. — 6. Desistĕre, o, is, destiti, *intr.* — 7. Accusatio, onis, f. — 8. Parens, parentis, m.

1. Mirus, a, um. — 2. Lupus, i, m. — 3. Vita, æ, f. — 4. Asper, era, erum. — 5. Liber, era, erum. — 6. Servitium, i. — 7. Beatus, a, um. — 8. Canis, is, m.

Verbes semi-déponents.

Anc. Gr. § 125. — Nouv. Gr. § 126

QUESTIONNAIRE

Qu'appelle-t-on verbes semi-déponents?

A quels temps les verbes semi-déponents suivent-ils la voix active?

A quels temps suivent-ils la voix passive?

Quelle est, en général, la signification de ces verbes?

Quelle est la signification du verbe fio aux temps à forme active?

Quelle est la double signification de ce verbe aux temps à forme passive?

Quels sont les verbes semi-déponents qui suivent la deuxième conjugaison?

Quel est le verbe semi-déponent qui suit la troisième conjugaison?

137ᵉ EXERCICE

1. Catilina[1], déjà (*jam*) traître[2] à [sa] patrie[3] (*gén.*), osa siéger[4] au sénat[5].

1. Catilina. æ, m. — 2. Proditor, is, m. — 3. Patria, æ, f. — 4. Sedēre, eo, es, sedi, sessum. — 5. Senatŭs, ûs, m.

2. Les enfants[1] des Falisques[2], accoutumés [à] se promener[3] sous la garde d'un maître d'école (*tournez :* un maître-d'école[4], *abl.*, gardant[5]), furent conduits[6] par lui dans le camp[7] ennemi (*tournez :* des ennemis[8]).

1. Liberi, orum, m. — 2. Falisci, orum, m. — 3. Ambulare, o, as, avi, atum. — 4. Ludimagister, tri, m. — 5. Custodire, io, is, ivi, ditum. — 6. Abducĕre, o, is, abduxi, abductum. — 7. Castra, orum. — 8. Hostis, is, m.

3. Les Hébreux[1] s'étaient réjouis d'abord (*primum*) [de] quitter[2] l'Égypte[3].

1. Hebræi, orum, m. — 2. Relinquĕre, o, is, reliqui, relictum. — 3. Ægyptus, i, f.

4. Les Juifs[1] se fièrent trop-souvent (*sæpius*) à la clémence[2] (*abl.*) de Dieu[3].

1. Judæi, orum, m. — 2. Clementia, æ, f. — 3. Deus, i, m.

5. Les hommes[1] deviennent meilleurs[2] en vieillissant (*tournez :* la vieillesse[3], *abl.*, approchant[4]).

1. Homo, hominis, m. — 2. Bonus, a, um, *compar.* — 3. — Senectus, tutis, f. — 4. Accedĕre, o, is, accessi, accessum.

6. La Grèce[1] devint [la propriété] des Romains[2] (*gén.*).

1. Græcia, æ, f. — 2. Romani, orum, m.

7. Dieu[1] défendit[2] qu'aucune[3] alliance[4] fût faite (*prop. inf.*) par les Juifs avec les peuples voisins (*tournez :* entre, *inter, acc.*, les Juifs[5] et les peuples[6] voisins[7]).

1. Deus, i, m. — 2. Vetare, o, as, vetui, vetitum. — 3. Ullus, a, um. — 4. Fœdus, fœderis, n. — 5. Judæi, orum, m. — 6. Populus, i, m. — 7. Finitimus, a, um.

8. [Par] l'exercice[1], vos corps[2] deviendront plus robustes[3].

1. Exercitatio, onis, f. — 2. Corpus, corporis, n. — 3. Robustus, a, um.

Verbes défectifs.

Anc. Gr. § 123. — Nouv. Gr. § 127

QUESTIONNAIRE

Qu'appelle-t-on verbes défectifs ?
Quels sont les verbes défectifs ?
De quel temps ces verbes ont-ils

la signification, sous la forme du parfait ?
Quel est celui de ces verbes qui

en même temps que la forme, a gardé la signification du parfait?

Quel verbe emploie-t-on, pour indiquer le sens du présent, de l'imparfait, du futur, temps qui manquent à cœpi?

Quelle est la forme du parfait pas-sif de ce verbe, et comment le latin l'emploie-t-il?

Quel est le parfait, le participe passé, le participe futur de odi, je hais?

Novi, je sais, n'est-il pas le parfait d'un verbe à conjugaison complète?

138e EXERCICE

1. L'hydre [1] se mit (commença) [à] manger [2] les grenouilles [3] (*abl.*) l'une-après-l'autre [4].

1. Hydrus, i, m. — 2. Vesci, or, eris, *dép.* — 3. Rana, æ, f. — 4. Singuli, æ, a.

2. Quand (*quum*) le printemps [1] avait commencé (*ajoutez :* [à] être), Verrès [2] se mettait à voyager (*tournez :* se donnait [3] aux voyages [4]).

1. Ver, is, n. — 2. Verres, is, m. — 3. Dare, do, das, dedi, datum. — 4. Iter, itineris, n.

3. L'aile [1] commandée par le (*tournez :* l'aile du) consul [2] Décius [3] commença [à] être repoussée [4] par les Latins [5].

1. Cornû, ûs, n., *indécl.* — 2. Consul, is, m. — 3. Decius, i, m. — 4. Pellĕre, o, is, pepuli, pulsum. — 5. Latini, orum, m.

4. Je me souviendrai de tes promesses [1] (*gén.*).

1. Promissum, i.

5. Un serviteur [1] disait [2] tous-les-jours (*quotidie*) à Philippe [3] : « Souviens-toi que tu es homme [4] (*prop. inf.*). »

1. Famulus, i, m. — 2. Dicĕre, o, is, dixi, dictum. — 3. Philippus, i, m. — 4. Homo, hominis, m.

6. Le nouveau [1] pharaon [2] ne se souvenait pas des services [3] (*gén.*) de Joseph [4].

1. Novus, a, um. — 2. Pharao, onis, m. — 3. Meritum, i. — 4. Josephus, i, m.

7. Détestons le péché [1], non (*non*) par crainte [2] du châtiment [3], mais (*sed*) par amour [4] de la vertu [5].

1. Peccatum, i. — 2. Metŭs, ûs, m. — 3. Pœna, æ, f. — 4. Amor, is, m. — 5. Virtus, virtutis, f.

8. La jeunesse [1] romaine [2] éprouva de la haine pour (*tournez :* haït) Manlius [3], qui avait puni [4] de mort [5] (*abl.*) son fils [6] vainqueur [7].

1. Juventus, tutis, f. — 2. Romanus, a, um. — 3. Manlius, i, m. — 4. Multare, o, as, avi, atum. — 5. Mors, mortis, f. — 6. Filius, i, m. — 7. Victor, is, m.

9. Vous savez les premiers [1] éléments [2] de la langue [3] latine [4].

1. Primus, a, um. — 2. Elementum, i. — 3. Lingua, æ, f. — 4. Latinus, a, um.

QUESTIONNAIRE

Quelles sont les quatre personnes usitées au présent de l'indicatif d'**aio**, je dis ?

Conjuguez l'imparfait de l'indicatif ?

Quelle est la personne unique du parfait de l'indicatif ?

Quand emploie-t-on le verbe in**quam**, signifiant *dis-je* ?

Conjuguez le présent de l'indicatif de **inquam**, dis-je ?

Quelles sont les deux personnes usitées au parfait de l'indicatif ?

Quelle personne est usitée au présent, quelles personnes sont usitées

au futur de l'indicatif du verbe **fari**, parler ?

A-t-il toutes les personnes, dans les temps formés du parfait ?

Quelles sont les deux personnes usitées dans le verbe **quæso**, je [vous le] demande ?

Quelle est la signification des quatre impératifs **apage**, **ave**, **salve** **vale** ?

Quel est le pluriel **des trois derniers** ?

Quel est le présent de l'infinitif des deux derniers ?

Verbes unipersonnels.

Anc. Gr. § 124. — Nouv. Gr. § 128

QUESTIONNAIRE

Qu'appelle-t-on verbes impersonnels ou unipersonnels ?

Outre les verbes qui n'ont que la troisième personne du singulier, n'y en a-t-il pas un grand nombre qui peuvent être employés impersonnellement ?

Quels sont ceux des verbes unipersonnels qui se conjuguent sur **moneo** ?

Quel est celui qui est composé de **fero** et se conjugue sur ce verbe ?

Quels sont les cinq verbes qui sont toujours précédés d'un complément direct à l'accusatif ?

Quels sont ceux de ces cinq verbes

qui présentent au parfait une forme composée ?

Quel est le double parfait de **libet**, il plaît, et de **licet**, il est permis ?

Quel est le composé de **decet**, il est permis, et quelle en est la signification ?

Citez les verbes unipersonnels qui indiquent l'état de la température.

Citez les exemples de verbes transitifs ou intransitifs employés, sans sujet, à la troisième personne du singulier de la voix passive.

Citez des exemples de verbes intransitifs employés, sans sujet, à la troisième personne du singulier de la voix active.

139ᵉ EXERCICE

1. Il fallut rappeler [1] Camille [2] de (*a, abl.*) l'exil [3].

1. Revocare, *o*, as, avi, atum. — 2. Camillus, i. m. — 3. Exsilium, i.

2. Il faudra arracher[1] ces mauvaises[2] herbes[2].

3. Il importait de rétablir la discipline militaire (*tournez :* la discipline[1] militaire[2] être rétablie[3]).

4. Il aurait importé aux Samnites[1] (*gén.*). de tuer ou de renvoyer sains et saufs tous les Romains (*tournez :* tous[2] les Romains[3] être tués[4] ou, *aut,* être renvoyés[5] sains-et-saufs[6], *acc.*).

5. Vous lirez[1] ce livre[2], si (*si* [cela vous] fait-plaisir (*tournez :* fera-plaisir).

6. Les consuls et les préteurs avaient le droit (*tournez :* il était permis aux consuls[1] et aux préteurs[2]) [de] réunir[3] le sénat[4].

7. Fatigué, je ne pus me reposer (*tournez :* il ne fut pas permis à moi fatigué[1] [de] me-reposer[2]).

8. Cet écolier[1] parlait[2] avec-plus-de-présomption (*arrogantius*) qu' (*quam*) il [ne] convenait à son (*tournez :* de lui) âge[3] (*acc.*).

9. A Rome[1], on écrivait[2] sur des tablettes[3] de-bois[4] (*adjectif*) enduites[5] de cire[6].

10. On a bu[1] beaucoup (*multum*) dans (*inter. acc.*) le repas[2].

11. De toutes parts (*undique*) on ira visiter (*tournez :* pour, *ad,* visiter[1], *gérond. en dum*) ce palais[2] magnifique[3].

12. Déjà (*jam*) on était arrivé[1] au (*ad, acc.*) sommet[2] de la montagne[3].

1. Evěllěre, o, is, evelli, evulsum. — 2. Sterilis, e. — 3. Herba, æ, f.

1. Disciplína, æ, f. — 2. Militaris, e. — 3. Restituěre, o, is, restitutum.

1. Samnites, um, m. — 2. Cuncti, æ, a. — 3. Romani, orum, m. — 4. Occiděre, o, is, i, occisum. — 5. Dimittěre, o, is, dimisi, dimissum. — 6. Incolumis, e.

1. Legěre, o, is, i, lectum. — 2. Liber, libri, m.

1. Consul, is, m. — 2. Prætor, is, m. — 3. Cogěre, o, is, coegi, coactum. — 4. Senatǔs, ǔs, m.

1. Fessus, a, um. — 2. Quiescěre, o, is, quievi, quietum.

1. Discipulus, i, m. — 2. Loqui, or, eris, locutus sum *dép.* — 3. Ætas, ætatis, f.

1. Roma, æ, f. — 2. Scriběre, o, is, scripsi, scriptum. — 3. Tabula, æ, f. — 4. Ligneus, a, um. — 5. Illiněre, o, is, i, illevi, illitum. — 6. Cera, æ, f.

1. Biběre, o, is, i, itum. — 2. Epulæ, arum, f. pl.

1. Invisěre, o, is, i, sum. — 2. Ædes, ium, f. *plur.* — 3. Magnificus, a, um.

1. Venire, io, is, veni, ventum. — 2. Culmen, culminis, n. — 3. Mons, montis, m.

140e EXERCICE

OBSERVATIONS. — Parmi les verbes unipersonnels qui se conjuguent sur *moneo*, il en est cinq qui présentent, en latin, une construction très différente de la construction française; ce sont : **me pænitet**, je me repens, **me pudet**, j'ai honte, **me piget**, je suis fâché, **me tædet**, je suis ennuyé, **me miseret**, j'ai pitié.

Le latin considère comme un complément direct et met à l'**accusatif** le nom ou pronom qui, en français, est le **sujet de ces verbes**. Ex. : Pierre (*acc.*) se repent. — J'(*acc.*) ai pitié de vous.

Le **complément** indirect de ces verbes se met au **génitif**; si c'est un verbe, à l'**infinitif.**

1. Phébus[1] se-repentit [d]'avoir-fait-un serment[2].

1. Phœbus, i, m. — 2. Jurare, o, as, avi, atum.

2. Le fils[1] du consul[2] eut honte [de] refuser[3] le combat[4].

1. Filius, i, m. — 2. Consul, is, m. — 3. Detrectare, o, as, avi, atum. — 4. Certamen, minis, n.

3. Tu seras ennuyé bientôt (*mox*) de ton inaction[1].

1. Inertia, æ, f.

4. Aie pitié (*tournez :* que tu aies pitié) des pauvres[1].

1. Pauper, is, m.

5. Pontius Hérennius[1] fut fâché [de] n'avoir pas suivi[2] le conseil[3] de son [père][4].

1. Pontius, i, Herennius, i, m. — 2. Sequi, or, eris, secutus sum, *dép.* — 3. Consilium, i. — 4. Pater, patris, m.

6. L'enfant[1] paresseux[2] se-repentira [d']avoir perdu[3] [son] temps[4].

1. Puer, i, m. — 2. Piger, gra, grum. — 3. Perdĕre, o, is, perdĭdi, perditum. — 4. Tempus, temporis, n.

7. J'ai eu pitié de ta confusion[1].

1. Pudor, is, m.

8. Androclès[1] fut ennuyé bientôt (*mox*) de [sa] vie[2] de-bête-sauvage[3] (*adjectif*).

1. Androcles, is, m. — 2. Vita, æ, f. — 3. Ferinus, a, um.

CHAPITRE VII

DE L'ADVERBE

Anc. Gr. § 126. — Nouv. Gr. § 130

QUESTIONNAIRE

Qu'est-ce que l'adverbe?
A quels mots l'adverbe peut-il être joint?

Quelles idées l'adverbe ajoute-t-il au mot auquel il est joint?
Quelles terminaisons peut avoir le

positif des adverbes de qualité ou de manière ?

Comment se forment le comparatif et le superlatif des adverbes ?

N'y a-t-il pas des adverbes qui, au comparatif et au superlatif, ont un autre radical qu'au positif ? Donnez-en des exemples.

Quel est l'adverbe de manière qui a le comparatif et le superlatif, sans positif ?

Quel est l'adverbe de lieu qui a les trois degrés de signification ?

Quels sont les adverbes de temps qui ont plusieurs degrés de signification ?

141ᵉ EXERCICE

1. Les préceptes [1] inculqués [2] dans les premières [3] années [4] descendent [5] plus profondément [6] [dans le cœur].

1. Præceptum, i. — 2. Impressus, a, um. — 3. Primus, a, um. — 4. Annus, i, m. — 5. Descendĕre, o, is, i, descensum. — 6. Alte.

2. L'historien [1] Timagène [2] avait prononcé [3] quelques paroles (*quidam, quædam, quoddam, plur. neut.*) trop mordantes [4] contre (*in, acc.*) César [5] et sa (*ejus*) femme [6] ; celui-ci lui dit [8] avec-beaucoup-de-bonté [7] : « Parle [8] avec-plus-de-modération [9]. »

1. Historicus, i, m. — 2. Timagenes, is, m. — 3. Dicĕre, o, is, dixi, dictum. — 4. Mordax, mordacis. — 5. Cæsar, is, m. — 6. Uxor, is, f. — 7. Benigne, *superl.* — 8. Loqui, or, eris, locutus sum, *dép.* — 9. Moderate, *compar.*

3. Aucun [1] législateur [2] ne vécut [3] avec-plus-d'-intégrité [4], n'aima [5] plus fermement [6] [sa] patrie [7], [ne] rédigea [8] des lois [9] avec-plus-de-jugement [10] que (*quam*) Solon [11].

1. Nullus, a, um. — 2. Legislator, is, m. — 3. Vivĕre, o, is, vixi, victum. — 4. Integre, *compar.* — 5. Amare, o, as, avi, atum. — 6. Constanter. — 7. Patria, æ, f. — 8. Scribĕre, o, is, scripsi, scriptum. — 9. Lex, legis, f. — 10. Prudenter, *compar.* — 11. Solon, is, m.

4. Pyrrhus [1] disait [2] : « Fabricius [3] serait détourné [4] (*prés. du subj.*) plus difficilement [5] de (*ab, abl.*) l'honnêteté [6] que (*quam*) le soleil [7] (*nom.*) de (*a, abl.*) son cours [8]. »

1. Pyrrhus, i, m. — 2. Dicĕre, o, is, dixi, dictum. — 3. Fabricius, i, m. — 4. Avertĕre, o, is, i, aversum. — 5. Difficile. — 6. Honestas, tatis, f. — 7. Sol, is, m. — 8. Cursŭs, ûs, m.

5. Annibal [1] fit [2] la guerre [3] avec-plus-d'-habileté [4], Fabius [5] avec-plus-de-circonspection [6].

1. Annibal, is, m. — 2. Gerĕre, o, is, gessi, gestum. — 3. Bellum, i. — 4. Perite, *compar.* — 5. Fabius, i, m. — 6. Caute, *compar.*

6. Alcibiade [1] vivait [2] à Athènes [3] avec-plus-d'-élégance [4], à Sparte [5]

1. Alcibiades, is, m. — 2. Vivĕre, o, is, vixi, victum. — 3. Athenæ, arum, f. — 4. Eleganter, *compa*. — 5. Sparta.

avec-plus-de-frugalité[6], en Perse[7] avec-plus-de-mollesse[8] et plus-de-luxe[9].

7. Pausanias [1], à Lacédémone même (*in ipsa Lacedæmone*), trahissait[2] plus ouvertement[3] et plus audacieusement[4] [sa] patrie[5] qu'[il ne l'avait fait] en Thrace[6].

æ, f. — 6. Simpliciter, *compar.* — 7. Persis, Persidis, f. — 8. Molliter, *compar.* — 9. Luxuriose, *compar.*

1. Pausanias, æ, m. — 2. Prodĕre, o, is, prodidi, prodîtum. — 3. Aperte. — 4. Audacter. — 5. Patria, æ, f. — 6. Thracia, æ, f.

142e EXERCICE

1. Tandis qu' (*dum*) il combattait[1] vaillamment[2] à (*apud, acc.*) Mantinée[3], Épimanondas[4] tomba[5] frappé[6] (*nom.*) d'un javelot[7].

1. Dimicare, o, as, avi, atum. — 2. Fortiter, *superl.* — 3. Mantinea, æ, f. — 4. Epaminondas, æ, m. — 5. Concidĕre, o, is, i. — 6. Percutĕre, o, is, percussi, percussum. — 7. Hasta, æ, f.

2. Vespasien[1] dota[2] très richement[3] la fille[4] de Vitellius[5], son ennemi[6], et [la] donna[7] en (*in, acc.*) mariage[8] à un homme[9] très considérable[10].

1. Vespasianus, i, m. — 2. Dotare, o, as, avi, atum. — 3. Liberaliter. — 4. Filia, æ, f. — 5. Vitellius, i, m. — 6. Adversarius, i, m. — 7. Dare, o, as, dedi, datum. — 8. Matrimonium, i. — 9. Vir, i, m. — 10. Amplus, a, um.

3. Le Clitumne[1], près de (*haud procul a, abl.*) [sa] source[2], est déjà (*jam*) très puissant[3] et peut[4] très difficilement[5] être remonté[6] avec la rame[7] (*plur.*) et le croc[8] (*plur.*).

1. Clitumnus, i, m. — 2. Fons, fontis, m. — 3. Validus, a, um. — 4. Posse, possum, potes. — 5. Ægre. — 6. Superare, o, as, avi, atum. — 7. Remus, i, m. — 8. Contus, i, m.

4. Tout récemment[1] j'ai acheté[2] le livre[3] que vous [m'] avez vanté[4] si souvent[5].

1. Nuper. — 2. Emĕre, o, is, i, emptum. — 3. Liber, libri, m. — 4. Laudare, o, as, avi, atum. — 5. Sæpe, *superl.*

5. Les hommes[1] vivaient[2] très longtemps[3] avant (*ante, acc.*) le déluge[4].

1. Homo, hominis, m. — 2. Vivĕre, o, is, vixi, victum. — 3. Diu. — 4. Diluvium, i.

6. Crésus[1], pour éblouir Solon (*tournez* : pour qu', *ut*, il éblouit[2] les yeux[3] de Solon[4]), se para (*tournez* : para[5] [son] corps[6], avec-beaucoup-de-magnificence[7].

1. Crœsus, i, m. — 2. Perstringĕre, o, is, perstrinxi, perstrictum. — 3. Oculus, i, m. — 4. Solon, is, m. — 5. Exornare, o, as, avi, atum. — 6. Corpus, corporis, n. — 7. Magnifice, *superl.*

7. Denys[1] le Jeune (*minor*), chassé[2] de Syracuse[3] (*abl.*), vécut[4] à Corinthe[5] dans-la-plus-humble-situation (*tournez :* très-humblement[6]).

8. Les hommes[1] contents[2] de peu (*parvo*) supportent[3] très facilement[4] la pauvreté[5].

1. Dionysius, i, m. — 2. Pellĕre, o, is, pepuli, pulsum. — 3. Syracusæ, arum, f. — 4. Vivĕre, o, is, vixi, victum. — 5. Corinthus, i, f. — 6. Humiliter.

1. Homo, hominis, m. — 2. Contentus, a, um. — 3. Ferre, fero, fers, tuli, latum. — 4. Facile. — 5. Paupertas, tatis, f.

CHAPITRE VIII

DE LA PRÉPOSITION

Anc. Gr. § 127. — Nouv. Gr. § 131

QUESTIONNAIRE

Qu'est-ce que la préposition?
A qui sert-elle en latin?
Combien de prépositions se construisent avec l'accusatif?
Combien de prépositions se construisent avec l'ablatif?
Quelles prépositions se construisent avec deux cas?

Quand ces prépositions se construisent-elles avec l'accusatif

Quand ces prépositions se construisent-elles avec l'ablatif?

Quelle est la préposition qui se construit avec le génitif?

CHAPITRE IX

DE LA CONJONCTION

Anc. Gr. § 128 — Nouv. Gr. § 132.

QUESTIONNAIRE

Qu'est-ce que la conjonction?
Qu'appelle-t-on propositions coordonnées?
Qu'appelle-t-on propositions subordonnées?

Qu'appelle-t-on proposition principale?
Comment appelle-t-on les conjonctions qui unissent des prépositions coordonnées?

10.

Quels sont les quatre rapports que peuvent marquer les conjonctions de coordination?

Comment appelle-t-on les conjonc-

tions qui unissent des propositions subordonnées?

Quels sont les quatre rapports que peuvent marquer es conjonctions de subordination?

CHAPITRE X

DE L'INTERJECTION

Anc. Gr. § 129 — Nouv. Gr. § 129

QUESTIONNAIRE

Qu'est-ce que l'interjection?

Quels mouvements de l'âme l'interjection peut-elle exprimer?

Quelle interjections expriment la

douleur? l'admiration? la colère et la menace? le désir d'encourager? l'action d'indiquer une chose.

DEUXIEME PARTIE

SYNTAXE

PREMIÈRES RÈGLES.

143ᵉ EXERCICE

Anc. Gr. § 134. — Nouv. Gr. § 137

Tu legis, ego ludo.
Sapiens nunquam mentitur.

1. Les premiers[1] hommes[2] vivaient[3] longtemps (*diu*).

1. Primus, a, um. — 2. Homo, hominis, m. — 3. Vivěre, o, is, vixi, victum.

2. Caïn[1] et Abel[2] allèrent[3] dehors (*foras*).

1. Cainus, i, m. — 2. Abel, is, m. — 3. Exire, exeo, exis, exivi *ou* exii, exitum.

3. Une grande[1] pluie[2] tomba[3].

1. Ingens, ingentis. — 2. Pluvia, æ, f. — 3. Caděre, o, is, cecidi, casum.

4. Abraham[1] et Sara[2] avaient vieilli[3].

1. Abrahamus, i, m. — 2. Sara, æ, f. — 3. Consenescěre, o, is, consenui.

5. Éliézer[1] et les chameaux[2] étaient près (*prope, acc.*) du puits[3].

1. Eliezer, *indécl.* — 2. Camelus, i, m. — 3. Puteus, i, m.

6. Que Rebecca[1] parte[2] avec toi (*tecum*).

1. Rebecca, æ, f. — 2. Proficisci, or, ěris, profectus sum, *dép.*

7. Les raisins[1] mûriront[2] bientôt (*mox*).

1. Uva, æ, f. — 2. Maturescěre o, is, maturui.

8. Sept *septem* vaches[1] grasses[2] étaient sorties[3] du *e, abl.* fleuve[4] et paissaient[5].

1. Vacca, æ, f. — 2. Pinguis, e. — 3. Emergĕre, o, is, emersi, emersum, *intr.* — 3. Flumen, minis, n. — 4. Pasci, or, eris, pastus sum, *dép.*

9. Trois[1] troupeaux[2] étaient-couchés[3] près *prope. acc.*, d'une fontaine[4].

1. Tres, tria. — 2. Grex, gregis, m. — 3. Cubare, o, as, cubui, cubitum, *intr.* — 4. Fons, fontis, m.

10. Jacob[1] et ses *ejus* fils[2] arrivèrent[3].

1. Jacobus, i, m. — 2. Filius, i, m. — 3. Advenire, io, is, adveni, adventum.

11. Abraham[1], Isaac[2] et Jacob[3] reposèrent[4] dans *in, abl.* la même[5] grotte[6].

1. Abrahamus, i, m. — 2. Isaacus, i, m. — 3. Jacobus, i, m. — 4. Cubare, o, as, cubui, cubitum, *intr.* — 5. Idem, eadem, idem. — Spelunca, æ, f.

12. Les eaux[1] étaient-suspendues[2] à droite *a dextra* et à gauche (*a læva*).

1. Aqua, æ. — 2. Pendĕre, eo, es, pependi, *intr.*

13. Que les eaux[1] reviennent[2] à (*in, acc.*, leur[3] place[4].

1. Aqua, æ, f. — 2. Reverti, or, eris, reversus sum, *dép.* — 3. Suus, a um. — 4. Locus, i, m.

14. Des éclairs[1] brillaient[2].

1. Fulgur, is, n. — 2. Micare, o, as, micui.

15. Tu partiras[1] avec moi *mecum*; nous reviendrons[2] ensemble (*una*).

1. Proficisci, or, eris, profectus sum, *dép.* — 2. Redire, eo, is, ivi, itum.

144e EXERCICE

1. Du (*de, abl.*) ciel[1] tomba[2] un aliment[3].

1. Cælum, i. — 2. Cadĕre, o, is, cecidi, casum. — 3. Cibus, i, m.

2. Dans *in, abl.*) le tabernacle[1] était l'arche[2].

1. Tabernaculum, i. — 2. Arca, æ, f.

3. Dans (*in, abl.*) l'arche[1] étaient les tables[2] de la loi[3].

1. Arca, æ, f. — 2. Tabula, æ, f. — 3. Lex, legis, f.

4. De (*e, abl.*) la montagne[1] jaillirent[2] des foudres[3].

1. Mons, montis, m. — 2. Emicare, o, as, emicui. — 3. Fulmen, fulminis, n.

5. Où (*ubi*) est ton[1] frère[2] ?

1. Tuus, a, um. — 2. Frater, fratris, m.

6. Dans (*in, abl.*) des vases[1] étaient des torches[2] allumées[3].

1. Vas, is, n. — 2. Fax, facis, f. — 3. Accensus, a, um.

7. Au son de la trompette (*tournez :* la trompette[1], *abl.*, chantant[2]) s -écroulèrent[3] les hautes[4] murailles[5].

1. Tuba, æ, f. — 2. Canens, canentis. — 3. Corruĕre, o, is, i, *intr.* — 4. Altus, a, um. — 5. Murus, i, m.

8. Devant (*ante, acc.*) l'arche[1] dansaient[2] David[3] et les lévites[4].

1. Arca, æ f. — 2. Saltare, o, as, avi, atum. — 3. David, is, m. — 4. Levita, æ, m.

9. Au-pied-de (*sub, abl.*) la montagne[1] se-dressaient[2] deux[3] veaux[4] d'-or[5] (*adjectif*).

1. Mons, montis, m. — 2. Surgĕre, o, is, surrexi, surrectum, *intr.* — 3. Duo, æ, o. — 4. Vitulus, i, m. — 5. Aureus, a, um.

10. D'où (*unde*) sortent[1] ces guerriers[2]?

1. Exire, exeo, exis, exivi ou exii, exitum. — 2. Armatus, i, m.

11. [Sur] les eaux[1] (*abl.*) du Tibre[2] flottaient[3] deux[4] corbeilles[5], dans (*in, abl.*) lesquelles étaient deux[4] enfants[6].

1. Aqua, æ, f. — 2. Tiberis, is, m. — 3. Ferri, feror, ferris, latus sum. — 4. Duo, æ, o. — 5. Corbis, is, f. — 6. Infans, infantis, m.

12. Au milieu (*inter, acc.*) des bergers[1] grandirent[2] Romulus[3] et Remus[4].

1. Pastor, is, m. — 2. Adolescĕre, o, is, adolĕvi, adultum. — 3. Romulus, i, m. — 4. Remus, i, m.

13. Nous, nous lisons[1] : vous, vous êtes oisifs[2].

1. Legĕre, o, is, legi, lectum — 2. Otiosus, a, um.

145° EXERCICE

Anc. Gr. § 135. — Nouv. Gr. § 138

Seneca philosophus.

1. Joseph[1] avait[2] deux fils[3], Éphraïm[4] et Manassé[5].

1. Josephus, i, m. — 2. Habēre, eo, es, ui, itum. — 3. Filius, i, m. — 4. Ephraïmus, i, m. — 5. Manasses, is, m.

2. Josué[1] dressa[2] douze (*duodecim*) pierres[3], monument[4] éternel[5] de [sa] victoire[6].

1. Josue (*indécl.*). — 2. Erigĕre, o, is, erexi, erectum. — 3. Lapis, lapidis, m. — 4. Monumentum, i. — 5. Perennis, e. — 6. Victoria, æ, f.

3. Une femme[1] amena[2] à (*ad, acc.*) Héli[3] [son] fils[4] Samuel[5], enfant[6] cher[7] à Dieu[8] et aux hommes[9].

1. Mulier, is, f. — 2. Adducĕre, eo, is, adduxi, adductum. — 3. Heli (*indécl.*). — 4. Filius, i, m. — 5. Samuel, is, m. — 6. Puer, i, m. — 7. Carus, a, um. — 8. Deus, i, m. — 9. Homo, hominis, m.

4. Les Hébreux[1] furent gouvernés[2] par (a, abl.) Samuel[3], le dernier[4] des juges[5].

1. Hebræi, orum, m. — 2. Gubernare, o, as, avi, atum. — 3. Samuel, is, m. — 4. Postremus, a, um. — 5. Judex, judicis, m.

5. Saül[1] campa (tournez : plaça[2] [son] camp[3]) près de (apud, acc.) Galgala[4], ville[5] remarquable[6] de la contrée[7].

1. Saül, is, m. — 2. Pŏnĕre, o, is, pŏsui, positum. — 3. Castra, orum. — 4. Galgala (indécl.). — 5. Urbs, urbis, f. — 6. Insignis, e. — 7. Regio, onis, f.

6. Faustulus[1], berger[2] du-roi[3] (tournez par un adjectif), porta[4] dans (in, acc.) [sa] chaumière[5] Romulus[6] et Remus[7]; il les (eos) remit[8] à Laurentia[9], [sa] femme[10].

1. Faustulus, i, m. — 2. Pastor, is, m. — 3. Regius, a um. — 4. Ferre, fero, fers, tuli, latum. — 5. Casa, æ, f. — 6. Romulus, i, m. — 7. Remus, i, m. — 8. Dare, do, das, dedi, datum. — 9. Laurentia, æ f. — 10. Conjux, conjugis, f.

7. Procas[1], roi[2] des Albains[3], laissa[4] le trône[5] à Numitor[6], [son] fils[7] aîné[8].

1. Procas, æ, m. — 2. Rex, regis, m. — 3. Albani, orum, m. — 4. Relinquĕre, o, is, reliqui, relictum. — 5. Regnum, i. — 6. Numitor, is, m. — 7. Filius, i, m. — 8. Major, us.

8. Le consul[1] donna[2] à Calpurnius[3], tribun[4] des soldats[5], une couronne[6] de-gazon[7], récompense[9] de [son] action[9] héroïque[10].

1. Consul, is, m. — 2. Dare, do, das, dedi, datum. — 3. Calpurnius, i, m. — 4. Tribunus, i, m. — 5. Miles, militis, m. — 6. Corona, æ, f. — 7. Gramineus, a, um. — 8. Præmium, i. — 9. Facinus, noris, n. — 10. Egregius, a, um.

9. Un transfuge[1] passa-à-la-nage[2] le Rhône[3], fleuve[4] très rapide[5].

1. Transfuga, æ, m. — 2. Tranare, o, as, avi, atum. — 3. Rhodanus, i, m. — 4. Flumen, minis, n. — 5. Rapidus, a, um.

10. Antoine[1] mit-sur[2] la tête[3] (dat.) de César[4] un diadème[5], insigne[6] de-la-royauté[7] (adjectif).

1. Antonius, i, m. — 2. Imponĕre, o, is, imposui, impositum. — 3. Caput, capitis, n. — 4. Cæsar, is, m. — 5. Diadema, matis, n. — 6. Insigne, is, n. — 7. Regius, a, um.

11. Les jeux[1] attirèrent[2] beaucoup-d'[3] habitants-du-voisinage[4], Sabins[5] [pour] la-plupart (plerosque).

1. Ludus, i, m. — 2. Adducĕre, o, is, adduxi, adductum. — 3. Multi, æ, a. — 4. Vicinus, i, m. — 5. Sabini, orum, m.

12. Un asile[1] fut ouvert[2] aux étrangers[3], brigands[4] et bergers[5].

1. Asylum, i. — 2. Aperire, io, is, ui, apertum. — 3. Advena, æ, m. — 4. Latro, onis, m. — 5. Pastor, is, m.

13. Romulus[1] fit[2] un traité[3] avec (*cum, abl.*) les Sabins[4], naguère (*nuper*) [ses] ennemis[5].

1. Romulus, i, m. — 2. Percutĕre, io, is, percussi, percussum. — 3. Fœdus, fœderis, n. — 4. Sabini, orum, m. — 5. Hostis, is, m.

14. Les Sabins[1] criaient[2] : « Nous avons vaincu[3] les Romains[4], hôtes[5] perfides[6]. »

1. Sabini, orum, m. — 2. Clamitare, o, as, avi, atum. — 3. Vincĕre, o, is, vici, victum. — 4. Romani, orum, m. — 5. Hospes, pitis, m. — 6. Perfidus, a, um.

15. Romulus[1] forma[2] un conseil[3] de cent[4] membres[5], vieillards[6] prudents[7].

1. Romulus, i, m. — 2. Eligĕre, o, is, elegi, electum. — 3. Concilium, i. — 4. Centum. — 5. Vir, i, m. — 6. Senex, senis, m. — 7. Prudens, entis.

146[e] EXERCICE

Anc. Gr. § 137. — Nouv. Gr. § 140

Apelles fuit pictor.

1. Osias[1] fut le fils[2] et le successeur[3] d'Amasias[4].

1. Osias, æ, m. — 2. Filius, i, m. — 3. Successor, is, m. — 4. Amasias, æ, m.

2. Tu es mon ami[1].

1. Amicus, i, m.

3. Le premier[1] nom[2] de la Sicile[3] fut Trinacrie[4].

1. Primus, a, um. — 2. Nomen, nominis, n. — 3. Sicilia, æ, f. — 4. Trinacria, æ, f.

4. Josias[1] fut un homme[2] saint[3] et religieux[4].

1. Josias, æ, m. — 2. Vir, i, m. — 3. Sanctus, a, um. — 4. Religiosus, a, um.

5. Les Romains[1] et les Grecs[2] ont été les peuples[3] les plus puissants[4] de l'antiquité[5].

1. Romani, orum, m. — 2. Græci, orum, m. — 3. Gens, gentis, f. — 4. Potens, entis. — 5. Antiquitas, tatis.

6. Les Philistins[1] furent toujours (*semper*) les ennemis[2] acharnés[3] des Hébreux[4].

1. Philistæi, orum, m. — 2. Hostis, is, m. — 3. Infestus, a, um. — 4. Hebræi, orum, m.

7. Les Thermopyles[1] sont un défilé[2] étroit[3].

1. Thermopylæ, arum, f. — 2. Saltūs, ûs, m. — 3. Angustus, a, um.

8. Nous sommes et nous serons toujours (*semper*) des maîtres[1] dévoués[2].

1. Magister, magistri, m. — 2. Addictus, a, um; *ajoutez :* à vous.

9. L'épée[1], la pique[2] et le javelot[3] étaient les armes-offensives[4], le casque[5], la cuirasse[6] et le bouclier[7] [etaient] les armes-défensives[8] du soldat[9] romain[10].

1. Gladius, i, m. — 2. Hasta, æ, f. — 3. Pilum, i. — 4. Telum, i. — 5. Galea, æ, f. — 6. Thorax, thoracis, m. — 7. Clipeus, i, m. — 8. Arma, orum. — 9. Miles, militis, m. — 10. Romanus, a, um.

10. Les amis[1] sont les trésors[2] des rois[3].

1. Amicus, i, m. — 2. Thesaurus, i, m. — 3. Rex, regis, m.

11. Les mères[1] sont les premiers[2] maitres[3] des petits-enfants[4].

1. Mater, matris, f. — 2. Primus, a, um. — 3. Magister, tri, m. — 4. Parvulus, i, m

12. A ce que (*tournez* : comme, *ut*) croyaient[1] les anciens[2], les éclairs[3] et les tonnerres[4] étaient une manifestation[5] de la . volonté[6] divine[7].

1. Credĕre, o, is, credidi, creditum. — 2. Antiqui, orum, m. — 3. Fulgur, is, n. — 4. Tonitruum, i. — 5. Significatio, onis, f. — 6. Voluntas, tatis, f. — 7. Divinus, a, um.

13. Les comices[1] étaient l'assemblée[2] des citoyens[3] romains[4].

1. Comitia, orum. — 2. Concilium, i. — 3. Civis, is, m. — 4. Romanus, a, um.

14. La concorde[1] et le courage[2] des citoyens[3] sont la plus solide[4] défense[5] des États[6].

1. Concordia, æ, f. — 2. Fortitudo, dinis, f. — 3. Civis, is, m. — 4. Firmus, a, um. — 5. Præsidium, i. — 6. Civitas, tatis, f.

15. Les Alpes[1] sont comme (*velut*) le rempart[2] de l'Italie[3].

1. Alpes, Alpium, f. — 2. Propugnaculum, i. — 3. Italia, æ, f.

147ᵉ EXERCICE

Anc. Gr. § 136-137. — Nouv. Gr. § 139

Bonus pater, bona mater, boni parentes.
Aristoteles fuit doctissimus

1. Sois bienfaisant[1] et généreux[2].

1. Benelicus, a, um. — 2. Liberalis, e.

2. Notre[1] fils[2] et notre fille[3] seront sains-et-saufs[4].

1. Noster, nostra, nostrum. — 2. Filius, i, f. — 3. Filia, æ, f. — 4. Incolumis, e.

3. Le père[1] et la mère[2] étaient accablés[3] de douleur[4] (*abl.*).

1. Pater, patris, m. — 2. Mater, matris, f. — 3. Confectus, a, um. — 4. Mœror, is, m.

4. La société[1] des méchants[2] est dangereuse[3].

1. Societas, tatis, f. — 2. Improbus, i, m. — 3. Periculosus, a, um.

5. Les menaces[1] du roi[2] furent vaines[3].

1. Minæ, arum, f. — 2. Rex, regis, m. — 3. Irritus, a, um.

6. Les présents[1] étaient de-peu-de-valeur[2] (adjectif).

1. Munus, muneris, n. — 2. Vilis, e.

7. Mes sœurs[1] et mes frères[2] sont inquiets[3].

1. Soror, is, f. — 2. Frater tris, m. — 3. Anxius, a, um.

8. Les troupes[1] furent débarquées[2].

1. Copiæ, arum, f. — 2. Exponĕre, o, is, exposui, expositum.

9. Un nouveau[1] roi[2] s'-éleva[3] [au trône].

1. Novus, a, um. — 2. Rex, regis, m. — 3. Exoriri, ior, exorĕris, exortus sum, dép. intr.

10. Des boucliers[1] étaient tombés[2] du (de, abl.) ciel[3].

1. Ancile, is, n. — 2. Delabi, or, ĕris, delapsus sum, dép. intr. — 3. Cælum, i.

11. Beaucoup-de[1] cérémonies-religieuses[2] furent instituées[3].

1. Multi, æ, a. — 2. Sacra, orum. — 3. Instituĕre, o, is, institui, institutum.

12. Des lois[1] très utiles[2] furent établies[3] par (a, abl.) Numa[4].

1. Lex, legis, f. — 2. Utilis, e. — 3. Ferre, fero, fers, tuli, latum. — 4. Numa, æ, m.

13. Aucune[1] guerre[2] [ne] fut faite[3] par (ab, abl.) lui.

1. Nullus, a, um. — 2. Bellum, i. — 3. Facĕre, io, is, feci, factum.

14. La guerre[1] éclata[2] entre (inter, acc.) les Romains[3] et les Albains[4].

1. Bellum, i. — 2. Exoriri, ior, exorĕris, exortus sum, dép. — 3. Romanus, i, m. — 4. Albanus, i, m.

15. Les trois Horaces[1] étaient Romains[2]; les trois Curiaces[3] étaient Albains[4].

1. Horatius, i, m. — 2. Romanus, i, m. — 3. Curiatius, i, m. — 4. Albanus, i, m.

16. Les spectateurs[1] furent saisis[2] d'effroi[3] (abl.).

1. Spectans, antis, m. — 2. Perstringĕre, o, is, perstrinxi, perstrictum. — 3. Horror, is, m.

17. La fuite[1] d'Horace[2] était simulée[3].

1. Fuga, æ, f. — 2. Horatius, i, m. — 3. Simulatus, a, um.

18. Romulus[1] et Numa[2] furent utiles[3] à Rome[4] (dat.).

1. Romulus, i, m. — 2. Numa, æ, m. — 3. Utilis, e. — 4. Roma, æ, f.

19. Les arts[1] et les lettres[2] furent cultivés[3] à Athènes[4] (abl.).

1. Ars, artis, f. — 2. Litteræ, arum, f. — 3. Excolĕre, o, is, excolui, excultum. — 4. Athenæ, arum, f.

20. Des vautours[1] et des éperviers[2] s'-abattirent[3] sur (*in, acc.*) le cadavre[4].

1. Vultur, is, m. – 2. Accipiter, tris, m. — 3. Delabi, or, eris, delapsus sum, *dép. intr.* — 4. Cadaver, is, n.

21. L'or[1] et l'argent[2] furent proscrits[3] à Sparte[4] (*gén.*).

1. Aurum, i. — 2. Argentum, i. — 3. Prohibêre, eo, es, ui, itum. — 4. Sparta, æ, f.

22. Athènes[1], Sparte[2], Thèbes[3] furent illustres[4].

1. Athenæ, arum, f. — 2. Sparta, æ, f. — 3. Thebæ, arum, f.—4. Clarissimus, a, um.

23. Les fantassins[1] et les cavaliers[2] des Perses[3] étaient innombrables[4]; ils furent vaincus[5] par (*ab, abl.*) une petite[6] armée[7].

1. Pedes, peditis, m. — 2. Eques, equitis, m. — 3. Persa, æ, m. — 4. Innumerabilis, e. — 5. Vincĕre, o, is, vici, victum. — 6. Exiguus, a, um. — 7. Exercitŭs, ŭs, m.

24. Les violettes[1] et les roses[2] sont très parfumées[3].

1. Viola, æ, f. — 2. Rosa, æ, f. — 3. Suavis, e.

25. Les chiens[1] et les chats[2] sont ennemis[3].

1. Canis, is, m. — 2. Feles, is, f. — 3. Inimicus, a, um.

26. Les enfants[1], les femmes[2], les vieillards[3] furent transportés[4] [sur] des chariots[5] (*abl.*).

1. Puer, i, m. — 2. Mulier, is, f. — 3. Senex, senis, m. — 4. Vehĕre, o, is, vexi, vectum. — 5. Currŭs, ŭs, m.

27. Les Carthaginois[1], leurs (*eorum*) femmes[2] et [leurs] enfants[3] périrent (*tournez :* furent consumés[4]) [dans] les flammes[5] (*abl.*).

1. Pœni, orum, m. — 2. Uxor, is, f. — 3. Liberi, orum, m. — 4. Absumĕre, o, is, absumpsi absumptum.— 5. Flamma, æ, f.

28. La vache[1], la chèvre[2], la brebis[3], le lion[4] firent une association (*tournez :* furent associés[5]).

1. Vacca, æ, f. — 2. Capella, æ, f. — 3. Ovis, is, f. — 4. Leo leonis, m. — 5. Socius, a, um.

148e EXERCICE

Ille flet doctissimus.

1. Isaac[1] dans sa vieillesse (*tournez :* vieux[2]) devint[3] aveugle[4].

1. Isaacus, i, m. — 2. Senex, senis, m. — 3. Fieri, fio, fis, factus sum. — 4. Cæcus, a, um.

2. Je reviens[1] accablé[2] de fatigue[3] (*abl.*).

1. Redire, eo, is, ivi ou ii, itum. — 2. Exanimatus, a, um. — 3. Lassitudo, dinis, f.

3. Le père[1], privé[2] de son fils[3] (*abl.*), descendit[4] affligé[5] au (*in, acc.*) tombeau[6].

1. Pater, patris, m. — 2. Orbatus, a, um. — 3. Filius, i, m. — 4. Descendĕre, o, is, i, descensum. — 5. Mærens, entis. — 6. Sepulcrum, i.

4. Que l'un de (*ex, abl.*) vous demeure[1] [comme] otage[2].

5. Romulus[1] fut appelé[2] Quirinus[3].

6. Horatius[1] se-précipita[2] tout-armé[3] dans (*in, acc.*) le Tibre[4].

7. Tatius[1] vint[2] féliciter (*tournez :* devant féliciter[3]) Tullus[4] (*dat.*).

8. Ancus Martius[1] fut nommé[2] roi[3].

9. Cincinnatus[1] entendit[2] revêtu-de-la-toge[3] les ordres[4] du Sénat[5].

10. Camille[1] fut appelé[2] père[3] de la patrie[4] et second[5] fondateur[6] de Rome[7]

11. La ville[1], dit (*inquit*) Cinéas[2], m' (*mihi*) a paru[3] un temple[4]; le Sénat[5] [m'a paru] une assemblée[6] de rois[7].

12. « J'ai vécu[1] assez (*satis*), dit (*inquit*) Épaminondas[2]; [car] je meurs[3] sans-avoir-été-vaincu (*tournez :* in-vaincu[4]). »

13. Les Bithyniens[1] attaquent[2] tous-ensemble[3] le vaisseau[4] du roi[5].

14. Timoléon[1] vécut[2] à Syracuse[3] (*abl.*) [comme] un simple-particulier[4].

15. Le tribun[1] fut trouvé[2] criblé de (*tournez :* percé[3] de beaucoup.

1. Manēre, ĕo, es, mansi, mansum.—**2.** Obses, obsĭdis, m.

1. Romulus, i, m. — **2.** Appellare, o, as, avi, atum. — **3.** Quirinus, i, m.

1. Horatius, i, m. — **2.** Desilire, io, is, desilii, desultum, *intr.* — **3.** Armatus, a, um. — **4.** Tiberis, is, m.

1. Tatius, i, m. — **2.** Venire, io, is, veni, ventum.—**3.** Gratulari, or, aris, atus sum, *dép.* — **4.** Tullus, i, m.

1. Ancus, i, Martius, i, m. — **2.** Creare, o, as, avi, atum. — **3.** Rex, regis, m.

1. Cincinnatus, i, m. — **2.** Audire, io, is, ivi *ou* ii, itum. — **3.** Togatus, a, um. — **4.** Mandatum, i. — **5.** Senatŭs, ūs, m.

1. Camillus, i, m. — **2.** Appellare, o, as, avi, atum. — **3.** Parens, parentis, m. — **4.** Patria, æ, f. — **5.** Alter, a, um. — **6.** Conditor, is, m. — **7.** Roma, æ, f.

1. Urbs, urbis, f. — **2.** Cineas, æ, m. — **3.** Vidēri, eor, eris, visus sum. — **4.** Templum, i. — **5.** Senatŭs, ūs, m. — **6.** Consessŭs, ūs, m. — **7.** Rex, regis, m.

1. Vivĕre, o, is, vixi, victum. — **2.** Epaminondas, æ, m. — **3.** Mori, ior, eris, mortuus sum, *dép.* — **4.** Invictus, a, um.

1. Bithyni, orum, m. — **2.** Invadĕre, o, is, invasi, invasum. — **3.** Universus, a, um. — **4.** Navis, is, f. — **5.** Rex, regis, m.

1. Timoleon, ontis, m. — **2.** Vivĕre, o, is, vixi, victum. — **3.** Syracusæ, arum, f. — **4.** Privatus, i, m.

1. Tribunus, i, m. — **2.** Invenire, io, is, inveni, inventum. — **3.** Confossus, a, um

de⁴) blessures⁵ (abl.), mais (sed) respirant⁶ encore (adhuc).

16. Marcellus¹ rentra² [en] vainqueur³ à Syracuse⁴ (acc.).

— 4. Multi, æ, a. — 5. Vulnus, neris, n. — 6. Spirans, antis.

1. Marcellus, i, m. — 2. Redire, eo, is, ivi ou ii, itum, dép. — 3. Victor, is, m. — 4. Syracusæ, arum, f.

17. Les malades¹ mouraient² abandonnés³ et négligés⁴.

1. Æger, ægri, m. — 2. Mori, ior, ĕris, mortuus sum, dép. — 3. Desertus, a, um. — 4. Neglectus, a, um.

18. Quelques (quidam) [soldats] attaquaient¹ seuls² les postes³ (des) ennemis⁴.

1. Invadĕre, o, is, invasi, invasum. — 2. Solus, a, um. — 3. Statio, onis, f. — 4. Hostis, is, m.

19. Cécrops¹, Danaüs², Cadmus³, Pélops⁴ sont regardés⁵ [comme] quatre (quattuor) fondateurs⁶ de colonies⁷.

1. Cecrops, Cecropis, m. — 2. Danaüs, i, m. — 3. Cadmus, i, m. — 4. Pelops, Pelopis, m. — 5. Habēre, eo, es, ui, habitum, au passif. — 6. Dux, ducis, m. — 7. Colonia, æ, f.

20. Codrus¹ entra² couvert-de-haillons³ dans (in, acc.) le camp⁴ des ennemis⁵.

1. Codrus, i, m. — 2. Ingredi, ior, eris, ingressus sum, dép. — 3. Pannosus, a, um. — 4. Castra, orum. — 5. Hostis, is, m.

21. Les Athéniens¹ montent² en-armes³ [sur] [leurs] vaisseaux⁴ (acc.).

1. Athenienses, ium, m. — 2. Conscendĕre, o, is, conscendi, conscensum. — 3. Armatus, a, um. — 4. Navis, is,.

22. Xerxès¹ demeura² spectateur³ du combat⁴.

1. Xerxes, is, m. — 2. Manēre, eo, es, mansi, mansum. — 3. Spectator, is, m. — 4. Pugna, æ f.

149ᵉ EXERCICE

Anc. Gr. § 138. — Nouv. Gr. § 141

Turpe est mentiri.

1. Il était défendu¹ à Athènes² (abl.) de n'exercer³ aucune⁴ profession⁵.

1. Vetitus, a, um. — 2. Athenæ, arum, f. — 3. Exercēre, eo, es, ui, itum. — 4. Nullus, a, um. — 5. Ars, artis, f.

2. Il était honteux¹ à Sparte² (gén.) de faire³ du commerce⁴.

1. Turpis, e. — 2. Sparta, æ, f. — 3. Facĕre, io, is, ieci, iactum. — 4. Mercatura, æ, f.

3. Il est beau[1] d'oublier[2] les injustices[3] [que l'on a] subies[4].

4. Il est doux[1] d'avoir[2] un ami[3] fidèle[4].

5. Il te (dat) sera avantageux[1] d'acheter[2] cette maison[3].

6. Il est digne[1] d'un Romain[2] (abl.) d'accomplir[3] des actes d'héroïsme (tournez : des [choses] courageuses[4], plur. neut.).

7. Il serait difficile[1] d'énumérer[2] les victoires[3] de César[4] dans (in, abl.) la Gaule[5].

8 Pompée[1] disait[2] : Il est beau de faire[4] et de vaincre[5] des rois[6].

9. Il est plus glorieux[1] d'obéir[2] à [sa] patrie[3] que (quam) de vaincre[4] des nations[5].

10. Éléazar[1] dit[2] à [ses] amis[3] : Il serait indigne[4] de moi (abl.) de laisser[5] aux jeunes gens[6] un mauvais[7] exemple[8] ; il vaut mieux (tournez : il est préférable[9]) mourir[10] que (quam) de flétrir (tournez : imprimer[11] une tache[12] [sur]) mon nom[13] (dat.).

11. Il était dangereux[1] d'attaquer[2] l'ennemi[3] la nuit (noctu) dans (in, abl.) un pays (tournez : des lieux[4]) inconnu[5].

12 Il était difficile[1] aux enfants[2]

1. Decorus, a, um. — 2. Oblivisci, or, ĕris, oblitus sum, dép. — 3. Injuria, æ, f. — 4. Acceptus, a, um.

1. Dulcis, e. — 2. Habĕre. eo, es, ui, itum. — 3. Amicus, i, m. — 4. Fidelis, e.

1. Commodus, a, um. — 2. Emĕre, o, is, emi, emptum. — 3. Domŭs, ûs, f.

1. Dignus, a, um. — 2. Romanus, i, m. — 3. Facĕre, io, is, feci, factum. — 4. Fortis, e.

1. Difficilis, e. — 2. Enumerare, o, as, avi, atum. — 3. Victoria, æ, f. — 4. Cæsar, is, m. — 5. Gallia, æ, f.

1. Pompeius, i, m. — 2. Dictitare, o, as, avi, atum. — 3. Decorus, a, um. — 4. Facĕre, io, is, feci, factum. — 5. Vincĕre, o, is, vici, victum. — 6. Rex, regis, m.

4. Gloriosus, a, um. — 2. Parĕre, eo, es, ui. — 3. Patria, æ, f. — 4. Superare, o, as, avi, atum. — 5. Gens, gentis, f.

1. Eleazar, is, m. — 2. Dicĕre, o, is, dixi, dictum. — 3. Amicus, i, m. — 4. Indignus, a, um. — 5. Relinquĕre, o, is, reliqui, relictum. — 6. Adolescens, entis, m. — 7. Malus, a, um. — 8. Exemplum, i. — 9. Potior, us. — 10. Perire, eo, is, ivi ou ii, itum. — 11. Inurĕre, o, is, inussi, inustum. — 12. Nota, æ, f. — 13. Nomen, nominis, n.

1. Periculosus, a, um. — 2. Aggredi, ior, ĕris, aggressus sum, dép. — 3. Hostis, is, m. — 4. Locus, i, m. — 5. Ignotus, a, um.

1. Difficilis, e — 2. Liberi, orum, m. —

de Phocion[3] de soutenir[4] [l'éclat de] la gloire[5] de [leur] père[6] (*adjectif*), dans (*in, abl.*) l'extrême[7] pauvreté[8] [où ils étaient].

3. Phocio, onis, m. — 4. Tuëri, eor, eris, tuitus sum, *dép.* — 5. Gloria, æ, f. — 6. Paternus, a, um. — 7. Summus, a, um. — 8. Paupertas, tatis, f

150ᵉ EXERCICE

Anc. Gr. § 140. — Nouv. Gr. § 142

Tarquinius, Romanorum rex.

1. Dieu[1] dit[2] à Abraham[3] : Tu seras le père[4] de toutes[5] les nations[6].

1. Deus[1], m. — 2. Dicĕre, e, is, dixi, dictum. — 3. Abrahamus, i, m. — 4. Pater, patris, m. — 5. Omnis, e. — 6. Gens, gentis, f.

2. Une grande[1] multitude[2] de brigands[3] et de bergers[4] se-réfugia[5] dans (*in, acc.*) l'asile[6].

1. Magnus, a, um. — 2. Multitudo, dinis, f. — 3. Latro, nis, m. — 4. Pastor, is, m. — 5. Confugĕre, io, is, confugi, *intr.* — 6. Asylum, i.

3. Le moment[1] du spectacle[2] arriva[3].

1. Tempus, temporis, n. — 2. Spectaculum, i. — 3. Vĕnire, io, is, veni, ventum.

4. Romulus[1] établit[2] trois[3] centuries[4] de chevaliers[5] ; il choisit[6] cent (*centum*) vieillards[7] [par] le conseil[8] (*abl.*) desquels il gouverna (*tournez :* il administra[9] les affaires[10]).

1. Romulus, i, m. — 2. Constituĕre, o, is, i, constitutum. — 3. Tres, tria. — 4. Centuria, æ, f. — 5. Eques, equitis, m. — 6. Eligĕre, o, is, elegi, electum. — 7. Senex, senis, m. — 8. Consilium, i. — 9. Administrare, o, as, avi, atum, — 10. Res, rei, f.

5. Tarquin[1] acquit[2] l'amitié[3] d'Ancus[4].

1. Tarquinius, i, m. — 2. Consequi, or, ĕris, consecutus sum, *dép.* — 3. Familiaritas, tatis, f. — 4. Ancus, i, m.

6. Un esclave[1] surprit[2] la conversation[3] des conjurés[4].

1. Servus, i, m. — 2. Excipĕre, io, is, excepi, exceptum. — 3. Sermo, sermonis, m. — 4. Conjuratus, i, m.

7. Horatius[1] arrêta[2] seul[3] l'armée[4] des ennemis[5], [en] se-tenant[6] à (*in, abl.*) la tête[7] d'un pont[8] ; son

1. Horatius, i, m. — 2. Sustinēre, eo, es, ui, sustentum. — 3. Solus, a, um. — 4. Acies, ei, f. — 5. Hostis, is, m. — 6. Stare, o, as, steti, statum. — 7. Caput, capitis, n. — 8. Pons, pontis, m. —

(*tournez :* de lui) audace[9] excita[10] l'admiration[11] des Étrusques[12](*dat.*).

8. Mucius[1] passa[2] dans (*in, acc.*) le camp[3] de Porsena[4], promettant[5] la mort[6] du roi[7].

9. Clélie[1] ayant trompé[2] la vigilance[3] de ses gardiens[4] passa-à-la-nage[5] le Tibre[6]; Porsena[7] admira[8] ce courage[9] d'une jeune-fille[10], et lui (*dat.*) abandonna[11] une partie[12] des otages[13].

10. Le nom[1] de Tarquin[2] était odieux[3] au peuple[4].

11. Codrus[1] fut roi[2] des Athéniens[3]; il fit[4] le sacrifice[5] de sa vie[6] pour assurer (*tournez :* pour qu', *ut,* il assurât[7]) l'indépendance[8] de sa patrie[9].

12. Les fleuves[1] de l'Italie[2], descendant[3] des pentes[4] (*abl. sing.*) de l'Apennin[5], se-jettent[6] dans (*in, acc.*) la mer[7] Adriatique[8] et dans la mer[9] Tyrrhénienne[10].

9. Audacia, æ, f. — 10. Movēre, eo, es, movi, motum. — 11. Admiratio, onis, f. — 12. Etrusci, orum, m.

1. Mucius, i, f. — 2. Penetrare, o, as, avi, atum. — 3. Castra, orum. — 4. Porsena, æ, m. — 5. Promittĕre, o, is, promisi, promissum. — 6. Nex, necis, f. — 7. Rex, regis, m.

1. Clœlia, æ, f. — 2. Frustrari, or, aris, atus sum, *dép.* — 3. Vigilantia, æ, f. — 4. Custos, custodis, m. — 5. Tranare, o, as, avi, atum. — 6. Tiberis, is, m. — 7. Porsena, æ, m. — 8. Admirari, or, aris, atus sum, *dép.* — 9. Virtus, virtutis, f. — 10. Virgo, virginis, f. — 11. Donare, o, as, avi, atum. — 12. Pars, partis, f. — 13. Obses, obsidis, m.

1. Nomen, nominis, n. — 2. Tarquinius, i, m. — 3. Invisus, a, um. — 4. Populus, i, m.

1. Codrus, i, m. — 2. Rex, regis, m. — 3. Athenienses, ium, m. — 4. Facĕre, io, is, feci, factum. — 5. Jactura, æ, f. — 6. Vita, æ, f. — 7. Firmare, o, as, avi, atum. — 8. Libertas, tatis, f. — 9. Patria, æ, f.

1. Flumen, fluminis, n. — 2. Italia, æ, f. — 3. Defluĕre, o, is, defluxi. — 4. Dorsum, i. — 5. Apenninus, i, m. — 6. Decurrĕre, o, is, decurri, decursum, *intr.* — 7. Mare, is, n. — 8. Superus, a, um. — 9. Inferus, a, um.

151ᵉ EXERCICE

Anc. Gr. § 142. — Nouv. Gr. § 144

Amo Deum. — **Imitor patrem.**

1. Deux grands[1] fleuves[2] arrosaient[3] la Mésopotamie[4].

1. Ingens, ingentis. — 2. Fluvius, i, m. — 3. Irrigare, o, as, avi, atum. — 4. Mesopotamia, æ, f.

2. Dieu[1] fit[2] le soleil[3], la lune[4] et les étoiles[5].

1. Deus, i, m. — 2. Facĕre, io, is, feci, factum. — 3. Sol, is, m. — 4. Luna, æ, f. — 5. Stella, æ, f.

3. Le soleil[1] éclaira[2] la terre[3] (plur.); les arbres[4] portèrent[5] des feuilles[6], des fleurs[7] et des fruits[8].

1. Sol, is, m. — 2. Illustrare, o, as, avi, atum. — 3. Terra, æ, f. — 4. Arbor, is, f. — 5. Ferre, fero, fers, tuli, latum. — 6. Frons, frondis, f. — 7. Flos, floris, m. — 8. Fructŭs, ûs, m.

4. Abraham[1] construisit[2] un autel[3], disposa[4] le bois[5] (plur.), attacha[6] Isaac[7] et saisit[8] le glaive[9].

1. Abrahamus, i, m. — 2. Exstruĕre, o, is, exstruxi, exstructum. — 3. Ara, æ, f. — 4. Disponĕre, o, is, disposui, dispositum. — 5. Lignum, i. — 6. Alligare, o, as, avi, atum. — 7. Isaacus, i, m. — 8. Arripĕre, io, is, arripui, arreptum. — 9. Gladius, i, m.

5. Les médecins[1] embaumèrent[2] le corps[3] de Jacob[4].

1. Medicus, i, m. — 2. Condire, io, is, ivi ou ii, itum. — 3. Corpus, corporis, n. — 4. Jacobus, i, m.

6. Dieu[1] n'abandonna[2] pas les Hébreux[3].

1. Deus, i, m. — 2. Deserĕre, o, is, deserui, desertum. — 3. Hebræi, orum, m.

7. Le nouveau[1] roi[2] n'avait pas vu[3] Joseph[4]; il opprima[5] les Hébreux[6].

1. Novus, a, um. — 2. Rex, regis, m. — 3. Vidĕre, eo, es, vidi, visum. — 4. Josephus, i, m. — 5. Opprimĕre, o, is, oppressi, oppressum. — 6. Hebræi, orum, m.

8. Étends[1] [ta] main[2] et sépare[3] 'es eaux[4].

1. Protendĕre, o, is, i, protentum. — 2. Dextra, æ, f. — 3. Dividĕre, o, is, divisi, divisum. — 4. Aqua, æ, f.

9. Les Hébreux[1] parcoururent[2] un vaste[3] désert[4].

1.Hebræi, orum, m. — 2. Peragrare, o, as, avi, atum. — 3. Vastus, a, um. — 4. Solitudo, dinis, f.

10. Moïse[1] frappa[2] le rocher[8] de sa baguette[4] (*abl.*).

1. Moses, is, m. — 2. Percutěre, io, is, percussi, percussum. — 3. Rupes, is, f. — 4. Virga, æ, f.

11. Les Égyptiens[1] adoraient[2] leur roi[3] en-se-courbant[4] (*adj.*).

1. Ægyptii, orum, m. — 2. Venerari, or, aris, atus sum *dép.* — 3. Rex, regis, m. — 4. Pronus, a, um.

12. Curius[1] méprisa[2] l'or[3] des Samnites[4].

1. Curius, i, m. — 2. Contemněre, o, is, contempsi, contemptum. — 3. Aurum, i — 4. Samnites, ium, m.

13. Pyrrhus[1] admira[2] la grandeur d'âme[3] de Fabricius[4].

1. Pyrrhus, i, m. — 2. Admirari, or, aris, atus sum, *dép.* — 3. Animi magnitudo, dinis, f. — 4. Fabricius, i, m.

14. Le Sénat[1] suivit[2] l'avis[3] de Postumius[4].

1. Senatŭs, ûs, m. — 2. Sequi, or, ěris, secutus sum, *dép.* — 3. Sententia, æ, f. — 4. Postumius, i, m.

15. La jeunesse[1] romaine[2] haït[3] Manlius[4].

1. Juventus, tutis, f. — 2. Romanus, a, um. — 3. Exsecrari, or, aris, atus sum, *dép.* — 4. Manlius, i, m.

16. Coriolan[1] ravagea[2] le territoire[3] romain[4].

1. Coriolanus, i, m. — 2. Populari, or, aris, atus sum, *dép.* — 3. Ager, agri, m. — 4. Romanus, a, um.

152ᵉ EXERCICE

Gr. lat. § 146; 244 — 253 — Nouv. Gr. § 147; 251

Date panem egenti.

1. Procas[1] laissa[2] le trône[3] à Numitor[4].

1. Procas, æ, m. — 2. Relinquěre, o, is, reliqui, relictum. — 3. Regnum, i. — 4. Numitor, is, m.

2. Romulus[1] voua[2] un temple[3] à Jupiter[4].

1. Romulus, i, m. — 2. Vověre, eo, es, vovi, votum. — 3. Ædes, is, f. — 4. Jupiter, Jovis, m.

3. L'armée[1] albaine[2] cria[3] aux Curiaces[4] de porter (*tournez :* que,

1. Exercitŭs, ûs, m. — 2. Albanus, a, um. — 3. Inclamare, o, as, avi, atum. — 4. Curiatius, i, m. —

11.

ut, ils portassent[5]) secours[6] à leur frère[7].

4. La sœur[1] d'Horace[2] avait été fiancée[3] à l'un des Curiaces[4].

1. Soror, is, f. — 2. Horatius, i, m. — 3. Desponsare, o, as, avi, atum. — 4. Curiatius, i, m.

5. Servius Tullius[1] voulut[2] embellir *(tournez :* ajouter[3] [quelque] embellissement[4] à) la ville[5].

1. Servius, i, Tullius, i, m. — 2. Velle, volo, vis, volui. — 3. Addĕre, o, is, addidi, additum. — 4. Decus, decoris, n. — 5. Urbs, urbis, f.

6. Tarquin[1] ne répondit[2] rien[3] au messager[4] de son fils[5] Sextus[6].

1. Tarquinius, i, m. — 2. Respondere, eo, es, i, responsum. — 3. *Ne.. rien*, nihil. — 4. Nuntius, i, m. — 5. Filius, i, m. — 6. Sextus, i, m.

7. Brutus[1] porta[2] à Apollon[3] de l'or[4] [dans] une tige[5] *(abl.)* de-sureau[6] *(adjectif)*.

1. Brutus, i, m. — 2. Ferre, fero, fers, tuli, latum. — 3. Apollo, Apollinis, m. — 4. Aurum, i. — 5. Baculum, i, n. — 6. Sambuceus, a, um.

8. La cité[1] reconnaissante[2] donna[3] un champ[4] à Coclès[5].

1 Civitas, tatis, f. — 2. Gratus, a, um. — 3. Dare, do, das, dedi, datum. — 4. Ager, agri, m. — 5. Cocles, clitis, m.

9. Le surnom[1] de Publicola[2] fut donné[3] à Valérius[4].

1. Cognomen, minis, n. — 2. Publicola, æ, m. — 3. Indĕre, o, is, indidi, inditum. — 4. Valerius, i, m.

10. Des remercîments[1] furent adressés[2] par *(a, abl.)* le Sénat[3] à la *gens*[4] Fabia[5].

1. Gratiæ, arum, f. — 2. Agĕre, o, is, egi, actum. — 3. Senatŭs, ūs, m. — 4. Gens, gentis, f. — 5. Fabius, a, um.

11. Postumius[1] offrit[2] à Coriolan[3] cent *(centum)* arpents[4] de terre[5], dix *(decem)* prisonniers[6], autant de *(totidem)* chevaux[7] harnachés[8].

1. Postumius, i, m. — 2. Offerre, offero, offers, obtuli, oblatum. — 3. Coriolanus, i, m. — 4. Jugerum, i, *plur.* jugera, um. — 5. Ager, agri, m. — 6. Captivus, i, m. — 7. Equus, i, m. — 8. Ornatus, a, um.

12. Les Falisques[1] se rendirent[2] aux Romains[3].

1. Falisci, orum, m. — 2. Dedĕre, o, is, dedidi, deditum. — 3. Romani, orum, m.

13. Les patriarches[1] attribuaient[2] tous[3] leurs biens[4] à leurs premiers-nés[5].

1. Pater, patris, m. — 2. Tribuĕre, o, is, i, tributum. — 3. Omnis, e. — 4. Bonum, — 5. Primogenitus, i, m.

14. Antiochus[1] éleva[2] des autels[3]

1. Antiochus, i, m. — 2. Exstruĕre, o, is, exstruxi, exstructum. — 3. Ara, æ, f. —

aux faux[4] dieux[5] dans (*in, abl.*) toute[6] la Judée[7].

— 4. Falsus, a, um. — 5. Deus, i, m. — 6. Universus, a, um. — 7. Judæa, æ, f

15. La piété filiale de Scipion lui concilia (*tournez :* la piété[1] envers *in, acc.*, [son] père concilia[2] à Scipion[3]) la faveur[4] du peuple[5].

1. Pietas, tatis, f. — 2. Conciliare, o, as, avi, atum. — 3. Scipio, onis, m. — 4. Favor, is, m. — 5. Populus, i, m.

16. Après la défaite de Persée (*tournez :* Persée[1], *abl.*, ayant été vaincu[2]), toute-sorte-d'[3] (*adjectif*) honneurs[4] (*sing.*) furent rendus[5] à Paul Émile[6].

1. Perses, æ, m. — 2. Vincěre, o, is, vici, victum. — 3. Omnis, e. — 4. Honor, is, m. — 5. Habēre, eo, es, ui, itum. — 6. Paulus, i, Æmilius, i, m.

153° EXERCICE

Anc. Gr. § 144. — Nouv. Gr. § 147; 278

Liberavi eum periculo, *ou* e periculo, *ou* a periculo.

1. La mort[1] inattendue[2] de Pyrrhus délivra[3] les Romains[4] de toute[5] crainte[6].

1. Mors, mortis, f. — 2. Inopinatus, a, um. — 3. Liberare, o, as, avi, atum. — 4. Romani, orum, m. — 5. Omnis, e. — 6. Metŭs, ūs, m.

2. Auguste[1] sauva[2] un esclave[3] de Vedius Pollion[4] d'un supplice[5] atroce[6].

1. Augustus, i, m. — 2. Vindicare, o, as, avi, atum. — 3. Servus, i, m. — 4. Vedius, i, Pollio, onis, m. — 5. Pœna, æ, f. — 6. Atrox, atrocis.

3. Tarquin Collatin[1] se démit[2] de la dictature[3], parce que (*quod*) le nom[4] de Tarquin[5] était odieux[6] à la plèbe[6].

1. Tarquinius, i, Collatinus, i, m. — 2. Abdicare, o, as, avi, atum. — 3. Dictatura, æ, f. — 4. Nomen, nominis, n. — 5. Invisus, a, um. — 6. Plebs, plebis, f.

4. Fabius se contentait (*tournez :* avait[1] assez, *satis*) [de] défendre[2] la campagne[3] contre (*a, abl.*) les ravages[4] des soldats[5] d'Annibal[6].

1. Habēre, eo, es, ui, itum. — 2. Prohibēre, eo, es, ui, itum. — 3. Agri, orum, m. — 4. Populatio, onis, f. — 5. Miles, militis, m. — 6. Annibal, is, m.

5. Les Romains[1] n'essayèrent[2] pas [d'] écarter[3] les Carthaginois[4] de leurs murs[5].

1. Romani, orum, m. — 2. Conari, or, aris, atus sum, *dép.* — 3. Arcēre, eo, es, ui. — 4. Pœni, orum, m. — 5. Murus, i, m.

6. Fabricius, devenu[1] censeur[2], chassa[3] du sénat[4] Rufinus, [homme] avide[5] et rapace[6].

1. Fieri, fio, fis, factus sum. — 2. Censor, is, m. — 3. Movēre, eo, es, movi, motum. — 4. Senatūs, ūs, m. — 5. Avarus, a, um. — 6. Rapax, rapacis.

7. Les Gaulois[1] furent précipités[2] du Capitole[3].

1. Galli, orum, m. — 2. Deturbare, o, as, avi, atum. — 3. Capitolium, i.

8. Annibal[1] se dégagea[2] d'un piège[3] où (quo) l'avait attiré[4] Fabius.

1. Annibal, is, m. — 2. Expedire, io, is, ivi ou ii, itum. — 3. Insidiæ, arum, f. — 2. Perducěre, o, is, perduxi, perductum.

9. Le châtiment[1] du déluge[2] ne détourna[3] pas les hommes[4] des vices[5].

1. Pœna, æ, f. — 2. Diluvium, i. — 3. Deterrēre, eo, es, ui, itum. — 4. Homo, hominis, m. — 5. Vitium, i.

10. Les hommes-justes[1] ont-de-la-répugnance[2] pour (ab, abl.) tout[3] acte-d'improbité[4].

1. Justus, i, m. — 2. Abhorrēre, eo, es, ui. — 3. Omnis, e. — 4. Improbitas, tatis, f.

11. Dix (decem) tribus[1] se-séparèrent[2] de Roboam[3].

1. Tribūs, ūs, f. — 2. Deficěre, io, is, defeci, defectum, intr. — 3. Roboamus, i, m.

12. Abstenons-nous[1] des fautes[2] que nous reprochons[3] aux (tournez: dans, in, abl., lés) autres[4].

1. Abstinēre, eo, es, ui, intr. — 2. Vitium, i. — 3. Reprehenděre, o, is, i, reprehensum. — 4. Alii, orum, m.

13. Alexandre[1] laissa[2] Antipater[3] en (in, abl.) Macédoine[4], pour défendre (tournez: pour qu', ut, subj., il défendit[5]) le pays[6] contre (ab, abl.) les incursions[7] des Illyriens[8] et des Grecs[9].

1. Alexander, dri, m. — 2. Relinquěre, o, is, reliqui, relictum. — 3. Antipater, Antipatri, m. — 4. Macedonia, æ, f. — 5. Tuēri, eor, eris, itus sum, dép. — 6. Regio, onis, f. — 7. Incursio, onis, f. — 8. Illyrii, orum, m. — 9. Græci, orum, m.

14. Les aurochs[1] ne diffèrent[2] pas beaucoup (multum) des taureaux[3] [par] l'aspect[4] (abl.) et la couleur[5].

1. Urus, i, m. — 2. Differre, differo, differs, distuli, dilatum. — 3. Taurus, i, m. — 4. Species, ei, f. — 5. Color, is, m.

15. Eumène[1], roi[2] de Pergame[3], ami[4] des Romains, était-en-désaccord[5] avec (a, abl.) Prusias[6], roi[1] de Bithynie[7], ami[4] d'Annibal[8].

1. Eumenes, is, m. — 2. Rex, regis, m. — 3. Pergamum, i. — 4. Amicus, i, m. — 5. Dissidēre, eo, es, intr. — 6. Prusias, æ, m. — 7. Bithynia, æ, f. — 8. Annibal, is, m.

154° EXERCICE

Gr. lat. § 145 — Nouv. Gr. § 147, 281

Amor a Deo. — Mærore conficior.

1. Le frère[1] de Junius Brutus[2] avait été tué[3] par son oncle[4] Tarquin le Superbe[5].

1. Frater, fratris, m. — 2. Junius, i, Brutus, i, m. — 3. Occīděre, o, is, occīdi, occisum. — 4. Avunculus, i, m. — 5. Tarquinus. i, m., Superbus, a, um.

2. La conversation[1] des fils de Brutus fut surprise[2] par un esclave[3].

1. Sermo, sermonis, m. — 2. Excipěre, io, is, excepi, exceptum. — 3. Servus, i, m.

3. Marcus Valérius[1] fut provoqué[2] en (ad, acc.) combat[3] singulier[4] par un Gaulois[5].

1. Marcus, i, Valerius, i, m. — 2. Provocare, o, as, avi, atům. — 3. Certamen, minis, n. — 4. Singularis, e. — 5. Gallus, i, m.

4. Manlius, défié[1] par un chef[2] latin[3], fut ému[4] de colère[5] et de honte[6].

1. Provocare, o, as, avi, atum. — 2. Dux, ducis, m. — 3. Latinus, a, um. — 4. Movēre, eo, es, movi, motum. — 5. Ira, æ, f. — 6. Pudor, is, m.

5. Publius Décius reçut de son armée une couronne (tournez : fut gratifié[1], par son armée[2] d'une couronne[3], abl.) de-gazon[4] (adj.), récompense[5] donnée[6] au chef[7] par qui des citoyens[8] romains[9] avaient été délivrés[10] d'un danger[11] pressant[12].

1. Donare, o, as, avi, atum. — 2. Exercitus, ûs, m. — 3. Corona, æ, f. — 4. Gramineus, a, um. — 5. Præmium, i. — 6. Dare, do, das, dedi, datum. — 7. Dux, ducis, m. — 8. Civis, is, m. — 9. Romanus, a, um. — 10. Liberare, o, as, avi, atum. — 11. Periculum, i. — 12. Imminens, entis.

6. La grandeur[1] future[2] de Joseph[3] était annoncée[4] par un songe[5].

1. Magnitudo, dinis, f. — 2. Futurus, a, um. — 3. Josephus, i, m. — 4. Portenděre, o, is, f. — 5. Somnium, i.

7. Les Bretons[1], repoussés[2] par la cavalerie[3] de César[4], se cachèrent[5] dans (in, acc.) les forêts[6].

1. Britanni, orum, m. — 2. Pellěre, o, is, pepuli, pulsum. — 3. Equitatûs, ûs, m. — 4. Cæsar, is, m. — 5. Abděre, o, is, abdidi, abditum. — 6. Silva, æ, f.

8. La montagne[1] se couvrit (tournez : fut couverte[2]) d'une nuée[3] épaisse[4].

1. Mons, montis, m. — 2. Obducěre, o, is, obduxi, obductum. — 3. Nubes, is, f. — 4. Densus, a, um

9. Les présents[1] de Pyrrhus furent rejetés[2] non seulement (*non modo*) par les hommes[3], mais aussi (*sed etiam*) par les femmes[4].

1. Munus, muneris, n. — 2. Spernĕre, o, is, sprevi, spretum. — 3. Vir, i, m. — 4. Mulier, is, f.

10. Les Perses[1] envoyés[2] par Xerxès[3] (*ajoutez* : pour, *ad*, *gérondif en dum*) piller[4] le temple d'Apollon[5], furentdétruits[6]par les pluies-d'orage[7] et par la foudre[8] (*plur.*).

1. Persæ, arum, m. — 2. Mittĕre, o, is, misi, missum. — 3. Xerxes, is, m. — 4. Diripĕre, io, is, diripui, direptum. — 5. Apollo, Apollinis, m. — 6. Delēre, eo, es, evi, etum. — 7. Imber, imbris, m. — 8. Fulmen, fulminis, n.

11. Tarquin[1] mourut[2] à Cumes[3] (*abl.*), accablé[4] de vieillesse[5] et de chagrin[6].

1. Tarquinius, i, m. — 2. Mori, ior, eris, mortuus sum, *dép.* — 3. Cumæ, arum, f. — 4. Conficĕre, io, is, confeci, confectum. — 5. Senium, i. — 6. Ægritudo, dinis, f.

12. Les esprits[1] des plébéiens[2], irrités[3] [contre] les patriciens[4] (*dat.*), furent ramenés[5] par une fable[6] de Ménénius Agrippa[7].

1. Mens, mentis, f. — 2. Plebeii, orum, m. — 3. Iratus, a, um. — 4. Patres, um, m. — 5. Flectĕre, o, is, flexi, flexum. — 6. Fabula, æ, f. — 7. Menenius, i, m., Agrippa, æ, m

13. Quand (*quum*) Cincinnatus fut abordé[1] par les envoyés[2] du Sénat[3], il était couvert[4] (*mettre le-plus-que-parfait*) de poussière[5] et de sueur[6].

1. Convĕnire, io, is, conveni, conventum. — 2. Legatus, i, m. — 3. Senatŭs, ŭs, m. — 4. Perfundĕre, o, is, perfudi, perfusum. — 5. Pulvis, pulveris, m. — 6. Sudor, is, m.

THÈME DE RÉCAPITULATION
SUR LES PREMIÈRES RÈGLES DE SYNTAXE

Polycrate[1].

Polycrate était tyran[2] de l'île[3] de Samos[4]. Il était regardé[5] [comme] le plus riche[6] et le plus heureux[7] des princes[8] de ce temps[9]; mais il était tourmenté[10] par sa prospérité[11] : les anciens[12] en effet (*enim*) redoutaient[13] la jalousie[14] des dieux[15] et l'inconstance[15] de la fortune[16]. Les hommes à qui elle

1. Polycrates, is, m. — 2. Tyrannus, i, m. — 3. Insula, æ, f. — 4. Samos, i, f. — 5. Habēri, eor, ēris, itus sum. — 6. Dives, divitis. — 7. Felix, felicis. — 8. Rex, regis, m. — 9. Tempus, temporis, n. — 10. Angĕre, o, is, anxi. — 11. Prosperitas, tatis, f. — 12. Antiqui, orum, m. — 13. Formidare, o, as, avi, atum. — 14 Invidia, æ, f. — 15. Inconstantia, æ, f. — 16. Fortuna, æ, f. —

avait accordé[17] beaucoup-de[18] (*adj.*) faveurs[19] appréhendaient[20] dans la suite (*postea*) des maux[21] extrêmes[22]. Polycrate[1] voulut[23] la fléchir[24] et s'infliger[25] lui-même une perte[26]. Il prit[27] un anneau[28] très précieux[29] qu'il portait[30] au (*in, abl.*) doigt[31] et le jeta[32] dans (*in, acc.*) la mer[33] du haut (*de, abl.*) d'une tour[34]. Il rentra[35] joyeux[36] dans (*in, acc.*) [son] palais[37]. « J'ai subi[38], dit-il[39], un très-grand[40] dommage[41] ; les dieux[42] et la fortune[43] ne pourront[44] être irrités[45] [contre] moi (*dat.*) ils me seront au contraire (*contra*) propices[46] ; ils seconderont[47] toutes[48] mes entreprises[49], et je mourrai[50] entouré du res-pect et de l'admiration (*tournez :* avec (*cum, abl.*) un grand respect[51] et une [grande] admiration[52]) des peuples[53] de l'Asie[54] et de l'Europe[55]. » Polycrate[1] était aveuglé[56] par [sa] prospé-rité[11]. Ce n'était pas là (*non hæc erat*) le moyen[57] d'éviter[58] le malheur[59] : il aurait dû[60] mépriser[61] et rejeter[62] volontaire-ment (*sponte sua*) les biens[63] fragiles[64] que donne[65] la fortune[16].

THÈME DE RÉCAPITULATION

Polycrate (*fin*).

Un jour (*abl.*), Polycrate était-à-table[1] avec (*cum, abl.*) ses amis[2] ; un serviteur (*famulus, i, m.*) lui apporte[3] cet anneau[4],

---

17. Tribuěre, o, is, i, tributum. — 18. Multi, æ, a. — 19. Beneficium, i. — 20. Metuěre, o, is, i. — 21. Malum, i. — 22. Ultimus, a, um. — 23. Velle, volo, vis, volui. — 24. Placare, o, as, avi, atum. — 25. Inferre, infero, infers, intuli, illatum. — 26. Detrimentum, i. — 27. Suměre, o, is, sumpsi, sumptum. — 28. Annulus, i, m. — 29. Pretiosus, a, um. — 30. Ha-běre, eo, es, ui, itum. — 31. Digitus, i, m. — 32. Abjicěre, io, is, ab-jeci, abjectum. — 33. Mare, is, n. — 34. Turris, is, f. — 35. Redire, eo, is, ivi *ou* ii, itum. — 36. Lætus, a, um. — 37. Regia, æ, f. — 38. Pati, for, eris, passus sum, *dép.* — 39. Inquam. — 40. Gravis, e. — 41. Jactura, æ, f. — 42. Deus, i, m. — 43. Fortuna, æ, f. — 44. Posse, possum, potes, potui. — 45. Iratus, a, um. — 46. Propitius, a, um. — 47. Adjuvare, o, as, adjuvi, adjutum. — 48. Omnis, e. — 49. Inceptum, i. — 50. Mori, ior, ěris, mortuus sum, *dép.* — 51. Reverentia, æ, f. — 52. Admiratio, onis, f. — 53. Populus, i, m. — 54. Asia, æ, f. — 55. Europa, æ, f. — 56. Occæcatus, a, um. — 57. Via, æ, f. — 58. Vitare, o, as, avi, atum. — 59. Calamitas, calamitatis, f. — 60. Deběre, eo, is, ui, tum. — 61. Con-temněre, o, is, contempsi, contemptum. — 62. Repudiare, o, as, avi, atum. — 63. Bonum, i. — 64. Fragilis, e. — 65. Dare, o, as, dedi, datum.

---

1. Epulari, or, aris, atus sum, *dép.* — 2. Familiaris, is, m. — 3. Afferre, affero, affers attuli, allatum. — 4. Annulus, i, m. —

dont la perte[5] était pour lui (*dat.*) comme (*velut*) le gage[6] d'une vie[7] désormais (*postea*) heureuse[8]. « Qui a trouvé[9] cet anneau[4] ? » demande[10] le tyran[11]. « Par quel prodige[12] a-t-il été rejeté[13] hors de (*e, abl.*) la mer[14] ? Seigneur, un pêcheur[15] frappé[16] de la beauté[17] d'un poisson[18] qu'il avait pris[19], l'a jugé[20] digne[21] de la table[22] (*abl.*) royale[23]. Il l'a apporté[3] à votre cuisinier[24]. Celui-ci l'a ouvert[25] : dans (*in, abl.*) le ventre[26] du poisson[18] brillait[27] l'anneau[4]. » Ainsi (*igitur*) la fortune[28] n'avait pas accepté[29] ce sacrifice[5], et elle préparait[30] au trop heureux[8] (*compar.*) Polycrate des adversités[31] affreuses[32]. Le roi de Perse (*tournez :* des Perses)[33], Darius, forma[34] le projet[35] de subjuguer[36] la Grèce[37]; il prit[19] bientôt (*brevi*) les villes[38] grecques[39] de la côte[40] d'-Asie (*adj.*)[41] et les îles[42] voisines[43] qui sont dans (*in, abl.*) la mer[44] Égée[45]. Samos[46] fut emportée d'assaut[47] par ses (*tournez :* de lui) généraux[48]. Les troupes[49] du tyran[11] ne [lui] gardèrent[50] pas la fidélité[51] qu'elles lui avaient jurée[52] et [l']abandonnèrent[53]. Polycrate, attaché[54] [sur] une haute[55] croix[56] (*dat.*), subit[57] le plus cruel[58] et le plus infâme[59] des supplices[60].

---

5. Jactura, æ, f. — 6. Pignus, pignoris, n. — 7. Vita, æ, f. — 8. Beatus, a, um. — 9. Reperire, io, is, reperi, repertum. — 10. Quœrĕre, o, is, quæsivi, quæsitum. — 11. Tyrannus, i, m. — 12. Miraculum, i. — 13. Ejicĕre, io, is, ejeci, ejectum. — 14. Mare, is, n. — 15. Piscator, is, m. — 16. Commotus, a, um. — 17. Pulchritudo, dinis, f. — 18. Piscis, is, m. — 19. Capĕre, io, is, cepi, captum. — 20. Judicare, o, as, avi, atum. — 21. Dignus, a, um. — 22. Mensa, æ, f. — 23. Regius, a, um. — 24. Coquus, i, m. — 25. Aperire, io, is, aperui, apertum. — 26. Venter, ventris, m. — 27. Fulgĕre, eo, es, fulsi. — 28. Fortuna, æ, f. — 29. Accipĕre, io, is, accepi, acceptum. — 30. Parare, o, as, avi, atum. — 31. Malum, i. — 32. Acerbus, a, um, *au superl.* — 33 Persæ, arum, m. — 34. Inire, eo, is, ivi *ou* ii, itum. — 35. Consilium, i. — 36. Subigĕre, o, is, subegi, subactum. — 37. Græcia, æ, f. — 38. Civitas, tatis, f. — 39. Græcus, a, um. — 40. Ora, æ, f. — 41. Asiaticus, a, um. — 42. Insula, æ, f. — 43. Vicinus, a, um. — 44. Mare, maris, n. — 45. Ægæus, a, um. — 46. Samos, i, f. — 47. Expugnare, o, as, avi, atum. — 48. Præfectus, i, m. — 49. Copiæ, arum, f. — 50. Præstare, o, as, præstiti. — 51. Fides, ei, f. — 52. Obstringĕre, o, is, obstrinxi, obstrictum. — 53. Delicĕre, io, is, defeci, defectum. — 54. Affigĕre, o, is, affixi, affixum. — 55. Altus, a, um. — 56. Crux, crucis, f. — 57. Pati, ior, eris, passus sum, *dép.* — 58. Crudelis, e. — 59. Ignominiosus, *sans superlatif.* — 60. Supplicium. L.

LE SUBSTANTIF

155ᵉ EXERCICE

Anc. Gr. § 147. — Nouv. Gr. § 149, Rem. II.

Summa arbor.

1. Clodius[1] habitait[2] dans le haut[3] de la voie[4] Sacrée[5].

1. Clodius, i, m. — 2. Habitare, o, as, avi, atum. — 3. Summus, a, um. — 4. Via, æ, f. — 5. Sacer, cra, crum.

2. Des planches[1] brisées[2] flottaient[3] à (*tournez :* sur, *in, abl.*) la surface[4] de la mer[5].

1. Tabula, æ, f. — 2. Lacer, a, um. — 3. Fluctuare, o, as, avi, atum. — 4. Summus, a, um. — 5. Mare, is, n.

3. Milon[1] tenta[2] de séparer[3] le milieu[4] de l'arbre[5].

1. Milo, onis, m. — 2. Conari, or, aris, atus sum, *dép.* — 3. Discindĕre, o, is, discidi, discissum, — 4. Medius, a, um. — 5. Arbor, is, f.

4. Horatius[1] seul[2], au (*tournez :* sur le) bout[3] du pont[4], soutint[5] le choc[6] des ennemis[7].

1. Horatius, i, m. — 2. Solus, a, um. — 3. Extremus, a, um. — 4. Pons, pontis, m. — 5. Sustinĕre, eo, es, ui, sustentum. — 6. Impetŭs, ûs, m. — 7. Hostis, is, m.

5. Le bouc[1] ne put[2] sortir[3] du fond[4] du puits[5].

1. Hircus, i, m. — 2. Posse, possum. — 3. Evadĕre, o, is, evasi, evasum. — 4. Imus, a, um. — 5. Puteus, i, m.

6. Alexandre[1] mit-à-mort[2] trois mille[3] Tyriens[4] : il vendit[5] le reste[6].

1. Alexander, dri, m. — 2. Interficĕre, io, is, interfeci, interfectum. — 3. Millia, um, n. — 4. Tyrius, i, m. — 5. Venumdare, o, as, venumdedi, venumdatum. — 6. Reliqui, æ, a.

7. L'aigle[1] habitait (*tournez :* avait établi[2] [son] domicile[3]) au sommet[4], la chatte[5] au milieu[6], la laie[7] au pied[8] d'un chêne[9].

1. Aquila, æ, f. — 2. Collocare, o, as, avi, atum. — 3. Domicilium, i. — 4. Summus, a, um. — 5. Feles, is, f. — 6. Medius, a, um. — 7. Sus, suis, f. — 8. Imus, a, um. — 9. Quercŭs, ûs, f.

8. Les Cimbres[1] et les Teutons[2] fuyaient (*tournez :* étaient fugitifs[3]) de (*ab, abl.*) l'extrémité[4] de la Germanie[5].

1. Cimber, bri, m. — 2. Teuto, onis, m. — 3. Profugus, a, um. — 4. Extremus, a, um. — 5. Germania, æ, f.

9. Du (*ex, abl.*) pied[1] d'une colline[2] le Clitumne[3] jaillit[4] par plusieurs[5] filets[6].

1. Imus, a, um. — 2. Collis, is, m. — 3. Clitumnus, i, m. — 4. Exire, eo, is, ivi, itum. — 5. Plures, a. — 6. Vena, æ, f.

10. Après (*post, acc.*) plusieurs[1] guerres[2] heureusement[3] terminées[4], Auguste[5] passa[6] dans le repos[7] le reste[8] de sa vie[9].

1. Multi, æ, a. — 2. Bellum, i. — 3. Feliciter. — 4. Confectus, a, um. — 5. Augustus, i, m. — 6. Agĕre, o, is, egi, actum. — 7. Pax, pacis, f. — 8. Reliquus, a, um. — 9. Vita, æ, f.

156° EXERCICE

Anc. Gr. § 148. — Nouv. Gr. § 150

Adolescens mitis ingenii *ou* miti ingenio.

1. Lucius Tarquinius, de famille[1] patricienne[2], est nommé[3] maître[4] de la cavalerie (*tournez : des cavaliers[5]*).

1. Gens, gentis, f. — 2. Patricius, a, um. — 3. Dicĕre, o, is, dixi, dictum. — 4. Magister, tri, m. — 5. Eques, equitis, m.

2. Marcius, chevalier[1] romain[2], était un jeune homme[3] infatigable[4], dont les sentiments et les qualités naturelles étaient au-dessus de sa fortune (*tournez : de sentiments[5], sing.*, et de qualités-naturelles[6], *sing.*, plus grands, *sing.*, que, *ajoutez :* en raison de, *pro, abl.,* sa fortune[7]).

1. Eques, equitis, m. — 2. Romanus, a, um. — 3. Juvenis, is, m. — 4. Impiger, gra, grum. — 5. Animus, i, m. — 6. Ingenium, i. — 7. Fortuna, æ, f.

3. Dumnorix[1] avait de grands sentiments et une grande influence parmi les (*inter, acc.*) Gaulois[2] (*tournez : était de grands sentiments[3], sing.*, et d'une grande influence[4]...).

1. Dumnorix, Dumnorigis, m. — 2. Galli, orum, m. — 3. Animus, i, m. — 4. Auctoritas, tatis, f.

4. Le temple de Jérusalem[1] fut [une œuvre] d'un immense[2] travail[3].

1. Hierosolyma, æ, f. — 2. Immensus, a, um. — 3. Opus, operis, n.

5. [C']était une éminence[1] nue[2] et escarpée (*tournez : d'un sol[3] escarpé[4]*).

1. Tumulus, i, m. — 2. Nudus, a, um. — 3. Solum, i. — 4. Præruptus, a, um.

6. Cicéron[1] fut un consul[2] d'une extrême[3] vigilance[4] et un orateur[5] d'une rare[6] éloquence[7].

1. Cicero, Ciceronis, m. — 2. Consul, is, m. — 3. Summus, a, um. — 4. Vigilantia, æ, f. — 5. Orator, is, m. — 6. Singularis, e. — 7. Eloquentia, æ, f

7. Les Athéniens[1] choisirent[2] [pour] général[3] Miltiade[4], homme[5] d'un mérite[6] éprouvé[7].

1. Athenienses, ium, m. — 2. Eligĕre, o, is, elegi, electum. — 3. Dux, ducis, m. — 4. Miltiades, is, m. — 5. Vir, i, m. — 6. Virtus, tutis, f. — 7. Spectatus, a, um.

8. Les Bretons[1] ont les cheveux longs (tournez : sont d'une chevelure[2] longue[3]).

1. Britannus, i, m. — 2. Capillus, i, m. — 3. Promissus, a, um.

9. Le fleuve[1] était d'un passage[2] difficile[3].

1. Flumen, minis, n. — 2. Transitŭs, ûs, m. — 3. Difficilis, e.

10. Agésilas[1] était d'une petite[2] taille[3] et avait le corps (tournez : était d'un corps[4]) mince[5].

1. Agesilaüs, i, m. — 2. Humilis, e. — 3. Statura, æ, f. — 4. Corpus, poris, n. — 5. Exiguus, a, um.

157e EXERCICE

Anc. Gr. § 149. — Nouv. Gr. § 151

Sapientia est ars bene vivendi.

1. Cyrus[1] accorda[2] aux Juifs[3] la permission[4] de retourner[5] dans (in, acc.) [leur] patrie[6] et de reconstruire[7] le temple[8].

1. Cyrus, i, m. — 2. Facĕre, io, is, feci, factum. — 3. Judæi, orum, m. — 4. Potestas, tatis, f. — 5. Remigrare, o, as, avi, atum. — 6. Patria, æ, f. — 7. Restituĕre, o, is, i, restitutum. — 8. Templum, i.

2. Le moment[1] d'ensemencer[2] les champs[3] est arrivé[4].

1. Tempus, poris, n. — 2. Conserĕre, is, consevi, consitum. — 3. Ager, agri, m. — 4. Venire, io, is, veni, ventum.

3. La famille[1] Fabia[2] demanda[3] au (ab, abl.) Sénat[4] l'autorisation[5] de combattre[6] contre (cum, abl.) les Véiens[7] à ses[8] frais (abl. sing.).

1. Gens, gentis, f. — 2. Fabius, a, um. — 3. Petĕre, o, is, petivi ou petii, petitum. — 4. Senatŭs, ûs, m. — 5. Venia, æ, f. — 6. Pugnare, o, as, avi, atum. — 7. Veientes, ium, m. — 8. Privatus, a, um. — 9. Sumptŭs, ûs, m.

4. Ceux-ci, inférieurs[1] dans (in, abl.). les combats[2], cherchèrent[3] l'occasion[4] de les surprendre[5] [dans] une embuscade[6] (abl.).

1. Impar, is. — 2. Prœlium, i. — 3. Quærĕre, o, is, quæsivi, quæsitum. — 4. Occasio, onis, f. — 5. Captare, o, as, avi, atum. — 6. Insidiæ, arum, f.

5. Les peuples[1] voisins[2] se-rendirent[3] à Rome[4] (*acc.*) [poussés par] le désir[5] (*abl.*) de voir[6] la ville[7] nouvelle[8].

1. Populus, i, m. — **2.** Finitimus, a, um, — 3. Convenire, io, is, conveni, conventum. *intr.* — 4. Roma, æ, f. — 5. Studium, i. — 6. Vĭdĕre, eo, es, vĭdi, visum. — 7. Urbs, urbis, f. — **8.** Novus, a, um.

6. Ménénius Agrippa[1] se-rendit[2] auprès de (*ad, acc.*) la plèbe[3], [avec] l'espoir[4] (*abl.*) de rétablir[5] la concorde[6] entre (*inter, acc.*) elle et les patriciens[7].

1. Menenius, i, Agrippa, æ, m. — 2. Proficisci, or, ĕris, profectus sum, *dép. intr.* — 3. Plebs, plebis, f. — 4. Spes, ei, f. — 5. Restituĕre, o, is, i, restitutum. — 6. Concordia, æ, f. — 7. Patres, um, m.

7. Les tribuns[1] furent créés[2] pour (*tournez :* pour le motif[3], *abl.*, de) défendre[4] la liberté[5] de la plèbe[6] contre (*adversus, acc.*) l'orgueil[7] de la noblesse[8].

1. Tribunus, i, m. — 2. Creare, o, as, avi, atum. — 3. Causa, æ, f. — 4. Defendĕre, o, is, i, defensum. — 5. Libertas, tatis, f. — 6. Plebs, plebis, f. — 7. Superbia, æ, f. — 8. Nobilitas, tatis, f.

8. Tubalcaïn[1], le premier[2], trouva[3] le moyen[4] de travailler[5] le fer[6].

1. Tubalcaïn, *indécl.* — 2. Primus, a, um. — 3. Reperire, io, is, reperi, repertum. — 4. Ars, artis, f. — 5. Exercēre, eo, es, ui, itum. — 6. Ferrum, i.

9. Pyrrhus[1] eut[2] l'art (*tournez :* un grand[3] art[4]) de se (*dat.*) concilier[5] les hommes[6].

1. Pyrrhus, i, m. — 2. Habēre, eo, es, ui, itum. — 3. Magnus, a, um. — 4. Ars, artis, f. — 5. Conciliare, o, as, avi, atum. — 6. Homo, hominis, m.

L'ADJECTIF

(Voir, pour les règles d'accord, les Exercices 147-150.)

158e EXERCICE

Anc. Gr. § 153. — Nouv. Gr. § 154

Avidus laudum.

1. Les Fabius[1] marchèrent[2] au combat[3], ignorant[4] le piège dressé par les ennemis (*tournez :* le piège[5] des-ennemis[6], *adj.*).

1. Fabius, i, m. — 2. Progredi, ior, eris, progressus sum, *dép.* — 3. Pugna, æ, f. — 4. Ignarus, a, um. — 5. Insidiæ, arum, f. — 6. Hostilis, e.

2. Le consul[1] ramena[2] dans le camp[3] les soldats[4] encore (*adhuc*) avides[5] de carnage[6] et de sang[7].

1. Consul, is, m. — 2. Redu-cĕre, o, is, reduxi, reductum. — 3. Castra, orum. — 4. Miles, militis, m. — 5. Avidus, a, um. — 6. Cædes, is, f. — 7. Sanguis, guinis, m.

3. Tanaquil[1], femme[2] de Tarquin[3], était habile[4] [dans l'explication] des augures[5].

1. Tanaquil, *indécl.* — 2. Uxor, is, f. — 3. Tarquinius, i, m. — 4. Peritus, a, um. — 5. Augu-rium, i.

4. La ville[1] était triste[2] et indé-cise (*tournez :* manquant[3] de projet[4]).

1. Civitas, tatis, f. — 2. Mœs-tus, a, um. — 3. Inops, inopis. — 4. Consilium, i.

5. Je suis à-peine (*vix*) maître[1] de moi.

1. Compos, compotis.

6. Denys[1] l'ancien[2] était habile[3] à la guerre[4] ; il ne désirait rien (*tour-nez :* il n'était désireux[5] d'aucune chose[6]) que le pouvoir absolu (*tour-nez :* si-ce-n'est, *nisi*, du pouvoir[7] absolu[8]).

1. Dionysius, i, m. — 2. Ma-jor, is. — 3. Peritus, a, um. — 4. Bellum, i. — 5. Cupidus, a, um. — 6. Res, ei, f. — 7. Im-perium, i. — 8. Singularis, e.

7. Les secrétaires[1] doivent[2] être sûrs[3], parce qu' (*quod*) ils sont ini-tiés (*tournez :* participant[4]) à tous[5] les secrets[6].

1. Scriba, æ, m. — 2. Debĕre, eo, es, ui, itum. — 3. Fidus, a, um. — 4. Particeps, partici-pis. — 5. Omnis, e. — 6. Secre-tum, i.

8. Le peuple[1], qui-aimait (*tour-nez :* aimant[2]) la nouveauté[3], voulut avoir[4] un roi[5].

1. Populus, i, m. — 2. Amans, amantis. — 3. Novitas, tatis, f. — 4. Habĕre, eo, es, ui, itum. — 5. Rex, regis, m.

9. Saül[1] voulut (*voluit*) tuer[2] Jona-thas[3], quoique (*quanquam, ind.*) celui-ci ignorât (*tournez :* fût ignorant[4] de) la défense[5] du-roi[6] (*adjectif*).

1. Saül, Saülis, m. — 2. Oc-cidĕre, o, is, i, occisum. — 3. Jonathas, æ, m. — 4. Nes-cius, a, um. — 5. Edictum, i. — 6. Regius, a, um.

10. Caton[1] supporta très-patiem-ment les (*tournez :* fut très tolérant[2] des) injures[3].

1. Cato, Catonis, m. 2. — Pa-tiens, entis. — 3. Injuria, æ, f.

11. Pompée[1] mangeait et buvait peu (*tournez :* était tempérant[2] de la nourriture[3] et du vin[4]) ; il dormait peu (*tournez :* était usant-modéré-ment[5] de sommeil[6]).

1. Pompeius, i, m. — 2. Tem-perans, antis. — 3. Cibus, i, m. — 4. Vinum, i. — 5. Parcus, a, um. — 6. Somnus, i, m.

12. Sylla[1] désirait le (*tournez :* était désireux[2] du) plaisir[3] (*plur.*), plus [encore] la gloire[4] (*tournez :*

1. Sylla, æ, m. — 2. Cupidus, a, um. — 3. Voluptas, tatis, f. — 4. Gloria, æ, f. —

était plus désireux de); il aimait (*tournez* : était aimant[5]), les hommes[6] instruits[7].

159° EXERCICE

Anc. Gr. § 155. — Nouv. Gr. § 156

Studiosus discendi, grammaticæ discendæ.

1. Saül[1] fit-venir[2] auprès (*ad*) de lui (*se*) David[3], qui était habile[4] à jouer[5] de la lire[6].

1. Saül, is, m. — 2. Arcessĕre, o, is, ivi, itum. — 3. David, is, m. — 4. Peritus, a, um. — 5. Pulsare, o, as, avi, atum. — 6. Lyra, æ, f.

2. Une[1] reine[2] d'Arabie[3], désireuse[4] de voir[5] Salomon[6], vint[7] [à] Jérusalem[8].

1. Quidam, quædam, quoddam. — 2. Regina, æ, f. — 3. Arabia, æ, f. — 4. Cupidus, a, um. — 5. Visĕre, o, is, i, um. — 6. Salomon, is, m. — 7. Venire, io, is, veni, ventum. — 8. Hierosolyma, æ, f.

3. Les enfants ne savent pas dissimuler (*tournez* : l'âge[1] des-enfants[2] (*adj.*) est ignorant[3] de dissimuler[4]).

1. Ætas, ætatis, f. — 2. Puerilis, e. — 3. Ignarus, a, um. — 4. Dissimulare, o, as, avi, atum.

4. Avide[1] de régner[2], Tullia poussa[3] son mari[4] au (*ad*, *acc.*) meurtre[5] de Servius[6], son père.

1. Avidus, a, um. — 2. Regnare, o, as, avi, atum. — 3. Impellĕre, o, is, impuli, impulsum. — 4. Maritus, i, m. — 5. Cædes, is, f. — 6. Servius, i, m.

5. Marcus Scaurus s'appliqua à (*tournez* : fut zélé[1] pour) maintenir[2] la discipline[3] militaire[4].

1. Diligens, entis. — 2. Tuĕri, eor, eris, itus sum. — 3. Disciplina, æ, f. — 4. Militaris, e.

6. Les Romains, non-habitués[1] à naviguer[2] sur une mer[3] vaste[4] et ouverte[5], agitée[6] par les marées[7], gouvernaient[8] malaisément (*ægre*) leurs vaisseaux[9].

1. Insuetus, a, um. — 2. Navigare, o, as, avi, atum. — 3. Mare, is, n. — 4. Vastus, a, um. — 5. Apertus, a, um. — 6. Agitatus, a, um. — 7. Æstŭs, ûs, m. — 8. Gubernare, o, as, avi, atum. — 9. Navis, is, f.

7. Pompée[1] opposa[2] aux légions[3] aguerries[4] de César[5] des jeunes gens[6] plus occupés[7] à soigner[8] leur

1. Pompeius, i, m. — 2. Opponĕre, o, is, opposui, oppositum. — 3. Legio, onis, f. — 4. Exercitatus, a, um, *au superl.* — 5. Cæsar, is, m. — 6. Juventus, tutis, f., *au sing.* — 7. Studiosus, a, um. — 8. Curare, o, as, avi, atum. —

personne (*traduisez* : leur peau[9])
qu' (*quam*) à obéir[10] à leur général[11].

9. Cutis, is, f. — 10. Parēre, eo, es, ui. — 11. Dux, ducis, m.

160e EXERCICE

Anc. Gr. § 157. — Nouv. Gr. § 158

Similis est patri.

1. Combien (*quam*) ce jeune-homme[1] ressemble (*tournez* : est semblable) à son père[3] !

1. Adolescens, centis, m. — 2. Similis, e. — 3. Pater, tris m.

2. Horace, quoique (*quamvis*) sans-blessures[1] (*adj.*), ne pouvait lutter contre (*tournez* : était inégal[2] à) trois ennemis[3].

1. Integer, gra, grum. — 2. Impar, is. — 3. Hostis, is, m.

3. Mucius dit[1] à Porsena[2] : « Trois cents[3] [jeunes gens] semblables[4] à moi ont conjuré[5] [ta perte] (*tournez* : contre, *adversus*, *acc.*, toi).

1. Dicĕre, o, is, dixi, dictum. — 2. Porsena, æ, m. — 3. Trecenti, æ, a. — 3. Similis, e. — 4. Conjurare, o, as, avi, atum.

4. Métellus, quoique (*quamvis*) ennemi[1] de Scipion[2], fut très-sensible à (*tournez* : supporta[3] avec peine, *ægre*) sa mort (*tournez* : la mort[4] de lui).

1. Inimicus, a, um. — 2. Scipio, Scipionis, m. — 3. Ferre, fero, fers, tuli, latum. — 4. Mors, mortis, f.

5. Le tribun Calpurnius eut un sort digne de son courage (*tournez* : le sort[1] du tribun[2] Calpurnius fut égal[3] à [son] courage[4]).

1. Fortuna, æ, f. — 2. Tribunus, i, m. — 3. Par, is. — 4. Virtus, tutis, f.

6. Le sénat[1] s'-avança[2] au-devant[3] de Varron[4].

1. Senatŭs, ûs, m. — 2. Procedĕre, o, is, processi, processum, intr. — 3. Obvius, a, um. — 4. Varro, onis, m.

7. La Lydie[1] était limitrophe[2] de l'empire[3] des Perses[4].

1. Lydia, æ, f. — 2. Finitimus, a, um. — 3. Regnum, i. — 4. Persa, æ, m.

8. Brutus disait[1] que la terre[2] était (*tournez* : la terre, *acc.*, être) la mère[3] commune[4] de (*tournez* : à) tous les hommes[5].

1. Dicĕre, o, is, dixi, dictum. — 2. Terra, æ, f. — 3. Mater, tris, f. — 4. Communis, e. — 5. Mortalis, is, m.

9. L'historien[1] Thucydide[2] était à peu près (*fere*) contemporain[3] de Thémistocle[4].

1. Historiarum scriptor, is, m. — 2. Thucydides, is, m. — 3. Æqualis, e. — 4. Themistocles, is, m.

10. Réunis[1] à Salamine[2], les Grecs[3] furent en état de repousser la flotte des Perses (*tournez :* furent égaux[4] à la flotte[5] des Perses[6] devant être repoussée[7]).

1. Congregare, o, as, avi, atum. — 2. Salamis, minis, f. — 3. Græci, orum, m. — 4. Par, is. — 5. Classis, is, f. — 6. Persæ, arum, m. — 7. Repellĕre, o, is, repuli, repulsum.

161e EXERCICE

Anc. Gr. § 158. — Nouv. Gr. § 159

Benignus cunctis.

1. Homère[1] représente[2] Vénus[3] [comme] favorable[4] aux Troyens[5].

1. Homerus, i, m. — 2. Fingĕre, o, is, finxi, fictum. — 3. Venus, Veneris, f. — 4. Æquus, a, um. — 5. Trojani, orum, m.

2. Enfants, soyez très caressants[1] pour vos parents[2].

1. Blandus, a, um. — 2. Parentes, um, m.

3. Les Platéens[1] furent toujours (*semper*) fidèles[2] aux Athéniens[3].

1. Platæenses, ium, m. — 2. Fidelis, e. — 3. Athenienses, ium, m.

4. La temporisation[1] de Fabius n'était pas agréable[2] aux Roma ns.

1. Cunctatio, onis, f. — 2. Gratus, a, um.

5. Souvent (*sæpe*) Octave[1] accorda la vie à (*tournez :* sauva[2]) des hommes [qui] lui (*sui, sibi, se*) [étaient] très hostiles[3].

1. Octavius, i, m. — 2. Servare, o, as, avi, atum. — 3. Infensus, a, um.

6. Les anciens[1] considéraient[2] les ancêtres[3] [comme] des dieux[4] propices[5] à la famille[6].

1. Antiqui, orum, m. — 2. Habēre, eo, es, ui, itum. — 3. Majores, um, m. — 4. Deus, i, m. — 5. Propitius, a, um. — 6. Gens, gentis, f.

7. Ménénius Agrippa fut également (*pariter*) cher[1] à la plèbe[2] et aux patriciens[3].

1. Carus, a, um. — 2. Plebs, plebis, f. — 3. Patres, um, m.

8. Un prodige[1] eut-lieu[2], [qui était] de-mauvais-augure[3] (*adj.*) pour Gracchus qui sacrifiait[4] (*tournez :* sacrifiant).

1. Prodigium, i. — 2. Fieri, fio, fis, factus sum. — 3. Tristis, e. — 4. Sacrificare, o, as, avi, atum.

9. Saturninus, tribun[1] du peuple[2], porta[3] une loi[4] funeste[5] à la dignité[6]

1. Tribunus, i, m. — 2. Plebs, plebis, f. — 3. Ferre, fero, fers, tuli, latum. — 4. Lex, legis, f. — 5. Perniciosus, a, um. — 6. Majestas, tatis, f. —

du Sénat [7] et pernicieuse [8] pour la république [9].

10. César [1] vainqueur [2] ne chagrina pas (*tournez :* ne fut pas désagréable [3] pour) ses anciens [4] ennemis [5].

11. Licteur [1], coupe [2] cette racine [3] qui gêne la marche (*tournez :* incommode [4] pour les marchant [5]).

12. Le consul [1] fit [2] aux envoyés [3] des Carthaginois [4] une réponse [5] conforme [6] à la gravité [7] romaine [8].

1. 7. Senatŭs, ûs, m. — 8. Adversus, a, um. — 9. Respublica, reipublicæ, f.

1. Cæsar, is, m. — 2. Victor, is, m. — 3. Molestus, a, um. — 4. Vetus, veteris. — 5. Inimicus, i, m.

1. Lictor, is, m. — 2. Exscindĕre, o, is, exscidi, exscissum. — 3. Radix, radicis, f. — 4. Incommodus, a, um. — 5. Ambulare, o, as, avi, atum.

1. Consul, is, m. — 2. Dare, do, das, dedi, datum. — 3. Legatus, i, m. — 4. Carthaginienses, ium, m. — 5. Responsum, i. — 6. Conveniens, entis. — 7. Gravitas, atis, f. — 8. Romanus, a, um.

162° EXERCICE

Anc. Gr. § 159. — Nouv. Gr. § 160

Aptus militiæ *ou* ad militiam.

1. Les soldats [1] allaient [2] en-bon-ordre [3] (*adj.*), également (*pariter*) disposés [4] à la marche [5] et au combat [6].

1. Miles, militis, m. — 2. Ire, eo, is, ivi *ou* ii, itum. — 3. Compositus, a, um. — 4. Aptus, a, um. — 5. Iter, itineris, n. — 6. Pugna, æ, f.

2. Les soldats [1] ne trouvaient [2] pas de terrain [3] convenable [4] pour (y) faire [5] du gazon [6] et creuser [7] les fossés [8].

1. Miles, militis, m. — 2. Invenire, io, is, inveni, inventum. — 3. Terra, æ, f. — 4. Aptus, a, um. — 5. Facĕre, io, is, feci, factum. — 6. Cæspes, cæspitis, m. — 7. Ducĕre, o, is, duxi, ductum. — 8. Fossa, æ, f.

3. Magon [1] s'-arrêta [2] avec (*cum, abl.*) ses (*suus, a, um*) cavaliers [3] derrière (*post, acc.*) des collines [4], dans un endroit [5] favorable [6] pour une embuscade [7].

1. Mago, Magonis, m. — 2. Consistĕre, o, is, constiti, *intr.* — 3. Eques, equitis, m. — 4. Collis, is, m. — 5. Locus, i, m. — 6. Opportunus, a, um. — 7. Insidiæ, arum, f.

4. Les Lacédémoniens [1] allèrent [2]

1. Lacedæmonii, orum, m — 2. Ire, eo, is, ivi *ou* ii, itum

aux Thermopyles[3] prêts[4] à mourir[5].

5. Les épées[1] espagnoles[2] étaient plus appropriées[3] au combat[4] corps-à-corps (*tournez :* plus proche[5]).

6. Ovide[1] dit[2] que son frère était né (*tournez :* son frère *acc.*, être né[3]) pour l'éloquence[4], lui (*se vero*) pour la poésie[5].

7. Aucune[1] nation[2] ne fut jamais (*unquam*) plus clémente[3] que (*quam*) les Romains et plus disposée[4] à accorder[5] le pardon[6].

8. Marius choisit[1] cent hommes assez agiles pour (*tournez :* en-état[2] de, *adj.*) gravir[3] le rocher[4] escarpé[5] de Mulucha[6].

9. Les soldats[1] prirent[2] les vivres[3] nécessaires[4] pour une marche[5] de sept[6] jours[7].

10. Nous sommes [naturellement] portés[1] non seulement (*non modo*) à apprendre[2], mais aussi (*sed etiam*) à enseigner[3].

11. Voyant[1] les Espagnols[2] portés à la défection[3], Caton[4] ordonna[5] de détruire les murs des villes (*tournez :* les murs[6], *acc.*, des villes[7] être détruits[8]).

12. Certains[1] jeux[2] sont utiles[3] pour aiguiser[4] l'esprit[5] (*au plur.*) des enfants.

— 3. Thermopylæ, arum, f. — 4. Paratus, a, um. — 5. Mori, for, eris, mortuus sum, *dép.*
1. Gladius, i, m. — 2. Hispanus, a, um 3 Habilis, e. — 4. Pugna, æ, f· — 4. Propior, us.

1. Ovidius, i, m. — 2. Scribĕre, o, is, scripsi, scriptum. — 3. Natus, a, um. — 4. Eloquium, i. — 5. Poesis, is, f.

1. Nullus, a, um. — 2. Gens, gentis, f. — 3. Exorabilis, e. — 4. Promptus, a, um. — 5. Dare, o, as, dedi, datum. — 6. Venia, æ, f.

1. Delïgĕre, o, is, delegi, delectum. — 2. Idoneus, a, um. — 3. Superare, o, as, avi, atum. — 4. Rupes, is, f. — 5. Præruptus, a, um. — 6. Mulucha, æ, f.

1. Miles, militis, m. — 2. Sumĕre, o, is, sumpsi, sumptum. — 3. Cibus, i, m. — 4. Necessarius, a, um. — 5. Iter, itineris, n. — 6. Septem. — 7. Dies, ei, m.

1. Propensus, a, um. — 2. Discĕre, o, is, didici, discitum. — 3. Docĕre, eo, es, ui, doctum.

1. Vidĕre, eo, es, vidi, visum. — 2. Hispani, orum, m. — 3. Defectio, onis, f. — 4. Cato, Catonis, m. — 5. Jubĕre, eo, es, jussi, jussum. — 6. Murus, i, m. — 7. Civitas tatis, f. — 8. Diruĕre, o, is, i, dirutum.

1. Quidam, quædam, quoddam. — 2. Lusŭs, ûs, m. — 3. Utilis, e. — 4. Acuĕre, o, is, i, acutum. — 5. Ingenium, i,

163e EXERCICE

Anc. Gr. § 160-163. — Nouv. Gr. § 162-165

**Contentus sua sorte. — Alienus a litteris.
Res visu mirabilis.**

1. Le paon[1] dit[2] au geai[3] : « Si (*si, subj.*) tu avais été content[4] de ton sort[5], tu n'aurais pas reçu[6] cet affront[7].

1. Pavo, pavonis, m. — 2. Dicĕre, o, is, dixi, dictum. — 3. Graculus, i, m. — 4. Contentus, a, um. — 5. Sors, sortis, f. — 6. Experiri, ior, iris, expertus sum, *dép.* — 7. Contumelia, æ, f.

2. Les amis[1] d'Alexandre[2] virent[3] dans la ville[4] [de] Sidon[5] un seul[6] homme [qui fût] digne[7] de régner (*tournez :* du trône[8]).

1. Amicus, i, m. — 2. Alexander, dri, m. — 3. Vidēre, eo, es, vidi, visum. — 4. Urbs, urbis, f. — 5. Sidon, is, f. — 6. Unus, a, um. — 7. Dignus, a, um. — 8. Regnum, i.

3. Les soldats[1] de Marcellus escaladèrent[2] des murailles[3] dégarnies[4] de défenseurs[5].

1. Miles, militis, m. — 2. Ascendĕre, o, is, i, ascensum. — 3. Murus, i, m. — 4. Nudus, a, um. — 5. Defensor, is, m.

4. Les vieillards[1] aiment (*tournez :* sont charmés[2] par) les jeunes gens[3] doués[4] d'un bon naturel[5].

1. Senex, senis, m. — 2. Delectare, o, as, avi, atum. — 3. Adolescens, entis, m. — 4. Præditus, a, um. — 5. Indoles, is, f.

5. Privé[1] de ses deux fils, héritiers[2] de son nom[3], Paul Émile[4] supporta[5] courageusement (*fortiter*) un si grand[6] malheur[7].

1. Orbus, a, um, — 2. Heres, heredis, m. — 3. Nomen, nominis, n. — 4. Paulus, i, Æmilius, i, m. — 5. Ferre, fero, fers, tuli, latum. — 6. Tantus, a, um. — 7. Casŭs, ûs, m.

6. Après (*post, acc.*) la bataille[1] de (*apud, acc.*) Platées[2], le camp[3] de Mardonius, rempli[4] d'or[5], d'argent[6] et d'objets[7] précieux[8], fut pris[9] par les Grecs[10].

1. Pugna, æ, f. — 2. Plataeæ, arum, f. — 3. Castra, orum, — 4. Refertus, a, um. — 5. Aurum, i. — 6. Argentum, i. — 7. Res, rei, f. — 8. Pretiosus, a, um. — 9. Capĕre, io, is, cepi, captum. — 10. Græci, orum, m.

7. La ville[1] de Syracuse[2] était pourvue[3] et ornée[4] des œuvres[5] des plus grands[6] artistes[7].

1. Urbs, urbis, f. — 2. Syracusæ, arum, f. — 3. Instructus, a, um. — 4. Ornatus, a, um. — 5. Opus, operis, n. — 6. Præstans, præstantis. — 7. Artifex, ficis, m.

8. Les Romains furent longtemps (*diu*) étrangers[1] à l'histoire[2] et à la littérature[3] des Grecs[4].

9. Le rat[1] des-champs[2] (*adj.*) préféra[3] à la ville[4] son pauvre[5] trou[6] à-l'abri[7] (*adj.*) des dangers[8].

1. Alienus, a, um. -- 2. Historia, æ, f. — 3. Litteræ, arum, f. — 4..Græci, orum, m.

1. Mus, muris, m. — 2. Rusticus, a, um. — 3. Præponĕre, o, is, præposui, præpositum. — 4. Urbs, urbis, f. — 5. Pauper, pauperis, — 6. Cavus, i, m. — 7. Tutus, a, um. — 8. Periculum, i.

10. Les citoyens[1] pauvres[2], à Athènes[3], étaient exclus[4] des charges[5] (*abl.*) publiques[6], mais étaient exempts[7] d'impôts[8].

1. Civis, is, m. 2. — Pauper, pauperis. — 3. Athenæ, arum, f. — 4. Excludĕre, o, is, exclusi, exclusum. — 5. Munus, muneris, n. — 6. Publicus, a, um. — 7. Immunis, e. — 8. Vectigal, is, n.

11. Les esprits[1] des juges[2] doivent[3] être dégagés[4] de [toute] haine[5], de [toute] amitié[6], de [toute] colère[7], de [toute] pitié[8].

1. Animus, i, m. — 2. Judex, judicis, m. — 3. Debēre, eo, es, ui, itum. — 4. Vacuus, a, um. — 5. Odium, i. — 6. Amicitia, æ, f. — 7. Ira, æ, f. — 8. Misericordia, æ, f.

12. Quoi [de] plus heureux[1] que (*quam*) les gens[2] affranchis[3] de soucis[4]?

1. Beatus, a, um. — 2. Homo, hominis, m. — 3. Liber, a, um. — 4. Sollicitudo, dinis, f.

13. Dès (*ab, abl.*) l'adolescence[1], les Germains[2] étaient accoutumés[3] à la chasse[4] dangereuse[5] de l'aurochs[6].

1. Adolescentia, æ, f. — 2. Germani, orum, m. — 3. Assuetus, a, um. — 4. Venatio, onis, f. — 5. Periculosus, a, um. — 6. Urus, i, m.

14. Ce passage[1] de Virgile[2] est difficile[3] à comprendre[4].

1. Locus, i, m. — 2. Virgilius, i, m. — 3. Difficilis, e. — 4. Intelligĕre, o, is, intellexi, intellectum.

15. [Chose] incroyable[1] (*neutre*) à dire[2], le temple[3] de Jupiter[4] Ammon[5], situé[6] dans (*inter, acc.*) de stériles[7] déserts[8], est ombragé[9] de grands[10] arbres[11].

1. Incredibilis, e. — 2. Dicĕre, o, is, dixi, dictum. — 3. Ædes, is, f. — 4. Jupiter, Jovis, m. — 5. Ammon, is, m. — 6. Situs, a, um. — 7. Vastus, a, um. — 8. Solitudo, dinis, f. — 9. Obumbratus, a, um. — 10. Magnus, a, um. — 11. Arbor, is, f.

COMPARATIFS ET SUPERLATIFS

164° EXERCICE

Anc. Gr. § 164, 165. — Nouv. Gr. § 166

Virtus est pretiosior quam aurum *ou* **virtus est pretiosior auro.**

1. Le Tibre[1] est plus petit que le Pô[2], plus grand que l'Arno[3].

2. Les Alpes[1] sont beaucoup (*multo*) plus hautes[2] que l'Apennin[3].

3. Aucun[1] roi[2] ne fut plus sage[3] que Numa[4].

4. Tullus Hostilius fut plus belliqueux[1] que Romulus.

5. Chez ('*apud, acc.*) les Romains, aucune[1] couronne[2] ne fut plus glorieuse[3] que [la couronne] de-gazon[4] (*adj.*).

6. Les enfants hébreux[1], quoique (*quanquam*) se-nourrissant[3] seulement (*tantum*) de légumes[2] (*abl.*), devinrent[4] plus robustes[5] que les enfants assyriens[6] avec (*cum, abl.*) lesquels ils étaient élevés[7].

7. Parmi (*inter, acc.*) les captives[1], Scipion[2] [en] remarqua[3] une plus triste[4] que les autres[5].

8. L'intégrité[1] de Phocion[2] est beaucoup (*multo*) plus connue[3] que ses travaux militaires (*tournez :* que le travail[4] de la chose[5] militaire[6]).

9. Aucun[1] général[2] ne choisit[3] l'emplacement[4] d'un camp (*tournez :* [pour] un camp[5], *dat.*) avec plus-de-discernement[6] (*tournez par l'adverbe*) que Pyrrhus.

1. Tiberis, is, m. — 2. Padus, i, m. — 3. Arnus, i, m.

1. Alpes, ium, f. — 2. Altus, a, um. — 3. Apenninus, i, m.

1. Nullus, a, um. — 2. Rex, regis, m. — 3. Sapiens, sapientis. — 4. Numa, æ, m.

1. Ferox, ferocis.

1. Nullus, a, um. — 2. Corona, æ, f. — 3. Nobilis, e. — 4. Gramineus, a, um.

1. Hebræus, a, um. — 2. Vesci, or, eris, *dép. intr.* — 3. Legumen, minis, n. — 4. Fieri, fio, fis, factus sum. — 5. Robustus, a, um. — 6. Assyrius, a, um. — 7. Nutrire, io, is, ivi *ou* ii, itum.

1. Captiva, æ, f. — 2. Scipio, Scipionis, m. — 3. Animadvertĕre, o, is, i, animadversum. — 4. Mæstus, a, um. — 5. Ceteri, æ, a.

1. Integritas, tatis, f. — 2. Phocio, Phocionis, m. — 3. Notus, a, um. — 4. Labor, is, m. — 5. Res, rei, f. — 6. Militaris, e.

1. Nullus, a, um. — 2. Dux, ducis, m. — 3. Deligĕre, o, is, delegi, delectum. — 4. Locus, i, m. — 5. Castra, orum. — 6. Eleganter.

12.

10. De la bouche [1] de Nestor [2] les paroles [3] (*au sing.*) coulaient [4] plus douces [5] que le miel [6].

11. Dieu est plus grand et plus puissant [1] que tous [2] [les êtres].

12. Tous [1] les sages [2] ont dit [3] que la vertu [4] et la science [5] sont (*tournez :* la vertu, *acc.*, et la science, *acc.*, être) plus précieuses [6] que les richesses [7].

13. Reconnaissant [1] que personne [2] dans la ville [3] n'était (*tournez :* personne [2], *acc.*, n'être) plus intègre [4] que Rutilius, les plébéiens [5] et les patriciens [6] le jugèrent [7] digne [8] de tous les honneurs [9] (*sing.*).

14. Rien [1] n'était plus (*longius*) éloigné [2] de (*a, abl.*) Cicéron [3] que la cruauté [4].

1. Os, oris, n. — 2. Nestor, is, m. — 3. Oratio, onis, f. — 4. Fluĕre, o, is, iluxi. — 5. Dulcis, e. — 6. Mel, mellis, n.

1. Potens, entis. — 2. Cuncti, æ, a.

1. Cuncti, æ, a. — 2. Sapiens, entis. — 3. Dicĕre, o, is, dixi, dictum. — 4. Virtus, virtutis, f. — 5. Doctrina, æ, f. — 6. Pretiosus, a, um. — 7. Divitiæ, arum, f.

1. Consentire, io, is, consensi, consensum. — 2. Nemo, neminis ou *mieux* nullius, m. — 3. Civitas, tatis, f. — 4. Integer, gra, grum. — 5. Plebeii, orum, m. — 6. Patres, um, m. — 7. Habēre, eo, es, ui, itum. — 8. Dignus, a, um. — 9. Honor, is, m.

1. Nihil, n. — 2. Abesse, absum, abes, abfui. — 3. Cicero, Ciceronis, m. — 4. Crudelitas, tatis, f.

165ᵉ EXERCICE

Anc. Gr. § 164 — Nouv. Gr. § 166

Virtus est pretiosior quam aurum.

1. Caton [1] avait coutume [2] de dire [3] : Les ennemis [4] les plus désagréables [5] rendent plus de service aux hommes (*tournez :* méritent [6] mieux, *melius*, de-la-part, *de, abl.*, des hommes) que les plus tendres [7] amis.

2. Joseph [1] chérissait [2] Benjamin [3] plus (*magis*) que ses autres [4] frères : il était né [5] de (*ex, abl.*) la même mère.

3. Cicéron [1] eut pour maître Molon (*tournez :* se servit [2] [comme] maître [3] de Molon [4], *abl.*), rhéteur [5] plus habile [6] que tous [ceux] de ce temps [7].

1. Cato, Catonis, m. — 2. Solēre, eo, es, itus sum. — 3. Dicĕre, o, is, dixi, dictum. — 4. Inimicus, i, m. — 5. Acerbus, a, um. — 6. Merēri, eor, eris, itus sum, *dép.* — 7. Dulcis, e.

1. Josephus, i, m. — 2. Diligĕre, o, is, dilexi, dilectum. — 3. Benjaminus, i, m. — 4. Ceteri, æ, a. — 5. Nasci, 'or, eris, natus sum, *dép. intr.*

1. Cicero, onis, m. — 2. Uti, or, eris, usus sum, *dép.* — 3. Magister, tri, m. — 4. Molo, Molonis, m. — 5. Rhetor, is, m. — 6. Disertus, a, um. — 7. Ætas, tatis, f.

4. Caton [1] n'était pas un chef plus sévère (*tournez :* n'exerçait [2] pas [son] commandement [3] plus sévèrement [4]) pour (*in, acc.*) les derniers [5] des soldats [6] que pour lui (*sui, sibi, se*)-même.

5. Les sources [1] sont plus froides [2] [en] été [3] (*abl.*) qu'[en] hiver. [4]

6. Les Vénètes [1] se-servaient [2] de vaisseaux [3] (*abl.*) plus plats [4] que ceux (*répétez :* les vaisseaux) des Romains.

7. Quand (*quum*) Fabius avait pu [1] (*ind.*) occuper [2] une position [3] plus élevée [4] que [celle] (*répétez :* la position) des Carthaginois [5], il ne refusait [6] pas la bataille [7].

8. Cicéron [1] dit [2] : Nous pouvons [3] concevoir [4] des œuvres [5] plus belles [6] que celles de Phidias [7], les plus parfaites que nous connaissions (*tournez :* nous ne connaissons [8] rien [9] de plus parfait [10] que lesquelles, *le pr. relatif en tête de la proposition*).

9. Scipion [1] l'Africain [2] eut la gloire (*tournez :* à Scipion... échut [3] la gloire [4]) d'achever [5] la guerre [6] punique [7], la plus périlleuse qu'aient faite les Romains (*tournez :* plus périlleuse [8] que laquelle les Romains n'[en] firent [9] aucune).

1. Cato, Catonis, m. — 2. Exercēre, eo, es, ui, itum. — 3. Imperium, i. — 4. Severe. — 5. Infimus, a, um. — 6. Miles, militis, m.

1. Fons, fontis, m. — 2. Gelidus, a, um. — 3. Æstas, æstatis, f. — 4. Hiems, hiemis, f.

1. Veneti, orum, m. — 2. Uti, or, eris, usus sum, *dép. intr.* — 3. Navis, is, f. — 4. Planus, a, um.

1. Posse, possum, potes, potui. — 2. Occupare, o, as, avi, atum. — 3. Locus, i, m. — 4. Editus, a, um. — 5. Carthaginienses, ium, m. — 6. Detrectare, o, as, avi, atum. — 7. Pugna, æ, f.

1. Cicero, Ciceronis, m. — 2. *Mettre le parfait :* scribĕre, o, is, scripsi, scriptum. — 3. Posse, possum, potes, potui. — 4. Cogitare, o, as, avi, atum. — 5. Opus, operis, n. — 6. Pulcher, chra, chrum. — 7. Phidias, æ, m. — 8. Novisse, novi. — 9. Nihil, n. — 10. Perféctus, a, um.

1. Scipio, Scipionis, m. — 2. Africanus, a, um. — 3. Obtingĕre, o, is, obtigi. — 4. Glória, æ, f. — 5. Conficĕre, io, is, confeci, confectum. — 6. Bellum, i. — 7. Punicus, a, um. — 8. Periculosus, a, um. — 9. Gerĕre, o, is, gessi, gestum.

166e EXERCICE

Anc Gr. § 165, 166. — Nouv. Gr. 166, 2°, 167

Major opinione. — Felicior quam prudentior.

1. Un [1] Romain [2] pensa [3] que le mur [4] de Syracuse [5] était (*tournez :* le mur, *acc.*, être) plus bas [6] qu'il ne l'avait cru d'abord (*tournez :* que sa croyance antérieure [7]).

1. Quidam, quædam, quoddam. — 2. Romanus, i, m. — 3. Rēri, reor, reris, ratus sum, *dép.* — 4. Murus, i, m. — 5. Syracusæ, arum, f. — 6. Humilis, e. — 7. Pristinus, a, um.

2. Les pères plus indulgents¹ que de raison ruinent² les mœurs³ de leurs enfants⁴.

1. Indulgens, entis. — 2. Perděre, o, is, perdidi, perditum. — 3. Mores, um, m. — 4. Liberi, orum, m.

3. Vous me paraissez¹ être plus triste² que de coutume.

1. Viděri, eor, eris, visus sum. — 2. Mæstus, a, um.

4. Annibal¹ traversa² les Pyrénées³, la Gaule⁴ et les Alpes⁵ plus vite⁶ qu'on ne s'y attendait.

1. Annibal, is, m. — 2. Transgredi, ior, eris, transgressus sum, dép. — 3. Mons, montis, m., Pyrenæus, a, um. — 4. Gallia, æ, f. — 5. Alpes, ium, f. — 6. Celeriter.

5. L'orateur¹ Lysias² offrit³ à Socrate⁴ un plaidoyer⁵ plus habile⁶ que courageux⁷.

1. Orator, is, m. — 2. Lysias, æ, m. — 3. Offerre, o, offers, obtuli, oblatum. — 4. Socrates, is, m. — 5. Oratio, onis, f. — 6. Disertus, a, um. — 7. Fortis, e.

6. Les Perses¹ poursuivirent² le centre³ (dat.) des Athéniens⁴ avec-plus-d'acharnement⁵ (adverbe) que de prudence⁶ (adverbe).

1. Persæ, arum, m. — 2. Instare, o, as, institi. — 3. Acies, ei, f., medius, a, um. — 4. Athenienses, ium, m. — 5. Acriter. — 6. Prudenter.

7. Le Grec¹ Démarate² donnait³ à Xerxès⁴ des avis⁵ plus utiles⁶ qu'agréables⁷.

1. Græcus, i, m. — 2. Demaratus, i, m. — 3. Dare, o, as, dedi, datum. — 4. Xerxes, is, m. — 5. Consilium, i. — 6. Utilis, e. — 7. Gratus, a, um.

8. L'attaque¹ des Romains était habituellement (tournez: avait coutume² [d']être) plus opiniâtre³ que vive⁴.

1. Impetŭs, ûs, m. — 2. Solēre, eo, es, solitus sum. — 3. Pertinax, nacis. — 4. Acer, acris, acre.

9. Quelquefois (nonnunquam) les orateurs¹ parlent² avec-plus-de-hardiesse³ (adverbe) que de préparation⁴ (adverbe).

1. Orator, oris, m. — 2. Dicěre, o, is, dixi, dictum. — 4. Audacter. — 5. Parate.

167ᵉ EXERCICE

Anc. Gr. § 168, 169. — Nouv. Gr. § 169, 170

Delphinus est velocissimum omnium animalium.

1. A l'époque¹ (abl.) de la deuxième² guerre³ punique⁴, Syracuse⁵ était la plus belle⁶ des villes⁷.

1. Tempus, poris, n. — 2. Secundus, a, um. — 3. Bellum, i. — 4. Punicus, a, um. — 5. Syracusæ, arum, f. — 6. Pulcher, chra, chrum. — 7. Urbs, urbis, f.

2. Les Samnites[1] furent, en Italie[2], les plus acharnés[3] des ennemis[4] de Rome.

1. Samnites, ium, m. — 2. Italia, æ, f. — 3. Pervicax, cacis. — 4. Hostis, is, m.

3. Le renard[1] est le plus rusé[2] des animaux[3], le porc[4] [en est] le plus sot[5].

1. Vulpes, is, f. — 2. Astutus, a, um. — 3. Animal, is, n. — 4. Porcus, i, m. — 5. Brutus, a, um, *sans superlatif.*

4. Pline[1] dit[2] que les plus sots[3] (*acc.*) des animaux[4] sont (*tournez :* être) ceux-qui-portent-de-la-laine[5] (*tournez par un adjectif*).

1. Plinius, i, m. — 2. Dicĕre, o, is, dixi, dictum. — 3. Stultus, a, um. — 4. Animal, is, n. — 5. Lanatus, a, um.

5. Les Suèves[1] étaient la plus grande et la plus belliqueuse[2] des peuplades[3] germaines[4].

1. Suevi, orum, m. — 2. Bellicosus, a, um. — 3. Natio, onis, f. — 4. Germanus, a, um.

6. Le plus grand des fleuves[1] connus[2] coule[3] en (*in*, *abl.*) Amérique[4].

1. Amnis, is, m. — 2. Notus, a, um. — 3. Fluĕre, o, is, fluxi. — 4. America, æ, f.

7. Cornélie[1] est la plus célèbre[2] des mères de l'antiquité[3].

1. Cornelia, æ, f. — 2. Nobilis, e.—3. Antiquitas, tatis, f.

8. Scipion[1] appela[2] les trois cents[3] jeunes gens[4] les plus nobles[5] et les plus riches[6] de la Sicile[7].

1. Scipio, onis, m. — 2. Arcessĕre, o, is, ivi, itum. — 3. Trecenti, æ, a. — 4. Adolescens, centis, m. — 5. Nobilis, e. — 6. Dives, divitis. — 7. Sicilia, æ, f.

9. La forêt[1] des Ardennes[2] est la plus grande de toute[3] la Gaule[4].

1. Silva, æ, f. — 2. Arduenna, æ, f., *au sing.* — 3. Totus, a, um. — 4. Gallia, æ, f.

10. Les frondeurs[1] des îles[2] Baléares[3] étaient les plus renommés[4] de toute[5] l'Europe[6].

1. Funditor, is, m. — 2. Insula, æ, f. — 3. Baleares, ium, f.—4. Nobilis, e.—5. Totus, a, um. — 6. Europa, æ, f.

11. L'Etna[1] est la plus haute[2] montagne[3] de la Sicile[4].

1. Ætna, æ, f. — 2. Altus, a, um. — 3. Mons, montis, m. — 4. Sicilia, æ, f.

168ᵉ EXERCICE

Anc. Gr. § 170, 171. — Nouv. Gr. § 171, 172

Uter dignior est. — Senectus est natura loquacior.

1. Le plus illustre[1] des [deux] Scipions[2] fut l'Africain[3]; il était

1. Clarus, a, um. — 2. Scipio, onis, m. — 3. Africanus, i, m. — 4. *En parlant de plusieurs per-*

l'aîné[4], et fut le lieutenant[5] de son frère en (*in, abl.*) Asie[6].

2. Le premier des [deux] Denys[1] fut le plus habile[2] dans l'art[3] militaire[4] et le plus utile[5] à la Sicile[6].

3. Deux routes[1] conduisaient[2] au camp[3] d'Eumène[4] : la plus courte[5] passait[6] par des lieux[7] déserts[8], la plus longue[9] par des villes et des villages[10] très riches (*tournez :* abondants)[11] [en] toutes[12] choses[13] (*abl.*).

4. Rome et Carthage[1] furent les deux plus grandes villes[2] de leur temps[3] : Carthage[4] était la plus riche[5] et fut quelque temps (*aliquantisper*) la plus puissante[6] [sur] mer[7] (*abl.*); Rome était la plus patiente[8] et la plus persévérante[9] [dans] ses projets[10] (*gén.*).

5. Les soldats[1] romains, ayant poursuivi[2] les ennemis[3] avec trop d'ardeur[4], perdirent[5] quelques hommes (*tournez :* quelques-uns[6] des *ex, abl.*, leurs[7]).

6. Vespasien[1] fut un peu (*paulo*) trop avide[2].

7. Agamemnon[1] était trop orgueilleux[2], Achille[3] trop prompt[4] à s'irriter[5].

8. Les Égyptiens[1] étaient également(*pariter*) inquiets[2] quand (*quum*) les eaux[3] du Nil[4] étaient trop basses[5] ou (*aut*) un peu hautes[6].

sonnes, on dit : **natu maximu** **a, um. — 5. Legatus, i, m.** **6. Asia, æ, f.**

1. **Dionysius, i, m.** — 2. **Peritus, a, um.** — 3. **Res, rei, f.** — 4. **Militaris, e.** — 5. **Utilis, e.** — 6. **Sicilia, æ, f.**

1. **Via, æ, f.** — 2. **Ducĕre, o, is, duxi, ductum.** — 3. **Castra, orum.** — 4. **Eumenes, is, m.** — 5. **Brevis, e. — 6. Ire, eo,** — 7. **Loca, orum.** — 8. **Desertus, a, um.** — 9. **Longus, a, um.** — 10. **Vicus, i, m.** — 11. **Abundans, antis.** — 12. **Omnis, e.** — 13. **Res, rei, f.**

1. **Carthago, ginis , f.** — 2. **Civitas, tatis, f.** — 3. **Ætas, ætatis, f.** — 4. **Carthago, ginis, f.** — 5. **Opulentus, a, um.** — 6. **Potens, entis.** — 7. **Mare, is, n.** — 8. **Patiens, entis.** — 9. **Tenax, tenacis.** — 10. **Propositum, i.**

1. **Miles, militis, m.** — 2. **Persequi, or, eris, persecutus sum,** *dép.* — 3. **Hostis, is, m.** — 4. **Cupide.** — 5. **Amittĕre, o, is, amisi, amissum.** — 6. **Nonnulli, æ, a.** — 7. **Sui, orum, f.**

1. **Vespasianus, i, m.** — 2. **Avidus, a, um.**

1. **Agamemnon, is, m.** — 2. **Superbus, a, um.** — 3. **Achilles, is, m.** — 4. **Pronus, a, um.** — 5. **Irasci, or, eris, iratus sum,** *dép. intr.*

1. **Ægyptii, orum, m.** — 2. **Anxius, a, um.** — 3. **Aqua, æ, f.** — 4. **Nilus, i, m.** — 5. **Tenuis, e.** — 6. **Magnus, a, um.**

169ᵉ EXERCICE

Anc. Gr. § 173, 174. — Nouv. Gr. § 174, 175

Optimus quisque. — Quam maximus.

1. Les Carthaginois[1] opposèrent[2] aux quatre cents[3] Romains conduits[4] par Calpurnius [leurs] soldats[5] les plus braves[6], les plus déterminés[7].

1. Carthaginienses, ium, m. — 2. Opponĕre, o, is, opposui, oppositum. — 3. Quadringenti, æ, a. — 4. Ducĕre, o, is, duxi, ductum. — 5. Miles, militis, m.—6. Fortis, e.—7. Strenuus, a, um.

2. Les [résolutions] les plus courageuses[1] (*plur. neut.*) sont souvent (*sæpe*) les plus sûres[2].

1. Fortis, e. — 2. Tutus, a, um.

3. Les citoyens[1] les plus corrompus[2] et les plus avides[3] favorisaient[4] Catilina[5] (*dat.*).

1. Civis, is, m. — 2. Perditus, a, um. — 3. Avidus, a, um. — 4. Favēre, eo, es, favi, fautum. — 5. Catilina, æ, m.

4. Les oiseaux[1] garnissent[2] leurs nids[3] le plus mollement[4] possible.

1. Avis, is, f. — 2. Substernĕre, o, is, substravi, substratum. — 3. Nidus, i, m. — 4. Molliter.

5. Claudius Néron[1] marcha[2] le plus rapidement possible (*tournez :* [avec] les marches[3], *abl.*, les plus rapides[4] possible) au-devant d' (*ad, acc.*) Asdrubal[5].

1. Nero, Neronis, m. — 2. Contendĕre, o, is, i.—3. Iter, itineris, n. — 4. Magnus, a, um. — 5. Asdrubal, is, m. —

6. Porus opposa[1] à Alexandre[2] le plus grand nombre[3] possible d'éléphants[4].

1. Opponĕre, o, is, opposui, oppositum. — 2. Alexander, dri, m. — 3. Numerus, i, m. — 4. Elephantus, i, m.

THÈME DE RÉCAPITULATION
SUR LA SYNTAXE DES ADJECTIFS

Adraste[13].

Crésus[1], roi[2] de Lydie (des Lydiens[3]), avait deux fils (*tournez :* à Crésus... étaient deux fils) : l'un était muet[4], l'autre,

1. Crœsus, i, m. — 2. Rex, regis, m. —3. Lydi, orum, m. — 4. Mutus, a, um. —

nommé Atys (*tournez* : Atys[5] par le nom[6]), surpassait[7] en tout (en toutes choses[8], *abl.*) les [jeunes gens] de-son-âge[9]. Dans un songe[10], il vit[11] Atys[5] frappé[12] d'une arme[13] de-fer[14]. Il voulut[15] alors (*igitur*) mettre[16] le jeune homme[17] à-l'abri[18] de tout danger[19] ; et, quoique (*quamvis*) celui-ci fût né[20] pour les armes[21], non seulement (*non modo*) il l'éloigna[22] des camps[23], mais encore (*sed etiam*) il fit-enlever[24] les piques[25], les épées[26], des appartements[27] (*dat.*) où (dans lesquels) elles servaient d'ornement (*tournez :* elles étaient pour, *pro, abl.,* ornement[28]).

Bientôt (*mox*) arriva[29] à Sardes[30] un jeune homme[17] qui fuyait[31] son pays[32], où (*ubi*) il avait commis[33] un meurtre[34]. Crésus[1], bienveillant[35] pour tout le monde[36], et désireux[37] d'adoucir[38] la douleur[39] de l'étranger[40], le purifia[41]. Ce jeune homme (*tournez :* celui-là) était Adraste[42], fils de Gordius ; plus malheureux[43] que coupable[44], il avait involontairement (*non sponte*) tué[45] son frère. [Son] père, n'étant pas maître[46] de sa colère[47], l'avait chassé[48]. « Votre famille[49] m'est chère[50], dit[51] Crésus[1] ; supportez patiemment (*tournez :* soyez patient[52] de...) votre malheur[53] ; je ferai[54] tout-ce-que (*quidquid*) je pourrai pour (*ut, prés. du subj.*) le rendre[55] plus léger[56]. » Adraste[42] était digne[57] de la bienveillance[58] de Crésus[1] ; il lui fut reconnaissant[59] et resta[60] à sa cour (*tournez :* près de, *apud, acc.,* lui).

5. Atys, Atyos, *acc.* Atyn, m. — 6. Nomen, nominis, n. — 7. Supe rare, o, as, avi, atum. — 8. Res, rei, f. — 9. Æqualis, is, m. — 10. Somnium, i, *au plur.* — 11. Videre, eo, es, vidi, visum. — 12. Ictus, a, um. — 13. Telum, i. — 14. Ferreus, a, um. — 15. Velle, volo, vis, volui. — 16. Præstare, o, as, præstiti. — 17. Adolescens, entis, m. — 18. Tutus, a, um. — 19. Periculum, i. — 20. Natus, a, um. — 21. Arma, orum. — 22. Removēre, eo, es, removi, remotum. — 23. Castra, orum. — 24. Detrahĕre, o, is, detraxi, detractum. — 25. Hasta, æ, f. — 26. Gladius, i, m. — 27. Ædes, ium, f. — 28. Ornamentum, i. — 29. Venire, io, is, veni, ventum. — 30. Sardes, ium, f. — 31. Fugĕre, io, is, fugi, fugitum. — 32. Patria, æ, f. — 33. Committĕre, o, is, commisi, commissum. — 34. Scelus, sceleris, n. — 35. Benignus, a, um. — 36. Omnes, ium. 37. Cupidus, a, um. — 38. Lenire, io, is, ivi ou ii, itum. — 39. Dolor, is, m. — 40. Advena, æ, m. — 41. Expiare, o, as, avi, atum. — 42. Adrastus, i, m. — 43. Infelix, licis. — 44. Nocens, entis. — 45. Occidĕre, o, is, occidi, occisum. — 46. Impotens, entis. — 47. Ira, æ, f. — 48. Expellĕre, o, is, expuli, expulsum. — 49. Domŭs, ûs, f. — 50. Carus, a, um. — 51. Inquam. — 52. Patiens, entis. — 53. Casŭs, ûs, m. — 54. Facĕre, io, is, feci, factum. — 55. Reddĕre, o, is, reddidi, redditum. — 56. Levis, e. — 57. Dignus, a, um. — 58. Benignitas, tatis f. — 59. Gratus, a, um. — 60. Manēre, eo, es, mansi, mansum.

THÈME DE RÉCAPITULATION

Adraste (suite).

A cette époque[1] (abl. plur.), les campagnes[2] de la Mysie[3] furent ravagées[4] par un sanglier[5] plus gros[6] que ceux que les Mysiens[7] avaient-l'habitude[8] de poursuivre[9]. Ils n'avaient pas de (tournez: aucuns[10]) chiens[11] propres[12] à ce genre de chasse : (tournez: à cette chasse[13]); l'animal[14] était plus rapide[15] qu'eux, [et] d'ailleurs (ceterum) ils ne pouvaient l'atteindre[16] dans les forêts[17] épaisses[18] où (quo) il se réfugiait[19]. Ils s'adressèrent[20] à Crésus[21] (acc.). « Seigneur, envoyez[22] dans notre pays (tournez : chez, ad, acc., nous) votre fils, le plus brave[23] des jeunes gens[24], avec des soldats[25] d'élite[26] (adj.) et vos chiens[11]; nous sommes dépourvus[27] de tout secours[28]. — Je vous donnerai[29] mes chiens[11], répondit[30] Crésus[21], et une troupe[31] de jeunes gens[24] accoutumés[32] à la fatigue[33] et aux dangers[34]; mais mon fils restera[35] près de moi. — Mon père, dit Atys[36], naguère (nuper) il m'était permis[37] de prendre part (tournez : être participant[38]) à toutes les guerres[39]; vous [n']aviez[40], disiez-vous[41], ni (neque) un général[42] plus remarquable[43], ni (neque) un soldat[26] plus brave[23] que moi. Aujourd'hui (nunc vero), je suis étranger[44] aux exercices-militaires[45] et à toutes les expéditions[46]. J'ai honte (me pudet) de [mon] inaction[47] (gén.).

1. Tempus, temporis, n. — 2. Ager, agri, m. — 3. Mysia, æ, f. — 4. Vastare, o, as, avi, atum. — 5. Aper, apri, m. — 6. Magnus, a, um. — 7. Mysi, orum, m. — 8. Solēre, eo, es, solitus sum. — 9. Persequi, or, eris, persecutus sum, dép. — 10. Nullus, a, um. — 11. Canis, is, m. — 12. Idoneus, a, um. — 13. Venatio, onis, f. — 14. Bellua, æ, f. — 15. Velox, velocis. — 16. Assequi, or, eris, assecutus sum, dép. — 17. Silva, æ, f. — 18. Densus, a, um. — 19. Se recipěre, io, is, recepi, receptum. — 20. Precari, or, aris, precatus sum, dép. — 21. Crœsus, i, m. — 22. Mittěre, o, is, misi, missum. — 23. Fortis, e. — 24. Adolescens, entis, m. — 25. Miles, militis, m. — 26. Delectus, a, um. — 27. Expers expertis. — 28. Auxilium, i. — 29. Dare, o, as, dedi, datum. — 30. Respondēre, eo, es, respondi, responsum. — 31. Agmen, agminis, n. — 32. Assuetus, a, um. — 33. Labor, is, m. — 34. Periculum, i. — 35. Manēre, eo, es, mansi, mansum. — 36. Atys, yos, m. — 37. Licēre, et, uit. — 38. Particeps, cipis. — 39. Bellum, i. — 40. Habēre, eo, es, ui, itum. — 41. Aio, is, — 42. Dux, ducis, m. — 43. Præstans, præstantis. — 44. Alienus, a, um. — 45. Exercitium. I. — 46. Bellum, i. — 47. Otium, i —

Que je sois digne[48] et de vous et de nos ancêtres[49]. — Mon fils, je vous regarde[50] toujours (*adhuc*) [comme] le plus brave[53] des Lydiens[51]. Mais vous êtes trop (*nimis*) porté[52] à affronter[53] les périls[54] ; je ne serais pas tranquille[54] sur votre vie[55] ; car (*enim, après le mot suivant*) je vous ai vu[56] dans un songe[57] (les songes[57] nous sont envoyés[22] par les dieux) frappé[58] d'une arme[59] de fer[60]. — Mon père, les dieux me seront propices[61] à cause de (*propter, acc.*) votre piété[62]. D'ailleurs (*ceterum*) un sanglier[5] n'a pas de mains (*tournez :* n'a aucunes[10] mains[63]) avec lesquelles il puisse me frapper[58] d'un trait[59]. »

THÈME DE RÉCAPITULATION

Adraste (*fin*).

Crésus[1] trouva[2] l'interprétation[3] d'Atys[4] plus juste[5] que la sienne. Il manda[6] Adraste[7]. « Je vous confie[8] la garde[9] de mon fils, [lui] dit-il[10]. Reconnaissant[11] de mes bienfaits[12], vous veillerez[13] sur ses (*ejus*) jours[14] (*dat. sing.*). Si [si] vous rencontrez (*tournez :* si vous serez à-la-rencontre, *adj.*[15]) des brigands[16], que sa (*ejus*) vie[17] vous soit plus chère[18] que la vôtre. — Seigneur, répondit[19] Adraste[7], sans (*sine, abl.*) votre ordre[20], je ne serais point allé[21] à ce combat[22]. Votre fils reviendra[23] sain et sauf[24], autant qu'(*quantum*) il dépendra[25] de (*per, acc.*) moi. »

---

48. Dignus, a, um. — 49. Majores, um, m. — 50. Habēre, eo, es, uï, ïtum. 51. Lydi, orum, m. — 52. Propensus, a, um. — 53. Subire, eo, is, ïvi ou iï, ïtum. — 54. Securus, a, um — 55. Vita, æ, f. — 56. Vidēre, eo, es, vidi, visum. — 57. Somnium, i. — 58. Percutĕre, ĭo, ĭs, percussi, percussum. — 59. Telum, i. — 60. Ferreus, a, um. — 61. Propitius, a, um. — 62. Pietas, atis. f. — 63. Manŭs, ŭs, f.

---

1. Crœsus, i, m. — 2. Existimare, o, as, avi, atum. — 3. Interpretatio, onis, f. — 4. Atys, yos, m. — 5. Probabilis, e. — 6. Arcessĕre, o, is, ïvi, ïtum. — 7. Adrastus, i, m. — 8. Committĕre, o, is, commisi, commissum. — 9. Tutela, æ, f. — 10. Inquam, is, ït. — 11. Memor, is. — 12. Beneficium, i. — 13. Consulĕre, o, is, consului, consultum. — 14. Salus, salutis, f. — 15. Obvius, a, um. — 16. Latro, onis, m. — 17. Vita, æ, f. — 18. Carus, a, um. — 19. Respondēre, eo, es, i, responsum. — 20. Jussŭs, ŭs, m. — 21. Ire, eo, is, ïvi ou iï, ïtum. — 22. Pugna, æ, f. — 23. Redire, eo, is, vi ou iï, ïtum. — 24. Incolumis, e — 25. Stare o, as, steti, statum. —

Les jeunes gens [26] arrivent [27] au mont [28] Olympe [29] · ils
trouvent [30] et environnent [31] le sanglier [32] Alors (*tunc*)
Adraste [7], désireux [33] de détourner [34] sur (*in*, *acc.*) lui-même
le danger [35], dirige [36] un javelot [37] contre (*in*, *acc.*) le sanglier [32] ; le trait [38] frappe [39] le fils de Crésus [1].

Le roi d'abord (*primum*) s'-abandonnant [40] à sa douleur [41],
appela [42] sur le meurtrier [43] (*dat.*) la colère [44] de Jupiter [45].
Bientôt (*mox*) Adraste [7] fut [46] devant (*coram*, *abl.*) lui. « Roi, dit-
il [10], immole [47] -moi sur (*super.*, *abl.*) ton fils. La mort [48] me
sera plus douce [49] qu'une vie [17] désormais (*posthac*) odieuse [50]. »
— Crésus [1] fut ému [51] de compassion [52]. « Adraste [7], vous n'êtes
pas coupable [53] de ce meurtre [54] ; j'[en] accuse [55] plus (*magis*)
que vous le dieu qui me l'a prédit [56]. » Les funérailles [57] (*sing.*)
d'Atys [4] furent célébrées [58] avec beaucoup de pompe (*magnifice*,
au superl.). La cérémonie [59] (*abl.*) achevée [60], Adraste [7] ter-
mina [61] sa vie [17] misérable [62] en se tuant [63] sur le tombeau [64]
d'Atys [4].

ADJECTIFS NUMÉRAUX

Anc. Gr. § 175-179. — Nouv. Gr. § 176-180

Sur duo, ambo, Exercice 68.
Sur mille, millia, Exercice 70.
Sur singuli, bini, etc. Exercice 73.

---

26. Adolescens, entis, m. — 27. Pervenire, io, is, perveni, perventum. —
28. Mons, montis, m. — 29. Olympus, i, m. — 30. Reperire, io, is, reperi,
repertum. — 31. Circumvenire, io, is, circumveni, circumventum. —
32. Aper, pri, m. — 33. Cupidus, a, um. — 34. Avertěre, o, is, i, aversum. —
35. Periculum, i. — 36. Dirigěre o, is, direxi, directum. — 37. Spiculum,
i. — 38. Telum, i. — 39. Ferire, io, is. — 40. Indulgěre, eo, es, indulsi,
indultum. — 41. Dolor, is, m. — 42. Imprecari, or, aris, atus sum, *dép.*
— 43. Percussor, is, m. — 44. Ira, æ, f. — 45. Jupiter, Jovis, m. —
46. Stare, o, as, steti, statum. — 47. Mactare, o, as, avi, atum. —
48. Mors, mortis, f. — 49. Gratus, a, um. — 50. Invisus, a, um. —
51. Commověre, eo, es, commovi, commotum. — 52. Misericordia, æ, f.
— 53. Noxius, a, um. — 54. Cædes, is, f. — 55. Incusare, o, as, avi,
atum. — 56. Prædicěre, o, is, prædixi, prædictum. — 57. Funus, fune-
ris, n. — 58. Celebrare, o, as, avi, atum. — 59. Res, rei, f. — 60. Conficěre, io, is, confeci, confectum. — 61. Finire, io, is, ivi *ou* ii, itum.
— 62. Miser, a, um, *au superl.* — 63. Interficěre, io, is, interfeci, interfectum. — 64. Sepulcrum, i.

ADJECTIFS INTERROGATIFS
Anc. Gr. § 179, 200-206. — Nouv. Gr. § 180, 201-207

Sur quis, quæ, quod, Exercice 73.

ADJECTIFS DÉMONSTRATIFS
Anc. Gr. § 180-186. — Nouv. Gr. § 181-186

Sur hic,	hæc,	hoc,	Exercice 74.
Sur ille,	illa,	illud,	Exercice 75.
Sur iste,	ista,	istud,	Exercice 76.
Sur ipse,	ipsa,	ipsum,	} Exercice 77.
idem,	eadem,	idem.	
Sur alius,	alia,	aliud,	} Exercice 84.
alter,	a,	um,	

ADJECTIFS POSSESSIFS

170ᵉ EXERCICE
Anc. Gr. § 188. — Nouv. Gr. § 188

Dominus famulos suos benigne habere debet.

1. Les rois[1] des Amalécites[2] et des Madianites[3] réunirent[4] leurs troupes[5].

1. Rex, regis, m. — 2. Amalecitæ, arum, m. — 3. Madianitæ, arum, m. — 4. Conjungĕre, o, is, conjunxi, conjunctum. — 5. Copiæ, arum, f.

2. David[1] enleva[2] à un Philistin[3] son épée[4] et lui coupa[5] la tête[6].

1. David, is, m. — 2. Eripĕre, io, is, eripui, ereptum. — 3. Philistæus, i, m. — 4. Gladius, i, m. — 5. Præcidĕre, o, is, præcidi, præcisum. — 6. Caput, capitis, n.

3. Souvent (*sæpe*) les méchants sont déçus dans leur espoir (*tournez :* souvent leur espoir[1] trompe[2] les méchants[3]).

1. Spes, ei, f. — 2. Deludĕre, o, is, delusi, delusum. — 3. Improbus, i, m.

4. Les amis de David l'exhortèrent (*tournez :* ses amis exhortèrent[1] David[2]) à (*ad, gérondif en dum*) tuer[3] Saül[4].

1. Hortari, or, aris, atus sum, *dép.* — 2. David, is, m. — 3. Interficĕre, io, is, interfeci, interfectum. — 4. Saül, is, m.

5. La sagesse singulière de Daniel lui donna (*tournez :* sa sagesse[1] singulière[2] donna[3] à Daniel[4]) un grand

1. Prudentia, æ, f. — 2. Singularis, e. — Comparare, o. — 4. Daniel, is, m. —

L.

crédit[5] auprès du (apud, acc.) roi[6].

6. Tous les-vieillards[1] furent tués[2] par les Gaulois[3] sur leurs sièges[4].

7. Quatre (quattuor) éléphants[1] avec leurs tours[2] rehaussèrent (tournez : rendirent[3] remarquable[4]) le triomphe[5] de Curius[6].

8. Un roi[1] barbare[2] défiait[3] les Romains en (in, acc.) combat[4] singulier[5] et leur reprochait[6] leur lâcheté[7].

9. Drusus, tribun[1] du peuple[2], fut frappé[3] d'un [coup de] couteau[4] de dans l'atrium[5] de sa maison[6].

10. Livius Drusus était un jeune homme[1] de grande-naissance[2] (adj.), que son ambition[3] rendait[4] toujours (semper) inquiet[5] et avide[6] de révolutions (tournez : de choses[7] nouvelles[8]).

11. Chacun[1] est l'artisan[2] de sa fortune[3].

12. Pompée[1], [par] ses prières[2] et ses larmes[3], ramena[4] à leur général[5] (dat.) [ses] soldats[6] révoltés[7].

5. Gratia, æ, f. — 6. Rex, regis, m.

1. Senex, senis, m. — 2. Interficĕre, io, is, interfeci, interfectum. — 3. Gallus, i, m. — 4. Sedes, is, f.

1. Elephantus, i, m. — 2. Turris, is, f. — 3. Facĕre, io, is, feci, factum. — 4. Insignis, e. — 5. Triumphus, i, m. — 6. Curius, i, m.

1. Rex, regis, m. — 2. Barbarus, a, um. — 3. Provocare, o. — 4. Pugna, æ, f. — 5. Singularis, e. — 6. Exprobrare, o. — 7. Ignavia, æ, f.

1. Tribunus, i, m. — 2. Plebs, plebis, f. — 3. Percutĕre, io, is, percussi, percussum. — 4. Cultellus, i, m. — 5. Atrium, i. — 6. Domŭs, ûs, f.

1. Adolescens, entis, m. — 2. Nobilis, e, superl. — 3. Ambitio, onis, f. — 4. Facĕre, io, is, feci, factum. — 5. Inquietus, a, um. — 6. Avidus, a, um. — 7. Res, rei, f. — 8. Novus, a, um.

1. Quisque, quæque, quodque et quidque. — 2. Faber, fabri, m. — 3. Fortuna, æ, f.

1. Pompeius, i, m. — 2. Preces, um, f. — 3. Lacrima, æ, f. — 4. Reconciliare, o. — 5. Dux, ducis, m. — 6. Miles, militis, m. — 7. Tumultuans, antis.

171e EXERCICE

Anc. Gr. § 189, 190. — Nouv. Gr. 189, 190

Homerum Colophonii civem dicunt esse suum. — Darius magnam pecuniam ei pollicitus est qui adversarium suum tolleret.

1. Tanaquil[1] comprit[2] d'après (ex, abl.) un prodige[3] que le trône était destiné (tournez : le trône[4], acc., être destiné[5]) à son mari[6].

1. Tanaquil, indécl. — 2. Intelligĕre, o, is, intellexi, intellectum. — 3. Prodigium, i. — 4. Regnum, i. — 5. Portendĕre, o, is, i, portentum. — 6. Conjux, conjugis, m.

2. Le père d'Horace[1] criait[2] que sa fille avait mérité la mort (*tournez : sa fille, acc.*, avoir été tuée[3] justement, *jure*).

1. Horatius, i, m. — 2. Proclamare, o. — 3. Cædĕre, o, is, cecĭdi, cæsum.

3. Régulus écrivit[1] au (*ad, acc.*) Sénat[2] que l'esclave attaché à son champ était mort (*tournez : son esclave[3] dans* [son] champ[4] être mort[5]).

1. Scribĕre, o, is, scripsi, scriptum. — 2. Senatŭs, ûs, m. —3. Servus, i, m. — 4. Agellus, i, m. — 5. Mori, ior, eris, mortuus sum, *dép. intr.*

4. Envoyé[1] au (*ad, acc.*) Sénat[2] par les Carthaginois[3], Régulus refusa[4] de (*ne, imparf. du subj.*) faire connaître[5] ses sentiments[6].

1. Mittĕre, o, is, misi, missum. — 2. Senatŭs, ûs, m. — 3. Carthaginienses, ium, m. — 4. Recusare, o. — 5. Aperire, io, is, aperui, apertum. — 6. Sensŭs, ûs, m.

5. Fabius souffrit[1] sans se plaindre (*tournez : avec une âme[2] patiente[3]*) que son armée fût partagée entre lui et Minucius (*tournez : son armée[4], acc.*, être partagée[5] avec, *cum, abl.*, Minucius).

1. Pati, ior, eris, passus sum, *dép.* — 2. Animus, i, m. — 3. Æquus, a, um. — 4. Exercĭtŭs, ûs, m. — 5. Dividĕre, o, is, divisi, divisum.

6. Diogène[1], en mourant[2], ordonna[2] que son corps fût laissé sans sépulture (*tournez : son corps[4], acc.*, être jeté[5] non-inhumé[6]).

1. Diogenes, is, m. — 2. Mori, ior, eris, mortuus sum, *dép.* — 3. Jubĕre, eo, es, jussi, jussum. — 4. Corpus, poris, n. — 5. Projĭcĕre, io, is, projeci, projectum. — 6. Inhumatus, a, um.

7. Scipion[1] demanda[2] en mourant[3] que (*ne, subj.*) son corps[4] [ne] fût [pas] porté[5] à Rome (*acc.*).

1. Scipio, onis, m. — 2. Petĕre, o, is, ivi *ou* ii, itum. — 3. Morior, io, eris, mortuus sum, *dép.* — 4. Corpus, poris, n. — 5. Ferre, fero, fers, tuli, latum.

8. Scipion Nasica[1] demanda[2] [à] un chevalier[3] (*acc.*) pourquoi (*cur*) il était (*subj.*) plus gras[4] que son cheval[5].

1. Scipio, onis, Nasica, æ, m. — 2. Interrogare, o. — 3. Eques, equitis, m. — 4. Pinguis, e. — 5. Equus, i, m.

9. Les Athéniens[1] demandèrent[2] aux (*ab, abl.*) Mégariens[3] de (*ut, imparf. du subj.*) donner[4] asile[5] à leurs femmes[6] et à leurs enfants.[7]

1. Athenienses, ium, m. — 2. Petĕre, o, is, ivi *ou* ii, itum. — 3. Megarenses, ium, m. — 4. Præbĕre, eo. — 5. Hospitium, i. — 6. Uxor, is, f. — 7. Liberi, orum, m.

10. Les Scythes[1] demandèrent[2]

1. Scythæ, arum, m. — 2. Interrogare, o. —

[à] Alexandre⁸ (*acc.*) s'-il-ne (*nonne*) leur était [pas] permis⁴ [de] vivre⁵ dans leurs forêts⁶.

11. Cambyse¹ s'-irrita² [contre] Prexaspe³ (*dat.*), parce que (*quod*) celui-ci blâmait⁴ (*subj.*) son penchant à l'ivresse⁵.

3. Alexander, Alexandri, m. — 4. Licēre, licet, licuit. — 5. Vivěre, o, is, vixi, victum. — 6. Silva, æ, f.

1. Cambyses, is, m. — 2 Irasci, or, eris, iratus sum, *dép. intr.* — 3. Prexaspes, is, m. — 4. Reprehendĕre, o, is, i, reprehensum. — 5. Vinolentia, æ, f.

172ᵉ EXERCICE

Anc. Gr. § 191, 192. — Nouv. Gr. § 191, 192

Bonus dominus famulos suos benigne habet; at eorum vitia castigat. — Socrates et ejus discipuli adfuerunt.

1. Les Égyptiens¹ furent engloutis² ainsi-que (*et*) leurs chars³ et leurs chevaux⁴.

1. Ægyptii, orum, m. — 2. Obruĕre, o, is, i, obrutum. — 3. Currŭs, ūs, m. — 4. Equus, i, m.

2. Judas Machabée¹ tua² Apollonius, lieutenant³ d'Antiochus, et se-servit⁴ dans-la-suite (*postea*) de son épée⁵ (*abl.*) dans les combats⁶.

1. Judas, æ, Machabæus, i, m. — 2. Interficĕre, io, is, interfeci, interfectum. — 3. Præfectus, i, m. — 4. Uti, or, eris, usus sum, *dép.* — 5. Gladius, i, m. — 6. Prœlium, i.

3. Entouré¹ d'une multitude² d'ennemis³, il fut percé⁴ de leurs traits⁵.

1. Circumvenire, io, is, circumveni, circumventum. — 2. Multitudo, dinis, f. — 3. Hostis, is, m. — 4. Confodĕre, io, is, confodi, confossum. — 5. Telum, i.

4. Aristobule¹ (*abl.*) étant mort², son fils Alexandre³ régna⁴.

1. Aristobulus, i, m. — 2. Mori, ior, eris, mortuus sum, *dép. intr.* — 3. Alexander, dri, m. — 4. Regnare, o.

5. Les prêtres¹ allèrent-trouver² Coriolan³ et-ne (*neque*) purent⁴ fléchir⁵ son cœur⁶.

1. Sacerdos, dotis, m. — 2. Adire, eo, is, ivi *ou* ii, itum. — 3. Coriolanus, i, m. — 4. Posse, possum, potes, potui. — 5. Flectĕre, o, is, flexi, flexum. — 6. Animus, i, m.

6. Fabius et son père se-prosternèrent¹ aux (*ad, acc.*) genoux² du dictateur³.

1. Procumbĕre, o, is, procubui, procubitum, *intr.* — 2. Genŭ, ūs, n. — 3. Dictator, is, m.

7. Un attentat[1] était préparé[2] [contre] le consul[3] (dat.) Philippus, et sa vie[4] était en grand danger[5].

1. Insidiæ, arum, f. — 2. Parare, o. — 3. Consul, is, m. — 4. Vita, æ, f. — 5. Periculum, i.

8. Jugurtha[1] s'enfuit[2] chez les Gétules[3] et excita[4] leur roi[5] Bocchus contre (adversus. acc.) les Romains.

1. Jugurtha, æ, m. — 2. Confugěre, io, is, confugi, itum, intr. — 3. Gætuli, orum, m. — 4. Concitare, o. — 5. Rex, regis, m.

9. Les Béotiens[1], les Athéniens[2] et leurs alliés[3] essayèrent[4] [de] résister[5] à Agésilas[6] à (apud, acc.) Coronée[7].

1. Bœotii, orum, m. — 2. Athenienses, ium, m. — 3. Socius, i, m. — 4. Conari, or, aris, atus sum, dép. — 5. Resistěre, o, is, restiti. — 6. Agesilaüs, i, m. — 7. Coronea, æ, f.

10. La victoire[1] des Macédoniens[2] n'abattit[3] pas seulement(modo) Sparte[4], mais aussi (sed etiam) ses alliés[5].

1. Victoria, æ, f. — 2. Macedones, um, m. — 3. Frangěre, o, is, fregi, fractum.— 4. Sparta, æ, f. — 5. Socius, i, m.

11. Claudius Néron[1], ayant tué (tournez : lorsque, quum, il eut tué[2], plus-que-parf. subj.) Asdrubal[3] à la bataille [4]du (apud, acc.) Métaure[5], jeta[6] sa tête[7] dans le camp[8] d'Annibal[9].

1. Nero, Neronis, m. — 2. Occiděre, o, is, i, occisum. — 3. Asdrubal, is, m. — 4. Pugna, æ, f. — 5. Metaurus, i, m. — 6. Objicěre, io, is, objeci, objectum. — 7. Caput, capitis, n. — 8. Castra, orum. — 9. Annibal, is, m.

12. Le satrape[1] Tissapherne[2] invita[3] à une entrevue[4] le chef[5] des Grecs[6], Cléarque[7], et ses collègues[8], et les tua[9].

1. Satrapes, æ, m. — 2. Tissaphernes, is, m. — 3. Invitare, o. — 4. Colloquium, i. — 5. Dux, ducis, m. — 6. Græci, orum, m. — 7. Clearchus, i, m. — 8. Collega, æ, m. — 9. Occiděre, o, is, i, occisum.

13. Octave[1] fut surnommé[2] Auguste[3]; en (in, acc.) son honneur[4] le mois[5] rextilis[6] fut appelé[7] Augustus[8].

1. Octavius, i, m. — 2. Cognominare, o. — 3. Augustus, i, m. — 4. Honor, is, m. — 5. Mensis, is, m. — 6. Sextilis, is, m. — 7. Appellare, o. — 8. Augustus, i, m.

ADJECTIFS INDÉFINIS

Anc. Gr. § 193-199. — Nouv. Gr. § 193, 200

Sur aliquis,   Exercice 79.
Sur quidam,   Exercice 83.
Sur ullus,   } Exercice 84.
     nullus,

173ᵉ EXERCICE

Anc. Gr. § 195-197. — Nouv. Gr. § 195-200

Alii ludunt, cantant alii. — Uterque rex periit. — Neuter profectus est. — Alius alio more vivebat.

1. Parmi (*ex, abl.*) les Indiens[1], les uns étaient vêtus[2] de lin[3] ou (*aut*) de laine[4], d'autres de la peau[5] (*plur.*) des oiseaux[6] ou des bêtes-sauvages[7]; d'autres étaient[8] nus[9].

1. Indi, orum, m. — 2. Vestire, io, is, ivi *ou* ii, itum. — 3. Linum, i. — 4. Lana, æ, f. — 5. Pellis, is, f. — 6. Avis, is, f. — 7. Fera, æ, f. — 8. Degĕre, o, is, *intr.* — 9. Nudus, a, um.

2. Devenu maître (*tournez :* s'-étant emparé[1]) de Gabies[2] (*abl.*), Sextus Tarquinius sévit[3] contre (*in, acc.*) les principaux citoyens[4]; il envoya[5] les uns en exil[6], il fit tuer[7] les autres.

1. Potiri, ior, iris, itus sum, *dép. intr.* — 2. Gabii, orum, m. — 3. Animadvertĕre, o, is, i, animadversum. — 4. Primores, um, m. — 5. Mittĕre, o, is, misi, missum. — 6. Exsilium, i. — 7. Interficĕre, io, is, interfeci, interfectum.

3. Dieu a partagé[1] les qualités[2] physiques (*tournez :* du corps[3]) entre (*inter, acc.*) les animaux[4] : il a donné[5] aux uns la force[6], à d'autres la vitesse[7], à d'autres la voix[8], à d'autres l'éclat[9] du plumage[10].

1. Dividĕre, o, is, divisi, divisum. — 2. Dos, dotis, f. — 3. Corpus, corporis, n. — 4. Animal, is, n. — 5. Tribuĕre, o, is, i, tributum. — 6. Vires, ium, f. — 7. Pernicitas, tatis, f. — 8. Vox, vocis, f. — 9. Nitor, is, m. — 10. Pennæ, arum, f.

4. Deux femmes[1] vinrent-trouver[2] Salomon[3]; l'une accusait[4] l'autre (*tournez :* l'une et l'autre accusait l'autre) d'avoir dérobé son enfant (*tournez :* de [son] enfant, *gén.*, dérobé[6]).

1. Mulier, is, f. — 2. Adire, eo, is, ivi *ou* ii, itum. — 3. Salomon, is, m. — 4. Arguĕre, o, is, i. — 5. Infans, infantis, m. — 6. Surripĕre, io, is, surripui, surreptum.

5. Deux voleurs[1] se disputaient un âne (*tournez :* luttaient[2] l'un avec

1. Latro, latronis, m. — 2. Contendĕre, o, is, i. —

l'autre au sujet d', *de*, *abl*., un âne[3]) : ils n'eurent l'animal ni l'un ni l'autre, (*tournez* : l'animal[4] n'appartint[5] ni à l'un ni à l'autre, *gén.*).

6. Les uns aiment une chose, les autres une autre (*tournez* : les uns sont charmés[1] par une autre chose).

7. En Germanie[1], les uns vivent[2] d'un côté, les autres d'un autre (*tournez* : ailleurs, *alibi*), selon-qu' (*ut*) ils préfèrent[3] les bois[4] (*sing.*), les sources[5] (*sing.*), la plaine[6].

8. Il y a comme (*velut*) une guerre[1] instinctive[2] entre le milan et le faucon (*tournez* : au milan[3] avec le faucon[4]) : l'un brise[5] les œufs[6] de l'autre, partout-où (*ubicumque*) il [les] trouve[7].

9. Cincinnatus commanda[1] que (*ut*) les jeunes gens[2] préparassent[3] leurs armes[4] et [se] procurassent[5] des pieux[6]; que (*ut*) les vieillards[7] fissent-cuire[8] les vivres[9] des soldats[10] : ainsi (*ita*) les uns et les autres s'employaient[11] activement (*diligenter*) en-vue du (*in, acc.*) bien[12] public[13].

10. Tous-les-jours (*quotidie*) l'une et l'autre armée[1] sortait[2] [du camp] en ordre-de-bataille[3] (*participe*); mais ni l'une ni l'autre n'engageait[4] le combat[5].

11. Livius Salinator[1] et Claudius Néron[2] ne s'aimaient[3] ni l'un ni l'autre; nommés[4] consuls[5], ils se réconcilièrent (*tournez* : ils déposèrent[6] leurs inimitiés[7]).

12. Solon[1] punissait[2] de mort[3] (*abl.*) ceux qui, dans une sédition[4], n'étaient (*subj.*) pas de l'un ou l'autre parti[5] (*gén.*).

3. Asinus, i, m. — 4. Bestia, æ, f. — 5. Esse, sum.

1. Delectare, o, as, avi, atum.

1. Germania, æ, f. — 2. Colĕre, o, is, colui, cultum. — 3. Præponĕre, o, is, præposui, præpositum. — 4. Nemus, nemoris, n. — 5. Fons, fontis, m. — 6. Campus, i, m.

1. Bellum, i. — 2. Naturalis, e. — 3. Milvius, i, m. — 4. Falco, falconis, m. — 5. Frangĕre, o, is, fregi, fractum. — 6. Ovum, i. — 7. Nancisci, or, eris, nactus sum, *dép.*

1. Imperare, o. — 2. Juvenis, e, *au compar.* — 3. Parare, o. — 4. Arma, orum. — 5. Conquirĕre, o, is, conquisivi, conquisitum, *trans.* — 6. Vallus, i, m. — 7. Senex, senis, *au compar.* — 8. Coquĕre, o, is, coxi, coctum. — 9. Cibaria, orum. — 10. Miles, militis, m. — 11. Incumbĕre, o, is, incubui, incubitum, *intr.* — 12. Utilitas, tatis, f. — 13. Publicus, a, um.

1. Exercĭtŭs, ûs, m. — 2. Procedĕre, o, is, processi, processum. — 3. Instructus, a, um. — 4. Committĕre, o, is, commisi, commissum. — 5. Pugna, æ, f.

1. Salinator, is, m. — 2. Nero, Neronis, m. — 3. Amare, o. — 4. Fieri, o, is, factus sum. — 5. Consul, is, m. — 6. Deponĕre, o, is, deposui, depositum. — 7. Inimicitia, æ, f.

1. Solon, is, m. — 2. Multare, o. — 3. Mors, mortis, f. — 4. Seditio, onis, f. — 5. Pars, partis, f.

LE PRONOM

PRONOMS INTERROGATIFS

Sur quis, quæ, quid. Exercice 78.
Sur uter, utra, utrum, Exercice 80.

174ᵉ EXERCICE

Anc. Gr. § 203, 204. — Nouv. Gr. § 205, 204

Quis *ou* **unus vestrûm.** — **Quid consilii iniisti?**

1. Un des soldats[1] romains mesura[2] la hauteur[3] du mur[4].

1. Miles, militis, m. — 2. Permetiri, ior, ·iris, permensus sum, *dép.* — 3. Altitudo, dinis, f. — 4. Murus, i, m.

2. Quelques-uns[1] des principaux[2] [citoyens] luttaient[3] [contre] la puissance[4] (*dat.*) de Pompée[5].

1. Nonnulli, æ, a. — 2. Optimates, um *et* ium, m. — 3. Obsistère, o, is, obstiti. — 4. Potentia, æ, f. — 5. Pompeius, i, m.

3. Aucun[1] de tant (*tot*) d'enfants[2] [ne] survécut[3] à Paul Émile[4].

1. Nullus, a, um. — 2. Liberi, orum, m. — 3. Superesse, supersum. — 4. Paulus, i Æmilius, i, m.

4. Proclès[1] et Eurysthènes[2] [furent] les premiers[3] de la descendance[4] d'Hercule[5] [qui] régnèrent[6] à Sparte[7].

1. Procles, is, m. — 2. Eurysthenes, is, m. — 3. Princeps, principis, m. — 4. Progenies, ei, f. — 5. Hercules, is, m. — 6. Regnare, o. — 7. Sparta, æ, f.

5. L'une des femmes[1] qui attendaient[2] en-si-grand-nombre[3] (*adj.*) le retour[4] des fuyards[5], mourut[6] de joie[7] (*abl.*) à la vue de son fils (*tournez :* [son] fils, *abl.*, ayant été vu[8]) sain-et-sauf[9].

1. Muller, is, f. — 2. Exspectare, o. — 3. Complures, ium ; *rapporter cet adjectif à* femmes. — 4. Reditûs, ûs, m. — 5. Fugiens, entis. — 6. Interire, eo, is, ivi *ou* ii, itum. — 7. Gaudium, i. — 8. Vidère, eo, es, vidi, visum. — 9. Sospes, sospitis.

6. Numa[1] fut le second des rois[2] de-Rome (*adj.*).

1. Numa, æ, m. — 2. Rex regis, m.

7. La ligne[1] [de bataille] fut étendue[2] en (*in, acc.*) longueur[3], quoi-

1. Acies,. ei, f. — 2. Porrigère, o, is, porrexi, porrectum. — 3. Longitudo, dinis, f.

que les tribuns criassent (*tournez :* les tribuns[4], *abl.,* criant[5]) qu'il n'y avait en-profondeur (*introrsus*) aucune solidité (*tournez :* rien[6] de solidité[7] [n']être...).

8. Admète[1] donna[2] à Thémistocle[3] une escorte suffisante (*tournez :* ce-qui d'escorte[4] serait assez, *satis*).

9. Les Gaulois[1] emportèrent[2] de leurs vaisseaux[3] (*abl.*) le blé qu'ils purent (*tournez :* ce-que de blé[4] ils purent[5]), et brûlèrent ou noyèrent le reste (*tournez :* détruisirent[6] le reste[7] par le feu[8] et le fleuve[9]).

10. Toute la nourriture que (*tournez :* tout-ce-que, *quidquid,* de nourriture[1]) prit[2] le malade[3] prolongea[4] sa vie[5] et augmenta[6] ses souffrances[7], sans (*sine, abl.*) espoir[8] de salut[9].

11. Quel nouveau projet (*tournez :* quoi de nouveau[1] projet[2]) as-tu formé[3] ?

12. Rien de tout ce qui existe (*tournez :* rien[1] de toutes[2] les choses[3]) [n']est mieux (*melius*) gouverné[4] que le monde[5].

13. La même[1] mission[2] (*tournez :* la même [chose], *neut.,* de mission) fut donnée[3] au questeur[4] Cornelius.

14. Les Nerviens[1] dirent[2] aux Romains qu'ils se trompaient (*tournez :* eux, *acc.,* se-tromper[3]) s' (*si*) ils attendaient[4] (*subj.*) de (*a, abl.*) leurs camarades[5] quelque secours que ce fût (*tournez :* quoi-que-ce-fût[6] de secours[7]).

15. « Qu'importe[1], Athéniens[2], que

— 4. Tribunus, i, m. — 5. Clamare, o. — 6. Nihil, n. — 7. Robur, roboris, n.

1. Admetus, i, m. — 2. Dare, o, as, dedi, datum. — 3. Themistocles, is, m. — 4. Præsidium, i.

1. Galli, orum, m. — 2. Avehere, o, is, avexi, avectum. — 3. Navis, is, f. — 4. Frumentum, i. — 5. Posse, possum, potes, potui. — 6. Corrumpere, o, is, corrupi, corruptum. — 7. Reliquum, i. — 8. Incendium, i. — 9. Flumen, fluminis, n.

1. Cibus, i, m. — 2. Sumere, o, is, sumpsi, sumptum. — 3. Æger, ægri, m. — 4. Producere, o, is, produxi, productum. — 5. Vita, æ, f. — 6. Augere, eo, es, auxi, auctum. — 7. Dolor, is, m. — 8. Spes, ei, f. — 9. Salus, salutis, f.

1. Novus, a, um. — 2. Consilium, i. — 3. Inire, eo, is, ivi *ou* ii, itum.

1. Nihil, n. — 2. Omnis, e. — 3. Res, ei, f. — 4. Administrare, o. — 5. Mundus, i, m.

1. Idem, eadem, idem. — 2. Negotium, i. — 3. Dare, o, as, dedi, datum. — 4. Quæstor, is, m.

1. Nervii, orum, m. — 2. Dicere, o, is, dixi, dictum. — 3. Errare, o, *intr.* — 4. Exspectare, o. — 5. Commilito, onis, m. — 6. Quisquam, quidquam. — 7. Præsidium, i.

1. Referre, refert, retulit. — 2. Athenienses, ium, m. —

(*si*) Philippe[3] soit mort[4]? Vous [en] ferez-naître[5] un autre[6] par votre nonchalance[7] et votre mollesse[8]. »

3. Philippus, i, m. — 4. Mori, ior, eris, mortuus sum, *dép.*, *intr.* — 5. Excitare, o. — 6. Al ter, a, um. — 7. Socordia, æ, f. — 8. Inertia, æ, f.

PRONOMS DÉMONSTRATIFS

Sur hic, hæc, hoc,   Exercice 74.
Sur ille, illa, illud, Exercice 75.
Sur iste, ista, istud, Exercice 76.

175° EXERCICE

Nouv. Gr. § 208

Animi dotes corporis dotibus longe præstant.

1. Les vaisseaux[1] carthaginois[2] [l']emportaient[3] en rapidité[4] (*abl.*) [sur] ceux (*acc.*) des Romains.

1. Navis, is, f. — 2. Punicus, a, um. — 3. Superare, o, *trans.* — 4. Velocitas, tatis, f.

2. La maison[1] d'Agésilas[2] ne différait[3] pas de celle d'un[4] particulier[5].

1. Domŭs, ûs, f. — 2. Agesilaüs, i, m. — 3. Differre, differo, differs, distuli, dilatum. — 4. Quivis, quævis, quodvis. — 5. Privatus, i, m.

3. Valérius Publicola fit-abaisser[1] les faisceaux[2] dans (*in, abl.*) l'assemblée[3] [du peuple], pour montrer que (*tournez :* comme si, *quasi*) la majesté[4] du peuple était (*subj.*) plus grande que celle du consul[5].

1. Demittĕre, o, is, demisi, demissum. — 2. Fasces, ium, m. — 3. Concio, onis, f. — 4. Majestas, tatis, f. — 5. Consul, is, m.

4. Le camp[1] de Fabricius était voisin[2] de celui (*dat.*) de Pyrrhus.

1. Castra, orum. — 2. Vicinus, a, um.

5. Timothée[1], [en] bon[2] citoyen[3], pensa[4] que le droit[5] (*plur.*) de la patrie[6] était (*tournes :* le droit, *acc...* être) plus sacré[7] que celui de l'hospitalité[8].

1. Timotheus, i, m. — 2. Bonus, a, um. — 3. Civis, is, m. — 4. Existimare, o. — 5. Jus, juris, n. — 6. Patria, æ, f. — 7. Sanctus, a, um. — 8. Hospitium, i.

6. La part[1] de Benjamin[2] était plus grande que celle des autres[3] frères.

1. Pars, partis, f. — 2. Benjaminus, i, m. — 3 Ceteri, æ, a.

7. Le nom[1] de Fabricius était illustre[2] à Rome (*gén.*). comme (*ut*) celui d'un homme[3] de-bien[4] (*adj.*) et d'un général[5] distingué[6].

1. Nomen, nominis, n. — 2. Magnus, a, um. — 3. Vir, i. m. — 4. Bonus, a, um. — 5. Imperator, is, m. — 6. Egregius, a, um.

PRONOMS INDÉFINIS

Traduction du pronom on

Anc. Gr. § 215. — Nouv. Gr. § 214

176ᵉ EXERCICE

Virtus amatur. — Favetur tibi.

1. On louait[1] la fermeté[2] de Caton[3], la générosité[4] de César[5].

1. Laudare, o. — 2. Constantia, æ, f. — 3. Cato, Catonis, m. — 4. Clementia, æ, f. — 5. Cæsar, is, m.

2. On élisait[1] les magistrats[2] supérieurs[3] dans le Champ[4] de-Mars[5] (*adj.*).

1. Facěre, io, is, feci, factum. — 2. Magistratŭs, ûs, m. — 3. Major, us. — 4. Campus, i, m. — 5. Martius, a, um.

3. On étranglait[1] dans la prison[2] publique[3] les rois[4] vaincus[5], quand (*quum*) ils avaient suivi[6] (*ind.*) le char[7] du-triomphateur[8] (*adj.*).

1. Strangulare, o. — 2. Carcer, is, m. — 3. Publicus, a, um. — 4. Rex, regis, m. — 5. Vincěre, o, is, vici, victum. — 6. Sequi, or, eris, secutus sum, *dép.* — 7. Currŭs, ûs, m. — 8. Triumphalis, e.

4. On immolait[1] en Gaule[2] des victimes[3] humaines[4].

1. Mactare, o. — 2. Gallia, æ, f. — 3. Hostia, æ, f. — 4. Humanus, a, um.

5. On a trouvé[1] [dans] notre siècle[2] (*abl.*) le moyen[3] de lire[4] l'écriture[5] des Égyptiens[6] et des Assyriens[7].

1. Reperire, io, is, reperi, repertum. — 2. Ætas, ætatis, f. — 3. Ratio, onis, f. — 4. Legěre, o, is, legi, lectum. — 5. Scriptura, æ, f. — 6. Ægyptii, orum, m. — 7. Assyrii, orum, m.

6. On a découvert[1] récemment (*nuper*) à Mycènes[2] des tombeaux[3] parmi (*inter, acc.*) lesquels on croit qu'est celui d'Agamemnon (*tour-*

1. Invenire, io, is, inveni, inventum. — 2. Mycenæ, arum, f. — 3. Sepulcrum, i. —

nez : le tombeau[3] d'Agamemnon[4] est cru[5] être).

7. On lira[1] toujours (*semper*) avec grand plaisir[2] les aventures[3] d'Ulysse[4] revenant[5] à Ithaque[6].

8. On combattit[1] trois-jours (*triduo*) aux Thermopyles[2].

9. Quand (*quum*) Epaminondas[1] venait[2] (*ind.*) dans un groupe[3] où (*in quo*) l'on discutait[4] (*subj.*) sur (*de, abl.*) les affaires[5] (*sing.*) publiques[6] ou (*aut*) sur la philosophie[7], il ne s'-en-allait[8] jamais (*nunquam*) avant (*ante, acc.*) la fin[9] de la conversation[10].

10. Marcellus avait recommandé[1] que (*ut*) l'on épargnât[2] (*subj.*) la vie[3] (*dat.*) d'Archimède[4].

11. On courut[1] au Pirée[2] au-devant (*obviam, dat.*) d'Alcibiade[3], qui revenait[4] (*part. prés.*) d'exil[5].

12. On vint[1] à (*ad, acc.*) une entrevue[2].

13. On pardonne[1] à ceux qui (*acc.*) se-repentent[2].

14. On étudiera[1] toujours (*semper*) les lettres[2] (*dat.*) grecques[3] et latines[4].

---

4. Agamemnon, is,m.—5. Credĕre, o, is, credidi, creditum.

1. Legĕre, o, is, legi, lectum. —2. Delectatio, onis, f.—3. Casŭs, ûs, m. — 4. Ulysses, is, m. — 5. Reverti, or, eris, reversus sum *ou* reverti, *dép.* — 6. Ithaca, æ, f.

1. Dimicare, o. — 2. Thermopylæ, arum, f.

1. Epaminondas, æ, m. — 2. Venire, io, is, veni, ventum. — 3. Circulus, i, m. — 4. Disputare, o. — 5. Res, rei, f. — 6. Publicus, a, um. — 7. Philosophia, æ, f. — 8. Abire, eo, is, ivi *ou* ii, itum. — 9. Finis, is, m. — 10. Sermo, sermonis, m.

1. Præcipĕre, io, is, præcepi, præceptum. — 2. Parcĕre, o, is, peperci, parcitum *et* parsum. — 3. Caput, capitis, n. — 4. Archimedes, is, m.

1. Concurrĕre, o, is, i, concursum. — 2. Piræus, i, m. — 3. Alcibiades, is, m. — 4. Reverti, or, eris, reversus sum *ou* reverti, *dép.* — 5. Exsilium, i.

1. Vĕnire, io, is, veni, ventum. — 2. Colloquium, i.

1. Ignoscĕre, o, is, ignovi, ignotum. — 2. Pænitĕre, pænitet, pænituit.

1. Studĕre, eo, es, ui. — 2. Litteræ, arum, f. — 3. Græcus, a, um. — 4. Latinus, a, um.

177ᵉ EXERCICE

Dicas, dixeris. — Quæ volumus credimus libenter. Credunt, dicunt.

1. La cendre[1] qui s'échappait[2] (*partic. prés.*) de la montagne[3] tombait[4] sur nos têtes[5] : on eût en-

1. Cinis, cineris, m. — 2. Erumpĕre, o, is, erupi, eruptum, *intr.* — 3. Mons, montis, m. — 4. Incïdĕre, o, is, i. — 5. Caput, capitis, n.

tendu⁶ (*imp.* *subj.*) les lamentations⁷ des femmes⁸, les plaintes⁹ des enfants¹⁰, les cris¹¹ des hommes¹².

2. Les agents¹ des vols² de Verrès³ flairaient⁴ et suivaient-à-la-piste⁵ tous les objets précieux (*tournez :* tout ce qui, *quidquid,* était précieux⁶) : on aurait dit⁷ des chiens⁸ de-chasse⁹ (*adj.*).

3. Trompés¹ par un faux² bruit², les soldats⁴ crurent⁵ qu'Alexandre voulait (*tournez :* Alexandre⁶, *acc.*, vouloir⁷) retourner⁸ en Grèce⁹ : on aurait cru⁵ que le signal leur avait été donné (*tournez :* le signal¹⁰, *acc.*, avoir donné¹¹) de (*ut, imp. subj.*) plier¹² bagage¹³.

4. Quoi de plus doux¹ que (*quam*) [d']avoir² quelqu'un³ avec qui on puisse⁴ s'-entretenir⁵ comme (*ut*) avec soi-même.

5. On contient¹ facilement (*facile*) ceux à qui l'on commande², si (*si*) l'on peut³ se contenir¹ soi-même.

6. On loue¹ la vertu² même (*vel*) chez (*in, abl.*) un ennemi³.

7. On apprend¹ en enseignant² (*tournez :* tandis que, *dum,* l'on enseigne).

8. On a souvent (*sæpe*) recours¹ à (l'assistance²) de plus petits³ [que soi].

9. On raconte¹ qu'Énée porta (*tour-*

— 6. Audire, io, is, ivi, *ou* ii, itum. — 7. Ululatŭs, ūs, m. — 8. Muller, is, f. — 9. Quiritatŭs, ūs, m. — 10. Infans, antis, m. — 11. Clamor, is, m. — 12. Vir, i, m.

1. Minister, tri, m. — 2. Rapina, æ, f. — 3. Verres, is, m. — 4. Odorari, or, aris, atus sum, *dép.* — 5. Pervestigare, o. — 6. Pretiosus, a, um. — 7. Dicĕre, o, is, dixi, dictum. — 8. Canis, is, m. — 9. Venaticus, a, um.

1. Decipĕre, io, is, decepi, deceptum. — 2. Falsus, a, um. — 3. Rumor, is, m. — 4. Miles, militis, m. — 5. Credĕre, o, is, credidi, creditum. — 6. Alexander, dri, m. — 7. Velle, volo, vis, volui. — 8. Reverti, or, eris, reversus sum *ou* reverti, *dép.* — 9. Græcia, æ, f. — 10. Signum, i. — 11. Dare o, as, dedi, datum. — 12. Colligĕre, o, is, collegi, collectum. — 13. Vasa, orum.

1. Dulcis, e. — 2. Habēre, eo, es, ui, itum. — 3. Aliquis, a, id. — 4. Posse, possum, potes, potui. — 5. Loqui, or, eris, locutus sum, *dép. intr.*

1. Continēre eo, es, ui, contentum. — 2. Imperare, o. — 3. Posse, possum, potes, potui.

1. Laudare, o. — 2. Virtus, virtutis, f. — 3. Inimicus, i, m.

1. Discĕre, o, is, didici. — 2. Docēre, eo, es, ui, doctum.

1. Avoir recours : confŭgĕre, o, is, confugi. — 2. Ops, opis, f. — 3. Humilis, e.

1. Narrare, o. —

nez : Énée[2], *acc.,* avoir porté[3]) dans le Latium[4] (*dat.*) les dieux[5] de-Troie[6] (*adj.*).

— 2. Æneas, æ. m. — 3. In-ferre, infero, ...ers, intuli, illatum. — 4. Latium, i. — 5. Deus, i, m. — 6. Trojanus, a, um.

10. On dit[1] que la Sicile fut (*tour-nez :* la Sicile[2], *acc.,* avoir été) autre-fois (*olim*) une partie[3] de l'Italie[4].

1. Dicĕre, o, is, dixi, dictum. — 2. Sicilia, æ, f. — 3. Pars, partis, f. — 4. Italia, æ, f.

11. On rapporte[1] que Rémus fut tué (*tournez :* Rémus, *acc.,* avoir été tué[2]) par Romulus, parce qu' (*quod*) il avait franchi[3] le fossé[4] tracé[5] par son frère[6].

1. Ferre, fero, fers, tuli, la-tum. — 2. Interficĕre, io, is, interfeci, interfectum.—3. Su-perare, o. — 4. Fossa, æ, f. — 5. Ducĕre, o, is, duxi, duc-tum. — 6. Frater, fratris, m.

PRONOMS PERSONNELS

178e EXERCICE

Anc. Gr. § 224, 225. — Nouv. Gr. 222, 223

Sibi uni consulit. — Vulpes negavit se esse culpæ proximam.

1. César[1] recevait[2] assis[3] le Sé-nat[4] qui venait[5] (*part. prés.*) à lui.

1. Cæsar, is, m. — 2. Reci-pĕre, io, is, recepi, recep-tum. — 3. Sedens, entis. — 4. Senatŭs, ûs, m. — 5. Venire, io, is, veni, ventum.

2. Scipion Émilien[1] avait tou-jours (*semper*) Polybe[2] avec lui, en-temps-de-paix (*domi*) et en-temps-de-guerre (*belli*).

1. Scipio, onis, Æmilianus, i, m. — 2. Polybius, i, m.

3. Les généraux[1] (des) Carthagi-nois[2] se partagèrent (*tournez :* par-tagèrent[3] entre, *inter, acc.,* eux) les troupes[4].

1. Imperator, is. m. — 2. Pœ-ni, orum, m. — 3. Dividĕre, o, is, divisi, divisum.—4. Copiæ, arum, f.

4. Tandis que (*dum*) les ennemis[1] partagent[2] entre (*inter, acc.*) eux la

1. Hostis, is, m. — 2. Partiri, ior, iris, itus sum, *dép.* —

butin[3] en se-querellant[4], Pompée[5] leur échappe (*tournez* : évite[6] leurs mains[7]).

5. Scipion[1], le premier[2], fut illustré[3] par le surnom[4] de la nation[5] qu'il avait vaincue (*tournez* : vaincue[6] par lui).

6. Damoclès[1] voyait[2] une épée[3] suspendue[4] au-dessus-de (*supra, acc.*) lui.

7. Jupiter[1] et Mercure[2] emmenèrent[3] avec eux Philémon[4] et Baucis[5].

8. Marcellus demanda[1] qu' (*ut*) il lui fût permis[2] (*subj.*) d'entrer[3] dans la ville[4] [en] triomphateur[5].

9. Les ambassadeurs[1] romains exigèrent[2] de (*a, abl.*) Prusias[3], roi[4] de Bithynie[5], qu' (*ut*) Annibal[6] leur fût livré[7] (*subj.*).

10. Ambiorix[1] parla[2] en ces termes (*ad hunc modum*) : « Qu'il devait (*tournez* : lui, *acc.*, devoir[3]) beaucoup (*plurimum*) à César[4] pour (*pro, abl.*) sa (*ejus*) bienveillance[5] envers (*in*) lui; qu'il avait attaqué (*tournez* : lui, *acc.*, avoir attaqué[6]) le camp[7] des Romains, non (*non*) de son plein-gré[8] (*abl.*), mais contraint[9] par ses concitoyens[10].

11. César[1] fut informé (*tournez* : devint[2] plus certain[3]) par Roscius que de grandes forces s'-étaient rassemblées (*tournez* : de grandes forces[4], *acc.*, s'-être rassemblées[5]) pour l'attaquer (*tournez* : à cause, *causâ*, de lui devant être attaqué[6]).

3. Præda, æ, f. — 4. Altercari, or, aris, atus sum, *dép. intr.* — 5. Pompeius, i, m. — 6. Effugĕre, io, is, effugi, itum. — 7. Manŭs, ûs, f.

1. Scipio, onis, m. — 2. Primus, a, um. — 3. Nobilitare, o. — 4. Cognomen, minis, n. — 5. Gens, gentis, f. — 6. Vincĕre, o, is, vici, victum.

1. Damocles, is, m. — 2. Vidĕre, eo, es, vidi, visum. — 3. Gladius, i, m. — 4. Pendens, entis.

1. Jupiter, Jovis, m.—2. Mercurius, i, m. — 3. Abducĕre, o, is, abduxi, abductum. — 4. Philemon, is, m. — 5. Baucis, Baucidis, f.

1. Petĕre, o, is, ivi ou ii, itum. — 2. Licĕre, licet, licuit. — 3. Inire, eo, is, ivi ou ii, itum. — 4. Urbs, urbis, f. — 5. Triumphans, antis.

1. Legatus, i, m. — 2. Poscĕre, o, is, poposci, poscitum. — 3. Prusias, æ, m. — 4. Rex, regis, m. — 5. Bithynia, æ, f. — 6. Annibal, is, m. — 7. Tradĕre, o, is, tradidi, traditum.

1. Ambiorix, Ambiorigis, m. — 2. Loqui, or, eris, locutus sum, *dép.* — 3. Debĕre, eo, es, ui, itum. — 4. Cæsar, is, m. — 5. Beneficium, i. — 6. Oppugnare, o. — 7. Castra, orum, n. — 8. Voluntas, tatis, f. — 9. Cogĕre, o, is, coegi, coactum. — 10. Civis, is, m.

1. Cæsar, is, m. — 2. Fieri, fio, fis, factus sum. — 3. Certus, a, um. — 4. Copiæ, arum, f. — 5. Convenire, io, is, conveni, conventum, *intr.*—6. Oppugnare, o.

12. Drusus faisait-bâtir[1] une maison[2]; l'architecte[3] [lui] promit[4], s'(*si*) il lui donnait[5] (*subj.*) cinq (*quinque*) talents[6], qu'il la construirait (*tournez :* lui, *acc.*, devoir construire[1] elle) de telle façon (*ita*) que (*ut*) personne[7] ne pourrait[8] y (*tournez :* dans, *in, acc.*, elle) avoir-vue[9].

13. Nymphodorus vint[1] à Ætna[2] et demanda[3] à Apronius (*acc.*) que (*ut*) ses biens[4] lui fussent rendus[5] (*subj.*).

14. Les Thuriens[1] promirent[2] à Hannon[3] et à Magon[4] qu'ils mettraient (*tournez :* eux, *acc.*, devoir livrer[5]) la ville[6] en (*in, acc.*) leur pouvoir[7], s' (*si*) ils faisaient-approcher[8] (*subj.*) [leur] armée[9] des (*tournez :* vers les) murs[10].

1. Ædificare, o. — 2. Domŭs, ûs, f. — 3. Architectus, i, m. — 4. Pollicĕri, eor, eris, itus sum, *dép.* — 5. Dare, o, as, dedi, datum. — 6. Talentum, i. — 7. Nemo, neminis, *et mieux* nullius, m. — 8. Posse, possum, potes, potui. — 9. Despĭcĕre, io, is, despexi, despectum.

1. Venire, io, is, veni, ventum. — 2. Ætna, æ, f. — 3. Orare, o. — 4. Bona, orum, m. — 5. Restituĕre, o, is, i, restitutum.

1. Thurini, orum, m. — 2. Promittĕre, o, is, promisi, promissum. — 3. Hanno, onis, m. — 4. Mago, onis, m. — 5. Tradĕre, o, is, tradidi, traditum. — 6. Urbs, urbis, f. — 7. Potestas, tatis, f. — 8. Admovēre, eo, es, admovi, admotum. — 9. Exercĭtŭs, ûs, m. — 10. Mœnia, um, n.

THÈME DE RÉCAPITULATION
SUR LES MOTS RÉFLÉCHIS **SUUS, A, UM,**
et **SUI, SIBI, SE**

Cléanthe[1].

Cléanthe[1], Athénien[2], était très pauvre[3]; ses parents[4] ne lui avaient laissé[5] aucune[6] fortune[7]; d'ailleurs (*ceterum*) son intelligence[8] était lente[9] et paresseuse[10]. Un jour (*quadam die*), pour (*ut, imparf. du subj.*) passer[11] le temps[12], il entra[13] sous le portique[14] où (*ubi*) Zénon[15] exposait[16] sa doctrine[17]. L'amour[18]

1. Cleanthes, is, m. — 2. Atheniensis, is, m. — 3. Pauper, is. — 4. Parentes, um, m. — 5. Relinquĕre, o, is, reliqui, relictum. — 6. Nullus, a, um. — 7. Res, rei, f., familiaris, e. — 8. Ingenium, i. — 9. Tardus, a, um. — 10. Piger, pigra, pigrum. — 11. Terĕre, o, is, trivi, tritum. — 12. Tempus, temporis, n. — 13. Intrare, o, as, avi, atum. — 14. Porticŭs, ûs, f. — 15. Zeno, Zenonis, m. — 16. Edisserĕre, o, is, ui. — 17. Ratio, onis f. — 18. Studium, i. —

de la philosophie [19] triompha [20] bientôt (*brevi*) de sa paresse [21] (*acc.*); il fréquenta (*tournez* : il vint-souvent [22]) assidûment (*assidue*) (*ajoutez* : chez) le philosophe [23], dont il devint [24] l'élève [25] favori [26]. Zénon [15] le gardait [17] près de lui pendant-le-jour (*interdiu*); la nuit (*noctu*), Cléanthe [1] travaillait [28] pour gagner (*tournez* : pour qu', *ut*, il gagnât [29]) sa vie [30] : [au prix d']un modique [31] salaire [32] (*abl.*), il tirait [33] de l'eau [34] pour un jardinier [35] (*dat.*) et broyait-le-blé [36] chez (*apud, acc.*) un boulanger [37]. Sa santé [38] ne fut pas altérée (*tournez* : ne fut pas changée [39] en pire, *in pejus*) par le manque-de sommeil [40] (*plur.*) ; au contraire (*contra*) il prit de l'embonpoint (*tournez* : il fît [41] beaucoup-de, *multum*, corps [42], *gén.*). Ses ennemis [43] le dénoncèrent [44] aux magistrats [45]. La loi [46] ordonnait [47] [à] tous les citoyens [48] (*acc.*) [d']avoir [49] une occupation [50] qui les fît vivre (*tournez* : d'où, *unde*, ils vécussent [51]) ; personne-ne [52] voyait [53] Cléanthe [1] travailler [54] (*part. prés.*), quoique (*etsi, indic.*) sa pauvreté [55] fût connue [56], et il devenait [24] très gras [57]. Les juges-de-l'aréopage [58] l'appelèrent [59] devant eux. Quand (*quum*) Cléanthe [1] eût amené [60] (*plus-que-parf. subj.*) avec (*cum, abl.*) lui les témoins [61] de son travail [62], le jardinier [35] et le boulanger [37], il fut comblé d'éloges (*tournez* : il fut loué [63] beaucoup, *magnopere*).

---

19. Philosophia, æ, f. — 20. Vincĕre, o, is, vici, victum. — 21. Inertia, æ, f. — 22. Ventitare, o, as, avi, atum. — 23. Philosophus, i, m. — 24. Fieri, fio, fis, factus sum. — 25. Discipulus, i, m. — 26. Carus, a, um, *au superl.* — 27. Habĕre, eo, es, ui, itum. — 28. Laborare, o, as, avi, atum. — 29. Quærĕre, o, is, quæsivi, quæsitum. — 30. Victŭs, ûs, m. — 31. Exiguus, a, um. — 32. Merces, mercedis, f. — 33. Haurire, io, is, hausi, haustum. — 34. Aqua, æ, f. — 35. Hortulanus, i, m. — 36. Pinsĕre, o, is, i *et* ui, pistum. — 37. Pistor, is, m. — 38. Valetudo, dinis, f. — 39. Mutare, o, as, avi, atum. — 40. Vigilia, æ, f. — 41. Facĕre, io, is, feci, factum. — 42. Corpus, corporis, n. — 43. Inimicus, i, m. — 44. Indicare, o, as, avi, atum. — 45. Magistratŭs, ûs, m. — 46. Lex, legis, f. — 47. Jubĕre, eo, es, jussi, jussum. — 48. Civis, is, m. — 49. Exercĕre, eo, es, ui, itum. — 50. Ars, artis, f. — 51. Vivĕre, o, is, vixi, victum. — 52. Nemo, neminis *et mieux* nullius, m. — 53. Vidĕre, eo, es, vidi, visum. — 54. Laborare, o, as, avi, atum. — 55. Paupertas, tatis, f. — 56. Manifestus, a, um. — 57. Pinguis, e. — 58. Areopagites, æ, m. — 59. Vocare, o, as, avi, atum. — 60. Adducĕre, o, is, adduxi, adductum. — 61. Testis, is, m. — 62. Labor, is, m. — 63. Laudare, o, as, avi, atum.

LE VERBE

RÈGLES D'ACCORD

179ᵉ EXERCICE

Anc. Gr. § 229, 230. — Nouv. Gr. § 227 230

Fors, tempus ac necessitas fecit. — Tempus aut mors remedia sunt. — Magna multitudo latronum undique convenerant.

1. L'empereur¹ mort² (*acc.*), les consuls³ et le Sénat⁴ [l]'honoraient⁵ comme (*ut*) un dieu⁶.

1. Princeps, cipis, m. — 2. Mortuus, a, um. — 3. Consul, is, m. — 4. Senatŭs, ûs, m. — 5. Colĕre, o, is, ui, cultum. — 6. Deus, i, m.

2. La constitution (*tournez : les corps*¹ *mêmes*²) et la nature³ peuvent⁴ beaucoup (*multum*) pour (*ad, acc.*) la guérison⁵.

1. Corpus, poris, n. — 2. Ipse, a, um. — 3. Natura, æ, f. — 4. Valĕre, eo, es, ui. — 5. Sanatio, onis, f.

3. Dans le découragement où je suis (*tournez : dans ce*¹ *découragement*²) ni (*neque*) les livres³ ni les lettres⁴; ni la science⁵ ne me sont utiles⁶.

1. Hic, hæc, hoc. — 2. Infractio, onis, f.; *ajoutez :* animi. — 3. Liber, bri, m. — 4. Litteræ, arum, f. — 5. Doctrina, æ, f. — 6. Prodesse, prosum.

4. Quand on secourt les hommes (*tournez : dans, in, abl.*, les hommes¹ devant être secourus²), on considère ordinairement le caractère ou (*aut*) la fortune (*tournez : le caractère*³ ou la fortune⁴ a coutume⁵ d'être considéré⁶).

1. Homo, minis, m. — 2. Juvare, o, as, juvi. — 3. Mores, um, m. — 4. Fortuna, æ, f. — 5. Solĕre, eo, es, solitus sum. — 6. Spectare, o.

5. Une grande¹ quantité² de sauterelles³ ravagèrent⁴ le pays⁵.

1. Magnus, a, um. — 2. Vis, vis, f. — 3. Locusta, æ, f. — 4. Vastare, o. — 5. Regio, onis, f.

6. Un grand¹ nombre² d'hommes³ perdus⁴ se-rassemblèrent⁵ dans (*in, acc.*) l'asile⁶.

1. Magnus, a, um. — 2. Multitudo, dinis, f. — 3. Homo, minis, m. — 4. Perditus, a, um. — 5. Convenire, io, is, conveni, conventum. — 6. Asylum, i.

7. Des (*e, abl.*) principaux-citoyens[1] de Gabies[2] les uns (*tournez :* une partie[3]) furent jetés[4] dans les fers[5], les autres[3] furent tués[6].

1. Princeps, cipis, m. — 2. Gabii, orum, m. — 3. Pars, partis, f. — 4. Conjicĕre, io, is, conjeci, conjectum. — 5. Vinculum, i. — 6. Necare, o.

8. Six[1] mille[2] soldats[3] furent emmenés[4] par le consul[5] du champ-de bataille[6] de-Cannes[7] (*adj.*).

1. Sex. — 2. Millia, um. — 3. Miles, litis, m. — 4. Abducere, o, is, abduxi, abductum. — 5. Consul, is, m. — 6. Campus, i, m. — 7. Cannensis, e.

VERBES D'ESPÈCE DIFFÉRENTE DANS LES DEUX LANGUES

Superbus se laudat.

(Voir l'Exercice 88.)

180° EXERCICE

Anc. Gr. § 237. — Nouv. Gr. § 234, 235

Ungor oleo. — Jam non legentur illi libri.

OBSERVATION. — Tous les verbes réfléchis seront traduits, dans cet Exercice, par le passif des verbes indiqués au vocabulaire.

1. Ayant détruit les Teutons (*tournez :* les Teutons[1], *abl.*, ayant été détruits[2]), Marius se tourne[3] contre (*adversus, acc.*) les Cimbres[4].

1. Teutones, um, m. — 2. Delēre, eo, es, delevi, deletum. — 3. Convertĕre, o, is, i, conversum. — 4. Cimbri, orum, m.

2. La biche[1] retrouvée[2] s'élança[3] d'un bond[4] joyeux[5] vers le tribunal[6] de Sertorius.

1. Cerva, æ, f. — 2. Reperire, io, is, i, repertum. — 3. Ferre, fero, fers, tuli, latum. — 4. Saltŭs, ūs, m. — 5. Lætus, a, um. — 6. Tribunal, is, n.

3. Pompée[1] s'emporta[2] vivement (*acerbe*) contre (*in, acc.*) Carbon[3] (fait) prisonnier[4].

1. Pompeius, i, m. — 2. Invehĕre, o, is, invexi, invectum. — 3. Carbo, Carbonis, m. — 4. Captus, a, um.

4. Après la conquête de l'Asie (*tournez :* après, *post, acc.*, l'Asie[1] domptée[2]), le caractère[3] d'Alexandre[4] s'altéra (*tournez :* se changea[5] en pire, *in pejus*).

1. Asia, æ, f. — 2. Domare, o, as, domui, domitum. — 3. Mores, um, m. — 4. Alexander, dri, m. — 5. Mutare, o.

5. Asdrubal avait l'intention (*tournez* : intention[1] était à Asdrubal[2] (de] se réunir[3] à (*cum, abl.*) Annibal[4] en (*in, abl.*) Italie[5].

1. Animus, i, m. — 2. Asdrubal, is, m. — 3. Conjungĕre, o, is, conjunxi, conjunctum. — 4. Annibal, is, m. — 5. Italia, æ, f.

6. Sur le conseil de Thésée (*tournez* : Thésée[1], *abl.*, conseillant[2]), les habitants[3] de l'Attique[4] se réunirent[5] en (*in, acc.*) douze (*duodecim*) bourgades[6].

1. Theseus, i, m. — 2. Suadĕre, eo, es, suasi, suasum. — 3. Incola, æ, m. — 4. Attica, æ, f. — 5. Congregrare, o. — 6. Pagus, i, m.

7. Le philosophe Antisthène[1] voulut[2] chasser[3] de-chez (*a, abl.*) lui Diogène[4]; celui-ci ne s'effraya[5] pas des menaces[6] de son maître[7].

1. Antisthenes, is, m. — 2. Velle, volo, vis, volui. — 3. Pellĕre, o, is, pepuli, pulsum. — 4. Diogenes, is, m. — 5. Terrēre, eo. — 6. Minæ, arum, f. — 7. Magister, tri, m.

8. Le plus jeune (*tournez* : le plus petit par l'âge, *natu*) des Machabées[1] ne s'émut[2] ni des menaces[3] ni des promesses[4] d'Antiochus.

1. Macabæi, orum, m. — 2. Movēre, eo, es, movi, motum. — 3. Minæ, arum, f. — 4. Promissum, i.

9. La mémoire[1] se développe[2] par l'exercice[3].

1. Memoria, æ, f. — 2. Augēre, eo, es, auxi, auctum. — 3. Exercitatio, onis, f.

10. La maison se construisit[1] rapidement (*celeriter*).

1. Ædificare, o.

11. Le bétail[2] (*au plur.*) se nourrit[2] de foin[3].

1. Pecus, pecoris, n. — 2. Alĕre, o, is, alui. — 3. Fenum, i.

12. Le fleuve[1] se sépare[2] en (*in, acc.*) deux bras[3].

1. Amnis, is, m. — 2. Dividĕre, o, is, divisi, divisum. — 3. Brachium, i.

13. Les eaux[1] du-fleuve[2] (*adj.*) se mêlent[3] à celles (*répétez* : aux eaux) de la mer[4].

1. Aqua, æ, f. — 2. Fluviatilis, e. — 3. Miscēre, eo, es, ui, mixtum *ou* mistum. — 4. Mare, is, n.

181e EXERCICE

Anc. Gr. § 239,240. — Nouv. Gr. § 237, 238

Fortuna ei favet. — Omnes eum admirantur.
Ara pro fano erat.

1. Les vaincus[1] furent épargnés[2] par le vainqueur[3].

1. Victus, a, um. — 2. Parcĕre, o, is, peperci, *intrans.*, *datif.* — 3. Victor, is, m.

2. Un lion[1] fut secouru[2] par un esclave[3].

3. Les mauvais[1] citoyens[2] étaient patronnés[3] par Claudius.

4. Un condamné[1] conduit[2] au (*ad, acc.*) supplice[3], recevait sa grâce (*tournez :* était gratifié[4] de [sa] grâce[5], *abl.*), s'il (*si, subj.*) il était rencontré[6] par une vestale[7].

5. A (*in, abl.*) la bataille[1] de-Salamine[2] (*adj.*), les Athéniens[3] furent commandés[4] par Thémistocle[5], les Lacédémoniens[6] par Eurybiade[7].

6. Les Romains[1] furent attaqués[2] par Annibal[3] au point (*tournez :* à la première[4] lueur[5], *abl.*) [du jour].

7. Thémistocle[1] construisit[2] cent (*centum*) galères[3] [avec] l'argent[4] public[5] (*abl.*), qui jusque-là (*prius*) avait été prodigué-en-largesses[6] par les magistrats[7].

8. La défaite[1] de Varus[2] et le massacre[3] des légions[4] furent vengés[5] par Germanicus[6].

9. Une récompense[1] avait été promise[2] par Darius[3] à celui qui tuerait[4] Alexandre[5].

10. Le butin[1] fut partagé[2] par le général[3] entre (*inter, acc.*) les soldats[4].

11. Il y a six (*sex*) ans[1] qu' (*tournez :* depuis [le temps] qu', *ex quo*) il est parti[2].

1. Leo, onis, m. — 2. Opitulari, or, aris, atus sum, *dép. intrans., datif.* — 3. Servus, i, m.

1. Malus, a, um. — 2. Civis, is, m. — 3. Patrocinari, or, aris, atus sum, *dép. intr., datif.*

1. Homo, minis, m., damnatus, a, um. — 2. Ductus, a, um. — 3. Supplicium, i. — 4. Donare, o. — 5. Venia, æ, f. — 6. Occurrĕre, o, is, i, occursum, *intrans., datif.* — 7. Virgo, ginis, f., vestalis, is.

1. Pugna, æ, f. — 2. Salaminius, a, um. — 3. Athenienses, ium, m. — 4. Præesse, præsum, *intrans., datif.* — 5. Themistocles, is, m. — 6. Lacedæmonii, orum, m. — 7. Eurybiades, is, m.

1. Romanus, i, m. — 2. Aggredi, ior, eris, aggressus sum, *dép.* — 3. Annibal, is, m. — 4. Primus, a, um. — 5. Lux, lucis, f.

1. Themistocles, is, m. — 2. Ædificare, o. — 3. Triremis, is, f. — 4. Pecunia, æ, f. — 5. Publicus, a, um. — 6. Largiri, ior, iris, itus sum, *dép.* — 7. Magistratŭs, ûs, m.

1. Clades, is, f. — 2. Varus, i, m. — 3. Cædes, is, f. — 4. Legio, onis, f. — 5. Ulcisci, or, eris, ultus sum, *dép.* — 6. Germanicus, i, m.

1. Præmium, i. — 2. Pollicēri, eor, eris, itus sum, *dép.* — 3. Darius, i, m. — 4. Necare, o. — 5. Alexander, dri, m.

1. Præda, æ, f. — 2. Partiri, ior, iris, itus sum, *dép.* — 3. Imperator, is, m. — 4. Miles, litis, m.

1. Annus, i, m. — 2. Proficisci, or, eris, profectus sum, *dép. intr.*

12. Il y avait des boutiques[1] autour du (*circa, acc.*) forum[2].

1. Taberna, æ, f. — 2. Forum, -

13. Il y eut mille soldats[1] tués[2] dans ce combat[3].

1. Miles, litis, m. — 2. Occidĕre, o, is, occidi, occisum. — 3. Pugna, æ, f.

RÈGLES DE DÉPENDANCE

COMPLÉMENT DIRECT

182e EXERCICE

Anc. Gr. § 242. — Nouv. Gr. § 240

Præsta te virum.

1. Les philosophes[1] regardent[2] la colère[3] [comme] une folie[4] passagère[5].

1. Philosophus, i, m. — 2. Ducĕre, o, is, duxi, ductum. — 3. Ira, æ, f. — 4. Furor, is, m. — 5. Brevis, e.

2. Les Sidoniens[1] jugeaient[2] Abdalonyme[3] le plus digne[4] du trône[5].

1. Sidonii, orum, m. — 2. Judicare, o. — 3. Abdalonymus, i, m. — 4. Dignus, a, um. — 5. Regnum, i.

3. Junius Brutus se montra[1] le défenseur[2] infatigable[3] de la liberté[4].

1. Præstare, o, as, præstiti. — 2. Defensor, is, m. — 3. Acer, acris, acre, au superlat. — 4. Libertas, tatis, f.

4. Hippias[1] s'offrit[2] à Darius [comme] chef[3] de [ses] armées[4] contre (*adversus, acc.*) [sa] patrie[5].

1. Hippias, æ, m. — 2. Offerre, offero, offers, obtuli, oblatum. — 3. Dux, ducis, m. — 4. Exercitŭs, ûs, m. — 5. Patria, æ, f.

5. Romulus fit[1] un asile[2] [d']un bois[3] voisin[4] de la ville[5] (*dat.*) nouvelle[6].

1. Facĕre, io, is, feci, factum. — 2. Asylum, i. — 3. Lucus, i, m. — 4. Vicinus, a, um. — 5. Urbs, urbis, f. — 6. Novus, a, um.

6. Hircan[1] laissa[2] [pour] héritier[3] [son] fils Aristobule[4].

1. Hircanus, i, m. — 2. Relinquĕre, o, is, reliqui, relictum. — 3. Heres, heredis, m. — 4. Aristobulus, i, m.

7. Le peuple donna[1] Néron[2] [comme] collègue[3] à Livius.

1. Dare, o, as, dedi, datum. — 2. Nero, Neronis, m. — 3. Collega, æ, m.

14

8. Sylla[1], par un édit[2], s'appela[3] Heureux[4].

1. Sylla, æ, m. — 2. **Edic**tum, i. — 3. Appellare, o. — 4. Felix, felicis.

9. César[1] prit[2] [pour] femme[3] Cornelia.

1. Cæsar, is, m. — 2. Ducěre, o, is, duxi, ductum. — 3. Uxor, is, f.

10. Sertor.us, quoique (*licet*) Romain, avait [pour] gardes[1] du corps[2] des Espagnols[3].

1. Custos, custodis, m. — 2. Corpus, corporis, n. — 3. Hispanus, i, m.

11. Les députés[1] du Sénat[2] saluent[3] Quinctius dictateur[4].

1. Legatus, i, m. — 2. Senatŭs, ûs, m. — 3. Consalutare, o. — 4. Dictator, is, m.

12. Pompée[1] rendit[2] la Judée[3] tributaire[4] du peuple (*dat.*) romain.

1. Pompeius, i, m. — 2. Facěre, io, is, feci, factum. — 3. Judæa, æ, f. — 4. Stipendiarius, a, um.

13. Ceux qui avaient traité (*tournez* : appelé[1]) Dion[2] vivant[3] [de] tyran[4], le proclamaient[5] après sa mort (*tournez* : mort[6]) le libérateur[7] de la patrie[8].

1. Vocitare, o. — 2. Dion, is, m. — 3. Vivus, a, um. — 4. Tyrannus, i, m. — 5.Prædicare, o. — 6. Mori, ior, eris, mortuus sum, *dép.* — 7. Liberator, is, m. — 8. Patria, æ, f.

183e EXERCICE

Anc. Gr. § 243. — Nouv. Gr. 241

Vincere scis, Annibal, victoria uti nescis.

1. Les femmes Sabines[1] osèrent[2] se jeter[3] au milieu des (*inter*) traits[4] volant[5] de part et d'autre (*utrinque*).

1. Sabinus, a, um. — 2. Auděre, eo, es, ausus sum. — 3. Inferre, infero. — 4. Telum, i. — 5. Volare, o.

2. Curius avait coutume[1] de se-servir[2] pour (*ad*) les sacrifices[3], d'un vase[4] de-bois[5].

1. Consuescěre, o, is, consuevi, *avec le sens du présent*, consuetum. — 2. Uti, or, eris, usus sum, *dép.* — 3. Sacrificium, i. — 4. Guttus, i, m. — 5. Ligneus, a, um.

3. Régulus força[1] les Carthaginois[2] à demander[3] la paix[4].

1. Cogěre, o, is, coegi, coactum. — 2. Pœni, orum, m. — 3. Petěre, o, is, ivi *ou* ii, itum. — 4. Pax, pacis, f.

4. Massinissa[1] désirait[2] faire[3] amitié[4] avec Scipion[5].

1. Massinissa, æ, m. — 2. Cupěre, io, is, ivi *ou* ii, itum. — 3. Jungěre, o, is, junxi, junctum. — 4. Amicitia, æ, f. — 5. Scipio, onis, m.

5. Sertorius (*acc.*) étant devenu[1] cruel[2], les Romains ne [l']abandonnèrent[3] pas, mais ils cessèrent[4] de [l']aimer.

6. Annibal ne cessa[1] jamais de combattre[2] [en] pensée[3] (*abl.*) contre (*adversus*) les Romains.

7. Le serviteur[1] du grand-prêtre[2], en se-levant[3] (*ajoutez : de son lit*[4]), avait coutume[5] d'ouvrir[6] la porte[7] du tabernacle[8].

8. Chabrias aima mieux[1] périr[2] que d'abandonner[3] le vaisseau[4] qui le portait[5] (*tournez :* par lequel il était porté).

9. Les tyrans[1] essayèrent[2] deux fois (*bis*) d'assiéger[3] Munychie[4] occupée[5] par Thrasybule[6].

10. Après la défaite de Tissapherne (*tournez :* Tissapherne[1] vaincu[2], *abl.*), Agésilas[3] songeait[4] à attaquer[5] le roi lui-même.

11. Paul-Émile[1] ne daigna[2] pas regarder[3] les trésors[4] de Persée[5] qu'il avait vaincu (*tournez :* vaincu[6] par lui).

12. L'habitude[1] apprend[2] à supporter[3] la fatigue[4] et à mépriser[5] la douleur[6].

13. Nous devons[1] pardonner[2] à nos ennemis[3] leurs injustices[4].

14. Les Athéniens[1] commencèrent[2] bientôt (*mox*) à traiter[3] avec-hauteur (*superbe*) leurs alliés[4].

1. Fieri, lio. — 2. Crudelis, e. — 3. Deserĕre, o, is, ui, desertum. — 4. Desinĕre, o, is, desii, desitum.

1. Desistĕre, o, is, destiti. — 2. Pugnare, o. — 3. Animus, i, m.

1. Minister, tri, m. — 2. Sacerdos, dotis, m. — 3. Surgĕre, o, is, surrexi, surrectum, *intr.* — 4. Lectulus, i, m. — 5. Solĕre, eo, es, solitus sum. — 6. Aperire, io, is, aperui, apertum. — 7. Ostium, i. — 8. Tabernaculum, i.

1. Malle, malo. — 2. Perire, eo. — 3. Relinquĕre, o, is, reliqui, relictum. — 4. Navis, is, f. — 5. Vehĕre, o, is, vexi, vectum.

1. Tyrannus, i, m. — 2. Adoriri, ior, iris, adortus sum, *dép.* — 3. Oppugnare, o. — 4. Munychia, æ, f. — 5. Occupatus, a, um. — 6. Thrasybulus, i, m.

1. Tissaphernes, is, m. — 2. Vincĕre, o, is, vici, victum. — 3. Agesilaüs, i, m. — 4. Meditari, or, *dép.* — 5. Aggredi, ior, eris, aggressus sum, *dép.*

1. Paulus, i, Æmilius, i, m. — 2. Dignari, or, *dép.* — 3. Spectare, o. — 4. Thesaurus, i, m. — 5. Perseus, i, m. — 6. Vincĕre, o, is, vici, victum.

1. Consuetudo, dinis, f. — 2. Docēre, eo, es, ui, doctum. — 3. Tolerare, o. — 4. Labor, is, m. — 5. Contemnĕre, o, is, contempsi, contemptum. — 6. Dolor, is, m.

1. Debēre, eo. — 2. Condonare, o. — 3. Inimicus, i, m. — 4. Injuria, æ, f.

1. Athenienses, ium, m. — 2. Incipĕre, io, is, incepi, inceptum. — 3. Habēre, eo. — 4. Socius, i, m.

184° EXERCICE

Anc. Gr. § 244, 247. — Nouv. Gr. 242-245

Me pænitet. — Incipit me tædere istius vitæ.

1. Les fils de Jacob[1] se repentirent[2] de leur cruauté[3] envers (*in, acc.*) [leur] frère.

2. La jeune princesse (*tournez :* la jeune fille[1] royale[2]) eut pitié[3] de l'enfant[4] qui vagissait[5] (*part. prés.*).

3. Les soldats[1], qui étaient fatigués[2] d'une trop longue[3] attente[4] se dispersaient[5] déjà (*jam*).

4. Peut-être (*forsitan*) aurez-vous pitié[1] de moi [qui suis] accablé[2] de tant de (*tot*) maux[3].

5. Les Véiens[1] se repentirent[2] bientôt (*mox*) d'avoir demandé et obtenu la paix (*tournez :* de la paix[3] demandée[4] et obtenue[5]).

6. Atticus n'eut jamais (*nunquam*) regret[1] d'avoir entrepris une affaire (*tournez :* d'une affaire[2] entreprise[3]).

7. Tandis que (*quum*) le consul faisait[1] (*subj.*) les levées[2] (*sing.*), beaucoup de[3] (*adjectif*) jeunes gens[4], qui étaient dégoûtés[5] de la guerre, ne se firent pas inscrire (*tournez :* ne donnèrent[6] pas [leurs] noms[7]).

8. Après avoir épuisé[1] tous[2] les maux[3] (*tournez :* après, *post, acc.*, tous les maux épuisés), les Macédoniens[4] commencèrent[5] à se dégoûter[6] même (*etiam*) de la victoire[7] (*pluriel*).

9. Les juges[1] semblèrent[2] prendre en pitié[3] le coupable[4]

---

1. Jacobus, i, m. — 2. Pænitēre, pænitet, pænituit. — 3. Crudelitas, tatis, f.

1. Puella, æ, f. — 2. Regius, a, um. — 3. Miseret, misertum est. — 4. Infans, infantis. — 5. Vagīre, io, is.

1. Miles, militis, m. — 2. Pertædet, pertæsum est. — 3. Longus, a, um. — 4. Mora, æ, f. — 5. Dilabi, or, eris, dilapsus sum, *dép. intr.*

1. Miseret, misertum est. — 2. Conficěre, io, is, confeci, confectum. — 3. Malum, i.

1. Veientes, ium, m. — 2. Pænitēre, pænitet, pænituit. — 3. Pax, pacis, f. — 4. Petěre, o, is, ivi *ou* ii, itum. — 5. Impetrare, o.

1. Pigěre, piget, piguit *ou* pigitum est. — 2. Negotium, i. — 3. Suscipěre, io, is, suscepi, susceptum.

1. Habēre, eo. — 2. Delectŭs, ûs, m. — 3. Permulti, æ, a. — 4. Juvenis, is, m. — 5. Tædēre, et, pertæsum est. — 6. Dare, do, das, dedi, datum. — 7. Nomen, minis, n.

1. Exhaurire, io, is, exhausi, exhaustum. — 2. Omnis, e. — 3. Malum, i. — 4. Macedo, onis, m. — 5. Incipěre, io, is, incepi, inceptum. — 6. Tædēre, et, pertæsum est. — 7. Victoria, æ, f.

1. Judex, dicis, m. — 2. Vidēri, eor, eris, visus sum. — 3. Miserēre, miseret, misertum est. — 4. Sons, sontis, m.

185ᵉ EXERCICE

Anc. Gr. § 247. — Nouv. Gr. § 245

Musica me juvat.

1. « Personne [1] de vous n'ignore [2], juges [2], que la [grande] utilité [4] de la Sicile [5] est (*tournez : l'utilité, acc.*, consister [6]) surtout (*maxime*) dans la production du blé (*tournez : dans l'affaire [7] du-blé [8] (adj.)*). »

1. Nemo, neminis *ou mieux* nullius, m. — 2. Præterire, eo, is, ivi *ou* ii, itum. — 3. Judex, judicis, m. — 4. Utilitas, tatis, f. — 5. Sicilia, æ, f. — 6. Consistĕre, o, is, constiti. — 7. Res, rei, f. — 8. Frumentarius, a, um.

2. Denys [1] n'ignorait [2] pas que Dion était l'ornement de son trône (*tournez : Dion [3], acc., être à ornement [4] à lui-même, ipse, a, um*).

1. Dionysius, i, m. — 2. Fugĕre, io, is, fugi, fugitum. — 3. Dion, is, m. — 4. Ornamentum, i.

3. J'aime [1] à vous voir si gai (*tournez : toi être d'un esprit [2] si, tam, gai [3]*).

1. Juvare, juvat, juvit. — 2. Animus, i, m. — 3. Hilaris, e.

4. Domitien [1] aimait [2] à percer [3] des mouches [4] avec un poinçon [5] très aigu [6].

1. Domitianus, i, m. — 2. Delectare, delectat. — 3. Figĕre, o, is, fixi, fixum. — 4. Musca, æ, f. — 5. Stilus, i, m. — 6. Præacutus, a, um.

5. Il convient [1] à un enfant [2] d'être modeste [4] et respectueux [5].

1. Decĕre, decet, decuit. — 2. Puer, i, m. — 3. Modestus, a, um. — 4. Verecundus, a, um.

6. Scipion [1] et Lélius [2], pour reposer leur esprit (*tournez : pour, ad, acc.*, l'esprit [3] devant être reposé [4]) aimaient [5] à ramasser [6] des coquillages [7] sur le bord [8] [de la mer].

1. Scipio, onis, m. — 2. Lælius, i, m. — 3. Animus, i, m. — 4. Remittĕre, o, is, remisi, remissum. — 5. Juvare, juvat, juvit. — 6. Legĕre, o, is, legi, lectum. — 7. Concha, æ, f. — 8. Litus, oris, n.

186ᵉ EXERCICE

Anc. Gr. § 248-252. — Nouv. Gr. § 246-250

Adolescentem litteras docere. — Id te moneo.
Cæsar exercitum Rhenum traduxit.

1. Un cordonnier [1] apprit [2] à un corbeau [3] une formule (*tournez : des paroles [4]*) de salutation [5].

1. Sutor, is, m. — 2. Docĕre, eo, es, ui, doctum. — 3. Corvus, i, m. — 4. Verbum, i, n. — 5. Salutatio, onis, f.

2. Nous enseignons [1] aux autres [2] les choses (*tournez :* ces [choses], *plur. neut.*) que nous savons [3].

3. Ceux qui enseignent [1] aux autres [2] ce (*plur. neut.*) qu'ils ne savent pas [3] sont ridicules [4].

4. A Lacédémone [1], on enseignait [2] aux enfants le mépris [3] de la douleur [4].

5. Sous (*sub, abl.*) la direction [1] de Scipion [2], Marcius avait appris (*tournez :* avait été instruit [3] sur) [les principes de] l'art [4] militaire (*tournez :* de la guerre [5]).

6. La culture [1] des champs [2] doit en-premier-lieu (*imprimis*) être enseignée [3] aux hommes.

7. Annibal [1] disait [2] souvent (*sæpe*) à Antiochus : « Si tu nourris des pensées bienveillantes (*tournez :* si tu penseras [3] quelque chose [4] amicalement, *amice*) pour (*de, abl.*) Rome, cache- [5] [le]-moi. »

8. Eumène [1], pour surprendre (*tournez :* pour que, *ut, subj.*, il surprît [2]) l'ennemi [3], cacha [4] à tout-le-monde [5] la route [6] qu'il devait suivre [7] (*tournez :* qu'il était devant suivre).

9. Si (*si*) un ami nous demande [1] (*fut.*) une chose [2] injuste [3], refusons [4]- [la] fermement (*constanter*).

10. Atticus promettait [1] avec-réserve (*religiose*) tout-ce-qu' (*quidquid*) on lui demandait [2].

11. Quand (*quum*) on demandait [1] (*ind.*) à Caton [2] son avis [3] sur (*de, abl.*) une question [4], il ajoutait [5] toujours (*semper*) : « Je suis de cet avis (*hoc censeo*) et [aussi] qu'il faut détruire [6] Carthage [7] (*tournez :* Carthage, *acc.*, être devant être détruite).

---

1. Docēre, eo, es, ui, doctum. — 2. Alius, a, ud. — 3. Scire, io, is, scivi, scitum.

1. Docēre, eo, es, ui, doctum. — 2. Alius, a, ud. — 3. Nescire, io, is, ivi ou ii, itum. — 4. Deridendus, a, um.

1. Lacedæmon, is, f. — 2. Docēre, eo, es, ui, doctum. — 3. Contemptŭs, ûs, m. — 4. Dolor, is, m.

1. Disciplina, æ, f. — 2. Scipio, onis, m. — 3. Docēre, eo, es, ui, doctum. — 4. Ars, artis, f. — 5. Militia, æ, f.

1. Cultura, a, f. — 2. Ager, agri, m. — 3. Docēre, eo, es, ui, doctum.

1. Annibal, is, m. — 2. Dicēre, o, is, dixi, dictum. — 3. Cogitare, o. — 4. Aliquid. — 5. Celare, o.

1. Eumenes, is, m. — 2. Opprimĕre, o, is, oppressi, oppressum. — 3. Hostis, is, m. — 4. Celare, o. — 5. Omnes, ium. — 6. Via, æ, f. — 7. Sequi, or, eris, secutus sum, dép.

1. Rogare, o. — 2. Res, ei, f. — 3. Injustus, a, um, — 4. Denegare, o.

1. Promittĕre, o, is, promisi, promissum. — 2. Rogare, o.

1. Interrogare, o. — 2. Cato, Catonis, m. — 3. Sententia, æ, f. — 4. Res, rei, f. — 5. Addĕre, o, is, addidi, additum. — 6. Delēre, eo, es, delevi, deletum. — 7. Carthago, ginis, f.

12. Rappelé[1] en (*in, acc.*) Grèce[2], Agésilas[3] fit-passer[4] l'Hellespont[5] à ses troupes[6] [avec] une grande promptitude[7] (*abl.*).

1. Revocare, o. — 2. Græcia, æ, f. — 3. Agesilaüs, i, m. — 4. Traducĕre, o, is, duxi, ductum. — 5. Hellespontus, i, m. — 6. Copiæ, arum, f. — 7. Celeritas, tatis, f.

COMPLÉMENT INDIRECT AU DATIF

187ᵉ EXERCICE

Anc. Gr. § 252, 253. — Nouv. Gr. § 250-252

Victor hostibus pepercit. — Pareo legibus.

1. Sylla[1] vainquit[2] tous [ceux] qui favorisaient[3] [la cause de] Marius.

1. Sylla, æ, m. — 2. Superare, o. — 3. Favĕre, eo, es, favi, fautum.

2. Les Platéens[1] seuls (*tournez :* seulement,*tantummodo*) portèrent-secours[2] aux Athéniens[3], à la bataille[4] de (*apud, acc.*) Marathon[5].

1. Plataeenses, ium, m. — 2. Auxiliari, o⋅, aris, atus sum, *dép.* — 3. Athenienses, ium, m. — 4. Pugna, æ, f. — 5. Maratho, thonis, f.

3. Bessus osa tuer[1] [son] roi[2] Darius, que les vainqueurs[3] auraient épargné[4].

1. Occidĕre, o, is, occidi, occisum. — 2. Rex, regis, m. — 3. Victor, is, m. — 4. Parcĕre, o, is, peperci, parcitum *et* parsum.

4. Papirius[1] céda aux prières[2] de Fabius le père, et du peuple tout-entier[3].

1. Cedĕre, o, is, cessi, cessum. — 2. Preces, um, f. — 3. Totus, a, um.

5. Minucius, maître[1] de la cavalerie (*tournez :* des cavaliers[2]), n'avait pas obéi[3] aux ordres[4] du dictateur[5].

1. Magister, tri, m. — 2. Eques, equitis, m. — 3. Parĕre, eo, es, ui. — 4. Edictum, i. — 5. Dictator, is, m.

6. Blessé[1] par un jeune[2] Spartiate[3], Lycurgue[4] lui pardonna[5].

1. Vulneratus, a, um. — 2. Adolescens, centis, m. — 3. Spartanus, a, um. — 4. Lycurgus, i, m. — 5. Ignoscĕre, o, is, ignovi, ignotum.

7. César[1] crut[2] (*ajoutez :* soi, *acc.*) pouvoir[3] remédier[4] facilement (*facile*) au manque[5] de-blé[6] (*adj.*).

1. Cæsar, is, m. — 2. Credĕre, o, is, credidi, creditum. — 3. Posse, possum, potes, potui. — 4. Medĕri, eor, eris, *dép.* — 5. Inopia, æ, f. — 6. Frumentarius, a, um.

8. En refusant (*tournez :* tandis qu', *dum*, il refusait[1]) les honneurs[2], Atticus assurait (*tournez :* servait[3]) [sa] tranquillité[4].

9. Samuel[1] encore-tout (*admodum*) énfant servait[2] le grand prêtre[3] tandis -qu'il-sacrifiait[4] (*part. prés.*).

10. Numa[1] ne fut pas moins (*minus*) utile[2] à Rome que Romulus.

11. Mécène[1], qui était en-faveur[2] (*adj.*) auprès d'(*apud, acc.*) Auguste[3], fut-utile[4] à tous ceux à qui il put[5] [l'être], et-ne (*neque*) nuisit[6] à personne[7].

12. Des brigands[1] dressèrent-des-embûches[2] à Romulus et à Rémus.

13. Astyage[1] fut irrité[2] contre Harpage[3], qui avait épargné[4] [son] petit-fils[5].

14. Décius occupa[1] une colline[2] qui-dominait[3] (*part. prés.*) le camp[4] ennemi des ennemis[5].

15. La fille de Raguel[1] obéit[2] à son père et épousa[3] [son] parent[4].

16. La province[1] [de] Syrie[2] échut[3] à Lucius Scipion[4].

17. Jacob[1] apprit - avec - étonnement[2] tout[3] (*pluriel neut :*) [ce] qui était arrivé[4] à [ses] fils.

1. Recusare, o. — 2. Honor, is, m. — 3. **Servire**, io, is, ii, itum. — 4. **Tranquillitas**, tatis, f.

1. **Samuel**, *indécl.* — 2. Ministrare, o. — 3. Sacerdos, dotis, m. — 4. **Sacrificare**, o.

1. Numa, æ, m. — 2. Prodesse, prosum, **prodes**, profui.

1. Mæcenas, natis, m. — 2. Gratiosus, a, um. — 3. Augustus, i, m. — 4. Prodesse, prosum, prodes, profui. — 5. Posse, possum, potes, potui. — 6. Nocère, eo. — 7. Quisquam, quidquam.

1. Latro, onis, m. — 2. Insidiari, or, aris, atus sum, *dép.*

1. Astyages, is, m. — 2. Irasci, or, eris, iratus sum, *dép.* — 3. Harpagus, i, m. — 4. Parcère, o, is, peperci, parcitum *et* parsum. — 5. Nepos, nepotis, m.

1. Occupare, o. — 2. Collis, is, m. — 3. Imminère, eo, es. — 4. Castra, orum. — 5. Hostis, is, m.

1. Raguel, *indécl.* — 2. Obtemperare, o. — 3. Nubère, o, is, nupsi, nuptum. — 4. Cognatus, i, m.

1. Provincia, æ, f. — 2. Syria, æ, f. — 3. Obvenire, io, is, obveni, obventum. — 4. Scipio, onis, m.

1. Jacobus, i, m. — 2. Mirari, or, aris, atus sum, *dép.* — 3. Omnis, e. — 4. Accidère, o, is, i.

188ᵉ EXERCICE

Anc. Gr. § 254. — Nouv. Gr. § 253.

Xerxes bellum Græcis intulit.

1. Les nations[1] voisines[2], irritées de la reconstruction du temple (*tournez* : supportant[3] avec-irritation, *ægre*, le temple restauré[4]), firent[5] la guerre[6] aux Juifs[7].

1. Gens, gentis, f. — 2. Vicinus, a, um. — 3. Ferre, fero, fers, tuli, latum. — 4. Restituëre, o, is, i, restitutum. — 5. Inferre, infero, infers, intuli, illatum. — 6. Bellum, i. — 7. Judæi, orum, m.

2. Sur chaque[1] éléphant[2] (*plur.*) était placée[3] (*plus-que-parf.*) une tour[4] (*plur.*) de-bois[5] (*adj.*), de (*ex, abl.*) laquelle des soldats[6] lançaient[7] des traits[8].

1. Singuli, æ, a. — 2. Elephantus, i, m. — 3. Imponěre, o, is, imposui, impositum. — 4. Turris, is, f. — 5. Ligneus, a, um. — 6. Miles, militis, m. — 7. Conjicěre, io, is, conjeci, conjectum. — 8. Telum, i.

3. Cléopâtre[1] [se] posa[2] un serpent[3] sur le bras[4]; en vain (*frustra*) les médecins[5] appliquèrent[6] des remèdes[7] sur la blessure[8].

1. Cleopatra, æ, f. — 2. Applicare, o, as, avi *et* applicui, applicatum *et* applicitum. — 3. Aspis, aspidis, f. — 4. Brachium, i. — 5. Medicus, i, m. — 6. Admověre, eo, es, admovi, admotum. — 7. Remedium, i, m. — 8. Vulnus, vulneris, n.

4. Une flèche[1] pénétra (*tournez* : fut plantée[2]) dans la poitrine[3] découverte[4] d'Alexandre[5].

1. Sagitta, æ, f. — 2. Infigěre, o, is, infixi, infixum. — 3. Pectus, pectoris, n. — 4. Nudus, a, um. — 5. Alexander, dri, m.

5. Les Lacédémoniens[1] mirent-à-la tête[2] de leur armée[3] le maitre-d'école[4] athénien[5] Tyrtée[6].

1. Lacedæmonii, orum, m. — 2. Præficěre, io, is, præfeci, præfectum. — 3. Exercitüs, üs, m. — 4. Ludimagister, tri, m. — 5. Atheniensis, e. — 6. Tyrtæus, i, m.

6. La sortie[1] soudaine[2] des Romains inspira[3] l'effroi[4] aux Carthaginois[5].

1. Eruptio, onis, f. — 2. Improvisus, a, um. — 3. Incutěre, io, is, incussi, incussum. — 4. Pavor, is, m. — 5. Pœni, orum, m.

7. Épaminondas[1] encore (*adhuc*) jeune[2] préféra[3] le philosophe[4] Ly-

1. Epaminondas, æ, m. — 2. Adolescens entis. — 3. Anteponěre, o, is, anteposui, antepositum. — 4. Philosophus, i, m. —

sis[5], [homme] morose[6] et sérieux[7], à tous ses contemporains[8].

5. Lysis, is, *acc.* in, m. — 6. Tristis, e. — 7. Severus, a, um. — 8. Æqualis, is, m.

8. Perdiccas[1] opposa[2] Eumène[3] à [ses] ennemis[4] d'-Europe[5] (*adj.*).

1. Perdiccas, æ, m. — 2. Opponère, o, is, opposui, oppositum. — 4. Eumenes, is, m. — 4. Adversarius, i, m. — 5. Europæus, a, um.

9. Les armes manquant (*tournez :* comme, *quum*, les armes[1] manquaient[2], *subj.*), on enleva[3] (*tournez par le passif*) des temples et des portiques[4] les anciennes[5] dépouilles[6] des ennemis[7].

1. Arma, orum. — 2. Deesse, desum, dees, defui. — 3. Detrahère, o, is, detraxi, detractum. — 4. Porticùs, ûs, f. — 5. Vetus, veteris. — 6. Spolia, orum. — 7. Hostis, is, m.

10. L'arche[1] fut portée-autour[2] de la ville.

1. Arca, æ, f. — 2. Circumferre, fero, fers, tuli, latum.

11. Le lierre[1] enlacé[2] dans les branches[3] du chêne[4] s'-y (*tournez :* à elles) attache[5].

1. Hedera, æ, f. — 2. Implicare, o, as, avi *et* implicui, implicatum *et* implicitum. — 3. Ramus, i, m. — 4. Quercùs, ûs, f. — 5. Adhærère, eo, es, adhæsi, adhæsum.

12. La crainte[1] de la mort[2], [et] non un repentir[3] réel[4], arrachait[5] au roi[6] l'aveu[7] de ses fautes[8].

1. Metùs, ûs, m. — 2. Mors, mortis, f. — 3. Pœnitentia, æ, f. — 4. Verus, a, um. — 5. Extorquère, eo, es, extorsi, extortum. — 6. Rex, regis, m. — 7. Confessio, onis, f. — 8. Culpa, æ, f.

189e EXERCICE

Anc. Gr. § 226 *bis.* — Nouv. Gr. § 255

Lycurgus legis civitati suæ scripsit.

1. César[1] exigea[2] du blé[3] pour son armée[4].

1. Cæsar, is, m. — 2. Imperare, o. — 3. Frumentum, i. — 4. Exercitùs, ûs, m.

2. Les comices[1] furent tenus[2] pour la nomination du grand pontife (*tournez :* pour le grand[3] pontife[4] devant être nommé[5]).

1. Comitia, orum. — 2. Habère, eo. — 3. Summus, a, um. — 4. Pontifex, ficis, m. — 5. Creare, o.

3. Le signal[1] de la (*tournez :* pour la) retraite[2] fut donné[3]

1. Signum, i. — 2. Receptùs, ûs, m. — 3. Dare, o, as, dedi, datum.

4. César [1] éprouvait une vive crainte (*tournez* : craignait [2] vivement, *vehementer*) pour Labiénus [dont il était] séparé [3] et pour ses (*ejus*) légions [4].

1. Cæsar, is, m. — 2. Metuère, o, is, i. — 3. Abjungĕre, o, is, abjunxi, abjunctum. — 4. Legio, onis, f.

5. Les soldats [1] courent [2] dans leurs tentes [3] et préparent [4] les bagages [5] pour le départ [6].

1. Miles, militis, m. — 2. Discurrĕre, o, is, i, discursum. — 3. Tabernaculum, i. — 4. Aptare, o. — 5. Sarcina, æ, f. — 6. Iter, itineris, n.

6. Un père tua [1] [son] fils, partisan [2] de Catilina [3], en lui disant (*tournez* : avec, *cum, abl.*, ces paroles [4]) : « Je ne t'ai pas engendré [5] pour [servir] Catilina [3] contre (*adversus, acc.*) [ta] patrie [6], mais pour [servir] [ta] patrie [6] contre Catilina [3]. »

1. Occidĕre, o, is, i, occisum. — 2. Socius, i, m. — 3. Catilina, æ, m. — 4. Verbum, i. — 5. Gignĕre, o, is, genui, genitum. — 6. Patria, æ, f.

7. Flavius fixa [1] pour l'entrevue [2] un endroit [3] peu éloigné (*tournez* : non loin, *haud procul*) du camp [4] (*abl.*) romain.

1. Dicĕre, o, is, dixi, dictum. — 2. Colloquium, i. — 3. Locus, i, m. — 4. Castra, orum.

190° EXERCICE

Anc. Gr. § 256. — Nouv. Gr. § 255

Duo reges Lacedæmoniis erant. — Fons cui nomen Arethusa *ou* Arethusæ est.

1. Avant (*ante, acc.*) Solon [1], les Athéniens [2] n'avaient pas de lois (*tournez* : aucunes [3] lois [4]), sinon (*nisi*) le bon-plaisir [5] des rois [6].

1. Solon, is, m. — 2. Athénienses, ium, m. — 3. Nullus, a, um. — 4. Lex, legis, f. — 5. Libido, dinis, f. — 6. Rex, regis, m.

2. Pyrrhus, homme [1] brave [2] et de sentiments - élevés [3] (*adj.*), était doux et clément (*tournez* : avait une âme [4] douce [5] et clémente [6]).

1. Vir, i, m. — 2. Fortis, e. — 3. Magnus, a, um. — 4. Animus, i, m. — 5. Mitis, e. — 6. Placabilis, e.

3. Les âmes [1] ont une origine [2] céleste [3].

1. Animus, i, m. — 2. Origo, ginis, f. — 3. Cælestis, e.

4. Cimon [1] avait de grandes [2] propriétés [3], dont il donnait [4] les fruits [5] aux pauvres [6].

1. Cimon, is, m. — 2. Magnus, a, um. — 3. Prædium. i. — 4. Largiri, ior, iris, itus sum, *dép.* — 5. Fructus, ûs, m. — 6. Pauper, is, m.

5. Ptolémée[1], qui eut le surnom[2] de Philopator[3], avait empoisonné (*tournez* : tué[4] par le poison[5], *abl.*) son père.

1. Ptolemæus, i, m. — 2. Cognomen, minis, n. — 3. Philopator, is, m. — 4. Necare, o. — 5. Venenum, i.

6. A Antiochus succéda[1] [son] fils, qui avait le surnom[2] d'Eupator[3].

1. Succedĕre, o, is, successi, successum. — 2. Cognomen, minis, n. — 3. Eupator, is, m.

7. Après (*post, acc.*) la victoire[1] remportée[2] sur (*de, abl.*) Jugurtha[3], Métellus reçut le surnom[4] de Numidicus[5].

1. Victoria, æ, f. — 2. Reportare, o. — 3. Jugurtha, æ, m. — 4. Cognomen, minis, n. — 5. Numidicus, i, m.

8. Une pièce[1] de Plaute[2] a pour titre[3] : « le Soldat[4] fanfaron[5]. »

1. Fabula, æ, f. — 2. Plautus, i, m. — Nomen, nominis, n. — 4. Miles, militis, m. — 5. Gloriosus, a, um.

Mihi opus est amico

(Voir l'Exercice 199)

191ᵉ EXERCICE

Anc. Gr. § 258, 259. — Nouv. Gr. 257, 258

Virtus homini decori gloriæque est. — Crimini dedit mihi meam fidem.

1. L'hésitation[1] d'Absalon[2] fut le salut[3] de David[4].

1. Cunctatio, onis, f. — 2. Absalon, is, m. — 3. Salus, salutis, f. — 4. David, is, m.

2. Aucun[1] travail[2] ne causait d'ennui[3] à Pompée[4], aucune fatigue[5] ne lui était désagréable (*tournez* : n'était à désagrément[6]).

1. Nullus, a, um. — 2. Labor, is, m. — 3. Tædium, i. — 4. Pompeius, i, m. — 5. Fatigatio, onis, f. — 6. Molestia, æ, f.

3. Sylla[1] disait[2] que César[3] détruirait un jour le (*tournez* : César, *acc.*, devoir être un jour, *aliquando*, à ruine[4] au...) le parti[5] de la noblesse (*tournez* : des nobles[6]).

1. Sylla, æ, m. — 2. Dictitare, o. — 3. Cæsar, is, m. — 4. Exitium, i. — 5. Partes, ium, f. — 6. Optimates, ium *et* um, m.

4. Le nom[1] et le souvenir[2] d'Archimède[3] valurent un traitement-honorable[4] à ses parents[5] et furent leur sauvegarde[6].

1. Nomen, nominis, n. — 2. Memoria, æ, f. — 3. Archimedes, is, m. — 4. Honor, is, m. — 5. Propinquus, i, m. -- 6. Præsidium, i.

5. La mort[1] d'Arioviste[2] et les précédentes[3] victoires[4] des Romains causaient un vif[5] chagrin[6] aux Germains[7].

6. Des crochets[1] de-fer[2] (*adj.*), appelés[3] corbeaux[4], furent d' (*tournez :* à) une grande[5] utilité[6] aux Romains dans les combats[7] sur-mer[8] (*adj.*).

7. Timoléon[1], devenu[2] aveugle[3], parlait[4] au (*ad, acc.*) peuple de (*de, abl.*) [son] char[5], et personne-ne[6] l'accusait pour cela d'orgueil (*tournez :* n'attribuait[7] cela à orgueil[8] à lui).

8. Vous blâmez[1] maintenant (*nunc*) ce que (*plur. neut.*) vous jugiez[2] être un titre de gloire (*tournez :* à gloire[3]) pour moi.

9. Les Carthaginois[1] faisaient[2] à leurs généraux[3] un crime d'être vaincus (*tournez :* de ce que, *quod*, ils étaient vaincus[4], *subj.*).

10. Les Athéniens[1] reprochèrent (tournèrent[2] à défaut[3]) à Thémistocle[4] d'être devenu (*tournez :* que, *quod,* il était devenu[5], *subj.*) trop orgueilleux[6] et trop riche[7].

4. Mors, mortis, f. — 2. Ariovistus, i, m. — 3. Superior, us. — 4. Victoria, æ, f. — 5. Magnus, a, um. — 6. Dolor, is, m. — 7. Germani, orum, m.

1. Manŭs, ûs, f. — 2. Ferreus, a, um. — 3. Vocare, o. — 4. Corvus, i, m. — 5. Magnus, a, um. — 6. Usŭs, ûs, m. — 7. Prœlium, i. — 8. Navalis, e.

1. Timoleon, ontis, m. — 2. Fieri, fio, fis, factus sum. — 3. Dicěre, o, is, dixi, dictum. — 5. Vehiculum, i. — 6. Nemo, neminis *et mieux* nullius, m. — 7. Tribuěre, o, is, i, tributum. — 8. Superbia, æ, f.

1. Reprehenděre, o, is, i, reprehensum. — 2. Ducěre, o, is, duxi, ductum. — 3. Gloria, æ, f.

1. Carthaginienses, ium, m. — 2. Dare, do, das, dedi, datum. — 3. Imperator, is, m. — 4. Vincěre, o, is, vici, victum.

1. Athenienses, ium, m. — 2. Vertěre, o, is, i, versum. — 3. Vitium, i. — 4. Themistocles, is, m. — 5. Fieri, fio, fis, factus sum. — 6. Superbus, a, um. — 7. Dives, divitis.

192e EXERCICE

Anc. Gr. § 260. — Nouv. Gr. § 259

Crucem servo minatur. — Multa pericula Romæ nascenti impendebant.

1. Le roi[1] menaça de mort[2] celui qui prendrait[3] de la nourriture[4] avant la défaite des ennemis (*tournez :* avant, *ante. acc.*, les ennemis[5] défaits[6]).

1. Rex, regis, m. — 2. Mors, mortis, f. — 3. Sumĕre, o, is, sumpsi, sumptum. — 4. Cibus, i, m. — 5. Hostis, is, m. — 6. Fusus, a, um.

15

2. Les Cimbres[1] menacèrent Marius de [leur] vengeance[2] aussitôt que (*simul atque*) les Teutons[3] seraient arrivés[4].

3. Les Carthaginois[1] menacèrent Régulus des supplices[2] les plus raffinés[3], s'il-n' (*nisi*) obtenait[4] que (*ut*) les prisonniers[5] carthaginois[1] fussent rendus[6].

4. Mucius dit[1] à Porsena[2] : « La même[3] tentative[4] [de meurtre] te menace de-la-part de (*a, abl.*) la jeunesse[5] romaine. »

5. La vengeance[1] divine[2] est suspendue sur [la tête du] coupable[3] (*plur.*).

6. Rome put[1] écarter[2] tous les périls[3] qui la menacèrent dès sa naissance (*tournez :* qui menacèrent elle à peine, *vix*, naissante[4]).

7. Menacés d'une guerre[1] redoutable[2], les Grecs[3] demandèrent[4] du secours[5] à (*ab, abl.*) Hiéron[6], tyran[7] de Syracuse[8] (*tournez :* les Grecs, que menaçait une guerre...).

8. Les Hébreux[1], félicitant[2] David[3] de [sa] victoire[4], le reconduisirent[5] à (*ad, acc.*) la ville.

9. Les parents[1] de Tobie[2] se réunirent[3] et le félicitèrent[4] d'avoir recouvré la santé (*tournez :* de la santé[5] recouvrée[6]).

10. Arrivés (*tournez :* lorsqu', *quum*, ils furent arrivés[1], *plus-que-parf. subj.*) après (*post, acc.*) la victoire[2], les Lacédémoniens[3] félicitèrent[4] les Athéniens[5] de [leur] courage[6] et de l'habileté[7] de [leur] chef[8].

---

1. Cimbri, orum, m. — 2. Ultio, onis, f. — 3. Teutones, um, m. — 4. Venire, io, is, veni, ventum.

1. Pœni, orum, m. — 2. Supplicium, i. — 3. Exquisitus, a, um. — 4. Impetrare, o. — 5. Captivus, i, m. — 6. Reddĕre, o, is, reddidi, redditum.

1. Dicĕre, o, is, dixi, dictum. — 2. Porsena, æ, m. — 3. Idem, eadem, idem. — 4. Insidiæ, arum, f. — 5. Juventus, tutis, f.

1. Vindicta, æ, f. — 2. Divinus, a, um. — 3. Sons, sontis, m.

1. Posse, possum, potes, potui. — 2. Removĕre, eo, es, removi, remotum. — 3. Periculum, i. — 4. Nasci, or, eris, natus sum, *dép.*

1. Bellum, i. — 2. Gravis, e, *au super.* — 3. Græci, orum, m. — 4. Petĕre, o, is, ivi ou ii, itum. — 5. Auxilium, i. — 6. Hiero, Hieronis, m. — 7. Tyrannus, i, m. — 8. Syracusæ, arum, f.

1. Hebræi, orum, m. — 2. Gratulari, or, aris, atus sum, *dép.* — 3. David, is, m. — 4. Victoria, æ, f. — 5. Deducĕre, o, is, deduxi, deductum.

1. Propinquus, i, m. — 2. Tobias, æ, m. — 3. Convenire, io, is, conveni, conventum. — 4. Gratulari, or, aris, atus sum, *dép.* — 5. Valetudo, dinis, f. — 6. Restitutus, a, um.

1. Venire, io, is, veni, ventum. — 2. Victoria, æ, f. — 3. Lacedæmonii, orum, m. — 4. Gratulari, or, aris, atus sum, *dép.* — 5. Athenienses, ium, m. — 6. Virtus, virtutis, f. — 7. Peritia, æ, f. — 8. Dux, ducis, m.

COMPLEMENT INDIRECT A L'ACCUSATIF AVEC A D

193ᵉ EXERCICE

Anc. Gr. § 261. — Nouv. Gr. § 260

Ductus est ad mortem.

1. Ce chemin[1] conduit[2] à la ville.

1. Via, æ, f. — 2. Ducĕre, o, is, duxi, ductum.

2. Ruben essaya[1] d'amener[2] ses frères à une mesure[3] plus douce[4].

1. Conari, or, aris, atus sum, *dép.* — 2. Adducĕre, o, is, adduxi, adductum. — 3. Consilium, i. — 4. Mitis, e.

3. Les soldats[1] semblaient[2] être conduits[3] non à la mort[4], mais à une victoire[5] certaine[6].

1. Miles, militis, m. — 2. Vidēri, eor, eris, visus sum. — 3. Ducĕre, o, is, duxi, ductum. — 4. Mors, mortis, f. — 5. Victoria, æ, f. — 6. Certus, a, um.

4. La longueur du siège (le siège[1] long[2]) réduisit[3] les habitants[4] à la dernière[5] misère[6].

1. Obsidio, onis, f. — 2. Diutinus, a, um. — 3. Adducĕre, o, is, adduxi, adductum. — 4. Oppidani, orum, m. — 5. Ultimus, a, um. — 6. Inopia, æ, f.

5. Les haruspices[1] avaient annoncé[2] que le prodige[3] (*acc.*) concernait[4] (*tournez :* concerner) le consul[5].

1. Haruspex, haruspicis, m. — 2. Præmonēre, eo, es, ui, itum. — 3. Prodigium, i. — 4. Pertinēre, eo, es, ui. — 5. Consul, is, m.

6. Chez les anciens[1], aucune portion[2] d'un héritage[3] ne revenait[4] aux femmes[5].

1. Antiqui, orum, m. — 2. Pars, partis, f. — 3. Hereditas, tatis, f. — 4. Pertinēre, eo, es, ui. — 5. Mulier, is, f.

7. Les Romains (*abl.*) ayant[1] la lune[2] à (*a, abl.)* dos[3], leurs ombres[4] s'-étendaient[5] [jusqu'] aux premiers rangs[6] des ennemis[7].

1. Habēre, eo. — 2. Luna, æ, f. — 3. Tergum, i. — 4. Umbra, æ, f. — 5. Pertinēre, eo, es, ui, *intr.* — 6. Ordo, ordinis, m. — 7 Hostis, is, m.

8. Toutes les pensées[1] des bons citoyens[2] doivent[3] avoir pour objet (*tournez :* tendre[4] à) la concorde[5].

1. Consilium, i. — 2. Civis, is, m. — 3. Debēre, eo. — 4. Spectare, o. — 5. Concordia, æ, f.

9. Les Belges[1] sont au (*tournez :* regardent[2] vers le...) Nord[3] et à l'Est (*tournez :* le soleil[4] levant[5]).

1. Belgæ, arum, m. — 2. Spectare, o. — 3. Septemtriones, um, m. — 4. Sol, is, m. — 5. Oriens, entis.

10. Une lettre[1] fut apportée[2] aux nouveaux[3] consuls[4] et lue[5] par eux dans le Sénat[6].

1. Epistola, æ, f. — 2. Afferre, affero, affers, attuli[4], allatum. — 3. Novus, a, um. — 4. Consul, is, m. — 5. Recitare, o. — 6. Senatŭs, ûs, m.

11. Les Trinobantes[1] envoient[2] des députés[3] à César[4].

1. Trinobantes, um, m. — 2. Mittĕre, o, is, misi, missum. — 3. Legatus, i, m. — 4. Cæsar, is, m.

12. Auguste, quand (*quum*) il était absent[1] (*subj.*) de Rome, n'envoya[2] jamais (*nunquam*) de lettres[3] à ses parents[4], sans [en] envoyer (*tournez : sans-que, quin*, il [en] envoyât[2]) aussi (*et*) à Atticus.

1. Abesse, absum, abes, abfui. — 2. Mittĕre, o, is, misi, missum. — 3. Litteræ, orum, f. — 4. Sui, orum, m.

13. Dion[1] (*abl.*) ayant été chassé[2] de Syracuse[3], Denys[4] fit-charger[5] sur un vaisseau[6] tous ses biens[7] meubles (*tournez :* qui pouvaient[8] être déplacés[9]) et les lui envoya[10] en Grèce[11].

1. Dion, is, m. — 2. Pellĕre, o, is, pepuli, pulsum. — 3. Syracusæ, arum, f. — 4. Dionysius, i, m. — 5. Imponĕre, o, is, imposui, impositum. — 6. Navis, is, f. — 7. Bona, orum. — 8. Posse, possum, potes, potui. — 9. Movĕre, eo, es, movi, motum. — 10. Mittĕre, o, is, misi, missum. — 11. Gracia, æ, f.

COMPLÉMENT INDIRECT AU GÉNITIF

194ᵉ EXERCICE

Anc. Gr. § 263-266. — Nouv. Gr. § 262-265

Domus est patris. — Improbi hominis est mendacio fallere. — Tuum est videre.

1. Tout ce-qui (*plur. neut.*) avait appartenu aux rois[1] de Syracuse (*tournez :* des Syracusains[2]) devint[3] [la propriété] des Romains.

1. Rex, regis, m. — 2. Syracusani, orum, m. — 3. Fieri, fio, fis, factus sum.

2. Il appartient à Dieu seul[1] de connaître[2] l'avenir (*tournez :* les choses[3] futures[4]).

1. Unus, a, um. — 2. Prænoscĕre, o, is, prænovi, prænotum. — 3. Res, rei, f. — 4. Futurus, a, um.

3. Les conjurés[1] convinrent[2] avec (*cum, abl.*) Annibal[3], que la garni-

1. Conjurati, orum, m. — 2. Sancire, io, is, sanxi, sancitum *et* sanctum. — 3. Annibal, is, m. —

son⁴ (plur.) romaine livrée⁵ [par
eux] serait au pouvoir des Carthaginois (tournez : les garnisons... devoir
appartenir).

4. Ce n'est pas d'un [homme]
libéral¹, mais d'un [homme] léger²
[de] promettre³ ce qu' (plur. neut.)
il ne peut⁴ (subj.) tenir⁵.

5. Amilcar¹ dit² à Catulus : « Il
n'est pas [digne] de ma valeur³ [de]
livrer⁴ à des ennemis⁵ les armes⁶
[que j'ai] reçues⁷ de (a, abl.) [ma]
patrie [pour m'en servir] contre (adversus, acc.) eux. »

6. C'est d'un malade¹ courageux²
d]'accepter³ le remède⁴.

7. C'est à vous [de] commander¹,
nous [d'] obéir².

8. C'est à toi [de] te justifier¹, à
moi de [te] condamner² ou de [t']
absoudre³.

9. C'est à lui [de] parler¹.

10. Les généraux¹ (abl.), à qui il
appartenait [de] proposer des mesu-
res utiles (tournez : conseiller² des
[choses] utiles³, plur. neut.), gar-
dant-le-silence⁴, Démosthènes⁵ se-
leva⁶ et parla⁷ au (ad, acc.) peuple.

4. Præsidium, i. — 5. Pro-
děre, o, is, prodidi, proditum.

1. Liberalis, e. — 2. Levis, e.
— 3. Promittěre, o, is, promisi, promissum. — 4. Posse, possum, potes, potui. —
5. Præstare, o, as, præstiti.

1. Amilcar, is, m. — 2. Dicěre, o, is, dixi, dictum. —
3. Virtus, virtutis, f. — 4. Tra-
děre, o, is, tradidi, traditum.
— 5. Adversarius, i, m. —
6. Arma, orum, n. — 7. Accipěre, io, is, accepi, acceptum.

1. Ægrotus, i, m. — 2. Fortis, e. — 3. Accipěre, io, is,
accepi, acceptum. — 4. Medi-
cina, æ, f.

1. Imperare, o. — 2. Parcěre,
eo.

1. Causam purgare, o. —
2. Condemnare, o. — 3. Ab-
solvěre, o, is, i, absolutum.

1. Loqui, or, eris, locutus
sum, dép.

1. Imperator, oris, m. —
2. Suaděre, eo, es, suasi, suasum. — 3. Utilis, e. — 4. Ta-
cěre, eo, es, ui. — 5. Demosthenes, is, m. — 6. Surgěre,
o, is, surrexi, surrectum, intr.
— 7. Verba facěre, io, is, feci,
factum.

195ᵉ EXERCICE

Anc. Gr. § 266-269. — Nouv. Gr. 265-268

**Clodii intererat Milonem perire. — Quid tua refert?
Ad decus civitatis interest.**

1. Quelqu'un¹ demanda² à (ex,
abl.) Caton³ : « Qu'est-ce-qui (quid)
importe⁴ le plus (maxime) à un bon

1. Aliquis. — 2. Quærěre, o,
is, quæsivi, quæsitum. — 3. Cato, Catonis, m. — 4. Interesse, interest.

père-de-famille [5]? — Donner à ses troupeaux de bons pâturages (tournez : bien, bene, faire-paître [6] [ses troupeaux], » répondit [7]-il.

2. Il importait [1] à Scipion [2] de se concilier [3] l'amitié [4] de Syphax [5], le roi [6] le plus riche [7] de toute [8] l'Afrique [9].

3. Voyant [1] Paul Émile [2] blessé [3], un tribun [4] lui offrit [5] son cheval [6] : « Il importe [7] à la République [8], dit-il [9], que (ut) le consul [10] survive [11] à [ce] désastre [12]. »

4. Fabius changea [1] l'ancienne [2] tactique [3] militaire (tournez : de guerre [4]); il lui importait [5] [de] ne rien (nihil) mettre [6] au hasard [7] et de lasser [8] Annibal [9] par [sa] temporisation [10].

5. Les sénateurs [1] laissèrent [2] Régulus retourner [3] à Carthage [4] : il leur importait [5] [de] ne pas échanger [6] les prisonniers [7] carthaginois [8], de jeunes [9] et bons officiers [10], contre (cum) un général [11] accablé [12] par les années [13].

6. Il vous importe [1] [d'] écouter [2] les préceptes [3] de vos maîtres [4].

---

5. Paterfamilias, patrisfamilias, m. — 6. Pascĕre, o, is, pavi, pastum. — 7. Respondĕre, eo, es, i, responsum.

. 1. Interesse, interest. — 2. Scipio. onis, m. — 3. Conciliare, o. — 4. Amicitia, æ, f. — 5. Syphax, Syphacis, m. — 6. Rex, regis, m. — 7. Opulentus, a, um. — 8. Totus, a, um. — 9. Africa, æ, f.

1. Vidĕre, eo, es, vidi, visum. — 2. Paulus, i, Æmilius, i, m. — 3. Saucius, a um. — 4. Tribunus, i, m. — 5. Offerre, offero, offers, obtuli, oblatum. — 6. Equus, i, m. — 7. Interesse, interest. — 8. Respublica, reipublicæ, f. — 9. Inquam, inquit. — 10. Consul, is, m. — 11. Superesse, supersum. — 12. Clades, is, f.

1. Mutare, o. — 2. Prior, or, us. — 3. Ratio, onis, f. — 4. Bellum, i. — 5. Interesse, interest. — 6. Committĕre, o, is, commisi, commissum. — 7. Fortuna, æ, f. — 8. Frangĕre, o, is, fregi, fractum. — 9. Annibal, is, m. — 10. Mora, æ, f.

1. Patres, um. — 2. Pati, ior, eris, passus sum, dép. — 3. Reverti, or, eris, reversus sum ou reverti, dép. — 4. Carthago, ginis, f. — 5. Interesse, interest. — 6. Commutare, o. — 7. Captivus, i, m. — 8. Pœnus, a, um. — 9. Juvenis, e. — 10. Dux, ducis, m. — 11. Imperator, is, m. — 12. Con icĕre, io, is, confeci, confectum. — 13. Annus, i, m.

1. Rĕferre, rĕfert, rĕtulit. — 2. Audire, io. — 3. Præceptum, i. — 4. Magister, tri, m.

7. « Que (*quid*) m'importe[1], disait[2] Diogène[3], que (*ut*) mon corps[4] devienne[5] la pâture[6] des oiseaux[7] et des bêtes-sauvages[8]? »

1. Rěferre, rěfert, rětulit. — 2. Inquam. — 3. Diogenes, is, m. — 4. Corpus, corporis, n. — 5. Fieri, fio, fis, factus sum. — 6. Esca, æ, f. — 7. Avis, is, f. — 8. Fera, æ, f.

8. Il importait[1] à l'heureuse[2] issue[3] de la guerre[4] [que] tous[5] les citoyens[6] (*acc.*) vécussent[7] (*tournez :* vivre) dans la concorde (*tournez :* d'accord[8], *adj.*).

1. Interesse, interest. — 2. Felix, icis. — 3. Eventŭs, ûs, m. — 4. Bellum, i. — 5. Omnis, e. — 6. Civis, is, m. — 7. Vivěre, o, is, vixi, victum. — 8. Concors, cordis.

9. Il importait[1] au salut[2] de Rome[3] [que] les Carthaginois[4] (*acc.*) fussent contraints[5] (*tournez :* être contraints) de rappeler[6] Annibal[7] en (*in, acc.*) Afrique[8].

1. Interesse, interest. — 2. Salus, utis, f. — 3. Roma, æ, f. — 4. Pœni, orum, m. — 5. Cogěre, o, is, coegi, coactum. — 6. Revocare, o. — 7. Annibal, is, m. — 8. Africa, æ, f.

Me pœnitet culpæ meæ.

(Voir l'Exercice 184.)

196° EXERCICE

Anc. Gr. § 270. — Nouv. Gr. § 270

Memento beneficiorum, injuriarum obliviscere.

1. Le roi[1] se souvint[2] de ses ministres[3]; mais l'un d'eux oublia[4] Joseph[5].

1. Rex, regis, m. — 2. Recordari, or, aris, atus sum, *dép.* — 3. Minister, tri, m. — 4. Oblivisci, or, eris, oblitus sum, *dép.* — 5. Josephus, i, m.

2. Aie pitié[1] du pauvre[2], si tu veux[3] que Dieu ait pitié (*tournez :* Dieu, *acc.*, avoir pitié[1]) de toi.

1. Miserěri, eor, eris, misertus *ou* miseritus sum, *dép.* — 2. Pauper, is, m. — 3. Velle, volo, vis, volui.

3. Oubliant[1] l'ordre[2] de-son-père[3] (*adj.*), Manlius court[4] au combat[5].

1. Oblivisci, or, eris, oblitus sum, *dép.* — 2. Edictum, i. — 3. Paternus, a, um. — 4. Ruěre, o, is, i. — 5. Certamen, minis, n.

4. Atticus ne se-souvenait du bien qu'il avait fait, qu'autant que ses obligés en étaient reconnaissants (*tournez :* se-souvenait[1] des bien-

1. Meminisse, memini. —

faits[2] qu'il avait accordés[3], aussi long-temps, *tamdiu,* que, *quamdiu,* celui qui [les] avait reçus[4] était recon-naissant[5]).

5. Phocion[1] (*abl.*) ayant été jeté[2] en prison[3], les uns, se souvenant[4] de [sa] gloire[5] passée[6], avaient pitié[7] de [son] âge[8]; le plus-grand-nombre[9] étaient enflammés[10] de colère[11] (*tour-nez par l'actif*).

6. César[1] fut informé (*tournez : fut fait[2] plus certain[3]*) par des éclaireurs[4] de l'arrivée[5] de Crassus.

7. Le sort[1] malheureux[2] de Marius aurait dû[3] rappeler[4] à Sylla[5] (*tour-nez : avertir Sylla de*) l'inconstance[6] des choses[7] humaines[8].

8. Une biche[1], à-ce-que (*ut*) croyaient[2] les soldats[3], avertissait[4] Sertorius des choses[5] qu'il était utile de faire (*tournez : lesquelles, acc., être faites[6] était utile[7], neut.*).

9. Annibal[1] rappela[2] à Antiochus (*acc.*) sa fidélité[3] envers (*in, acc.*) lui et [sa] vieille[4] haine[5] pour (*in, acc.*) les Romains.

2. Beneficium, i. — 3. **Tri-**buĕre, o, is, i, tributum. — 4. Accipĕre, io, is, accepi, ac-ceptum. — 5. Gratus, a, um.

1. Phocion, is, m. — 2. Con-jicĕre, io, is, conjeci, conjec-tum. — 3. Carcer, is, m. — 4. Reminisci, or, eris, *dép.* — 5. Fama, æ, f. — 6. Vetus, veteris. — 7. Miserĕri, eor, eris, misertus *ou* miseritus sum, *dép.* — 8. Ætas, ætatis, f. — 9. Plurimi, æ, a. — 10. Acuĕ-re, o, is, i. — 11. Ira, æ, f.

1. Cæsar, is, m. — 2. Fieri, fio. — 3. Certus, a, um. — 4. Antecursor, is, m. — 5. Ad-ventüs, ûs, m.

1. Fortuna, æ, f. — 2. Ad-versus, a, um. — 3. Debĕre, eo. — 4. Admonĕre, eo. — 5. Sylla, æ, m. — 6. Incons-tantia, æ, f. — 7. Res, rei, f. — 8. Humanus, a, um.

1. Cerva, æ, f. — 2. Credĕre, o, is, credidi, creditum. — 3. Miles, militis, m. — 4. Mo-nĕre, eo. — 5. Res, rei, f. — 6. Fieri, fio, fis, factus sum. — 7. Utilis, e.

1. Annibal, is, m. — 2. Com-monefacĕre, io, is, commone-feci, commonefactum. — 3. Fides, ei, f. — 4. Vetus, veteris. — 5. Odium, i.

197e EXERCICE

Anc. Gr. § 271, 272. — Nouv. Gr. § 271, 272

Miltiades proditionis accusatus est. — Damnari capitis *ou* capite.

1. [Grace à] la dénonciation[1] (*abl.*) d'un esclave[2], Pausanias[3] fut con-vaincu[4] de trahison[5].

1. Indicium, i. — 2. Servus, i, m. — 3. Pausanias, æ, m. — 4. Con-vincĕre, o, is, convici, convic-tum. — 5. Proditio, onis, f.

2. Des envieux[1] accusaient[2] Curius d'avoir détourné de l'argent (*tournez:* d'argent[3] détourné[4]).

3. Rutilius Rufus fut accusé[1] de concussion (*tournez* : d'argent[2], *plur.*, devant être réclamé[3]) par les chevaliers[4].

4. Manlius avait relégué[1] son fils à la campagne[2] (*acc.*), bien que (*quanquam, indic.*) [ce] jeune homme[3] n'eût été convaincu[4] d'aucun acte-déshonorant[5].

5. Androclès[1] fut condamné[2] pour crime[3] capital[4] et jeté[5] aux (*ad, acc.*) bêtes[6].

6. Alcibiade[1] était accusé[2] de célébrer[3] les mystères[4] dans sa maison[5].

7. Alcibiade[1] fut condamné[2] par contumace (*tournez* : absent[3]) pour [crime d'] impiété[4].

8. Miltiade[1] eut la vie sauve (*tournez* : fut acquitté[2] de la peine-capitale[3]), mais fut frappé[4] d'une amende[5].

9. Quand (*quum*) Thrasybule[1] eut délivré[2] (*plus-que-parf. subj.*) Athènes[3] des Tyrans[4], personne ne[5] fut accusé[6], personne ne fut condamné[7] pour les actes[8] antérieurs[9].

10. Les Lacédémoniens[1] retirèrent à Phébidas son commandement(*tournez* : écartèrent[2] Phébidas[3] de, *ab, abl.*,l'armée[4]) et le condamnèrent[5] à une amende[6].

11. Parmi (*e, abl.*) les Thébains[1] qui avaient été condamnés[2] à l'exil[3]

1. Invidus, i, m. — 2. Insimulare, o. — 3. Pecunia, æ, f. — 4. Intervertĕre, o, is, i, interversum.

1. Insimulare, o. — 2. *Sousentendus* petundœ, arum, pecuniæ, arum, f. *pl.* — 3. Repetendus, a, um. — 4. Eques, equitis, m.

1. Relegare, o. — 2. Rus, ruris, n. — 3. Adolescens, entis, m. — 4. Convincĕre, o, is, convici, convictum. — 5. Flagitium, i.

1. Androcles, is, m. — 2. Condemnare, o. — 3. Res, rei, f. — 4. Capitalis, e. — 5. Dare, o, as, dedi, datum. — 6. Bestia, æ, f.

1. Alcibiades, is, m. — 2. Insimulare, o. — 3. Facĕre, io, is, feci, factum. — 4. Mysteria, orum, n. — 5. Domŭs, ûs, f.

1. Alcibiades, is, m. — 2. Condemnare, o. — 3. Absens, absentis. — 4. Impietas, tatis, f.

1. Miltiades, is, m. — 2. Absolvĕre, o, is, absolvi, absolutum. — 3. Caput, capitis, n. — 4. Multare, o. — 5. Pecunia, æ, f.

1. Thrasybulus, i, m. — 2. Liberare, o. — 3. Athenæ, arum, f. — 4. Tyrannus, i, m. — 5. Nemo, neminis *ou mieux* nullius, m. — 6. Insimulare, o. — 7. Multare, o. — 8. Res, rei, f. — 9. Anteactus, a, um.

1. Lacedæmonii, orum, m. — 2. Removĕre, eo, es, removi, remotum. — 3. Phœbidas, æ, m. — 4. Exercitŭs, ûs, m. — 5. Multare, o. — 6. Pecunia, æ, f.

1. Thebani, orum, m. — 2. Damnare, o. — 3. Exsilium,

par les Lacédémoniens[4], douze (*duo-decim*) formèrent[5] le projet[6] de surprendre[7] [leurs] ennemis[8].

1. — 4. Lacedæmonii, orum, m. — 5. Inire, eo, is, ivi *ou* ii, itum. — 6. Consilium, i. — 7. Opprimĕre, o, is, oppressi, oppressum. — 8. Hostis, is, m.

12. Il y avait à Thèbes[1] une loi[2] qui punissait[3] de mort[4] celui qui conservait[5] (*plus-que-parf. subj.*) le commandement[6] au delà du (*ultra, acc.*) temps[7] fixé[8].

1. Thebæ, arum, f. — 2. Lex, legis, f. — 3. Multare, o. — 4. Mors, mortis, f. — 5. Retinĕre, eo, es, ui, retentum. — 6. Imperium, i. — 7. Tempus, temporis, n. — 8. Præfinitus, a, um.

13. Les juges[1] condamnèrent[2] à mort Socrate[3], le plus saint[4] des hommes[5].

1. Judex, judicis, m. — 2. Condemnare, o. — 3. Socrates, is, m. — 4. Innocens, entis. — 5. Homo, hominis, m.

14. Le peuple[1] condamna[2] Milon[3] à quitter[4] l'Italie[5] (*abl.*).

1. Populus, i, m. — 2. Jubĕre, eo, es, jussi, jussum. — 3. Milo, onis, m. — 4. Abire, eo, is, ivi, itum. — 5. Italia, æ, f.

COMPLÉMENT INDIRECT A L'ABLATIF

198ᵉ EXERCICE

Anc. Gr. § 274. — Nouv. Gr. § 274

Aras donis cumulare. — Mater filio orbata.

1. Le camp[1] était rempli[2] de cris[3] (*sing.*) et de pleurs[4] (*sing.*).

1. Castra, orum, n. — 2. Complēre, eo, es, evi, etum. — 3. Clamor, is, m. — 4. Fletŭs, ûs, m.

2. Marcellus fit-transporter[1] à Rome (*acc.*) les statues[2] et les tableaux[3] qui abondaient à Syracuse (*tournez : dont Syracuse[4] abondait[5]*).

1. Devehĕre, o, is, devexi, devectum. — 2. Signum, i. — 3. Tabula, æ, f. — 4. Syracusæ, arum, f. — 5. Abundare, o.

3. Salomon[1] regorgeait[2] de richesses[3] et de délices[4].

1. Salomon, is, m. — 2. Affluĕre, o, is, affluxi. — 3. Divitiæ, arum, f. — 4. Deliciæ, arum, f.

4. César[1], ayant trouvé du blé et des troupeaux dans les champs (*tournez : du blé[2], abl., et des troupeaux[3], abl., ayant été trouvés[4] dans les champs[5]), en (tournez : de ces*

1. Cæsar, is, m. — 2. Frumentum, i. — 3. Pecus, pecoris, n. — 4. Reperire, io, is, reperi, repertum. — 5. Ager, agri, m. —

ces choses[6]) pourvut abondamment[7] son armée[8].

5. Le peuple romain était composé[1] de trois ordres[2] : patriciens[3], chevaliers[4], plébéiens[5].

6. La lettre[1] de César[2], lue-à-haute voix[3], combla[4] tous les soldats[5] de joie[6].

7. Eliézer fit des présents[1] magnifiques[2] à la jeune fille (*tournez :* gratifia[3] de présents magnifiques la jeune fille[4]) destinée[5] à Isaac[6].

8. Les pythagoriciens[1] s'-abstenaient[2] de fèves[3] (*sing.*).

9. Alexandre[1] ayant tué (*tournez :* lorsque, *quum,* il eut tué[2], *plus-que-parf. subj.*) son ami[3] Clitus, fut sur le point de se tuer lui-même (*tournez :* s'abstint[4] à-peine, *vix,* du meurtre[5] de lui-même).

10. Phocion[1], [pendant] toute sa vie[2] (*abl.*), se-passa[3] facilement (*facile*) de richesses[4].

11. La mère de Tobie[1] disait[2] à son mari[3] : « Pourquoi (*cur*) nous as-tu privés[4] de la consolation[5] de notre vieillesse[6]? Il valait mieux (*tournez :* il était meilleur, *neut.*) pour nous être privés (*tournez :* manquer[7]) de cet argent[8] que de la vue[9] de notre fils. »

12. Après avoir vaincu l'armée des tyrans (*tournez :* l'armée[1], *abl.,* des tyrans[2] ayant été vaincue[3]), Thrasybule[4] ne dépouilla[5] aucun[6] corps[7] de [ses] vêtements[8] (*sing.*); il ne toucha qu'aux armes (*tournez :* il ne toucha[9] rien, *nihil,* si-ce-n'est, *nisi,* les armes[10]), dont ses soldats[11] manquaient[12].

6. Res, rei, f. — 7. Replēre, eo, es, evi, etum. — 8. Exercitŭs, ûs, m.

1. Constare, o, as, constiti, *intr.* — 2. Ordo, ordinis, m. — 3. Patres, um, m. — 4. Eques, equitis, m. — 5. Plebeii, orum, m.

1. Epistola, æ, f. — 2. Cæsar, is, m. — 3. Recitare, o. — 4. Afficĕre, io, is, affeci, affectum. — 5. Miles, militis, m. — 6. Lætitia, æ, f.

1. Munus, muneris, n. — 2. Magnificus, a, um. — 3. Donare, o. — 4. Puella, æ, f. — 5. Destinare, o. — 6. Isaacus, i, m.

1. Pythagorei, orum, m. — 2. Abstinēre, eo, es, ui, abstentum. — 3. Faba, æ, f.

1. Alexander, dri, m. — 2. Interimĕre, o, is, interemi, interemptum. — 3. Familiaris, is, m. — 4. Abstinēre, eo, es, ui, abstentum. — 5. Cædes, is, f.

1. Phocion, is, m. — 2. Vita, æ, f. — 3. Carēre, eo, es, ui, *intr.* — 4. Divitiæ, arum, f.

1. Tobias, æ, m. — 2. Dictitare, o. — 3. Vir, i, m. — 4. Orbare, o. — 5. Solatium, i. — 6. Senectus, tutis, f. — 7. Carēre, eo, es, ui. — 8. Pecunia, æ, f. — 9. Conspectŭs, ûs, m.

1. Exercitŭs, ûs, m. — 2. Tyrannus, i, m. — 3. Vincĕre, o, is, vici, victum. — 4. Thrasybulus, i, m. — 5. Spoliare, o. — 6. Nullus, a, um. — 7. Corpus, corporis, n., *ajoutez :* mort (mortuus, a, um). — 8. Vestis, is, f. — 9. Attingĕre, o, is, attigi. — 10. Arma, orum, n. — 11. Miles, militis, m. — 12. Indigēre, eo, es, ui.

13. Être exempt[1] de faute[2] est une grande consolation[3].

1. Vacare, o, *intr.* — 2. Culpa, æ, f. — 3. Solatium, i.

199e EXERCICE

Anc. Gr. § 257, 275. — Nouv. Gr. § 256, 276

Mihi opus est amico. — Fruor otio.

1. La république[1] n'a pas besoin d'un citoyen[2] qui ne-sache-pas[3] obéir[4].

1. Respublica, reipublicæ, f. — 2. Civis, is, m. — 3. Nescire, io. — 4. Parēre, eo.

2. Un ami de Rutilius Rufus ayant essuyé un refus de sa part (*tournez :* comme, *quum*, un ami[1] avait essuyé[2], *subj.*, un refus[3] de la part de, *a, abl.*, Rutilius Rufus), il lui dit[4] : « En quoi (*quid*) ai-je besoin de ton amitié[5], si (*si*) tu ne fais[6] pas ce que je [te] demande[7] ? »

1. Amicus, i, m. — 2. Ferre, fero, fers, tuli, latum. — 3. Repulsa, æ, f. — 4. Dicěre, o, is, dixi, dictum. — 5. Amicitia, æ, f. — 6. Facěre, io, is, feci, factum. — 7. Rogare, o.

3. « En quoi (*quid*) ai-je besoin de la tienne, répondit[1] Rufus, s' (*si*) il faut que je fasse un acte malhonnête (*tournez :* s'il faut[2] moi, *acc.*, faire[3] quelque chose[4] malhonnêtement, *inhoneste*)à-cause-de(*propter, acc.*) toi. »

1. Respondēre, eo, es, i, responsum. — 2. Oportēre, oportet, oportuit. — 3. Facěre, io, is, feci, factum. — 4. Aliquid.

4. Cambyse[1] interdit[2] aux Juifs[3] le retour[4] dans leur patrie[5].

1. Cambyses, is, m. — 2. Interdicěre, o, is, interdixi, interdictum. — 3. Judæi, orum, m. — 4. Reditŭs, ŭs, m. — 5. Patria, æ, f.

5. Les Bretons[1] se-servent[2] [d'une monnaie] de cuivre[3] ou de dés[4] defer[5] (*adj.*) d'un poids déterminé (*tournez :* pesés[6] à, *ad*, un poids[7] déterminé[8]).

1. Britanni, orum, m. — 2. Uti, or, eris, usus sum, *dép. intr.* — 3. Æs, æris, n. — 4. Talus, i, m. — 5. Ferreus, a, um. — 6. Examinatus, a, um. — 7. Pondus, ponderis, n. — 8. Certus, a, um.

6. Ceux qui veulent[1] jouir[2] d'une paix[3] durable[4] doivent[5] être bien exercés[6] (*superl.*) à la guerre[7] (*abl.*).

1. Velle, volo, vis, volui. — 2. Frui, or, eris. — 3. Pax, pacis, f. — 4. Diutinus, a, um. — 5. Debēre, eo. — 6. Exercitatus, a, um. — 7. Bellum, i.

7. Avant (*ante, acc.*) Iphicrate[1], les fantassins[2] (des) Athéniens[3] se-

1. Iphicrates, is, m. — 2. Pedes, peditis, m. — 3. Athenienses, ium, m. —

servaient[4] de très grands boucliers[5], de piques[6] courtes[7], de petites[8] épées[9].

8. Tandis que (*dum, indic.*) les convives[1] de Philippe mangeaient[2] les (*tournez :* se nourrissaient des) mets[3] les plus délicats[4], on brûlait[5] de l'encens[6] à Ménécrate[7], qui d'abord (*primo*) se réjouit[8] fort (*magnopere*) de cet honneur[9].

9. Certaines personnes (*tournez :* certains[1]) se-glorifient[2] sottement (*stulte*) de leur nom[3], de leurs richesses[4], de leur beauté[5].

10. Alexandre[1] s'-empara[2] de Tyr[3] après (*post, acc.*) un siège[4] de sept (*septem*) mois[5].

4. Uti, or, eris, usus sum, *dép. intr.* — 5. Clipeus, i, m. — 6. Hasta, æ, f. — 7. Brevis, e. — 8. Minutus, a, um. — 9. Gladius, i, m.

1. Conviva, æ, m. — 2. Vesci, or, eris, *dép.* — 3. Cibus, i, m. — 4. Exquisitus, a, um. — 5. Urěre, o, is, ussi, ustum. — 6. Tus, turis, n. — 7. Menecrates, is, m. — 8. Gaudēre, eo, es, gavisus sum. — 9. Honor, is, m.

1. Quidam, quædam, quiddam. — 2. Gloriari, or, aris, atus sum, *dép. intr.* — 3. Nomen, nominis, n. — 4. Divitiæ, arum, f. — 5. Forma, æ, f.

1. Alexander, Alexandri, m. — 2. Potiri, ior, iris, itus sum, *dép. intr.* — 3. Tyrus, i, f. — 4. Obsidio, onis, f, — 5. Mensis, is m.

Patriam periculo liberare. — Hostes
ab oppido prohibere.

(Voir l'Exercice 153.)

200e EXERCICE

Anc. Gr. § 280 — Nouv. Gr. § 280.

Petere beneficium alicui ab aliquo.

1. Conon[1] donna[2] à [ses] concitoyens[3] cinquante[4] talents[5] qu'il avait reçus[6] de Pharnabaze[7].

1. Conon, is, m. — 2. Donare, o. — 3. Civis, is, m. — 4. Quinquaginta. — 5. Talentum, i. — 6. Accipěre, io, is, accepi, acceptum. — 7. Pharnabazus, i, m.

2. Les Cimbres[1] demandèrent[2] à Marius des terres[3] pour eux et pour leurs frères[4], les Teutons[5].

1. Cimbri, orum, m. — 2. Postulare, o. — 3. Ager, agri, m. — 4. Frater, fratris, m. — 5. Teutones, um, m.

3. Les Lacédémoniens[1], d'après (*e, abl.*) une réponse[2] de l'oracle[3], demandèrent[4] un général[5] aux Athéniens[6].

1. Lacedæmonii, orum, m. — 2. Responsum, i. — 3. Oraculum, i. — 4. Petěre, o, is, ivi ou ii, itum. — 5. Dux, ducis, m. — 6. Athenienses, ium, m.

4. [Ce] n'était pas l'habitude[1] du peuple romain [de] recevoir[2] des conditions[3] d'un ennemi[4] en-armes (*tournez : armé[5]*).

5. Les Lacédémoniens[1] ne demandè-rent[2] à l'assemblée[3] des Grecs qu'une faveur (*tournez :* rien autre [chose], (*ajoutez :* quam) qu'(*ut*) il leur fût-permis[4] d'envoyer des[5] ambassa-deurs[6] à Alexandre[7]; ils obtinrent[8] de ce prince (de lui) le pardon[9] de [leur] révolte[10].

6. Les soldats[1] apprirent[2] avec joie (*tournez :* joyeux[3]) de [leur] nou-veau[4] chef[5] [son] projet[6].

7. Marius attendait[1] de Sextilius, préteur[2] d'Afrique[3], les égards dus à son malheur (*tournez :* quelque[4] devoir[5] d'humanité[6]).

8. Démosthène[1] acquit par l'exer-cice (*tournez :* emprunta[2] au travail[3]) la force[4] physique (*tournez :* de corps[5]) que la nature[6] [lui] avait refusée[7].

9. César[1] apprit[2] par des ambas-sadeurs[3] que la ville de Cassivellau-nus était à peu de distance (*tournez :* était-distante[4] non loin, *haud longe*).

1. Consuetudo, *dtnis*, f. — 2. Accipĕre, io, is, accepi, acceptum. — 3. Conditio, onis, f. — 4. Hostis, is, m. — 5. Armatus, a, um.

1. Lacedæmonii, orum, m. — 2. Precari, or, aris, atus sum, *dép.* — 3. Concilium, L — 4. Licĕre, licet, licuit. — 5. Mittĕre, o, is, misi, missum. — 6. Legatus, i, m. — 7. Alexan-der, dri, m. — 8. Impetrare, o. — 9. Venia, æ, f. — 10. De-fectio, onis, f.

1. Miles, militis, m. — 2. Audire, io. — 3. Lætus, a, um. — 4. Novus, a, um. — 5. Dux, ducis, m. — 6. Consi-lium, i.

1. Exspectare, o. — 2. Præ-tor, is, m. — 3. Africa, æ, f. — 4. Aliquis, aliqua, aliquod. — 5. Officium, i. — 6. Huma-nitas, tatis, f.

1. Demosthenes, is, m. — 2. Mutuari, or, aris, atus sum, *dép.* — 3. Labor, is, m. — 4. Vi-res, ium, f. — 5. Corpus, cor-poris, n. — 6. Natura, æ, f. — 7. Negare, o.

1. Cæsar, is, m. — 2. Cognos-cĕre, o, is, cognovi, cognitum. — 3. Legatio, onis, f. — 4. Ab-esse, absum, abes, abfui.

201ᵉ EXERCICE

Nouv. Gr. § 280. Rem. II.

Haurire aquam e puteo.

1. Les ennemis[1] comprirent[2] au (*tournez :* d'après le) bruit[3] qui-se-faisait-pendant-la-nuit[4] (*adj.*),que les Romains partaient (*tournez :* les Ro-mains, *acc.*, partir[5]).

1. Hostis, is, m. — 2. Sen-tire, io, is, sensi, sensum. — 3. Fremitŭs, ûs, m. — 4. Noc-turnus, a, um. — 5. Proficisci, or, eris, profectus sum, *dép.*

2. David[1] éprouva[2] de la douleur[3] de la mort[4] de son fils, quoiqu' (*quanquam*) [il fût un] rebelle[5].

1. David, is, m. — 2. Accipĕre, io, is, accepi, acceptum. — 3. Dolor, is, m. — 4. Mors, mortis, f. — 5. Rebellis, e.

3. De l'héritage[1] d'un oncle[2] Atticus reçut[3] beaucoup[4] (*adj.*) d'argent[5] (*plur.*).

1. Hereditas, tatis, f. — 2. Avunculus, i, m. — 3. Accipĕre, io, is, accepi, acceptum. — 4. Amplissimus, a, um. — 5. Pecunia, æ, f.

4. Eumène[1] soupçonna[2], d'après la fumée[3] du camp[4] d'Antigone[5], que l'ennemi approchait (*tournez : l'ennemi*[6], *acc.*, approcher)[7].

1. Eumenes, is, m. — 2. Suspicari, or, aris, atus sum, *dép.* — 3. Fumus, i, m. — 4. Castra, orum, n. — 5. Antigonus, i, m. — 6. Hostis, is, m. — 7. Appropinquare, o.

5. Les Athéniens[1] acquirent[2] une grande gloire[3] par la conquête de l'île de Cypre (*tournez : de l'île*[4] *de Cypre*[5] *vaincue*[6]).

1. Athenienses, ium, m. — 2. Adipisci, or, eris, adeptus sum, *dép.* — 3. Gloria, æ, f. — 4. Insula, æ, f. — 5. Cyprus, i, f. — 6. Devincĕre, o, is, devici, devictum.

6. Cléanthe[1] avait compris[2] par l'étude-des-astres[3] qu'il y aurait cette année (*abl.*) abondance d'olives (*tournez : abondance*[4], *acc.*, *d'olives*[5] *devoir être...*)

1. Cleanthes, is, m. — 2. Intelligĕre, o, is, intellexi, intellectum. — 3. Astrologia, æ, f. — 4. Ubertas, tatis, f. — 5. Olea, æ, f.

7. Les soldats[1] attendaient[2] tout (*plur. neut.*) de la victoire[3].

1. Miles, militis, m. — 2. Exspectare, o. — 3. Victoria, æ, f.

8. César[1] demanda[2] aux Séquanes[3] la cause[4] de [leur] tristesse[5]; il l'apprit[6] de l'Éduen[7] Divitiacus[8].

1. Cæsar, is, m. — 2. Quærĕre, o, is, quæsivi, quæsitum. — 3. Sequani, orum, m. — 4. Causa, æ, f. — 5. Mæstitia, æ, f. — 6. Audire, io. — 7. Æduus, i, m. — 8. Divitiacus, i, m.

COMPLÉMENTS CIRCONSTANCIELS

202ᵉ EXERCICE

Anc. Gr. § 283, 284. — Nouv. Gr. § 283, 284

Hostem gladio ferire. — Laborare morbo.

1. Tous les Gaulois[1] se peignaient[2] [le corps] avec du pastel[3].

1. Gallus, i, m. — 2. Inficĕre, io, is, infeci, infectum. — 3. Vitrum, i.

2. Agis[1], sentant[2] la force [l'][3] abandonner[4], se mit à genoux (*tournez : se soutint*[5] *sur les genoux*[6]), et, se couvrant (*tournez : couvrant*[7] [son] corps) de [son] bouclier[8], il brandissait[9] [sa] lance[10] de [sa] main-droite[11].

3. Toutes les parties[1] du temple brillaient[2] d'or[3], d'argent[4] et de pierres précieuses[5].

4. Le prophète[1] Isaïe[2] fut scié[3] avec une scie[4] de bois[5] (*adj.*).

5. Tarquin[1] abattit[2] avec [sa] canne[3] les plus hautes[4] têtes[5] de pavots[6].

6. Le consul[1] traversa[2] dans une barque[3]de-pêcheurs[4] (*adj.*) le détroit[5] qui sépare (*tournez : jeté*[6] entre, *inter, acc.*) l'Italie[7] de (*et*) la Sicile[8].

7. Cynégire[1] retint[2] avec la main-droite[3] un vaisseau[4] ennemi (*tournez : des ennemis*[5]); cette main (*tournez :laquelle, abl.*) ayant été coupée[6], il le prit[7] avec la main-gauche[8], enfin (*postremo*) avec les dents[9].

8. Après la prise de Syracuse (*tournez :* [sur] Syracuse[1] (*dat.*) ayant été prise[2]) Marcellus pleura[3] de joie[4] et en même temps (*simul*) de pitié[5].

9. Les juges[1] s'-irritèrent[2] de la réponse[3] fière[4] de Socrate[5].

1. Agis, Agidis, m. — 2. Sentire, io, is, sensi, sensum. — 3. Vires, ium, f. — 4. Deficĕre, io, is, defeci, defectum. — 5. Excipĕre, io, is, excepi, exceptum. — 6. Genua, um. — 7. Protegĕre, o, is, protexi, protectum. — 8. Clipeus, i, m. — 9. Vibrare, o. — 10. Hasta, æ, f. — 11. Dextera, æ, f.

1. Pars, partis, f. — 2. Fulgĕre, eo, es, fulsi. — 3. Aurum, i. — 4. Argentum, i. — 5. Gemma, æ, f.

1. Propheta, æ, m. — 2. Isaias, æ, f. — 3. Secare, o, as, secui, sectum. — 4. Serra, æ, f. — 5. Ligneus, a, um.

1. Tarquinius, i, m. — 2. Decutĕre, io, is, decussi, decussum. — 3. Baculum, i. — 4. Altus, a, um. — 5. Caput, capitis, n. — 6. Papaver, is, n.

1. Consul, is, m. — 2. Trajicĕre, io, is, trajeci, trajectum. — 3. Scapha, æ, f. — 4. Piscatorius, a, um. — 5. Fretum, i. — 6. Interjectus, a, um. — 7. Italia, æ, f. — 8. Sicilia, æ, f.

1. Cynegirus, i, m. — 2. Tenēre, eo, es, ui. — 3. Dextera, æ, f. — 4. Navis, is, f. — 5. Hostis, is, m. — 6. Amputare, o. — 7. Arripĕre, io, is, arripui, arreptum. — 8. Sinistra, æ, f. — 9. Dens, dentis, m.

1. Syracusæ, arum, f. — 2. Expugnare, o. — 3. Illacrimare, o. — 4. Gaudium, i. — 5. Misericordia, æ, f.

1. Judex, judicis, m. — 2. Exardescĕre, o, is, exarsi, exarsum, *intr.* — 3. Responsum, i. — 4. Superbus, a, um. — 5. Socrates, is, m.

10. Lucullus s'-illustra[1] par ses qualités-naturelles[2] (*au sing.*), son savoir[3] et son courage[4].

11. Athènes[1] l'emportait[2] [sur] toutes les autres[3] villes[4] (*dat.*) par l'antiquité[5], par la politesse-des-mœurs[6], par la science[7].

12. Le peuple[1], par amour[2] de la nouveauté[3], approuvait[4] les entre-prises[5] de Catilina[6].

13. Quoique (*quamvis*) malade[1] des blessures[2] qu'il avait reçues[3] au siège de Paros (*tournez :* dans Pa-ros[4] devant être assiégée[5]), Mil-tiade[6] fut appelé[7] (*in, acc.*) en juge-ment[8] et condamné[9] à une amende[10].

14. Par la concorde[1], les plus faibles[2] États[3] s'-accroissent[4] ; les plus puissants[5] périssent[6] par la dis-corde[7].

1. Clarescĕre, o, is, clarui. — 2. Ingenium, i. — 3. Doc-trina, æ, f. — 4. Virtus, vir-tutis, f.

1. Athenæ, arum, f. — 2. Præstare, o, as, præstiti. — 3. Ceteri, æ, a. — 4. Civi-tas, tatis, f. — 5. Antiquitas, tatis, f. — 6. Humanitas, ta-tis, f. — 7. Doctrina, æ, f.

1. Plebs, plebis, f. — 2. Amor, is, m. — 3. *Tournez :* des cho-ses (res, ei, f.) nouvelles (no-vus, a, um). — 4. Favēre, eo, es, favi, fautum. — 5. Consi-lium, i. — 6. Catilina, æ, m.

1. Æger, ægra, ægrum. — 2. Vulnus, vulneris, n. — 3. Ac-cipĕre, io, is, accepi, ac-ceptum. — 4. Paros, i, f. — 5. Obsidēre, eo, es, ob-sedi, obsessum. — 6. Mil-tiades, is, m. — 7. Vocare, o. — 8. Judicium, i. — 9. Multare, o. — 10. Pecunia, æ, f.

1. Concordia, æ, f. — 2. Par-vus, a, um. — 3. Res, ei, f. — 4. Crescĕre, o, is, crevi, cre-tum, *intr.* — 5. Magnus, a, um. — 6. Dilabi, or, eris, dilapsus sum, *dép.* — 7. Discordia, æ, f.

203ᵉ EXERCICE

Anc. Gr. § 285. — Nouv. Gr. § 285, 286

Magno studio aliquem adjuvare.
Profectus est cum comitibus.

1. Agésilas[1] épargna[2] avec le plus grand[3] respect[4] toutes les statues[5] et tous les autels[6].

2. Les Gaulois[1] s'approchaient[2] de (*tournez :* vers) notre camp[3] avec

1. Agesilaüs, i, m. — 2. Ser-vare, o. — 3. Summus, a, um. — 4. Religio, onis, f. — 5. Si-mulacrum, i. — 6. Ara, æ, f.

1. Galli, orum, m. — 2. Ac-cedĕre, o, is, accessi, acces-sum. — 3. Castra, orum, n. —

un mépris[4] plus grand de jour-en-jour (*in dies*), et appelaient[5] les Romains au combat[6] avec des injures (*tournez :* avec injure[7] de paroles[8]).

4. Contemptio, onis, f. — 5. Provocare, o. — 6. Pugna, æ, f. — 7. Contumelia, æ, f. — 8. Verbum, i.

3. Ayant attaqué[1] les Volsques[2] avec une grande impétuosité[3], Coriolan[4] les mit-en-fuite[5].

1. Adoriri, ior, iris, adortus sum, *dép.* — 2. Volsci, orum, m. — 3. Impetŭs, ūs, m. — 4. Coriolanus, i, m. — 5. Fugare, o.

4. Le triomphe[1] de Paul-Émile[2] fut célébré[3] au milieu d' (*tournez :* avec) un très grand concours[4] de citoyens[5] et d'étrangers[6].

1. Triumphus, i, m. — 2. Paulus, i, Æmilius, i, m. — 3. Celebrare, o. — 4. Frequentia, æ, f. — 5. Civis, is, m. — 6. Externus, i, m.

5. Les Gortyniens[1] gardaient[2] avec grand soin[3] le temple où (*ubi*) l'argent[4] d'Annibal[5] avait été déposé[6].

1. Gortynii, orum, m. — 2. Custodire, io. — 3. Cura, æ, f. — 4. Pecunia, æ, f. — 5. Annibal, is, m. — 6. Deponĕre, o, is, deposui, depositum.

6. Pompée[1] appelait[2] avec esprit[3] (*adverbe*) Lucullus un Xerxès[4] en-toge[5] (*adjectif*).

1. Pompeius, i, m. — 2. Vocare, o. — 3. Facete. — 4. Xerxes, is, m. — 5. Togatus, a, um.

7. La paix[1] fut accordée[2] aux Carthaginois[3] à (*tournez :* avec) de très dures[4] conditions[5].

1. Pax, pacis, f. — 2. Concedĕre, o, is, concessi, concessum. — 3. Pœni, orum, m. — 4. Durus, a, um. — 5. Conditio, onis, f.

8. Le dictateur[1] descendit[2] au Forum[3] avec le maître[4] de la cavalerie (*tournez :* des cavaliers[5]).

1. Dictator, is, m. — 2. Descendĕre, o, is, descendi, descensum. — 3. Forum, i. — 4. Magister, tri, m. — 5. Eques, equitis, m.

9. La flotte[1] carthaginoise (*tournez :* des Carthaginois[2]) arrivait[3] avec une quantité considérable de vivres (*tournez :* avec des vivres[4], *sing.*, considérables[5]).

1. Classis, is, f. — 2. Carthaginienses, ium, m. — 3. Adventare, o. — 4. Commeatŭs, ūs, m. — 5. Ingens, ingentis.

10. Des députés[1] vinrent[2], de Naples[3], trouver (*tournez :* vers) Marcellus avec les insignes-des-suppliants[4].

1. Legatus, i, m. — 2. Venire, io, is, veni, ventum. — 3. Neapolis, is, f. — 4. Velamentum, i.

11. Les cavaliers[1] carthaginois[2], étant sortis[3] avec de grands cris[4] (*sing.*) de (*e, abl.*) [leur] cachette[5],

1. Eques, equitis, m. — 2. Carthaginienses, ium, m. — 3. Egredi, ior, eris, egressus sum, *dép.* — 4. Clamor, is, n. — 5. Latebræ, arum, f. —

mettent en - fuite[6] la foule[7] en-désordre[8] (*adj.*) des Thuriens[9].

12. L'orateur[1] fut écouté[2] en (avec) silence[3].

13. Mieux vaut (*melius est*) tomber[1] avec dignité[2] que [de] subir un honteux esclavage (*tournez* : être-esclave[3] avec honte[4]).

14. Les Perses[1] attaquèrent[2] la Grèce avec mille deux cents[3] vaisseaux[4] de guerre (*tournez* : vaisseaux longs[5]) et deux mille (*tournez* : milliers[6] de) vaisseaux de-transport[7] (*adj.*).

6. Fugare, o. — 7. Turba, æ, f. — 8. Incompositus, a, um. — 9. Thurini, orum, m.

1. Orator, is, m.—2. Audire, io. — 3. Silentium, î.

1. Cadĕre, o, is, cecidi, casum. — 2. Dignitas, tatis, f. — 3. Servire, io. — 4. Ignominia, æ, f.

1. Persæ, arum, m. — 2. Aggredi, ior, eris, aggressus sum, *dép.* — 3. Ducenti, æ, a. — 4. Navis, is, f. — 5. Longus, a, um. — 6. Millia, um. — 7. Onerarius, a, um.

THÈME DE RÉCAPITULATION
SUR LES COMPLÉMENTS D'INSTRUMENT, DE CAUSE,
DE MANIÈRE

**Une procession[1] en (*in, acc.*) l'honneur[2]
de Néoptolème[3].**

Polyphron[4], jeune et riche Thessalien (*tournez* : Thessalien[5], jeune homme[6] riche[7]), était-à-la-tête-de[8] la procession[1] (*dat.*). Comme (*quum*) il prétendait[9] (*subj.*) (soi) être issu[10] d'Achille[11], (*abl.*) il voulut[12] paraître[13] en (*in, acc.*) public[14] avec un éclat[15] digne[16] de cette illustre[17] origine[18]. D'abord (*primo*) marchaient[19] cent bœufs[20], avec les cornes[21] dorées[22] ou (*aut*) entourées[23] de fleurs[24]. Ils étaient conduits[25] par autant de (*totidem*) Thessaliens[26] vêtus[27] de blanc (*tournez* : d'un vête-

1. Pompa, æ, f. — 2. Honor, is, m. — 3. Neoptolemus, i, m. — 4. Polyphron, is, m. — 5. Thessalus, i, m. — 6. Adolescens, entis, m. — 7. Dives, divitis. — 8. Anteire, eo, is, ivi *ou* ii, itum. — 9. Contendĕre, o, is, i. — 10. Oriundus, a, um. — 11. Achilles, is, m. — 12. Velle, volo, vis, volui. — 13. Prodire, eo, is, ivi *ou* ii, itum. — 14. Publicum, i. — 15. Apparatŭs, ûs, m. — 16. Dignus, a, um. — 17. Illustris, e. — 18. Genus, generis, n. — 19. Ire, eo, is, ivi *ou* ii, itum. — 20. Bos, bovis, m. — 21. Cornua, um. — 22. Auratus, a, um. — 23. Circumdatus, a, um. — 24. Flos, floris, m. — 25. Agĕre, o, is, egi, actum. — 26. Thessalus, i, m. — 27. Indutus, a, um. —

ment [28] blanc [29]) et tenant [30] des haches [31] sur [leurs] épaules [32]. D'autres victimes [33] suivaient [34] ; à certains [35] intervalles [36] (*abl.*) étaient des musiciens [37] qui jouaient [38] de divers [39] instruments [40]. Ensuite (*deinde*) paraissaient [41] des Thessaliennes [42] qui marchaient [19] d'un pas [43] réglé [44], chantant [45] des hymnes [46] en (*in, acc.*) l'honneur [2] de Thétis [47], mère d'Achille [48], et portant [49] dans [leurs] mains ou (*aut*) sur [leurs] épaules [32] des corbeilles [50] remplies [51] de fleurs [24] (*abl.*), de fruits [52] et d'aromates [53] précieux [54]. Derrière (*pone, acc.*) elles venaient [55] cinquante [56] jeunes [6] Thessaliens [8], montés [57] sur des chevaux [58] (*dat.*) superbes [59] qui jetaient [60] une blanche [61] écume [62] (*plur.*). Polyphron [4] se-distinguait [63] autant (*tantum*) par la noblesse [64] de sa figure [65] que (*quantum*) par la richesse [66] de ses habits [28] (*sing.*). Quand (*quum*) ils furent [67] devant (*ante, acc.*) le temple de Diane [68], la prêtresse [69] sortit [70] et parut [71] avec les attributs [72] de la déesse [73], ayant [49] un carquois [74] sur l'épaule [32] et dans les mains un arc [75] et un flambeau [76] allumé [77]. Elle monta [78] sur (*in, acc.*) un char [79] et ferma [80] la marche [81].

28. Vestis, is, f. — 29. Candidus, a, um. — 30. Gerĕre, o, is, gessi, gestum. — 31. Securis, is, f. — 32. Humerus, i, m. — 33. Victima, æ, f. — 34. Sequi, or, eris, secutus sum, *dép.* — 35. Certus, a, um. — 36. Spatium, i. — 37. Musicus, i, m. — 38. Canĕre, o, is, cecini, cantum. — 39. Varius, a, um. — 40. Organum, i. — 41. Incedĕre, o, is, incessi, incessum. — 42. Thessala, æ, f. — 43. Gradŭs, ūs, m. — 44. Compositus, a, um. — 45. Cantare, o. — 46. Carmen, carminis, n. — 47. Thetis, Thetidis, f. — 48. Achilles, is, m. — 49. Ferre, fero, fers, tuli, latum. — 50. Corbis, is, f. — 51. Refertus, a, um. — 52. Fructŭs, ūs, m. — 53. Aroma, aromatis, n. ; *abl. plur.* is *ou* ibus. — 54. Pretiosus, a, um. — 55. Procedĕre, o, is, processi, processum. — 56. Quinquaginta. — 57. Insidens, entis. — 58. Equus, i, m. — 59. Pulcher, chra, chrum, *au superl.* — 60. Agĕre, o, is, egi, actum. — 61. Albus, a, um. — 62. Spuma, æ, f. — 63. Eminĕre, eo, es, ui, *intr.* — 64. Dignitas, tatis, f. — 65. Os, oris, n. — 66. Pretium, i. — 67. Pervenire, io, is, perveni, perventum. — 68. Diana, æ, f. — 69. Sacerdos, dotis, f. — 70. Egredi, ior, eris, egressus sum, *dép.* — 71. Conspicĕre, io, is, conspexi, conspectum, *au passif.* — 72. Insigne, is, n. — 73. Dea, æ, f. — 74. Pharetra, æ, f. — 75. Arcŭs, ūs, m. — 76. Fax, facis, f. — 77. Accensus, a, um. — 78. Ascendĕre, o, is, ascendi, ascensum. — 79. Currŭs, ūs, m. — 80. Cogĕre, o, is, coegi, coactum. — 81. Agmen, minis, n.

204ᵉ EXERCICE

Anc. Gr. § 287, 288. — Nouv. Gr. § 287, 288

Claudus altero pede. — Natione Gallus.
Ortus Jove *ou* ex Jove.

1. Annibal[1] devint borgne (*tournez :* fut pris[2] d'un[3] œil[4]).

1. Annibal, is, m. — 2. Capĕre, io, is, cepi, captum. — 3. Alter, a, um. — 4. Oculus, i, m.

2. Lysimaque[1] fut illustre[2] plus (*magis*) encore (*etiam*) par son courage[3] que par sa naissance[4].

1. Lysimachus, i, m.—2. Clarus, a, um. — 3. Virtus, tutis, f. — 4. Genus, neris, n.

3. La montagne[1] était en pente douce (*tournez :* douce[2] par rapport à la montée[3]).

1. Mons, montis, m.—2. Mollis, e. — 3. Ascensŭs, ūs, m.

4. Un philosophe[1], nommé Taurus (*tournez :* Taurus[2] par le nom[3]) allait[4] à pied[5] (*plur.*) de Mégare[6] (*abl.*) à Athènes[7] (*acc.*) pour entendre (*tournez :* pour que, *ut, subj.*, il entendît[8]) Socrate[9].

1. Philosophus, i, m.—2. Taurus, i, m. — 3. Nomen, minis, n. — 4. Ire, eo, is, ivi, itum. — 5. Pes, pedis, m. — 6. Megara, æ, f. — 7. Athenæ, arum, f. — 8. Audire, io. — 9. Socrates, is, m.

5. Anacharsis[1], quoique (*quanquam*) Scythe[2] d'origine[3], fut compté[4] parmi (*inter, acc.*) les sages[5] de la Grèce[6].

1. Anacharsis, is, m.—2. Scytha, æ, m. — 3. Natio, onis, f. — 4. Numerare, o. — 5. Sapiens, entis, m. — 6. Græcia, æ, f.

6. Phocion[1], faible[2] des pieds[3], se-faisait-porter (*tournez :* était porté[4]) [en] litière[5].

1. Phocion, is, m. — 2. Debilis, e. — 3. Pes, pedis, m. — 4. Vehĕre, o, is, vexi, vectum. — 5. Lectica, æ, f.

7. Datame[1] choisit[2] [celui] de (*e*) ses gardes[3] qui lui ressemblait le plus (*tournez :* le plus semblable[4] à lui) par l'embonpoint[5] et la taille[6], et lui donna[7] ses vêtements[8] (*sing.*).

1. Datames, is, m. — 2. Deligĕre, o, is, delegi, delectum. — 3. Satelles, satellitis, m. — 4. Similis, e. — 5. Corpus, corporis, n. — 6. Statura, æ, f. — 7. Dare, o, as, dedi, datum. — 8. Vestis, is, f.

8. Ésope[1], jeune[2], bégayait (*tournez :* était-embarrassé[3] de la langue[4]).

1. Æsopus, i, m. — 2. Adolescens, entis, m. — 3. Hæsitare, o, *intr.* — 4. Lingua, æ, f.

9. Alexandre[1] prétendait[2] (*ajoutez :* soi, *acc.*) être issu[3] d'Achille[4] et d'Hercule[5].

1. Alexander, dri, m. — 2. Aio. — 3. Ortus, a, um. — 4. Achilles, is, m. — 5. Hercules, is, m.

10. Abdalonyme[1], bien qu'(*quanquam*) issu[2] d'une souche[3] royale[4], s'était loué[5] à un jardinier[6].

1. Abdalonymus, **i**, m. — 2. Ortus, a, um. — 3. Stirps, stirpis, f. — 4. Regius, a, um. — 5. Locare, o. — 6. Hortulanus, i, m.

11. L. Tarquinius[1], (*ajoutez* : né[2]) de famille[3] patricienne[4], servait[5] dans l'infanterie (*tournez* : à pied[6], *abl. plur.*) à cause de (*propter*, acc.) sa pauvreté[7].

1. Tarquinius, i, m. — 2. Natus, a, um. — 3. Locus, i, m. — 4. Patricius, a, um. — 5. Stipendia merēri, eor, eris, itus sum, *dép.* — 6. Pes, pedis, m. — 7. Paupertas, tatis, f.

205ᵉ EXERCICE

Anc. Gr. § 289. — Nouv. Gr. § 289

Hic ager centum millibus nummûm emptus est.

1. Joseph[1] fut acheté[2] par des marchands[3] vingt (*viginti*) pièces[4] d'-or[5] (*adj.*).

1. Josephus, i, m. — 2. Emĕre, o, is, emi, emptum. — 3. Venalicius, i, m. — 4. Nummus, i, m. — 5. Aureus, a, um.

2. Un avare[1], dans une disette[2] extrême[3], aima mieux[4] vendre[5] deux cents[6] deniers[7] un rat[8] [qu'il avait] pris[9] que le manger[10].

1. Avarus, i, m. — 2. Cibi penuria, æ, f. — 3. Summus, a, um. — 4. Malle, malo, mavis, malui. — 5. Vendĕre, o, is, vendidi, venditum. — 6. Ducenti, æ, a. — 7. Denarius, i, m. — 8. Mus, muris, m. — 9. Capĕre, io, is, cepi, captum. — 10. Edĕre, o, is, edi, esum.

3. Mummius soupçonna[1] la beauté[2] d'un tableau[3] quand (*quum*) il vit[4] le roi[5] Attale[6] l'acheter[7] six mille sesterces[8].

1. Suspicari, or, aris, atus sum, *dép.* — 2. Pulchritudo, dinis, f. — 3. Tabula, æ, f. — 4. Vidēre, eo, es, vidi, visum. — 5. Rex, regis, m. — 6. Attalus, i, m. — 7. Emĕre, o, is, emi, emptum. — 8. Nummus, i, m.

4. Un sénateur[1], accablé[2] de dettes[3] (*sing.*), dormait[4] pourtant (*tamen*) d'un-sommeil-profond (*tournez* : profondément[5]) : Auguste acheta[6] son matelas[7] un prix[8] élevé[9].

1. Senator, is, m. — 2. Obrutus, a, um. — 3. Æs, æris, n., alienus, a, um. — 4. Dormire, io. — 5. Graviter. — 6. Emĕre, o, is, emi, emptum. — 7. Culcita, æ, f. — 8. Pretium, i. — 9. Magnus, a, um.

5. Les Syracusains[1] auraient

1. Syracusani, orum, m. —

voulu[2] tirer[3] Dion[4] des (ex, abl.)
enfers[5] [au prix] de leur sang[6].

6. Auguste acheta[1] à un ouvrier[2]
un corbeau[3] complimenteur[4] [au
prix de] vingt (viginti) mille sesterces[5].

2. Velle, volo, vis, volui. —
3. Excitare, o. — 4. Dion, is,
m. — 5. Inferi, orum. —
6. Sanguis, guinis, m.

1. Emĕre, o, is, emi, emptum. — 2. Opifex, opificis, m.
— 3. Corvus, i, m. — 4. Offi-
ciosus, a, um. — 5. Nummus,
i, m.

206° EXERCICE

Anc. Gr. § 290. — Nouv. Gr. § 290

Statua ex ære facta.

1. Pendant-la-nuit (noctu) les soldats[1] dressent[2] cent vingt tours[3] de
bois[4].

1. Miles, militis, m. — 2. Excitare, o. — 3. Turris, i, f.
— 4. Materia, æ, f. ou ligneus,
a, um.

2. Le tabernacle[1] était fait[2]
(plus-q.-parf.) de peaux[3] de-grand-
prix[4] (adj.).

1. Tabernaculum, i. — 2. Conficĕre, io, is, confeci, confectum. — 3. Pellis, is, f.
— 4. Pretiosus, a, um, au
superl.

3. Toute[1] l'argenterie (tournez :
tout le mobilier[2] d'argent[3]) de Fabricius consistait[4] [en] une salière[5]
(abl.) et une patène[6], dont le pied[7]
encore (tamen) était de corne[8].

1. Totus, a, um. — 2. Su-
pellex, supellectilis, f. — 3. Ar-
genteus, a, eum. — 4. Constare, o, as, constiti. — 5. Sa-
linum, i. — 6. Patella, æ, f.
— 7. Pes, pedis, m. — 8. Cor-
neus, a, um.

4. Les villes de Thessalie[1] firent
hommage à Pélopidas (tournez : gra-
tifièrent[2] Pélopidas[2]) de couronnes[4]
d'or[3] et de statues[6] d'airain[7].

1. Thessalia, æ, f. — 2. Donare, o. — 3. Pelopidas, æ,
m. — 4. Corona, æ, f. —
5. Aureus, a, um. — 6. Signum, i. — 7. Æreus, a,
um.

5. Iphicrate[1] changea[2] les cuirasses (tournez : le genre[3] des cuirasses[4]) : au-lieu-de (pro, abl.) cuirasses de fer[5] et d'airain[6], il donna[7]
aux fantassins[8] des [cuirasses] de
toile[9].

1. Iphicrates, is, m. —
2. Mutare, o. — 3. Genus,
generis, n. — 4. Lorica, æ,
f. — 5. Ferreus, a, um. —
6. Æreus, a, um. — 7. Dare,
o, as, dedi, datum. — 8. Pedes, peditis, m. — 9. Linteus,
a, um.

6. Caligula[1] donna[2] à son che-

1. Caligula, æ, m. — 2. Dare,
o, as, dedi, datum. —

val[3] une écurie[4] de marbre[5], un râtelier[6] d'ivoire[7], des couvertures[8] de pourpre[9].

3. Equus, i, m. — 4. Equile, is, n. — 5. Marmoreus, a, um. — 6. Faliscæ, arum, f. — 7. Eburneus, a, um. — 8. Operimentum, i. — 9. Purpureus, a, um.

207° EXERCICE

Acn. Gr. § 291, 292. — Nouv. Gr. § 291, 292

Hasta sex pedes longa.
Hibernia dimidio minor est quam Britannia.

1. La peau[1] du serpent[2] tué[3] près-du (*apud, acc.*) fleuve[4] Bagradas[5] était longue[6] de cent vingt (*viginti*) pieds[7].

1. Corium, i. — 2. Serpens, serpentis, f. — 3. Occidĕre, o, is, i, occisum. — 4. Flumen, fluminis, n. — 5. Bagradas, æ, m. — 6. Longus, a, um. — 7. Pes, pedis, m.

2. Chaque[1] face[2] (*plur.*) du tombeau[3] de Porsena[4] avait trois cents pieds de large (*tournez :* était large[5] de trois cents[6] pieds[7]) et cinq cents[8] pieds[7] de haut[9] (*id.*).

1. Singuli, æ, a. — 2. Latus, lateris, n. — 3. Monumentum, i. — 4. Porsena, æ, m. — 5. Latus, a, um. — 6. Trecenti, æ, a. — 7. Pes, pedis, m. — 8. Quingenti, æ, a. — 9. Altus, a, um.

3. L'Hellespont[1] a quatre cents[2] stades[3] de long[4], et, dans (*in, abl.*) la partie[5] la plus resserrée[6] (*compar.*), sept stades[3] de large[7].

1. Hellespontus, i, m. — 2. Quadringenti, æ, a. — 3. Stadium, i. — 4. Longus, a, um. — 5. Pars, partis, f. — 6. Angustus, a, um, — 7. Latus, a, um.

4. Les fondations[1] des jardins[2] suspendus[3] de Babylone[4] descendaient à (*tournez :* étaient enfoncées[5]) trente[6] pieds[7] sous (*sub, acc.*) terre.

1. Substructio, onis, f. — 2. Hortus, i. — 3. Pensilis, e. — 4. Babylon, is, f. — 5. Demissus, a, um. — 6. Triginta. — 7. Pes, pedis, m.

5. Le temple de Jérusalem[1] avait soixante[2] pieds[3] de long[4] sur trente[5] de large[6]; le sanctuaire[7] avait trente[8] pieds[3] en longueur[4], en largeur[6] et en hauteur[8].

1. Hierosolyma, æ, f. — 2. Sexaginta. — 3. Pes, pedis, m. — 4. Longus, a, um. — 5. Triginta. — 6. Latus, a, um. — 7. Adytum, i. — 8. Altus, a, um.

6. Le lac[1] Mœris[2] avait[3] trois mille six cents[4] stades[5] de tour (*tournez :* en, *in, abl.* circuit[6]).

1. Lacŭs, ûs, m. — 2. Mœris, Mœridis, m. — 3. Patĕre, eo. — 4. Sexcenti, æ, a. — 5. Stadium, i. — 6. Circuitŭs, ûs, m.

7. Le troisième côté[1] de la Bretagne[2], qui est [situé] au (*contra*, *acc.*) nord[3], a[4] environ (*circiter*) huit cents[5] milles (*tournez :* milliers[6] de pas[7]) en longueur[8].

8. Dans (*in*, *abl.*) le palais[1] de Néron[2] était une statue[3] colossale[4] de cent vingt (*viginti*) pieds[5] qui le représentait lui-même (*tournez :* une statue de lui-même, *ipsius*).

9. La[1] lance des Romains[2] était de douze[3] pieds[4] plus courte[5] que la sarisse[6] des Macédoniens[7].

10. Avant (*ante, àcc.*) Jules César[1], l'année[2], chez (*apud, acc.*) les Romains[3], était de dix[4] jours[5] plus courte[6] qu'aujourd'hui (*hodie*).

1. Latus, lateris, n. — 2. Britannia, æ, f. — 3. Septemtriones, um, m.—4. Patĕre, eo.—5. Octingenti, æ, a.—6. Millia, um. — 7. Passüs, üs, m. — 8. Longitudo, dinis.

1. Regia, æ, f. — 2. Nero, Neronis, m. — 3. Statua, æ, f. — 4. Ingens, ingentis. — 5. Pes, pedis.

1. Hasta, æ, f. — 2. Romanus, i, m. — 3. Duodecim. — 4. Pes, pedis, m. — 5. Brevis, e. — 6. Sarissa, æ, f. — 7. Macedo, donis, m.

1. Julius, i, Cæsar, is, m. — 2. Annus, i, m. — 3. Romanus, i, m. — 4. Decem. — 5. Dies, ei, m. — 6. Brevis, e.

THÈME DE RÉCAPITULATION
SUR LES COMPLÉMENTS DE MESURE ET DE MATIÈRE

Babylone[1].

Les murailles[2] de Babylone[1] étaient d'une grandeur[3] prodigieuse[4] : elles avaient cinquante[5] coudées[6] d'épaisseur (*tournez :* étaient épaisses[7] de...), deux cents[8] de hauteur[9] (*id.*), et avaient quatre cent[10] vingt stades[11] de (*tournez :* en, *in*, *abl.*) circuit[12]. Elles formaient un carré (*tournez :* elles étaient construites[13] en, *in, acc.*, forme[14] de carré[15]) dont chaque[16] côté[17] (*plur.*) était long[18] de cent vingt stades[11], ou (*id est*) six lieues[19]. Les murailles[2] étaient entourées[20] (*plus-que-parf.*) d'un vaste[21] fossé[22] rempli[23] d'eau[24] ; la terre[25] qu'on en (*inde*) avait

1. Babylon, is, f. — 2. Murus, i, m. — 3. Magnitudo, dinis, f. — 4. Mirus, a, um. — 5. Quinquaginta. — 6. Cubitum, i. — 7. Crassus, a, um. — 8. Ducenti, æ, a. — 9. Altus, a, um. — 10. Quadringenti, æ, a. — 11.—Stadium, i. — 12. Circuitüs, üs, m. — 13. Exstruĕre, o, is, exstruxi, exstructum. — 14. Figura, æ, f. — 15. Quadratum, i. — 16. Singuli, æ, a. — 17. Latus, lateris, n. — 18. Longus, a, um. — 19. Leuca, æ, f. — 20. Circumdare, o, as, circumdedi, circumdatum. — 21. Latus, a, um. — 22. Fossa, æ, f. — 23. Plenus, a, um — 24. Aqua, æ, f. — 25. Terra,

tirée [26] (*tournez par le passif*) avait été employée (*tournez :* avait été à usage [27]) à faire les briques (*tournez : dans les* briques [28], *abl.*, devant être faites [29]) dont la muraille [2] était construite [18] (*plus-que-parf.*).

Chaque côté de ce grand carré [15] avait (*tournez: dans chaque* [14] côté [17], *plur.,...* étaient) vingt-cinq portes [30] d'airain [31]. Entre (*inter, acc.*) ces portes [30], et aux (*in, abl.*) angles [32] du carré [15], il y avait plusieurs [33] tours [34] plus hautes [3] de dix pieds [57] (*abl.*) que les murailles [2].

Une branche [35] de l'Euphrate [36] traversait [37] cette grande [38] ville [39] du (*a, abl.*) Nord [40] au (*ad, acc.*) Midi [41]. On bâtit [42] (*tournez par le passif*) de (*in, abl.*) chaque [43] côté [44] [de la rivière] une grande muraille de brique (*plur.*) [45] et de bitume [46], non moins épaisse [7] que les murs [2] de la ville [39] ; on y mit [47] (*tournez par le passif*), des portes [30] d'airain [31] vis-à-vis (*ex adversum, acc.*) des rues [48] qui coupaient [49] le fleuve [50].

Le pont [51] ne[le] cédait en beauté (*tournez: n'était inférieur* [52] en beauté [53]) à aucun [54] des autres ouvrages [55]. Il avait un stade [11], c'est-à-dire (*id est*) six cent [56] vingt-quatre pieds [57] de long, et trente pieds [57] de large [58]. Les arches [59] étaient bâties [60] (*pl.-q.-parf.*) de grosses [61] pierres [62] qui avaient été liées ensemble [63] avec des chaînes [64] de fer [65] et du plomb [66] fondu [67]. Pour le construire (*tournez:* pour qu', *ut*, il fût construit), on avait détourné [68] le fleuve (*tournez par le passif*).

æ, f. — 26. Egerĕre, o, is, egessi, egestum. — 27. Usŭs, ûs, m. — 28. Later, is, m. — 29. Conficĕre, io, is, confeci, confectum.

30. Porta, æ, f. — 31. Æneus, a, um. — 32. Angulus, i, m. — 33. Multi, æ, a. — 34. Turris, is, f. — 35. Brachium, i. — 36. Euphrates, æ, m. — 37. Dividĕre, o, is, divisi, divisum. — 38. Magnus, a, um. — 39. Urbs, urbis, f. — 40. Septemtriones, um, m. — 41. Meridies, ei, m. — 42. Ædificare, o. — 43. Uterque, utraque, utrumque. — 44. Ripa, æ, f. — 45. Later, is, m. — 46. Bitumen, bituminis, n. — 47. Aperire, io, is, ui, apertum. — 48. Via, æ, f. — 49. Secare, o, as, secui, sectum. — 50. Amnis, is, m.

51. Pons, pontis, m. — 52. Inferior, us. — 53. Pulchritudo, dinis, f. — 54. Nullus, a, um. — 55. Opus, operis, n. — 56. Sexcenti, æ, a. — 57. Pes, pedis, m. — 58. Latus, a, um. — 59. Fornix, fornicis, m. — 60. Struĕre, o, is, struxi, structum. — 61. Magnus, a, um. — 62. Lapis, lapidis, m. — 63. Colligare, o. — 64. Catena, æ, f. — 65. Ferreus, a, um. — 66. Plumbum, i. — 67. Liquidus, a, um. — 68. Detorquĕre, eo, es, detorsi, detortum

208ᵉ EXERCICE

Anc. Gr. § 293. — Nouv. Gr. § 293

**Marathon abest ab Athenis decem millia passuum
ou millibus passuum.**

1. Annibal[1] campa (*tournez :* plaça[2] [son] camp[3]) sur-les-bords-du (*apud, acc.*) Galesus; ce fleuve[4] est[5] à environ (*fere*) cinq milles (*tournez :* milliers[6] de pas[7]) de (*abl.*) Tarente[8].

1. Annibal, is, m. — 2. Ponĕre, o, is, posui, positum. — 3. Castra, orum. — 4. Flumen, fluminis, n. — 5. Abesse, absum, abes, abfui. — 6. Millia, um, n. — 7. Passŭs, ûs, m. — 8. Tarentum, i.

2. De grandes forces[1] gauloises (*tournez :* des Gaulois[2]) n'étaient[3] pas à plus-de (*longius*) huit milles du camp[4] de Roscius.

1. Copiæ, arum, f. — 2. Galli, orum, m. — 3. Abesse, absum, abes, abfui. — 4. Castra, orum.

3. Les quartiers-d'hiver[1] de Crassus étaient[2] à quinze[3] milles de César[4].

1. Hiberna, orum, n. — 2. Abesse, absum, abes, abfui. — 3. Quindecim. — 4. Cæsar, is, m.

4. Sagonte[1] était[2] à environ (*fere*) mille pas[3] de la mer[4].

1. Saguntus, i, f. — 2. Abesse, absum, abes, abfui. — 3. Passŭs, ûs, m. — 4. Mare, is, n.

5. Les tours[1] de Babylone[2] étaient éloignées[3] l'une de l'autre (*tournez :* entre elles, *inter se*) de quatre-vingts[4] pieds[5].

1. Turris, is, f. — 2. Babylon, is, f. — 3. Abesse, absum, abes, abfui. — 4. Octoginta. — 5. Pes, pedis, m.

6. L'Anio[1] prend-sa-source[2] au-dessus de (*supra, acc.*) Tibur[3], à vingt milles de la porte[4] de cette ville[5].

1. Anien, Anienis, m. — 2. Oriri, ior, eris, ortus sum, *dép.* — 3. Tibur, is, n. — 4. Porta, æ, f. — 5. Urbs, urbis, f.

7. Les troupes[1] gauloises (*tournez :* des Gaulois[2]) se-montrèrent[3] à douze[4] milles d'Autun[5].

1. Copiæ, arum, f. — 2. Galli, orum, m. — 3. Apparēre, eo, es, ui, *intr.* — 4. Duodecim. — 5. Augustodunum, i.

8. Hasdrubal[1] et Magon[2] étaient[3] à cinq journées de marche(*tournez :* à une marche[4] de cinq journées[5]) des Romains.

1. Asdrubal, is, m. — 2. Mago, Magonis, m. — 3. Abesse, absum, abes, abfui. — 4. Iter, itineris, n. — 5. Dies, ei, m.

9. Les deux[1] consuls[2] étaient près de (*ad, acc.*) Bénévent[3], à une journée de marche (*tournez :* à une marche[4] d'une journée[5]) de Capoue[6].

1. Ambo, æ, o. — 2. Consul, is, m. — 3. Beneventum, i. — 4. Iter, itineris, n. — 5. Dies, ei, m. — 6. Capua, æ, f.

10. La ville[1] de Zama[2] est[3] à cinq jours de marche de Carthage[4].

1. Urbs, urbis, f. — 2. Zama, æ, f. — 3. Abesse, absum, abes, abfui. — 4. Carthago, Carthaginis, f.

11. Annibal[1] était[2] à trois jours de marche.

1. Annibal, is, m. — 2. Abesse absum, abes, abfui.

COMPLÉMENTS DE LIEU

QUESTION ubi

209ᵉ EXERCICE

Anc. Gr. § 295, 296. — Nouv. Gr. § 295, 296

Habitat in urbe; in Italia; in monte. — Terra marique.

1. Les Perses[1] campèrent (*tournez :* placèrent[2] [leur] camp[3]) dans la plaine[4] (*plur.*)de-Marathon[5] (*adj.*).

1. Persæ, arum, m. — 2. Ponĕre, o, is, posui, positum. — 3. Castra, orum. — 4. Campus, i, m. — 5. Marathonius, a, um.

2. Hannon[1] disait[2] : « Les Romains ne [se] laveront[3] pas les mains dans la mer[4] de-Sicile[5] (*adj.*). »

1. Hanno, Hannonis, m. — 2. Dicĕre, o, is, dixi, dictum. — 3. Abluĕre, o, is, i. — 4. Mare, is, n. — 5. Siculus, a, um.

3. Jetant[1] un pont[2] entre (*inter, acc.*) leurs vaisseaux et ceux des ennemis, les Romains y sautaient[3] (*tournez :* dans, *in, acc.*, ceux-ci) et luttaient[4] à l'épée[5] (*plur.*), comme(*velut*) dans un combat[6] sur-terre[7] (*adj.*).

1. Jacĕre, io, is, jeci, jactum. — 2. Pons, pontis, m. — 3. Insilire, io, is, ui. — 4. Dimicare, o. — 5. Gladius, i, m. — 6. Pugna, æ, f. — 7. Terrestris, e.

4. César aurait mieux aimé[1] être le premier dans un village[2] que (*quam*) le second[3] à Rome[4] (*gén.*).

1. Malle, malo, mavis, malui. — 2. Vicus, i, m. — 3. Secundus, a, um. — 4. Roma, æ, f.

5. Caton[1] vit[2] dans l'atrium[3] de Sylla[4] des têtes[5] sanglantes[6] de proscrits[7].

1. Cato, Catonis, m. — 2. Vidēre, es, vidi, visum. — 3. Atrium, i. — 4. Sylla, æ, m. — 5. Caput, capitis, n. — 6. Cruentus, a, um. — 7. Proscriptus, i, m.

6. Marius prit[1] un fort[2] situé[3] sur un rocher[4] élevé[5], dans lequel étaient les trésors[6] de Bocchus, roi des Gétules[7].

1. Expugnare, o. — 2. Castellum, i. — 3. Positus, a, um. — 4. Rupes, is, f. — 5. Excelsus, a, um. — 6. Thesaurus, i, m. — 7. Gætuli, orum, m.

7. Les disciples[1] d'Aristote[2] discutaient[3] en se-promenant[4] dans le Lycée[5].

1. Discipulus, i, m. — 2. Aristoteles, Aristotelis, m. — 3. Disputare, o. — 4. Ambulare, o. — 5. Lyceum, i, n.

8. Le coureur[1] Phidippide[2], en se-rendant[3] à Sparte[4] (acc.), rencontra (tournez : eut[5] devant, obviam, [lui]) le dieu Pan[6] dans les montagnes[7] d'Arcadie[8].

1. Cursor, is, m. — 2. Phidippides, æ, m. — 3. Contendĕre, o, is, i. — 4. Sparta, æ. — 5. Habĕre, eo. — 6. Pan, Panis, acc. Pana, m. — 7. Mons, montis, m. — 8. Arcadia, æ, f.

9. En Sicile[1] et en Sardaigne[2], le sol[3] était très favorable[4] à la production du blé (tournez : au blé[5]).

1. Sicilia, æ, f. — 2. Sardinia, æ, f. — 3. Solum, i. — 4. Commodus, a, um. — 5. Frumentum, i.

10. Un médecin[1], Ménécrate[2], se-promenait[3] dans les villes de la Grèce, portant[4] les attributs[5] de Jupiter[6].

1. Medicus, i, m. — 2. Menecrates, is, m. — 3. Ambulare, o, intr. — 4. Gerĕre, o, is, gessi, gestum. — 5. Insigne, is, n. — 6. Jupiter, Jovis, m.

11. Les Romains[1] eurent l'avantage (tournez : furent supérieurs[2]) sur terre et sur mer.

1. Romanus, i, m. — 2. Superior, us.

12. Le deuil[1] régna[2] dans toute[3] la ville[4].

1. Luctŭs, ŭs, m. — 2. Esse, sum. — 3. Totus, a, um. — 4. Urbs, urbis, f.

13. Miltiade[1] campa[2] dans une position[3] avantageuse[4].

1. Miltiades, is, m. — 2. Castra facĕre, is, feci, factum. — 3. Locus, i, m. — 4. Idoneus, a, um.

14. Des éclairs[1] brillaient[2] à droite et à gauche.

1. Fulgur, is, n. — 2. Micare, o, as, ui.

210e EXERCICE

Anc. Gr. § 297. — Nouv. Gr. § 297

Commoratus est Babylone, Athenis.

1. Alexandre[1] mourut[2] de maladie[3] à Babylone[4]; Philippe, son père, avait été assassiné[5] à Eges[6], en Macédoine[7].

1. Alexander, andri, m. — 2. Consumĕre, o, is, consumpsi, consumptum, au passif. — 3. Morbus, i, m. — 4. Babylon, is, f. — 5. Occidĕre, o, is, occidi, occisum. — 6. Ægæ, arum, f. — 7. Macedonia, æ, f.

2. Pleuratus, roi[1] des Illyriens[2], ravageait[3] les côtes[4] de l'Étolie[5] avec ses vaisseaux[6] et ceux des Achéens[7], qui étaient à Patras[8].

1. Rex, regis, m. — **2.** Illyrii orum, m. — 3. Vastare, o. — 4. Maritima, orum.—5. Ætolia, æ, f.—6. Navis, is, f. — 7. Achæi, orum, m. — 8. Patræ, arum, f.

3. A Persépolis[1], Alexandre[2] incendia[3] le palais[4] des rois[5] de Perse[6].

1. Persepolis, is, f. — 2. Alexander, dri, m. — 3. Incendère, o, is, i, incensum. — 4. Regia, æ, f. — 5. Rex, regis, m. — 6. Persis, sidis, f.

4. Agamemnon[1] régna[2] à Argos[3] et à Mycènes[4]; Ménélas[5], son frère, à Lacédemone[6].

1.Agamemnon, is, m.—2.Regnare, o. — 3. Argi, orum, m. — 4. Mycenæ, arum, f. — 5. Menelaüs, i, m. — 6. Lacedæmon, is, f.

5. A Sicyone[1] se-faisaient[2] les souliers[3] les plus élégants[4] de (tournez : dans) la Grèce.

1. Sicyon, is, f. — 2. Conficère, io, is, confeci, confectum. — 3. Calceus, i, m. — 4. Elegans, antis.

6. Les Tyriens[1] fondèrent[2] des colonies[3] à Thèbes[4], à Carthage[5], à Gadès[6].

1. Tyrii, orum, m. —2. Condère, o, is, condidi, conditum. — 3. Colonia, æ, f. — 4. Thebæ, arum, f. — 5. Carthago, ginis, f. — 6. Gades, ium, f.

7. Marcellus, enfermé[1] dans une ville ennemie[2], était menacé[3] par terre[4] et par mer[5].

1. Includère, o, is, inclusi, inclusum. — 2. Hostilis, e. — 3. Urgère, eo, es, ursi. — 4. Terra, æ, f. —5. Mare, is, n.

8. [Dans] tout[1] le camp[2] on entend le tumulte (tournez : le tumulte est entendu[4]) que font ceux (tournez : de ceux)-qui-cherchent[5] (partic. prés.) leurs camarades[6], et de-ceux-qui-chargent[7] (partic. prés.) les chariots[8].

1. Totus, a, um. — 2. Castra, orum, n. — 3. Tumultüs, üs, m. — 4. Audire, io. — 5. Requirère, o, is, requisivi, requisitum. — 6. Contubernalis, is, m. — 7. Onerare, o. — 8. Plaustrum, i.

9. Scipion[1] et Asdrubal[2] se-mirent-à-table[3] [sur] le même lit[4].

1. Scipio, onis, m. — 2. Asdrubal, is, m. — 3. Accumbère, o, is, accubui, accubitum, intr. — 4. Lectus, i, m.

10. Les trois armées[1], s'étant mises à l'œuvre (tournez : ayant attaqué[2] l'ouvrage[3]) [dans] des endroits[4] différents[5], entourent[6] la ville d'un fossé[7] et d'un retranchement[8].

1. Exercitüs, üs, m. — 2. Aggredi, ior, eris, aggressus sum, dép. — 3. Opus, operis, n. — 4. Pars, partis, f. — 5. Diversus, a, um. — 6. Circumdare, o, as, circumdedi, circumdatum. — 7. Fossa, æ, f. — 8. Vallum, i.

211° EXERCICE

Anc. Gr. § 298, 299. — Nouv. Gr. § 298, 299

Commoratus est Romæ, Æginæ, Deli. — Eram domi.

1. Il y avait à Corinthe[1] un grand nombre[2] de statues[3] et de tableaux[4] précieux[5].

1. Corinthus, i, f. — 2. Vis, vis, f. — 3. Signum, i. — 4. Tabula, æ, f. — 5. Pretiosus, a, um.

2. Chassé[1] de Rome (*abl.*), Métellus trouva[2] à Rhodes[3] une retraite[4] honorable[5].

1. Pellĕre, o, is, pepuli, pulsum. — 2. Invenire, io, is, inveni, inventum. — 3. Rhodus, i, f. — 4. Secessŭs, ûs, m. — 5. Honestus, a, um.

3. Ayant réuni une flotte (*tournez :* une flotte[1], *abl.*, ayant été réunie[2]) à Milet[3], César attaqua[4] de nuit (*noctu*) les pirates[5].

1. Classis, is, f. — 2. Contrahĕre, o, is, contraxi, contractum. — 3. Miletus, i, f. — 4. Adoriri, ior, iris, adortus sum, *dép.* — 5. Prædo, prædonis, m.

4. Le Campanien[1] Badius, (étant] malade[2] à Rome, avait été généreusement (*liberaliter*) soigné[3] chez le tribun[4] des soldats[5] Crispinus.

1. Campanus, i, m. — 2. Æger, ægra, ægrum. — 3. Curare, o. — 4. Tribunus, i, m. — 5. Miles, militis, m.

5. Tous les bagages[1] et le train[2] (*plur.*) furent laissés[3] à Bénévent[4].

1. Sarcina, æ, f. — 2. Impedimentum, i. — 3. Relinquĕre, o, is, reliqui, relictum. — 4. Beneventum, i.

6. Le consul Claudius trouva[1] [son] collègue[2] à Casilinum[3].

1. Invenire, io, is, inveni, inventum. — 2. Collega, æ, m. — 3. Casilinum, i.

7. Chabrias[1] affermit[2] le trône[3] d'Évagoras[4] à Cypre[5].

1. Chabrias, æ, m. — 2. Constituĕre, o, is, i, constitutum. — 3. Regnum, i. — 4. Evagoras, æ, m. — 5. Cyprus, i, f.

8. Lucullus engraissait[1] des grives[2] chez lui.

1. Saginare, o. — 2. Turdus, i, m.

9. Thémistocle[1] fut à la guerre et en temps de paix [un] grand [citoyen].

1. Themistocles, is, m.

10. Les Égyptiens[1] embaumaient[2] les morts[3] et les gardaient[4] chez eux.

1. Ægyptii, orum, m. — 2. Condire, io, is, ivi *ou* ii, itum. — 3. Mortuus, i, m. — 4. Servare, o.

11. Tullus Hostilius croyait[1] que les hommes étaient (*tournez* : les corps[2], acc., être) mieux portants (*tournez* : plus sains[3]) dans les camps qu'à la ville.

12. L'administration de toutes les affaires publiques (*tournez* : toute[1] la république[2]) à l'extérieur et à l'intérieur fut confiée[3] à Alcibiade[4].

13. Étendus[1] à terre, les soldats[2] appelaient-en-gémissant[3] chacun[4] leur chef[5].

14. La mère de Darius prit[1] des vêtements[2] (*sing.*) de-deuil[3] (*adj.*) et se-coucha[4] sur le sol.

1. Credĕre, o, is, credidi creditum. — 2. Corpus, coaporis, n. — 3. Saluber, bris bre.

1. Totus, a, um. — 2. Respublica, reipublicæ, f. — 3. Tradĕre, o, is, tradidi, traditum. — 4. Alcibiades, is, m.

1. Sternĕre, o, is, stravi, stratum. — 2. Miles, militis, m. — 3. Implorare, o. — 4. Quisque, quæque, quodque. — 5. Dux, ducis, m.

1. Sumĕre, o, is, sumpsi, sumptum. — 2. Vestis, is, f. — 3. Lugubris, e. — 4. Procumbĕre, o, is, procubui, procubitum, *intr.*

212e EXERCICE

Nouv. Gr. § 300

Erat apud patrem. — Pugna apud *ou* **ad Cannas.**

1. Les Sénons[1] chassèrent[2] le roi[3] que César[4] avait établi[5] chez eux.

2. Le dictateur[1] Postumius combattit[2] contre (*cum, abl.*) les Latins[3] près du lac[4] Régille[5].

3. Scipion[1] et Asdrubal[2] dînèrent[3] chez Syphax[4].

4. Annibal[1] vainquit[2] Publius Scipion[3] près du Tésin[4], Sempronius près de la Trébie[5], Flaminius près du lac[6] Trasimène[7].

5. Solon[1] séjourna[2] à la cour de (*tournez* : chez) Crésus[3].

1. Senones, um, m. — 2. Expellĕre, o, is, expuli, expulsum. — 3. Rex, regis, m. — 4. Cæsar, is, m. — 5. Constituĕre, o, is, i, constitutum.

1. Dictator, is, m. — 2. Confligĕre, o, is, conflixi. — 3. Latini, orum, m. — 4. Lacŭs, ûs, m. — 5. Regillus, i, m.

1. Scipio, onis, m. — 2. Asdrubal, is, m. — 3. Cenare, o. — 4. Syphax, Syphacis,

1. Annibal, is, m. — 2. Vincĕre, o, is, vici, victum. — 3. Scipio, onis, m. — 4. Ticinus, i, m. — 5. Trebia, æ, f. — 6. Lacŭs, ûs, m. — 7. Trasimenus, i, m.

1. Solon, is, m. — 2. Commorari, or, aris, atus sum, *dép.* — 3. Crœsus, i, m.

6. Gracchus périt[1] en Lucanie (*tournez :* chez les Lucaniens[2]), près des champs[3] [qui sont] appelés[4] *Veteres Campi.*

1. Perire, eo, is, ii, itum. — 2. Lucani, orum, m. — 3. Campus, i, m. — 4. Vocare, o.

7. César[1] laissa[2] dix cohortes[3] et trois cents[4] cavaliers[5] près de la mer[6].

1. Cæsar, is, m. — 2. Relinquĕre, o, is, reliqui, relictum. — 3. Cohors, cohortis, f. — 4. Trecenti, æ, a. — 5. Eques, equitis, m. — 6. Mare, is, n.

8. Curius était-assis[1] près de son] foyer[2], quand (*quum*) les députés[3] (des) Samnites[4] lui apportèrent[5] de grands présents[6].

1. Sedĕre, eo, es, sedi, sessum, *intr.* — 2. Focus, i, m. — 3. Legatus, i, m. — 4. Samnites, ium, m. — 5. Afferre, affero, affers, attuli, allatum. — 6. Munus, muneris, n.

9. Moïse[1] fut exposé[2] près de la rive[2], dans une corbeille[3] de-jonc[4] (*adjectif*).

1. Moses, is, m. — 2. Exponĕre, o, is, exposui, expositum. — 3. Ripa, æ, f. — 4. Fiscella, æ, f. — 5. Scirpeus, a, um.

10. La tribune[1] était près de la curie[2].

1. Rostra, orum, n. *plur.* — 2. Curia, æ, f.

11. La bataille[1] de Salamine[2] est la plus glorieuse[3] des (*tournez :* dans les) temps[4] (*abl.*) anciens[5].

1. Pugna, æ, f. — 2. Salamis, minis, f. — 3. Nobilis, e. — 4. Tempus, poris, n. — 5. Antiquus, a, um.

213ᵉ EXERCICE

Adverbes de lieu.

Anc. Gr. § 301. — Nouv. Gr. § 313

1. Étendant[1] la main[2] vers (*ad, acc.*) le fleuve[3], dont les ennemis[4] occupaient[5] les rives[6], Marius dit[7] à ses soldats[8] : « Là-bas vous aurez de l'eau[9]. »

1. Protendĕre, o, is, i. — 2. Dextra, æ, f. — 3. Fluvius, i, m. — 4. Hostis, is, m. — 5. Tenĕre, eo, es, ui. — 6. Ripa, æ, f. — 7. Dicĕre, o, is, dixi, dictum. — 8. Miles, litis, m. — 9. Aqua, æ, f.

2. Ici, les ossements[1] des soldats[2] étaient épars[3]; là, ils étaient entassés[4].

1. Os, ossis, n. — 2. Miles, litis, m. — 3. Disjectus, a, um. — 4. Aggeratus, a, um.

3. Les Germains[1] ont des habitations isolées (*tournez :* habitent[2] séparés[3]); ils vivent les uns à un

1. Germani, orum, m. — 2. Colĕre, o, is, colui, cultum. — 3. Discretus, a, um. —

endroit, les autres à un autre (*tour-nez* : ils vivent[4] les autres[5] ailleurs).

4. N'ayant plus (*tournez* : privés[1]), de vivres[2], les soldats[3] déterraient[4] partout des racines[5] de palmiers[6].

5. Partout où vécut[1] Alcibiade[2], il suivit[3] les coutumes[4] (*sing.*) du pays (*tournez* : des habitants[5]).

6. Vous [ne] trouverez[1] le bon-heur[2] (*ajoutez* : nulle part) que (*nisi*) [là] où l'on pratique[3] la vertu[4].

7. D'après une réponse[1] (*abl.*) de l'oracle[2], Pausanias[3] fut enterré[4] à-l'endroit-même où il avait expiré[5].

8. Les ennemis[1] taillés-en-pièces[2] dans (*intra, acc.*) le retranchement[3] et en dehors ne pouvaient[4] résister[5].

9. Que la paix[1] règne[2] au de-hors [et] la concorde[3] au dedans.

10. Annibal[1] voulait[2] accabler[3] Eumène[4] (*tournez* : Eumène,*acc.*,être accablé) sur terre[5] et sur mer[6]; mais Eumène avait-partout (*tour-nez* : des deux côtés)-la-supériorité[7].

---

4. Vivĕre, o, is, vixi, victum. — **5.** Alii, -orum.

1. Destitutus, a, um. — **2.** Cibus, i, m. — **3.** Miles, itis, m. — **4.** Effodĕre, io, is, effodi, effossum. — **5.** Radix, radicis, f. — **6.** Palma, æ, f.

1. Vivĕre, o, is, vixi; victum. — **2.** Alcibiades, is, m. — **3.** Sequi, or, eris, secutus sum, dép. — **4.** Consuetudo, dinis, f. — **5.** Incola, æ, m.

1. Reperire, io, is, reperi, repertum. — **2.** Vita, æ, beata, æ. — **3.** Colĕre, o, is, colui, cultum. — **4.** Virtus, tutis, f.

1. Responsum, i. — **2.** Oraculum, i. — **3.** Pausanias, æ, m. — **4.** Sepelire, io, is, ivi ou ii, sepultum. — **5.** Vitam ponĕre, o, is, posui, positum.

1. Hostis is, m. — **2.** Cædĕre, o, is, cecidi, cæsum. — **3.** Vallum, i. — **4.** Posse, possum. — **5.** Resistĕre, o, is, restiti.

1. Pax, pacis, f. — **2.** Esse, sum. — **3.** Concordia, æ, f.

1. Annibal, is, m. — **2.** Velle, volo. — **3.** Opprimĕre, o, is, oppressi, oppressum. — **4.** Eumenes, is, m. — **5.** Terra, æ, f. — **6.** Mare, is, n. — **7.** *Avoir la supériorité*, plus valēre, eo, es, ui.

QUESTION **quo**

214e EXERCICE

Anc. Gr. § 301. — Nouv. Gr. § 301

Venit in Italiam.

1. Dix (*decem*) tribus[1] furent em-menées[2] captives[3] en Assyrie[4].

1. Tribŭs, ŭs, f. — **2.** Abdu-cĕre, o, is, abduxi, abductum. — **3.** Captivus, a, um. — **4.** Assyria, æ, f.

2. Souvent (*sæpe*) des hommes accusés[1] faussement (*falso*) ont été jetés[2] en prison[3].

3. Nous sommes tombés[1] dans ces malheurs[1], parce que (*quod*) nous avons péché[2] contre (*in, acc.*) Dieu.

4. Pisistrate[1] se fit des blessures (*tournez.:* se déchira[2] le corps[3]) et vint[4] sur la place publique (*tournez :* en public[5]).

5. La poussière[1] était portée[2] par le vent[3] dans les yeux[4] et au visage[5] (*plur.*) des ennemis[6].

6. Le Spartiate[1] Phebidas[2] entra[3] par ruse[4] dans la citadelle[5] de Thèbes[6].

7. Philippe[1], roi[2] de Macédoine[3], entra[4] en Grèce[5], [sous] le prétexte[6] (*abl.*) de défendre[7] la religion[8].

8. Avant de partir (*tournez :* avant qu', *antequam,* il partit[1], *subj.*) pour l'exil[2], Aristide[3] pardonna[4] à [ses] concitoyens[5] [leur] injustice[6].

9. Ne-pouvant-supporter[1] (*adj.*) l'orgueil[2] (*gén.*) et l'inhumanité[3] (*gén.*) des patriciens[4], les plébéiens[5] quittèrent[6] la ville et se-retirèrent[7] sur le mont[8] Sacré[9].

10. Régulus retourna[1] au camp[2] (des) Carthaginois[3], comme (*ut*) il [l']avait juré[4].

1. Accusare, o. — 2. Conjĭcĕre, io, is, conjeci, conjectum. — 3. Carcer, is, m.

1. Incĭdĕre, o, is, incidi. — 2. Miseria, æ, f. — 3. Peccare, o.

1. Pisistratus, i, m. — 2. Lacerare, o. — 3. Corpus, corporis, n. — 4. Progredi, ior, eris, progressus sum, *dép.* — 5. Publicum, i.

1. Pulvis, pulveris, m. — 2. Ferre, fero, fers, tuli, latum. — 3. Ventus, i, m. — 4. Oculus, i, m. — 5. Os, oris, n. — 6. Hostis, is, m.

1. Spartiates, æ, m. — 2. Phœbidas, æ, m. — 3. Intrare, o. — 4. Dolus, i, m. — 5. Arx, arcis, f. — 6. Thebæ, arum, f.

1. Philippus, i, m. — 2. Rex, regis, m. — 3. *Tournez :* des Macédoniens (Macedones, um, m.). — 4. Intrare, o. — 5. Græcia, æ, f. — 6. Species, ei, f. — 7. Tuĕri, eor, eris, itus sum, *dép.* — 8. Religio, onis, f.

1. Proficisci, or, eris, profectus sum, *dép.* — 2. Exsilium, i. — 3. Aristides, is, m. — 4. Condonare, o. — 5. Civis, is, m. — 6. Injustitia, æ, f.

1. Impatiens, entis. — 2. Superbia, æ, f. — 3. Inhumanitas, tatis, f. — 4. Patres, um, m. — 5. Plebeii, orum, m. — 6. Relinquĕre, o, is, reliqui, relictum. — 7. Secedĕre, o, is, secessi, secessum, *intr.* — 8. Mons, montis, m. — 9. Sacer, cra, crum.

1. Reverti, or, eris, reversus sum ou reverti, *dép* — 2. Castra, orum, n. — 3. Pœni, orum, m. — 4. Jurare, o.

11. Le père de Scipion[1] allait tomber (*tournez :* était devant tomber[2]) aux mains[3] des ennemis[4]; [son] fils le sauva[5] du danger[6].

1. Scipio, onis, m. — 2. Venire, io, is, veni, ventum. — 3. Manŭs, ûs, f. — 4. Hostis, is, m. — 5. Servare, o. — 6. Periculum, i.

12. Tarquin[1] se-retira[2] en Étrurie[3] et y mourut[4] de vieillesse[5] (*abl.*).

1. Tarquinius, i, m. — 2. Concedĕre, o, is, concessi, concessum. — 3. Etruria, æ, f. — 4. Interire, eo, is, ivi *ou* ii, itum. — 5. Senium, i.

13. Que (*ne*) l'orgueil[1] [ne] se-glisse[2] (*subj.*) [pas] dans votre cœur[3] et dans vos paroles[4] (*sing.*).

1. Superbia, æ, f. — 2. Obrepĕre, o, is, obrepsi, obreptum. — 3. Animus, i, m. — 4. Sermo, sermonis, m.

14. Alexandre[1] rassemble[2] [ses] généraux[3] dans sa tente[4].

1. Alexander, dri, m. — 2. Contrahĕre, o, is, contraxi, contractum. — 3. Præfectus, i, m. — 4. Prætorium, i.

15. Les Athéniens[1], à leur grand dommage[2] (*abl.*), portèrent[3] la guerre[4] en Sicile[5].

1. Athenienses, ium, m. — 2. Detrimentum, i. — 3. Inferre, infero, infers, intuli, illatum. — 4. Bellum, i. — 5. Sicilia, æ, f.

215° EXERCICE

Anc. Gr. § 304. — Nouv. Gr. § 301

Venit ad urbem.

1. Descendons[1] vers le puits[2] et remplissons[3] nos urnes[4] d'eau.

1. Descendĕre, o, is, i, descensum. — 2. Puteus, i, m. — 3. Implĕre, eo, es, evi, etum. — 4. Urna, æ, f.

2. La flotte[1] arriva[2] vers (*fere*) midi (*meridiano tempore*) à la côte[3] de Bretagne[4].

1. Classis, is, f. — 2. Accedĕre, o, is, accessi, accessum. — 3. Litus, litoris, n. — 4. Britannia, æ, f.

3. Ayant reçu des otages (*tournez :* des otages[1], *abl.*, ayant été reçus[2]), le général[3] ramène[4] son armée[5] vers la mer[6].

1. Obses, obsidis, m. — 2. Accipĕre, io, is, accepi, acceptum. — 3. Imperator, is, m. — 4. Reducĕre, o, is, reduxi, reductum. — 5. Exercitŭs, ûs, m. — 6. Mare, is, n.

4. Au point du jour (*tournez :* à la première lumière[1], *abl.*), la cavalerie[2] des Gaulois[3] s'approche[4] du

1. Lux, lucis, f. — 2. Equitatŭs, ûs, m. — 3. Galli, orum, m. — 4. Accedĕre, o, is, accessi, accessum.

(*tournez :* vers le) camp[5] et engage[6] un combat[7] avec (*cum, abl.*) nos cavaliers[8].

5. Aruns[1], transporté[2] de colère[3], pousse[4] [son] cheval[5] vers le consul[6].

6. « Camarades[1], allons[2] à l'ennemi[3] (*plur.*), à ce rocher[4], d'où (*unde*) nous ne reviendrons[5] pas. »

7. Le geai[1] maltraité[2] revint[3] vers les siens[4].

8. Poussés[1] par la soif[2], le loup[3] et l'agneau[4] étaient venus[5] au même ruisseau[6].

9. Un accès[1] facile[2] vers les dieux est-ouvert[3] à ceux qui se sont sont conservés[4] honnêtes[5] et purs[6].

10. Vaincu[1] par d'horribles[2] (*superl.*) souffrances[3], Antiochus revint[4] à des sentiments[5] (*sing.*) [plus] raisonnables[6].

11. Vaincu[1] par la flotte[2] de Prusias[3], Eumène[4] fit-voile[5] (*plur.*) vers le camp[6] qu'il-avait-sur-le-rivage[7] (*adjectif*).

12. Agis[1] essaya[2] de ramener[3] les Spartiates[4] à [leurs] anciennes[5] mœurs[6] et aux institutions[7] de Lycurgue[8].

5. Castra, orum, n. — 6. Committěre, o, is, commisi, commissum. — 7. Prœlium, i. — 8. Eques, equitis, m.

1. Aruns, Aruntis, m. — 2. Percitus, a, um. — 3. Ira, æ, f. — 4. Concitare, o. — 5. Equus, i, m. — 6. Consul, is, m.

1. Commilito, onis, m. — 2. Ire, eo, is, ivi ou ii, itum. — 3. Hostis, is, m. — 4. Petra, æ, f. — 5. Redire, eo, is, ivi ou ii, itum.

1. Graculus, i, m. — 2. Mulcatus, a, um. — 3. Redire, eo, is, ivi ou ii, itum. — 4. Sui, orum, m.

1. Compellěre, o, is, compuli, compulsum. — 2. Sitis, is, f. — 3. Lupus, i, m. — 4. Agnus, i, m. — 5. Venire, io, is, veni, ventum. — 6. Rivus, i, m.

1. Aditŭs, ûs, m. — 2. Facilis, e. — 3. Patěre, pateo, patui, *intr.* — 4. Servare, o. — 5. Integer, gra, grum. — 6. Castus, a, um.

1. Vincěre, o, is, vici, victum. — 2. Acerbus, a, um. — 3. Dolor, is, m. — 4. Redire, eo, is, ivi ou ii, itum. — 5. Mens, mentis; f. — 6. Sanus, a, um.

1. Vincěre, o, is; vici, victum. — 2. Classis, is, f. — 3. Prusias, æ, m. — 4. Eumenes, is, m. — 5. Navigare, t. — 6. Castra, orum, n. — 7. Nauticus, a, um.

1. Agis, Agidis, m. — 2. Conari, or, aris, atus sum, *dép.* — 3. Reducěre, o, is, reduxi, reductum. — 4. Spartiata, arum, m. — 5. Priscus, a, um. — 6. Mores, um, m. — 7. Institutum, i. — 8. Lycurgus, i, m.

216e EXERCICE

Anc. Gr. § 302, 303. — Nouv. Gr. § 302, 303

**Profectus est Romam, Æginam, Delum.
Eo domum, rus.**

1. Mummius[1] partit[2] pour Corinthe[3].

1. Mummius, i, m. — 2. Proficisci, or, eris; profectus sum, dép. — 3. Corinthus, i, f.

2. Condamné[1] à l'exil[2] (abl.), Rutilius s'-en-alla[3] à Mitylène[4].

1. Damnare, o. — 2. Exsilium, i. — 3. Abire, eo, is, ivi ou ii, itum. — 4. Mitylenæ, arum, f.

3. Caton[1] fut envoyé[2] [comme] questeur[3] à Cypre[4].

1. Cato, onis, m. — 2. Mittěre, o, is, misi, missum. — 3. Quæstor, is, m. — 4. Cyprus, i, f.

4. Du blé[1] fut transporté[2] à Casilinum[3].

1. Frumentum, i. — 2. Convehěre, o, is, convexi, convectum. — 3. Casilinum, i.

5. Annibal[1] avait conduit[2] ses légions[3] à Tarente[4], [dans] l'espoir[5] (abl.) de s'-emparer[6] de la citadelle[7] (abl.).

1. Annibal, is, m. — 2. Ducěre, o, is, duxi, ductum. — 3. Legio, onis, f. — 4. Tarentum, i. — 5. Spes, ei, f. — 6. Potiri, ior, iris, itus sum, dép. intr. — 7. Arx, arcis, f.

6. Le trésor[1] commun[2] des Grecs[3] confédérés[4] fut transporté[5] d'abord (primo) à Délos[6], puis (deinde) à Athènes[7].

1. Ærarium, i. — 2. Communis, e. — 3. Græci, orum, m. — 4. Fœderatus, a, um. — 5. Deferre, defero, defers, detuli, delatum. — 6. Delos, i, f. — 7. Athenæ, arum, f.

7. Pyrrhus entra[1] la nuit (noctu) dans Argos[2].

1. Ingredi, ior, eris, ingressus sum, dép. — 2. Argi, orum, m.

8. Pélopidas[1] emmena[2] Philippe[3] enfant[4] à Thèbes[5], (comme) otage[6].

1. Pelopidas, æ, m. — 2. Abducěre, o, is, abduxi, abductum. — 3. Philippus, i, m. — 4. Puer, i, m. — 5. Thebæ, arum, f. — 6. Obses, obsidis, m.

9. Annibal[1] conduisit[2] [ses] troupes[3] à Capoue[4], dans [leurs] quartiers-d'hiver[5].

1. Annibal, is, m. — 2. Ducěre, o, is, duxi, ductum. — 3. Copiæ, arum, f. — 4. Capua, æ, f. — 5. Hiberna, orum, n.

10. Cicéron[1] alla[2] à Athènes[3] et suivit avec application (*studio*) les leçons du philosophe Antiochus (*tournez* : entendit[4] le philosophe[5] Antiochus).

1. Cicero, onis, m. — 2. Ire, eo — 3. Athenæ, arum, f. — 4. Audire, io. — 5. Philosophus, i, m.

11. Alexandre[1] aborda[2] à Troie[3] et sacrifia[4] à Pallas[5].

1. Alexander, dri, m. — 2. Appellĕre, o, is, appuli, appulsum. — 3. Troja, æ, f. — 4. Sacrificare, o. — 5. Pallas, Palladis, f.

12. A peine (*vix*) rentré[1] à Babylone[2], il tomba[3] malade (*tournez* : dans la maladie[4]) et mourut[5] en peu[6] de (*adj.*) jours[7] (*abl.*).

1. Regredi, ior, eris, regressus sum, *dép.* — 2. Babylon, is, f. — 3. Incidĕre, o, is, incidi. — 4. Morbus, i, m. — 5. Mori, ior, eris, mortuus sum, *dép.* — 6. Pauci, æ, a. — 7. Dies, ei, m.

13. Vaincu[1] par Sylla[2], Marius se-réfugia[3] à Minturnes[4].

1. Vincĕre, o, is, vici, victum. — 2. Sylla, æ, m. — 3. Confugĕre, io, is, confugi, *intr.* — 4. Minturnæ, arum, f.

14. Les Lacédémoniens[1] débarquèrent[2] trois cents[3] hoplites[4] à Sphactérie[5].

1. Lacedæmonii, orum, m. — 2. Exponĕre, o, is, exposui, expositum. — 3. Trecenti, æ, a. — 4. Hoplites, æ, m. — 5. Sphacteria, æ, f.

15. Le vaisseau[1] qui portait (*tournez* : par lequel était porté[2]) Thémistocle[3] fugitif[4] était poussé[5] par la tempête[6] vers Naxos[7].

1. Navis, is, f. — 2. Vehĕre, o, is, vexi, vectum. — 3. Themistocles, is, m. — 4. Fugiens, entis. — 5. Deferre, defero, defers, detuli, delatum. — 6. Tempestas, tatis, f. — 7. Naxos, i, f.

16. Les Athéniens[1] envoyèrent[2] une colonie[3] à Scyros[4], habitée[5] auparavant (*prius*) par des pirates[6].

1. Athenienses, ium, m. — 2. Mittĕre, o, is, misi, missum. — 3. Colonia, æ, f. — 4. Scyros, i, f. — 5. Habitare, o. — 6. Pirata, æ, m.

17. Retournez[1] chez vous.

1. Abire, eo, is, ivi, itum.

18. L'armée[1] rentra[2] dans ses foyers[3].

1. Exercitus, ûs, m. — 2. Redire, eo, is, ivi, itum. — 3. Domus, ûs, f.

19. Je partirai[1] bientôt (*mox*) pour la campagne[2].

1. Proficisci, or, eris, profectus sum, *dép.* — 2. Rus, ruris, n.

20. Manlius[1] relégua[2] son fils[3] à la campagne[4].

1. Manlius, i, m. — 2. Relegare, o. — 3. Filius, i, m. — 4. Rus, ruris, n.

217° EXERCICE

Anc. Gr. § 304, 305. — Nouv. Gr. § 304, 305

Venit ad patrem. — Veniunt ludos spectatum.

1. Indutiomare[1] se-mit[2] [à] attirer[3] à lui par [l'appât] de grandes récompenses[4] (abl.) les exilés[5] et les condamnés[6].

1. Indutiomarus, i, m. – 2. Cœpisse, cœpi. — 3. Allicère, io, is, allexi, allectum. — 4. Præmium, i. — 5. Exsul, is, m. —6. Damnatus, i, m.

2. La colombe[1] revint[2] vers Noé[3] qui la fit-entrer[4] dans l'arche[5].

1. Columba, æ, f. — 2. Redire, eo, is, ivi ou ii, itum. — 3. Noemus, i, m. — 4 Inferre, infero, infers, intuli, illatum. — 5. Arca, æ, f.

3. Le médecin[1] de Pyrrhus se-rendit[2] la nuit (noctu) auprès de Fabricius.

1. Medicus, i, m. — 2. Ire, eo, is, ivi ou ii, itum, intr.

4. Pompée[1] vaincu[2] se-réfugia[3] auprès de Ptolémée[4], roi d'Égypte (tournez : des Égyptiens[5]).

1. Pompeius, i, m. — 2. Vincère, o, is, vici, victum. – 3. Confugère, io, is, confugi, confugitum, intr. — 4. Ptolemæus, i, m. — 5. Ægyptii, orum, m.

5. Les frères de Joseph[1] étaient sortis[2] pour faire-paître[3] leurs troupeaux[4].

1. Josephus, i, m. — 2. Exire, eo, is, ivi ou ii, itum. — 3. Pascère, o, is, pavi, pastum. — 4. Pecus, pecoris, m.

6. Fabius se-trouvait[1] à propos[2] (adj.) [devant] Annibal[3], quand il allait (tournez : allant[4]) faire-la-provision-de-blé[5].

1. Adesse, adsum, ades, adfui. — 2. Opportunus, a, um. — 3. Annibal, is, m. — 4. Exire, eo, is, ivi ou ii, itum. — 5. Frumentari, or, aris, atus sum, dép.

7. Après avoir enrichi[1] son armée[2] de butin[3] en Carie[4], Agésilas[5] la ramena[6] (tournez : Agésilas ramena son armée enrichie...) passer-l'hiver[7] à Éphèse[8].

1. Locupletare, o. — 2. Exercitüs, ûs, m. — 3. Præda, æ, f. — 4. Caria, æ, f. — 5. Agesilaüs, i, m. — 6. Reducère, o, is, reduxi, reductum. — 7. Hiemare, o. — 8. Ephesus, i, f.

8. Massinissa[1] surprenait[2] les

1. Massinissa, æ, m. —2. Excipère, io, is, excepi, exceptum. —

soldats³ qui s'-avançaient² loin-du (*procul a, abl.*) camp⁵ pour faire-la-provision-de-bois⁶ et de-fourrage⁷.

9. Titurius¹ envoie² son interprète³ demander⁴ à Ambiorix⁵ qu' (*ut, subj.*) il [l'] épargne⁶ lui et ses soldats⁷ (*dat.*).

10 Timoléon¹ s'empara² de [la personne de] Mamercus, homme³ belliqueux⁴ et puissant⁵, qui était venu⁶ en Sicile⁷ secourir⁸ les tyrans⁹.

11. Tous-les-jours (*quotidie*), les matelots¹ (des) Athéniens² se-répan-daient³ dans la campagne⁴ (*plur.*) pour piller⁵.

12. Annibal¹ fut rappelé² à la défense³ de (*tournez :* pour défendre) sa patrie⁴.

---

3. Miles, militis, m. — 4. Progredi, ior, eris, progressus sum, *dép. intr.* — 5. Castra, orum, n. — 6. Lignari, or, aris, atus sum, *dép.* — 7. Pabulari, or, aris, atus sum, *dép.*

1. Titurius, i, m. — 2. Mittĕre, o, is, misi, missum. — 3. Interpres, pretis, m. — 4. Rogare, o. — 5. Ambiorix, igis, m. — 6. Parcĕre, o, is, peperci, parcitum *ou* parsum. — 7. Miles, militis, m.

1. Timoleon, ontis, m. — 2. Potiri, ior, iris, potitus sum, *dép. intr.* — 3. Homo, hominis, m. — 4. Bellicosus, a, um. — 5. Potens, potentis. — 6. Venire, io, is, veni, ventum. — 7. Sicilia, æ, f. — 8. Adjuvare, o, as, adjuvi, adjutum. — 9. Tyrannus, i, m.

1. Classiarii, orum, m. — 2. Athenienses, ium, m. — 3. Dilabi, or, eris, dilapsus sum, *dép. intr.* — 4. Ager, agri, m. — 5. Prædari, or, aris, atus sum, *dép.*

1. Annibal, is, m. — 2. Revocare, o. — 3. Defendĕre, o, is, i, defensum. — 4. Patria, æ, f.

ADVERBES DE LIEU

218ᵉ EXERCICE

1. César¹ marcha-rapidement² sur Brindes³, où s'-étaient réfugiés⁴ Pompée⁵ et les consuls⁶.

2. Voulant (*tournez :* comme, *quum*, il voulait¹, *subj.*) défendre²la Carie³ contre (*ab*) Agésilas⁴, Tissapherne⁵ y réunit⁶ toutes ses troupes⁷.

---

1. Cæsar, is, m. — 2. Contendĕre, o, is, i, *intr.* — 3. Brundusium, i. — 4. Confugĕre, io, is, confugi, *intr.* — 5. Pompeius, i, m. — 6. Consul, is, m.

1. Velle, volo. — 2. Tuĕri, eor, eris, itus sum, *dép.* — 3. Caria, æ, f. — 4. Agesilaüs, i, m. — 5. Tissaphernes, is, m. — 6. Contrahĕre, o, is, contraxi, contractum. — 7. Copiæ, arum, f.

3. A l'insu de tout le monde (*tournez :* tout-le-monde[1], *abl.*, [1] ignorant[2]), Datame[3] se rendit[4] à l'endroit (*tournez :* là) où était le roi[5], et lui amena[6] Tyus[7] prisonnier[8].

4. Si (*si*) vous voulez[1] jouir[2] d'une température[3] plus douce[4], venez[5] ici [où je suis].

5. « Camarades[1], il faut[2] aller[3] là-bas, au plus épais des ennemis (*tournez :* [là] où les ennemis[4] sont le plus serrés[5]). »

6. Timothée[1] et Iphicrate[2] (*abl.*) étant partis[3] pour Samos[4], Charès[5] se-porta-rapidement[6] avec la flotte vers le même lieu.

7. Ayant vu (*tournez :* lorsqu', *quum*, ils eurent vu[1], *plus-que-parf. subj.*) Flaminius[2] tomber[3] de (*ex, abl.*) cheval[4], les Romains[5] se-dispersèrent[6] les uns d'un côté, les autres d'un autre (*tournez :* les autres dans-un-autre endroit).

8. Je déciderai[1] d'après (*e*) votre lettre[2] si (*utrum*) je me retirerai[3] (*prés. subj.*) à Rome[4] ou (*an*) quelque autre part (*tournez :* quelque part ailleurs).

9. Pendant (*per, acc.*) la guerre[1] civile[2], Atticus[3] se-prévalut[4] du bénéfice[5] de l'âge[6] et n'alla[7] nulle part, ni (*neque*) dans le camp[8] de César[9], ni dans le camp de Pompée[10].

10. Partout où je portais-(*plus-que-parf.*)-mes-pas[1], dans (*in, abl.*) la propriété[2] abandonnée[3] de Virginius[4], je le cherchais de l'esprit et des yeux (*tournez :* mon esprit[5] et mes yeux[6] le cherchaient[7]).

11. Je me suis sauvé[1] dehors.

1. Omnes, ium. — 2. In-sont[?], a, um. — 3. Datames, is, m. — 4. Venire, io, is, i, ventum. — 5. Rex, regis, m. — 6. Adducĕre, o, is, adduxi, adductum. — 7. Tyus, i, m. — 8. Captivus, i, m.

1. Velle, volo. — 2. Frui, or, eris, *dép., abl.* — 3. Cælum, i. — 4. Mollis, e. — 5. Venire, io, is, veni, ventum.

1. Commilito, onis, m. — 2. Oportĕre, et, uit. — 3. Ire, eo, is, ivi, itum. — 4. Hostis, is, m. — 5. Confertus, a, um.

1. Timotheus, i, m. — 2. Iphicrates, is, m. — 3. Proficisci, or, eris, profectus sum, *dép. intr.* — 4. Samos, i, f. — 5. Chares, is, m. — 6. Contendĕre, o, is, i, *intr.*

1. Vidĕre, eo, es, vidi, visum. — 2. Flaminius, i, m. — 3. Concidĕre, o, is, i. — 4. Equus, i, m. — 5. Romani, orum, m. — 6. Dilabi, or, eris, dilapsus sum, *dép. intr.*

1. Statuĕre, o, is, i, tum. — 2. Epistola, æ, f. — 3. Se recipĕre, io, is, recepi, receptum. — 4. Roma, æ, f.

1. Bellum, i. — 2. Civilis, e. — 3. Atticus, i, m. — 4. Uti, or, eris, usus sum, *dép. intr.* — 5. Vacatio, onis, f. — 6. Ætas, ætatis, f. — 7. Se movĕre, eo, es, movi, motum. — 8. Castra, orum, i, m. — 9. Cæsar, is, m. — 10. Pompeius, i, m.

1. Se conferre, confero, confers, contuli, collatum. — 2. Villa, æ, f. — 3. Desertus a, um. — 4. Virginius, i, m. — 5. Animus, i, m. — 6. Oculus, i, m. — 7. Requirĕre, o, is, requisivi, requisitum.

1. Aufugĕre, io, is, aufugi, *intr.*

QUESTION unde.

219e EXERCICE

Anc. Gr. § 306. — Nouv. Gr. § 306

Excessit ex Italia, ex urbe, a castris.
Venio a venatione, ab exercitu.

1. Les premiers[1] qui (*tournez :* [ceux] qui les premiers) introduisirent[2] en Grèce les arts[3] utiles[4] venaient[5] de l'Égypte[6], de la Phénicie[7], de la Phrygie[8].

1. Primus, a, um. — 2. Inferre, infero, infers, intuli, illatum. — 3. Ars, artis, f. — 4. Utilis, e. — 5. Venire, io, is, veni, ventum. — 6. Ægyptus, i, f. — 7. Phœnicia, æ, f. — 8. Phrygia, æ, f.

2. Deux cohortes[1] sortent vivement[2] de la ville, avec (*cum, abl.*) un grand bruit[3].

1. Cohors, cohortis, f. — 2. Erumpěre, o, is, erupi, eruptum. — 3. Tumultůs, ůs, m.

3. Salomon[1], pour construire (*tournez : devant construire[2]*) le temple, fit venir[3] des ouvriers[4] de la Phénicie[5].

1. Salomon, is, m. — 2. Ædificare, o. — 3. Arcessěre, o, is, ivi, itum. — 4. Opifex, ficis, m. — 5. Phœnicia, æ, f.

4. Marius et Cicéron[1] étaient originaires[2] du pays[3] des Volsques[4], autrefois (*prius*) ennemis[5] acharnés[6] (*superl.*) de Rome.

1. Cicero, onis, m. — 2. Oriundus, a, um. — 3. Ager, agri, m. — 4. Volsci, orum, m. — 5. Hostis, is, m. — 6. Pervicax, cacis.

5. Xerxès[1] passa (*tournez : fit[2] route[3]*) d'Asie[4] en Grèce en six mois[5] (*abl.*), et, après (*post*) [ses] défaites[6], de Grèce en Asie[4] en trente jours (*abl.*).

1. Xerxes, is, m. — 2. Facěre, io, is, feci, factum. — 3. Iter, itineris, n. — 4. Asia, æ, f. — 5. Mensis, is, m. — 6. Clades, is, f.

6. Les ennemis[1] surgirent[2] tout à coup (*subito*) de l'embuscade[3].

1. Hostis, is, m. — 2. Exoriri, ior, eris, exortus sum, *dép.* — 3. Insidiæ, arum, f.

7. Atticus mourant[1] parlait[2] [avec] tant de[3] (*adj.*) sérénité[4] (*abl.*) (*ajoutez :* d'âme[5]) qu' (*ut*) il ne semblait[6] (*subj.*) pas sortir[7] de la vie[8], mais passer[7] d'une maison[9] dans une [autre] maison.

1. Moribundus, a, um. — 2. Loqui, or, eris, locutus sum, *dép.* — 3. Tantus, a, um. — 4. Tranquillitas, tatis, f. — 5. Animus, i, m. — 6. Viděri, eor, eris, visus sum. — 7. Migrare, o. — 8. Vita, æ, f. — 9. Domůs, ůs, f.

8. De la roche[1] Tarpéienne[2] étaient précipités[3] les citoyens[4] romains convaincus[5] de trahison[6] (gén.).

1. Rupes, is, f. — 2. Tarpeius, a, um. — 3. Dejicĕre, io, is, dejeci, dejectum. — 4. Civis, is, m. — 5. Convincĕre, o, is, convici, convictum. — 6. Proditio, onis, f.

9. Les Étrusques[1] accouraient[2] du [mont] Janicule[3] vers le pont[4] Sublicius[5].

1. Etrusci, orum, m. — 2. Concurrĕre, o, is, i, concursum. — 3. Janiculus, i, m. — 4. Pons, pontis, m. — 5. Sublicius, i.

10. Du Capitole[1], les soldats[2] de Manlius virent[3] les Gaulois[4] se-répandre[5] dans (per, acc.) la ville.

1. Capitolium, i. — 2. Miles, militis, m. — 3. Vidēre, eo, es, i, visum. — 4. Galli, orum, m. — 5. Dilabi, or, eris, dilapsus sum, dép. intr.

11. Les Romains (abl.) ne témoignant[1] aucun[2] découragement[3], Annibal[4] s'éloigna[5] des murs[6] de la ville.

1. Significare, o. — 2. Nullus, a, um. — 3. Animi infractio, onis, f. — 4. Annibal, is, m. — 5. Abscedĕre, o, is, abscessi, abscessum. — 6. Mœnia, um, n.

12. Datame[1], accusé[2] par des envieux[3], fut rappelé[4] de l'armée[5] par Artaxerxès[6].

1. Datames, is, m. — 2. Accusare, o. — 3. Invidus, a, um. — 4. Revocare, o. — 5. Exercitŭs, ûs, m. — 6. Artaxerxes, is, m.

13. En revenant[1] de l'assemblée[2], le tribun[3] fut reconduit[4] chez-lui[5] par ses amis[6] armés[7].

1. Redire, eo, is, ivi, itum. — 2. Concio, onis, f. — 3. Tribunus, i, m. — 4. Deducĕre, o, is, deduxi, deductum. — 5. Domŭs, ûs, f. — 6. Amicus, i, m. — 7. Armatus, a, um.

220ᵉ EXERCICE

Anc. Gr. § 307, 308, 309. — Nouv. Gr. § 307, 308, 309

Profectus est Roma, Ægina, Delo.
Redeo domo, rure. — Venio a patre.

1. Les conjurés[1] thébains[2] sortirent[3] d'Athènes[4] pendant le jour (interdiu), pour arriver (tournez : pour qu', ut, subj., « ils arrivassent[5]) à Thèbes[6] à la tombée de la nuit (cælo vesperascente).

1. Conjuratus, i, m. — 2. Thebanus, a, um. — 3. Exire, eo, is, ivi ou ii, itum. — 4. Athenæ, arum, f. — 5. Pervenire, io, is, perveni, perventum. — 6. Thebæ, arum, f.

2. Sous le règne d'Ancus (*tournez :* Ancus, *abl.*, régnant[1]), Lucius Tarquinius était parti[2] de Tarquinies[3], en Étrurie[4].

3. Le second[1] Denys[2], chassé[3] de Syracuse[4], alla[5] à Corinthe[6], où (*ubi*) il tint[7] une école[8] d'enfants.

4. Eschine[1], l'adversaire[2] de Démosthène[3], sortit[4] d'Athènes[5] et se retira[6] à Rhodes[7].

5. Crésus[1] fit-venir[2] Solon[3] d'Athènes[4] à Sardes[5].

6. Une partie[1] des habitants[2], surpris[3] par le fléau[4], ne purent[5] s'-échapper[6] de Pompéies[7].

7. Quand (*quum*) Périclès[1] sortait[2] (*ind.*) de chez lui pour parler (*tournez : pour qu'*, ut, il parlât[3]) au (*ad, acc.*) peuple, il réfléchissait[4] qu'il allait parler (*tournez : soi devoir parler*[5]) à (*ad, acc.*) des [hommes] libres[6].

8. Sous le souffle violent du vent (*tournez : le vent*[1], *abl.*, soufflant[2] violemment, vehementer), une poussière[3] épaisse[4] s'éleva[5] du sol.

9. Au commencement de l'hiver (*tournez :* l'hiver[1], *abl.*, commençant[2]) nous revenons[3] de la campagne à la ville.

10. En sortant[1] de chez les magistrats[2], le messager[3] se-rendit[4] sur la place-publique[5].

1. Regnare, o. — 2. Proficisci, or, eris, profectus sum, *dép. intr.* — 3. Tarquinii, orum, m. — 4. Etruria, æ, f.

1. Minor, us. — 2. Dionysius, i, m. — 3. Pellĕre, o, is, pepuli, pulsum. — 4. Syracusæ, arum, f. — 5. Se conferre, confero, confers, contuli, collatum. — 6. Corinthus, i, f. — 7. Habĕre, eo. — 8. Ludus, i, m.

1. Æschines, is, m. — 2. Adversarius, i, m. — 3. Demosthenes, is, m. — 4. Egrĕdi, ior, eris, egressus sum, *dép.* — 5. Athenæ, arum, f. — 6. Concedĕre, o, is, concessi, cessum, *intr.* — 7. Rhodus, i, f.

1. Crœsus, i, m. — 2. Arcessĕre, o, is, ivi, itum. — 3. Solon, is, m. — 4. Athenæ, arum, f. — 5. Sardes, ium, f.

1. Pars, partis, f. — 2. Incola, æ, m. — 3. Deprehendĕre, o, is, i, deprehensum. — 4. Calamitas, tatis, f. — 5. Nequire, eo, is, ivi. — 6. Fugĕre, io, is, fugi, fugitum. — 7. Pompeii, orum, m.

1. Pericles, is, m. — 2. Egrĕdi, ior, eris, egressus sum, *dép.* — 3. Verba facĕre, io, is, feci, factum. — 4. Reputare, o. — 5. Dicĕre, o, is, dixi, dictum. — 6. Liber, i, m.

1. Ventus, i, m. — 2. Flare, o. — 3. Pulvis, pulveris, m. — 4. Densus, a, um. — 5. Exoriri, ior, eris, exortus sum, *dép., intr.*

1. Hiems, hiemis, f. — 2. Inire, eo, is, ivi ou ii, itum. — 3. Reverti, or, eris, reversus sum ou reverti, *dép.*

1. Venire, io, is, veni, ventum. — 2. Magistratüs, ūs, m. — 3. Nuntius, i, m. — 4. Ire, eo, is, ivi, itum, *intr.* — 5. Forum, i,

17.

ADVERBES DE LIEU

221ᵉ EXERCICE

1. Après avoir désigné[1] le vaisseau[2] (*tournez* : le vaisseau, *abl.*, ayant été désigné) d'Eumène[3], le secrétaire[4] d'Annibal[5] revint[6] à l'endroit (*tournez* : là-même) d'où il était parti[7].

1. Declarare, o. — 2. Navis, is, f. — 3. Eumenes, is, m. — 4. Tabellarius, i, m. — 5. Annibal, is, m. — 6. Se recipère, io, is, recepi, receptum. — 7. Proficisci, or, eris, profectus sum, *dép. intr.*

2. « Ne (*ne*, *subj.*) vous en allez[1] pas d'ici, dit[2] Marius[3] aux Cimbres[4], sans avoir salué vos frères (*tournez* : si ce n'est, *nisi*, vos frères[5], *abl.*, ayant été salués[6]). »

1. Discedère, o, is, discessi, discessum. — 2. Inquam. — 3. Marius, i, m. — 4. Cimbri, orum, m. — 5. Frater, tris, m. — 6. Salutare, o

3. Quand (*quum*) Atticus[1] quitta[2] Rome[3] (*abl.*) [pour se rendre] à Athènes[4], il en emporta[5] une grande partie[6] de ses richesses[7].

1. Atticus, i, m. — 2. Proficisci, or, eris, profectus sum, *dép. intr.* — 3. Roma, æ, f. — 4. Athenæ, arum, f. — 5. Ferre, fero, fers, tuli, latum. — 6. Pars, partis, f. — 7. Divitiæ, arum, f.

4. Démosthène[1] se réfugia[2] dans le temple[3] de Neptune[4] et n'en voulut[5] pas sortir[6].

1. Demosthenes, is, m. — 2. Confugère, io, is, confugi, *intr.* — 3. Templum, i. — 4. Neptunus, i, m. — 5. Nolle, nolo, nolui. — 6. Exire, eo, is, ivi, itum.

5. Vaincu[1] à Pharsale[2], en Épire[3], Pompée[4] passa[5] de là en Égypte[6].

1. Vincère, o, is, vici, victum. — 2. Pharsalus, i, f. — 3. Epirus, i, f. — 4. Pompeius, i, m. — 5. Transmittere, o, is, transmisi, transmissum. — 6. Ægyptus, i, f.

6. L'Eurotas[1] et l'Alphée[2] prennent leur source au même endroit (*tournez* : coulent[3] du même endroit), au (*tournez* : du) village[4] d'Asea[5], en Arcadie[6].

1. Eurotas, æ, m. — 2. Alpheus, i, m. — 3. Defluère, o, is, defluxi. — 4. Vicus, i, m. — 5. Asea, æ, f. — 6. Arcadia, æ, f.

7. Les coureurs[1] partaient[2] du même lieu, du mont[3] Aventin[4].

1. Cursor, is, m. — 2. Proficisci, or, eris, profectus sum, *dép.* — 3. Mons, montis, m. — 4. Aventinus, i, m.

8. Je ne sais[1] pas par (*per*) moi-même et je n'ai pu[2] apprendre[1] d'autre part si (*num*) notre ami[3] était rétabli[4] (*plus-que-parf. subj.*).

1. Scire, io, is, ivi, itum. — 2. Posse, possum. — 3. Ami-cŭs, i, m. — 4. Convalescere, o, is, convalui, *intr.*

9. L'Arcadie[1] est entourée[2] de montagnes[3] de toutes parts.

1. Arcadia, æ, f. — 2. Cir-cumdatus, a, um. — 3. Mons, montis, m.

10. De partout les traits[1] pleuvaient[2] sur le seul[3] Horatius[4].

1. Telum, i. — 2. Accidĕre, o, is, i. — 3. Unus, a, um. — 4. Horatius, i, m.

11. Il ne suffit pas (*non satis est*) de chasser[1] les méchants[2] (*tournez:* les méchants, *acc.*, être chassé) de quelque part; il faut[3] les chasser[1] de partout.

1. Ejicĕre, io, is, ejeci, ejec-tum. — 2. Improbus, i, m. — 3. Oportĕre, et, uit.

12. Le combat[1] fut longtemps (*diu*) indécis[2] : de part et d'autre on combattait[3] [avec] d'égales[4] forces[5] et [avec] le même[6] courage[7].

1. Pugna, æ, f. — 2. Anceps, ancipitis. — 3. Pugnare, o. — 4. Par, is. — 5. Vires, ium, f. — 6. Idem, eadem, idem. — 7. Virtus, virtutis, f.

QUESTION qua.

222ᵉ EXERCICE

Anc. Gr. § 312, 313. — Nouv. Gr. 312, 313

Iter fecit per Italiam, per Romam. — Galli porta Collina ingressi sunt.

1. Fabius menait[1] son armée[2] par les hauteurs (*tournez:* par les lieux[3] élevés[4]).

1. Ducĕre, o, is, duxi, duc-tum. — 2. Exercitŭs, ûs, m. — 3. Locus, i, m. — 4. Altus, a, um.

2. Annibal[1] traversa[2] l'Apennin[3] par le pays-des-Ligures[4] (*tournez :* par-chez les Liguriens).

1. Annibal, is, m. — 2. Trans-ire, eo, is, ivi *ou* ii, itum. — 3. Apenninus, i, m. — 4. Li-gures, um, m.

3. Les bœufs[1], [dont] les cornes[2] (*abl.*) [étaient] enflammées[3], couraient-de-tous-côtés[4] par les montagnes[5] et par les forêts[6].

1. Bos, bovis, m. — 2. Cornŭ, ŭs, n. — 3. Incendĕre, o, is, i, incensum. — 4. Discurrĕre, o, is, i, discursum. — 5. Mons, montis, m. — 6. Silva, æ, f.

4. Alexandre[1] pénètre[2] par la Par-thiène[3] sur le territoire[4] des Hyr-caniens[5].

1. Alexander, dri, m. — 2. Penetrare, o. — 3. Par-thiene, es, f. — 4. Fines, ium, m. — 5. Hyrcani, orum, m.

5. En passant (*tournez* : faisant[1] route[2]) par Pasargade[3], Alexandre[4] visita[5] le tombeau[6] de Cyrus[7].

[1]. Facĕre, io, is, feci, factum. — [2]. Iter, itinerls, n. — [3]. Pasargadœ, arum, f. — [4]. Alexander, dri, m. — [5]. Invisĕre, o, is, i, invisum. — [6]. Sepulcrum, i. — [7]. Cyrus, i, m.

6. Le roi[1] des Bretons[2], par des routes[3] et des sentiers[4] [qui lui étaient] connus[5], lançait[6] ses chars[7] de la forêt[8] sur les Romains.

[1]. Rex, regis, m. — [2]. Britanni, orum, m. — [3]. Via, æ, f. — [4]. Semita, æ, f. — [5]. Notus, a, um. — [6]. Emittĕre, o, is, emisi, emissum. — [7]. Esedum, i. — [8]. Silva, æ, f.

7. Annibal[1] essaya[2] de fuir[3] par une porte-de-derrière[4].

[1]. Annibal, is, m. — [2]. Conari, or, aris, atus sum, *dép.* — [3]. Fugĕre, io, is, fugi, fugitum. — [4]. Posticum, i.

8. Des tonneaux[1] remplis[2] de blé[3] descendaient[4] par le fleuve[5] vers Casilinum[6].

[1]. Dolium, i. — [2]. Refertus, a, um. — [3]. Far, farris, n. — [4]. Defluĕre, o, is, defluxi. — [5]. Amnis, is, m. — [6]. Casilinum, i.

9. La pompe[1] triomphale[2] entrait[3] dans Rome[4] par la voie[5] Triomphale[2] et se-rendait[6] par la voie[5] Sacrée[7] et le Forum[8] au temple[9] de Jupiter[10] Capitolin[11].

[1]. Pompa, æ, f. — [2]. Triumphalis, e. — [3]. Intrare, o. — [4]. Roma, æ, f. — [5]. Via, æ, f. — [6]. Incedĕre, o, is, incessi, incessum. — [7]. Sacer, cra, crum. — [8]. Forum, i. — [9]. Templum, i. — [10]. Jupiter, Jovis, m. — [11]. Capitolinus, a, um.

ADVERBES DE LIEU

223° EXERCICE

1. Annibal[1] fraya[2] des chemins[3] dans (*per, acc.*) les Alpes[4] : un éléphant[5] caparaçonné[6] put[7] passer[8] par des endroits (*tournez* : par là) par lesquels (*tournez* : par où) un homme[9] sans-armes[10] (*adj.*) pouvait à peine (*vix*) se glisser-en-rampant[11]; [c'est] par là [qu'] il fit-passer[12] ses troupes[13].

[1]. Annibal, is, m. — [2]. Munire, io. — [3]. Iter, itineris, n. — [4]. Alpes, ium, f. — [5]. Elephantus, i, m. — [6]. Ornatus, a, um. — [7]. Posse, possum. — [8]. Transire, eo, is, ivi, itum. — [9]. Homo, hominis, m. — [10]. Inermis, e. — [11]. Repĕre, o, is, repsi, reptum. — [12]. Traducĕre, o, is, traduxi, traductum. — [13]. Copiæ, arum, f.

2. Les Macédoniens[1] avaient fait des barricades avec des troncs d'ar-

[1]. Macedones, um, m. —

bres (*tournez : avaient entassé-de-vant-eux*[2] des troncs[3] d'arbres[4]) aux endroits (*tournez : là*) par lesquels (*tournez :* par où) on pouvait abor-der[5] le rocher[6] (*tournez :* le rocher pouvait être abordé).

3. Mon frère[1] est passé[2] par ici pour se rendre en Italie (*tournez :* gagnant[2] l'Italie[4]).

4. Tous[1] les hommes ne vont[2] pas à la gloire[3] par le même chemin.

5. Les cavaliers[1] laissés[2] sans (*sine, abl.*) chef[3] se dispersèrent-et-retournèrent[4] dans leurs villes[5] les uns par un chemin, les autres par un autre (*tournez :* les autres[6] par un autre chemin).

6. Un proverbe[1] dit[2] : Tous les chemins mènent à Rome (*tournez :* il peut être allé[3] à Rome par n'im-porte[4] quel chemin).

7. Partout où (*tournez :* dans-tous-les-endroits-par-où) Décius[1] poussa son cheval (*tournez :* se-porta[2] à cheval), il (y) porta[3] la peur[4] et l'épouvante[5].

8. Partout où passa[1] Annibal[2] en Gaule[3], il ne laissa-aller[4] aucun[5] [ennemi] sans le vaincre (*tournez :* si ce n'est, *nisi*, vaincu[6]).

2. Obmoliri, ior, iris, itus sum, *dép.* — 3. Truncus, i, m. — 4. Arbor, is, f. — 5. Adire, eo, is, ivi, itum. — 6. Rupes, is, f.

1. Frater, tris, m. — 2. Trans-ire, eo, is, ivi, itum. — 3. Pe-těre, o, is, ivi, itum. — 4. Ita-lia, æ, f.

1. Omnis, e. — 2. Grassari, or, aris, atus sum, *dép.* — 3. Gloria, æ, f.

1. Eques, equitis, m. — 2. Re-linquěre, o, is, reliqui, relic-tum. — 3. Dux, ducis, m. — 4. Dilabi, or, eris, dilapsus sum, *dép. intr.* — 5. Civitas, tatis, f. — 6. Alius, a, ud.

1. Proverbium, i. — 2. Esse. — 3. Ire, eo, is, ivi, itum. — 4. Roma, æ, f.

1. Decius, i, m. — 2. Inve-hěre, o, is, invexi, invectum, *au passif.* — 3. Ferre, fero, fers, tuli, latum. — 4. Pavor, is, m. — 5. Terror, is, m.

1. Iter facěre, io, is, feci, factum. — 2. Annibal, is, m. — 3. Gallia, æ, f. — 4. Dimit-těre, o, is, dimisi, dimissum. — 5. Nemo, neminis. — 6. Vic-tus, a, um.

THÈME DE RÉCAPITULATION
SUR LES COMPLÉMENTS DE LIEU

Thémistocle[1] exilé (*tournez :* chassé[2] en exil[3]) se réfugie[4] à la cour d' (*tournez :* chez) Artaxerxès[5].

Thémistocle[1], en-rappelant[6] trop souvent (*sæpius*) ses ser-

1. Themistocles, is, m. — 2. Pellěre, o, is, pepuli, pulsum. — 3. Ex-silium, i. — 4. Confugěre, io, is, confugi, confugitum, *intr.* — 5. Arta-xerxes, is, m. — 6. Commonēre, eo, es, ui, itum. —

vices[7] (*gén.*) aux Athéniens[3] (*acc.*), irrita[9] leur jalousie[10]. Banni[3] d'Athènes[11] par l'ostracisme[12], il se retira[13] à Argos[14], où Pausanias[15], roi[16] de Lacédémone (*tournez : des* Lacédémoniens[17]), lui apprit[18] les projets[19] criminels[20] qu'il avait formés[21] contre (*adversus, acc.*) sa patrie. Thémistocle[1] ne les approuva[22] pas, mais il les cacha[23] aux Lacédémoniens[17] et aux Athéniens[3] ; et son nom[24] trouvé[25] dans les papiers[26] de Pausanias[15] inspira des soupçons contre lui (*tournez :* le rendit[27] suspect[28]). D'accord[29] (*partic.*) avec (*cum, abl.*) des ambassadeurs[30] (*des*) Lacédémoniens[17] qui étaient accourus[31] à Athènes[11], les Athéniens[3] voulurent[32] faire-saisir Thémistocle[1] (*tournez :* Thémistocle, *acc.*, être saisi[33]), qui, averti[34], passa[35] à Corcyre[36]. Mais comme (*quum*) les Athéniens[3] menaçaient[37] (*subj.*) les Corcyréens[38] d'une guerre[39], il s'embarqua[40] pour l'Épire[41] et se rendit[42] chez Admète[43], roi[16] des Molosses[44], qui pourtant (*tamen*) était irrité[45] contre lui pour (*propter, acc.*) une ancienne[46] injure[47]. Ce prince (*tournez :* celui-ci) se montra[48] généreux[49] : il ne voulait[32] pas livrer[50] un suppliant[51], mais il avertit[34] Thémistocle[1] du danger[52] où il serait (*tournez :* qui le menacerait[53]), si les Lacédémoniens[17] et les Athéniens[3] déclaraient[54] (*subj.*) la guerre[39], et favorisa[55] sa fuite[56] en Macédoine[57]. A Pydna[58], Thémistocle[1] s'-embarqua[40] pour

---

7. Meritum, i. — 8. Athenienses, ium, m. — 9. Movēre, eo, es, movi, motum.— 10. Invidia, æ, f. — 11. Athenæ, arum, f. — 12. Ostracismus, i, m. — 13. Recipēre, io, is, recepi, receptum. — 14. Argi, orum, m. — 15. Pausanias, æ, m. — 16. Rex, regis, m. — 17. Lacedæmonii, orum, m. — 18. Docēre, eo, es, docui, doctum. — 19. Consilium, i. — 20. Nefarius, a, um. — 21. Inire, eo, is, ivi *ou* ii, itum. — 22. Comprobare, o. — 23. Celare o. — 24. Nomen, nominis, n. — 25. Reperire, io, is, i, repertum. — 26. Commentarii, orum, m. — 27. Facēre, io, is, feci, factum. — 28. Suspectus, a, um. — 29. Consentiens, entis. — 30. Legatus, i, m. — 31. Accurrēre, o, is, i, accursum, *intr.* — 32. Velle, volo, vis, volui. — 33. Comprehendēre, o, is, i, comprehensum. — 34. Admonēre, eo, es, ui, itum. — 35. Demigrare, o. — 36. Corcyra, æ, f. — 37. Minari, or, aris, atus sum, *dép.* — 38. Corcyræi, orum, m. — 39. Bellum, i. — 40. Conscendēre, o, is, i, concensum. — 41. Epirus, i, f. — 42. Conferre, confero, confers, contuli, collatum. — 43. Admetus, i, m. — 44. Molossi, orum, m. — 45. Infensus, a, um. — 46. Vetus, veteris. — 47. Injuria, æ, f. — 48. Præbēre, eo. — 49. Magnanimus, a, um. — 50 Prodēre, o, is, prodidi prodītum. — 51. Supplex, supplicis, m. — 52. Periculum, i. — 53. Imminēre, eo, es. — 54. Indicēre, o, is, indixi, indictum.— 55. Adjuvare, o, as, adjuvi, adjutum.— 56. Fuga, æ, f.— 57. Macedonia, æ, f.— 58. Pydna, æ, f.

l'Asie [59] et arriva [60] à Cyme [61], ville d'Éolide [62], d'où il partit [63]
pour Suse [64]. Il fut reçu [65] avec bonté (*benigne*) par Artaxerxès [5],
et alla s'établir (*tournez :* établit [66] sa demeure [67]) à Magnésie [68],
ville d'Asie Mineure [69], où il demeura [70] quelques (*paucos*) années [71] (*acc.*) jusqu'à (*usque ad, acc.*) sa mort [72].

COMPLÉMENTS DE TEMPS

QUESTION quando.

224ᵉ EXERCICE

Anc. Gr. § 315, 316. — Nouv. Gr. § 315, 316

Mense novissimo profectus est.
Post tres dies proficiscar.

1. L'armée [1] romaine fut-mise-en
pièces [2] sur les bords de (*apud, acc.*)
l'Allia [3], dix-sept jours [avant] (*ante,
sous-entendu*) les calendes [4] de jan-
vier [5] (*adj.*).

1. Exercǐtǔs, ǔs, m. — 2. Cæděre, o, is, cecǐdǐ, cæsum. —
3. Allǐa, æ, f. — 4. Calendæ,
arum, f. — 5. Januarǐus, a,
um.

2. César [1] alla [2] pour-la-dernière-
fois (*ultimum*) au Sénat [3] aux ides [4]
de-mars [5] (*adj.*).

1. Cæsar, ǐs, m. — 2. Venǐre,
io, is, venǐ, ventum. — 3. Senatǔs, ǔs, m. — 4. Idus, uum,
f. — 5. Martǐus, a, um.

3. Deux ministres [1] du roi [2] eurent
(*tournez :* à deux ministres... se-pré-
senta [3]) un songe [4] la même nuit [5].

1. Minister, trǐ, m. — 2. Rex,
regǐs, m. — 3. Obvenǐre,
io, is, obvenǐ, obventum. —
4. Somnǐum, f. — 5. Nox,
noctǐs, f.

4. Accius Navius était à cette époque [1] un augure [2] célèbre [3].

1. Tempestas, tatǐs, f. —
2. Augur, ǐs, m. — 3. Inclytus,
a, um.

5. Au milieu [1] de la nuit [2], le vent [3]
tomba [4].

1. Medǐus, a, um. — 2. Nox,
noctǐs, f. — 3. Ventus, ǐ, m.
— 4. Intermittěre, o, is, in-
termǐsǐ, intermǐssum, *au passif.*

—59. Asǐa, æ, f. —·60. Appellěre, o, ǐs, appulǐ, appulsum. — 61. Cyme, es,
— 62. Æolǐs, Æolǐdǐs, f. — 63. Proficǐscǐ, or, erǐs, profectus sum,
dép. — 64. Susa, orum, n. — 65. Excǐpěre, io, is, excepǐ, exceptum. —
66. Constituěre, o, is, ǐ, constitutum, — 67. Domicǐlǐum, ǐ. — 68. Ma-
gnesǐa, æ. f. — 69. Asǐa, æ, f., Minor, ǐs. — 70. Permaněre, eo, es,
permansǐ, permansum. — 71. Annus, ǐ, m. — 72. Mors, mortǐs, f.

6. César[1] reçut[2] la lettre[3] de Crassus à la onzième heure[4] du jour ; il ordonna[5] [à] la légion[6] (acc.) [de] partir[7] à la troisième veille[8] de la nuit[9].

1. Cæsar, is, m. — 2. Accipĕre, io, is, accepi, acceptum. — 3. Litteræ, arum, f. — 4. Hora, æ, f. — 5. Jubēre, eo, es, jussi, jussum. — 6. Legio, onis, f. — 7. Proficisci, or, eris, profectus sum, dép. — 8. Vigilia, æ, f. — 9. Nox, noctis, f.

7. César[1] ayant pris-la-mer (tournez : quand, quum, il eut pris-la-mer[2], plus-que-parf. subj.) au commencement de la deuxième veille (tournez : la deuxième veille[3], abl., commençant[4]), toucha[5] terre à la première lueur[6] [du jour].

1. Cæsar, is, m. — 2. Solvĕre, o, is, i, solutum. — 3. Vigilia, æ, f. — 4. Inire, eo, is, ivi ou ii, itum. — 5. Attingĕre, o, is, attigi, attactum. — 6. Lux, lucis, f.

8. Les Siciliens[1] vainquirent[2] les Carthaginois[3] le jour même[4] où (dans lequel) les Grecs[5] vainquirent[6] les Perses[7] à (apud, acc.) Salamine[8].

1. Siculi, orum, m. — 2. Vincĕre, o, is, vici, victum. — 3. Carthaginienses, ium, m. — 4. Ipse, a, um. — 5. Græci, orum, m. — 6. Vincĕre, o, is, vici, victum. — 7. Persæ, arum, m. — 8. Salamina, æ, f.

9. Les patriciens[1] ne voulaient pas[2] offenser[3] l'ordre[4] des chevaliers[5] dans une circonstance[6] si-critique[7].

1. Patres, um, m. — 2. Nolle. nolo, non vis, nolui. — 3. Offendĕre, o, is, i, offensum. — 4. Ordo, ordinis, m. — 5. Eques, equitis, m. — 6. Tempus, temporis, n. — 7. Talis, e.

10. Dans cette circonstance[1] [difficile], personne ne[2] secourut[3] les Athéniens[4], à l'exception des (præter, acc.) Platéens[5].

1. Tempus, temporis, n. — 2. Nemo, neminis ou mieux nullius. — 3. Auxiliari, or, aris, atus sum, dép., dat. — 4. Athenienses, ium, m. — 5. Platæenses, ium, m.

11. « Si tu marches[1] (fut.) droit (protinus) à Rome, dans cinq jours tu dineras[2] au Capitole[3]. »

1. Pergĕre, o, is, perrexi, perrectum. — 2. Epulari, or, aris, atus sum, dép. — 3. Capitolium, i.

12. Au bout de trois jours, le ministre[1] fut rétabli[2] dans ses fonctions[3] (sing.) antérieures[4].

1. Minister, tri, m. — 2. Restituĕre, o, is, i, restitutum. — 3. Munus, muneris, n. — 4. Pristinus, a, um.

13. L'aîné[1] des fils de Paul Émile[2] mourut[3] trois-jours[4] après le triomphe[5] de son père.

1. Major natu. — 2. Paulus, i, Æmilius, i, m. — 3. Decedĕre, o, is, decessi, decessum. — 4. Triduum, i. — 5. Triumphus, i, m.

QUESTION quamdiu.

225° EXERCICE

Anc. Gr. § 317. — Nouv. Gr. § 317

Decem annos Græci Trojam oppugnaverunt.
Horis quinque pugnatum est.

1. Le peuple[1] pleura[2] Moïse[3] pendant trente (*triginta*) jours.

1. Populus, i, m. — 2. Deflēre, eo, es, deflevi, defletum. — 3. Moses, is, m.

2. Tobie[1], après avoir recouvré la vue (*tournez :* après, *post, acc.*, la vue[2] recouvrée[3]), vécut[4] quarante (*quadraginta*)-deux ans[5].

1. Tobias, æ, m. — 2. Visŭs, ûs, m. — 3. Recipĕre, io, is, recepi, receptum. — 4. Vivĕre, o, is, vixi, victum. — 5. Annus, i, m.

3. Annibal[1] tint[2] son armée[3] à couvert (*tournez :* sous des toits[4]) pendant la plus grande (*compar.*) partie[5] de l'hiver[6].

1. Annibal, is, m. — 2. Habēre, eo, es, ui, itum. — 3. Exercitŭs, ûs, m. — 4. Tectum, i. — 5. Pars, partis, f. — 6. Hiems, hiemis, f.

4. Marius (*abl.*) étant entré[1] dans Rome, on se livra avec impunité à tous les crimes pendant (*tournez :* la licence[2] de tous les crimes[3] dura[4]) cinq jours et autant de (*totidem*) nuits[5].

1. Ingredi, ior, eris, ingressus sum, *dép. intr.* — 2. Licentia, æ, f. — 3. Scelus, sceleris, n. — 4. Durare, o. — 5. Nox, noctis, f.

5. César[1], pris[2] par les pirates[3], demeura[4] entre leurs mains (*tournez :* chez eux) pendant quarante (*quadraginta*) jours.

1. Cæsar, is, m. — 2. Capĕre, io, is, cepi, captum. — 3. Prædo, prædonis, m. — 4. Manēre, eo, es, mansi, mansum.

6. Des prières-publiques[1] (*sing.*) furent [adressées aux dieux] pendant un jour, et pendant quelques jours les consuls[3] accomplirent (*tournez :* donnèrent[3] [leur] soin[4] à...) des cérémonies[5] religieuses[6].

1. Supplicatio, onis, f. — 2. Consul, is, m. — 3. Dare, o, as, dedi, datum. — 4. Opera, æ, f. — 5. Res, ei, f. — 6. Divinus, a, um.

QUESTION ex quo tempore.

226° EXERCICE

Arc. Gr. § 319. — Nouv. Gr. § 319

Annum jam audis Cratippum.
Tertium annum regnat, regnabat.

1. Il y avait déjà (*jam*) trois ans que Marcellus[1] assiégeait[2] Syracuse[3].

1. Marcellus, i, m. — 2. Circumsedēre, eo, es, circumsedi, circumsessum. — 3. Syracusæ, arum, f.

2. Caligula[1] régnait (*tournez :* tenait le premier rang[2]) depuis quatre ans quand (*quum*) Chéréas[3] le tua[4].

1. Caligula, æ, m. — 2. Principatum obtinēre, eo, es, ui, obtentum. — 3. Chæreas, æ, m. — 2. Interficēre, io, is, interfeci, interfectum.

3. Il y avait déjà quatre jours que Parménion[1] donnait[2] du repos[3] à ses soldats[4], quand (*quum*) il fut appelé[5] par un messager[6] d'Alexandre[7].

1. Parmenio, onis, m. — 2. Dare, do, das, dedi, datum. — 3. Quies, quietis, f. — 4. Miles, militis, m. — 5. Accessēre, o, is, ivi, itum. — 6. Nuntius, i, m. — 7. Alexander, dri, m.

4. Il y avait déjà (*jam*) trois ans que la défection[1] de Capoue[2] était impunie[3].

1. Defectio, onis, f. — 2. Capua, æ, f. — 3. Impunitus, a, um.

5. Il y a trois cent[1] quatre-vingt-seize[2] ans que l'Amérique[4] nous est connue[5].

1. Trecenti, æ, a. — 2. Octoginta. — 3. Sedecim. — 4. America, æ, f. — 5. Cognitus, a, um.

6. Il y a sept mille (*tournez :* sept fois, *septies*, millième[1]) ans[2] que les Pyramides[3] se dressent[4] dans les déserts[5] de l'Afrique[6].

1. Millesimus, a, um. — 2. Annus, i, m. — 3. Pyramis, midis, f. — 4. Stare, o, as, steti, statum. — 5. Solitudo, dinis, f. — 6. Africa, æ, f.

7. Il y avait seize[1] ans qu'Annibal[2] ravageait[3] l'Italie[4], quand (*quum*) il fut rappelé[5] en Afrique[6].

1. Sedecim. — 2. Annibal, is, m. — 3. Populari, or, aris, atus sum, *dép.* — 4. Italia, æ, f. — 5. Revocare, o. — 6. Africa, æ, f.

227° EXERCICE

Anc. Gr. § 321, 322. — Nouv. Gr. § 320, 321

Abhinc tribus annis mortuus est.
Quinque post annis quam Darius mortuus erat,
Xerxes bellum Græciæ intulit.

1. Caton[1] voulait[2] montrer[3] aux sénateurs[4] que Carthage[5] était (*tournez* : Carthage, *acc.*, être) trop (*nimis*) voisine[6] de Rome : « Il y a trois jours, dit-il[7], que cette figue[8] a été cueillie[9] à Carthage[5]. »

2. Il y a mille quatre cents[1] ans que l'empire[2] romain a été renversé[3] par les Hérules[4].

3. Carthage[1] était fondée[2] (*tournez* : avait été fondée) depuis quatre-vingt (*octoginta*)-deux ans, quand (*quum*) Romulus fonda[2] Rome.

4. Elle avait été détruite[1] il y avait vingt-deux ans, par Scipion[2], lorsqu' (*quum*) elle fut rebâtie[3] par l'ordre[4] du Sénat[5].

5. Il y avait cinq ans que Cimon[1] avait été envoyé[2] en exil[3], quand (*quum*) il fut rappelé[4] à Athènes[5].

6. Il y avait neuf ans que Thémistocle[1] avait remporté[2] la victoire[3] de-Salamine[4] (*adj.*), lorsqu' (*quum*) il se-réfugia[5] chez les Perses[6] ; vingt ans auparavant Coriolan[7] s'était réfugié[5] chez les Volsques[8].

7. Atticus mourut[1] la-veille (*pridie*) des calendes[2] (*acc.*) d'-avril[3] (*adj.*); il n'avait pris[4] aucune nourriture[5] depuis cinq jours.

1. Cato, Catonis, m. — 2. Velle, volo, vis, volui. — 3. Innuĕre, o, is, i. — 4. Patres, um, m. — 5. Carthago, ginis, f. — 6. Vicinus, a, um. — 7. Inquam. — 8. Ficus, i, f. — 9. Decerpĕre, o, is, decerpsi, decerptum.

1. Quadringenti, æ, a. — 2. Imperium, i. — 3. Evertĕre, o, is, i, eversum. — 4. Heruli, orum, m.

1. Carthago, Carthaginis, f. — 2. Condĕre, o, is, condidi, conditum.

1. Delēre, eo, es, evi, etum. — 2. Scipio, Scipionis, m. — 3. Restituĕre, o, is, i, restitutum. — 4. Jussŭs, ûs, m. — 5. Senatŭs, ûs, m.

1. Cimon, is, m. — 2. Pellĕre, o, is, pepuli, pulsum. — 3. Exsilium, i. — 4. Revocare, o. — 5. Athenæ, arum, f.

1. Themistocles, is, m. — 2. Reportare, o. — 3. Victoria, æ, f. — 4. Salaminius, a, um. — 5. Confugĕre, io, is, confugi, confugitum. — 6. Persæ, arum, m. — 7. Coriolanus, i, m. — 8. Volsci, orum, m.

1. Mori, ior, eris, mortuus sum, *dép.* — 2. Calendæ, arum, f. — 3. Aprilis, e. — 4. Sumĕre, o, is, sumpsi, sumptum. — 5. Cibus, i, m.

228ᵉ EXERCICE

Acn. Gr. § 321. — Nouv. Gr. § 321

Viginti annos natus.

1. Valérius Corvinus fut fait[1] con-sul[2] à vingt-trois ans[3].

1. Fieri, io, iis, factus sum. — 2. Consul, is, m. — 3. Annus, i, m.

2. Annibal[1] avait vingt[2]-cinq ans[3] lorsqu'il fut nommé[4] général-en-chef[5].

1. Annibal, is, m. — 2. Viginti. — 3. Annus, i, m. — 4. Fieri, io, iis, factus sum. — 5. Imperator, is, m.

3. Denys[1] l'Ancien[2] mourut[3] à l'âge de soixante[4] ans, laissant un royaume florissant (*tournez* : [son] royaume[5], *abl.*, florissant[6]).

1. Dionysius, i, m. — 2. Major, us. — 3. Decedĕre, o, is, decessi, decessum. — 4. Sexaginta. — 5. Regnum, i. — 6. Florēre, eo, es, ui.

4. Annibal[1] avait neuf ans quand [son] père Amilcar[2] partit[3] pour l'Espagne[4].

1. Annibal, is, m. — 2. Amilcar, is, m. — 3. Proficisci, or, eris, profectus sum, *dép.* — 4. Hispania, æ, f.

5. Caton[1] fit [ses] premières ar-mes (*tournez* : mérita[2] sa première solde[3]) à dix-sept ans. Il avait qua-tre-vingt[4]-cinq ans quand il fut ac-cusé[5] par ses ennemis[6] d'un crime[7] capital[8].

1. Cato, Catonis, m. — 2. Merēre, eo, es, ui, meritum. — 3. Stipendium, i. — 4. Octoginta. — 5. Accusare, o. — 6. Inimicus, i, m. — 7. Res, ei, f. — 8. Capitalis, e.

QUESTION quanto tempore.

229ᵉ EXERCICE

Anc. Gr. § 324. — Nouv. Gr. § 322

Luna viginti quattuor horis cursum suum conficit.

1. En trois heures[1], les ennemis[2] firent[3] des retranchements[4] (*sing.*) de quinze (*quindecim*) mille pas[5] en circonférence[6].

1. Hora, æ, f. — 2. Hostis, is, m. — 3. Perficĕre, io, is, perfeci, perfectum. — 4. Munitio, onis, f. — 5. Passŭs, ûs, m. — 6. Circuitŭs, ûs, m.

2. Les Athéniens[1] réunirent[2] une armée[3] en peu-de[4] (*adj*) temps[5].

1. Athenienses, ium, m. — 2. Contrahĕre, o, is, contraxi, contractum. — 3. Exercitŭs, ûs, m. — 4. Brevis, e. — 5. Tempus, temporis, n.

3 Dans l'espace de quarante (*quadraginta*) jours Pompée[1] accabla[2] Juba[3], roi[4] de Numidie[5], et soumit[6] l'Afrique[7].

1. Pompeius, i, m.—2. Opprimĕre, o, is, oppressi, oppressum. — 3. Juba, æ, m.—4. Rex, regis, m. — 5. Numidia, æ, f. — 6. Subigĕre, o, is, subegi, subactum. — 7. Africa, æ, f.

4. En trois-ans[1] Annibal[2] soumit[3] toutes les nations[4] de l'Espagne[5].

1. Triduum, i. — 2. Annibal, is, m. — 3. Subigĕre, o, is, subegi, subactum. — 4. Gens, gentis, f. — 5. Hispania, æ, f.

5. Comme (*quum*) on (*aliquis*) blâmait[1] (*subj.*) chez (*in, abl.*) Épaminondas[2] l'orgueil[3] d'Agamemnon[4] : « Agamemnon[4], dit-il[5], avec toute[6] la Grèce[7], a eu de la peine à prendre (*tournez :* a pris[8] avec-peine, *vix*) en dix ans une seule ville[9] ; moi au contraire (*contra*), avec notre seule ville[9], j'ai affranchi[10] toute[11] la Grèce[7] en un jour. »

1. Vituperare, o. — 2. Epaminondas, æ, m. — 3. Superbia, æ, f. — 4. Agamemnon, is, m. — 5. Inquam. — 6. Totus, a, um. — 7. Græcia, æ, f. — 8. Capĕre, io, is, cepi, captum. — 9. Urbs, urbis, f. — 10. Liberare, o, as, avi, atum. 11. Totus, a, um.

QUESTION ad ou in quod tempus.

230° EXERCICE

Anc. Gr. § 325. — Nouv. Gr. § 323

Possum ad tempus redire. — Consules in annum creantur

1. Les consuls furent prorogés pour un an dans leur commandement (*tournez :* le commandement[1] fut prorogé[2] aux consuls[3]...).

1. Imperium, i. — 2. Prorogare, o. — 3. Consul, is, m.

2. Quinctius abdiqua le seizième[1] jour la dictature (*tournez :* se démit[2] de la dictature[3], *abl.*), qu'il avait reçue[4] pour six mois[5].

1. Sextus, a, um, decimus, a, um. — 2. Abdicare, o. — 3. Dictatura, æ, f. — 4. Accipĕre, io, is, accepi, acceptum. — 5. Mensis, is, m.

3. Après son consulat[1] (*tournez :* s'étant acquitté[2] de...), César eut[4] pour cinq ans la province[5] de Gaule[6].

1. Consulatŭs, ûs, m. — 2. Defungi, or, eris, defunctus sum, *dép. intr.* — 3. Cæsar, is, m. — 4. Obtinĕre, eo, es, ui, obtentum. — 5. Provincia, æ, f. — 6. Gallia, æ, f.

4. Après la fin des guerres ci-viles (*tournez : les* guerres[1] *abl.*, civiles[2] ayant été achevées[3]), il fut créé[4] dictateur[5] perpétuel (*tournez : pour toujours*[6]).

1. Bellum, i. — 2. Civilis, e. — 3. Conficĕre, io, is, confeci, confectum. — 4. Creare, o. — 5. Dictator, is, m. — 6. Perpetuus, a, um; *employez le neutre pris substantivement.*

5. L'un (*abl.*) des consuls[1] étant mort[2] le dernier[3] jour de décembre[4], à la septième heure[5], César[6] proclama[7] Caninius consul[1] pour le reste (*tournez :* la partie[8] restante[9]) du jour.

1. Consul, is, m. — 2. Mori, ior, ĕris, mortuus sum, *dép.* — 3. Ultimus, a, um. — 4. December, bris, m. — 5. Hora, æ, f. — 6. Cæsar, is, m. — 7. Renuntiare, o. — 8. Pars, partis, f. — 9. Reliquus, a, um.

6. Archias[1] jeta[2] sous (*sub*) son coussin[3] une lettre[4] qu'on lui apportait[5] d'Athènes[6] : « Je remets[7] à demain (*tournez :* au jour de-demain[8], *adj.*), dit-il[9], les affaires[10] sérieuses[11]. »

1. Archias, æ, m. — 2. Subjicĕre, io, is, subjeci, subjectum. — 3. Pulvinus, i, m. — 4. Epistola, æ, f. — 5. Afferre, affero, affers, attuli, allatum. — 6. Athenæ, arum, f. — 7. Differre, differo, differs, distuli, dilatum. — 8. Crastinus, a, um. — 9. Inquam. — 10. Res, ei, f. — 11. Serius, a, um.

7. Le dictateur[1] ordonna[2] aux soldats[3] (*acc.*) [de] prendre[4] des vivres[5] cuits[6] pour cinq jours.

1. Dictator, is, m. — 2. Jubēre, eo, es, jussi, jussum. — 3. Miles, militis, m. — 4. Sumĕre, o, is, sumpsi, sumptum. — 5. Cibus, i, m. — 6. Coquĕre, o, is, coxi, coctum.

THÈMES DE RÉCAPITULATION SUR LES COMPLÉMENTS DE TEMPS

Les premières[1] magistratures[2] de Rome.

Rome fut fondée[3] l'an[4] sept cent[5] cinquante[6]-quatre avant (*ante, acc.*) Jésus-Christ[7], par Romulus, vingt-deux ans[4] après la première célébration des jeux olympiques (*tournez :* après que, *postquam,* les jeux[8] olympiques[9] furent célébrés[10] pour-

1. Primus, a, um. — 2. Magistratŭs, ūs, m. — 3. Condĕre, o, is, condidi, conditum. — 4. Annus, i, m. — 5. Septingenti, æ, a; *ordinal :* septingentesimus, a, um. — 6. Quinquaginta; *ordinal :* quinquagesimus, a, um. — 7. Jesus, ū, *acc.* um, m, Christus, i. — 8. Ludus, i, m. — 9. Olympicus, a, um. — 10. Celebrare, o, as, avi, atum. —

a-première-fois, *primum*) en Grèce [11], cinq ans [4] après (*post*, *acc.*) la destruction de l'empire (*tournez :* l'empire [12] détruit [13]) de Sardanapale [14] en Assyrie [15]. Deux cent [16] quarante [17] ans après (*post*), l'année [4] même où (*tournez :* dans laquelle) les Athéniens [18] se-délivraient [19] -de la tyrannie [20] (*acc.*) des fils de Pisistrate [21], Rome chassa [22] [ses] rois [23] qui, pendant quatorze [24] ans, avec l'aide des Étrusques (*tournez :* les Étrusques [25], *abl.*, aidant [26]), essayèrent [27] de rentrer [28] dans la ville [29] d'où ils avaient été bannis [30]. En cinq cent [31] dix, deux [32] consuls [33] furent institués [34] à-la-place-des (*pro, abl.*) rois [33]. Dix-sept [35] ans plus tard (*post*), les plébéiens [36], jusque-là (*adhuc*) sans protection contre les patriciens (*tournez :* non défendus [37] contre, *ab, abl.*, l'injustice [38] des patriciens [39]), parmi (*e, abl.*) lesquels étaient élus [40] les consuls [33], se-révoltèrent [41], sortirent [42] de Rome et s'établirent (*tournez :* occupèrent [43]) en armes (*tournez :* armés [44]) [sur] le mont [45] Sacré [46]. Les patriciens [39], qui avaient besoin [47] de la plèbe [48] pour former les armées (*tournez :* pour que, *ut*, les armées [49] fussent faites), permirent [50] que les plébéiens eussent (*tournez :* aux plébéiens [36] être) des magistrats [2] (*acc.*) particuliers [51], inviolables [52], qui furent appelés [53] tribuns [54] de la plèbe [48].

---

11. Græcia, æ, f. — 12. Imperium, i. — 13. Evertĕre, o, is, i, eversum. — 14. Sardanapalus, i, m. — 15. Assyria, æ, f. — 16. Ducenti, æ, a. — 17. Quadraginta. — 18. Athenienses, ium, m. — 19. Excutĕre, io, is, excussi, excussum, *trans.* — 20. Tyrannis, tyrannidis, f. — 21. Pisistratus, i, m. — 22. Expellĕre, o, is, expuli, expulsum. — 23. Rex, regis, m. — 24. Quattuordecim. — 25. Etrusci, orum, m. — 26. Adjuvare, o, as, adjuvi, adjutum. — 27. Conari, or, aris, atus sum, *dép.* — 28. Redire, eo, is, ivi *ou* ii, itum. — 29. Urbs, urbis, f. — 30. Ejicĕre, io, is, ejeci, ejectum. — 31. Quingenti, æ, a; *ordinal :* quingentesimus, a, um. — 32. Bini, æ, a. — 33. Consul, is, m. — 34. Creare, o, as, avi, atum. — 35. Septemdecim. — 36. Plebeii, orum, m. — 37. Defendĕre, o, is, i, defensum. — 38. Injuria, æ, f. — 39. Patricii, orum, m. — 40. Fieri, fio, fis, factus sum. — 41. Deficĕre, io, is, defeci, defectum, *intr.* — 42. Egredi, ior, eris, egressus sum, *dép.* — 43. Tenĕre, eo, es, ui. — 44. Armatus, a, um. — 45. Mons, montis, m. — 46. Sacer, sacra, sacrum. — 47. Opus est. — 48. Plebs, plebis, f. — 49. Exercitŭs, ûs, m. — 50. Pati, ior, eris, passus sum, *dép.* — 51. Proprius, a, um. — 52. Sacrosanctus, a, um. — 53. Nominare, o, as, avi, atum. — 54. Tribunus, i, m.

THÈME DE RÉCAPITULATION

Les premières magistratures de Rome (fin).

Au bout de cent vingt-sept ans[1] seulement (*tantummodo*), en trois cent[2] soixante[3] -six, les tribuns[4] obtinrent[5] que (*ut*) l'un-des-deux[6] consuls[7] (*sing.*) fût[8] de (*e, abl.*) la plèbe[9]. Mais, soixante-dix[10] -huit ans auparavant, les patriciens[11], prévoyant[12] ce qui arriva[13], avaient diminué[14] (*ajoutez* : quelque chose[15]) les fonctions (*tournez* : de, *ex, abl.*, la fonction[16]) des consuls[17] (*adjectif*) en instituant[18] les censeurs[19] qui, d'abord (*primo*), furent patriciens[11]; et l'année[1] même où (*tournez* : dans laquelle) les plébéiens[20] se-réjouissaient[21] d'être devenus (*tournez* : soi, *acc.*, être devenus[8]) enfin (*tandem*) égaux[22] aux patriciens[11], ceux-ci créaient[18] de nouveaux[23] magistrats[24], les préteurs[25], chargés de rendre (*tournez* : auxquels fonction[16] était rendre[26]) la justice[27], qui ne pouvaient[28] être élus[8] que (ne... que, *tournez par* seulement, *tantummodo*) parmi (*e, abl.*) les patriciens[11]. Les plébéiens[20] obtinrent[29] de pouvoir (*tournez* : qu',*ut*, ils pussent[28]) être[8] censeurs[19], en trois cent[30] trente[31] -neuf, préteurs[25], en trois cent[30] trente[31]-sept.

---

1. Annus, i, m. — 2. Trecenti, æ, a; *ordinal* : trecentesimus, a, um. - 3. Sexaginta; *ordinal* : sexagesimus, a, um. — 4. Tribunus, i, m. — 5. Impetrare, o, as, avi, atum. — 6. Alter, a, um. — 7. Consul, is, m. — 8. Fieri, fio, fis, factus sum. — 9. Plebs, plebis, f. — 10. Septuaginta. — 11. Patricii, orum, m. — 12. Prævidēre, eo, es, prævidi, prævisum. — 13. Evenire, io, is, eveni, eventum. — 14. Deminuēre, o, is, i, deminutum. — 15. Aliquid. — 16. Munus, muneris, n. — 17. Consularis, e. — 18. Instituēre, o, is, i, institutum. — 19. Censor, is, m. — 20. Plebeii, orum, m. — 21. Gaudēre, eo, es, gavisus sum, *intr.* — 22. Par, is. — 23. Novus, a, um. — 24. Magistratūs, ūs, m. — 25. Prætor, is, m. — 26. Dicēre, o, is, dixi, dictum. — 27. Jus, juris, n. — 28. Posse, possum, potes, potui. — 29. Pervincēre, o, is, pervici, pervictum. — 30. Trecenti, æ, a; *ordinal* : trecentesimus, a, um. — 31. Triginta; *ordinal* : tricesimus, a, um.

THÈMES DE RÉCAPITULATION
SUR LES COMPLÉMENTS DU VERBE

Enfance (*pueritia*, *æ*, *f.*) de Cyrus.

Astyage [1], roi [2] de Médie (*tournez :* des Mèdes [3]), craignait [4],
d'après (*ex*, *abl.*) un songe [5], que (*ne*) son petit-fils [6] [ne] le dé-
trônât [7] un jour (*aliquando*). Lorsque (*ubi*) l'enfant [8] fut né [9], il
fit-venir [10] auprès de lui Harpagus [11], son parent [12], en qui il
avait le plus de (*plurimum*) confiance [13]. « Harpagus [11], dit-il [14],
exécute [15] mes ordres [16], et je te comblerai [17] de faveurs [18] ;
sinon (*sin minus*), tu te repentiras [19] de ta désobéissance [20].
Porte [21] cet enfant [8] dans ta maison [22], tue-le [23], et cache [24] cet
acte (*tournez :* cela) à tout le monde [25]. — Seigneur, répondit [26]
·Harpagus [11], j'ai toujours (*semper*) été désireux [27] de vous satis-
faire [28]. Je me souviens [29] de vos bienfaits [18] passés [30] ; vous ne
pourrez [31] m'accuser [32] d'ingratitude (*tournez :* de sentiments [33],
sing., ingrats [34].) » L'enfant [8], couvert [35] de riches [36] vêtements [37] (*sing.*), fut remis [38] à Harpagus [11], qui le porta [31] chez
lui. Il raconta [39] à sa femme [40] ce qu' (*plur. neut.*) avait dit [41] Astyage [1]. « Je n'exécuterai [15] pas, dit-il [14], les ordres [16] d'Astyage [1]. D'abord (*primo*) je suis parent [12] de l'enfant [42], et j'ai
pitié [43] de lui. Puis (*tum*) Astyage [1] n'a pas de fils. Si, lui (*abl.*)

---

1. Astyages, is, m. — 2. Rex, regis, m. — 3. Medi, orum, m. — 4. Ti-
mĕre, eo, es, ui. — 5. Somnium, i. — 6. Nepos, nepotis, m. — 7. Re-
gno deturbare, o, as, avi, atum. — 8. Infans, infantis, m. — 9. Nasci,
or, eris, natus sum, *dép.* — 10. Arcessĕre, o, is, ivi, itum.— 11. Harpagus,
i, m. — 12. Propinquus, i, m. — 13. *Avoir confiance*, confidĕre, o, is, con-
fisus sum. — 14. Inquam. — 15. Exsequi, or, eris, exsecutus sum, *dép.* —
16. Mandatum, i. — 17. Cumulare, o, as, avi, atum. — 18. Beneficium, i. — 19. — Pœnitĕre, et, uit. — 20. Contumacia, æ, f. — 21. Ferre, fero, fers, tuli, latum. — 22. Domŭs, ūs, f. — 23. — Interficĕre, io, is, interfeci, interfectum. — 24. Celare, o, as, avi, atum. —
25. Omnes, ium, m. — 26. Respondĕre, eo, es, i, responsum. — 27. Cupidus, a, um. — 28. Gratificari, or, aris, atus sum, *dép.*, *datif.* — 29. Meminisse, memini. — 30. Prior, us. — 31. Posse, possum, potes, potui.
— 32. Accusare, o, as, avi, atum. — 33. Animus, i, m. — 34. Ingratus,
a, um. — 35. Indutus, a, um. — 36. Magnificus, a, um. — 37. Vestis,
is, f. — 38. Committere, o, is, commisi, commissum.— 39. Narrare, o,
as, avi, atum. — 40. Uxor, is, f. — 41. Dicĕre, o, is, dixi, dictum. —
42. Parvulus, i, m. — 43. Miseret, misertum est. —

mort [44], la couronne [45] passe [46] (*fut.*) à Mandane [47], sa fille,
dont j'aurai tué [22] l'enfant [48], je devrai [49] attendre [50] d'elle la
plus cruelle [51] vengeance [52]. Qu'un autre se-charge [53] de ce
meurtre [54] (*acc.*). »

THÈME DE RÉCAPITULATION

Enfance de Cyrus (*suite*).

Harpagus [1] envoya [2] sur-le-champ (*confestim*) un messager [3]
à celui des bouviers [4] d'Astyage [5] qui faisait-paître [6] ses troupeaux [7] sur les montagnes [8] les plus fréquentées [9] par les bêtes-
sauvages [10]. Il s'appelait Mitradate (*tournez :* à lui nom [11] était
Mitradate [12]), sa femme [13], Spaco [31] (*même tour*). Quand (*ubi*)
Mitradate [12] fut arrivé [14], Harpagus lui (*ad, acc.*) parla [15] ainsi
(*ita*) : « Reçois [16] cet enfant [17] de mes mains [18] ; expose-le [19] sur la
montagne [8] la plus déserte [20] ; qu'il périsse [21] déchiré [22] par les
bêtes-féroces [10]. Ainsi (*sic*) [le] veut [23] Astyage [5]. Il te menace [24]
du supplice [25] le plus cruel [26], si (*nisi*) tu [ne] lui obéis [27] (*fut.*)
pas. » Mitradate [12] retourna [28] à sa cabane [29]. Pendant qu' (*dum*)
il était-absent [30], Spaco [31] avait eu [32] un fils, qui bientôt (*mox*)
était mort [33]. Mitradate [12] lui raconta [34] ce qu' (*plur. neut.*) il

---

44. Mortuus, a, um. — 45. Regnum, i. — 46. Cedĕre, o, is, cessi,
cessum. — 47. Mandana, æ, f. — 48. Proles, is, f. — 49. Debēre, eo,
es, ui, itum. — 50. Exspectare, o, as, avi, atum. — 51. Acerbus, a,
um. — 52. Ultio, onis, f. — 53. Suscipĕre, io, is, suscepi, susceptum.
— 54. Cædes, is, f.

---

1. Harpagus, i, m. — 2. Mittĕre, o, is, misi, missum. — 3. Nuntius,
i, m. — 4. Bubulcus, i, m. — 5. Astyages, is. m. — 6. Pascĕre, o, is, pavi,
pastum. — 7. Armentum, i. — 8. Mons, montis, m. — 9. Frequens, frequentis. — 10. Fera æ, f. — 11. Nomen, nominis, n. — 12. Mitradates, is,
m. — 13. Uxor, is, f. — 14. Venire, io, is, veni, ventum. — 15. Loqui, or, eris,
locutus sum, *dép.* — 16. Accipĕre, io, is, accepi, acceptum. — 17. Infans, infantis, m. — 18. Manūs, üs, f. — 19. Exponĕre, o, is, exposui, expositum. — 20. Desertus, a, um. — 21. Interire, eo, is, ivi *ou* ii, itum.
— 22. Lacerare, o, as, avi, atum. — 23. Velle, volo, vis, volui. —
24. Minari, or, aris, atus sum, *dép.* — 25. Supplicium, i. — 26. Gravis,
e. — 27. Obtemperare, o, as, avi, atum. — 28. Reverti, or, eris, reversus
sum *ou* reverti, *dép.* — 29. Casa, æ, f. — 30. Abesse, absum, abes,
abfui. — 31. Spaco, *indécl.* — 32. Parĕre, io, is, peperi, partum. —
33. Mori, ior, eris, mortuus sum, *dép. intr.* — 34. Enarrare, o, as, avi, atum.

avait vu [35]. « Harpagus, dit-il [33], m'avait caché [37] qui (*quis*) était (*subj.*) cet enfant ; mais, chemin [38] faisant [39], j'ai appris [40] du domestique [41] qui m'accompagnait [42], qu'il était né (*tournez : lui, acc.*, être né [43]) de Mandane [44], fille d'Astyage [8], et de Cambyse [45], le premier [46] des Perses [47]. » La femme [48] eut pitié [49] du [pauvre] petit [50] et demanda [51] à son mari [52] de l'épargner (*tournez : qu', ut,* il l'épargnât [53]). « Puisqu' (*quoniam*) il faut (*tournez le verbe suivant par le partic. en dus*) qu'un enfant [17] soit (*indic.*) exposé [19], porte [54] sur la montagne [8] notre fils [qui est] mort [33]. Il aura (*tournez : il sera pourvu [55] d'*)une sépulture [56] royale [57], l'autre vivra [58]. » Mitradate [12] suivit [59] son conseil [60]. Informé que ses ordres étaient exécutés (*tournez : devenu [61] plus certain [62] de la chose [63] faite [64]*), Harpagus [en] instruisit [65] Astyage [8]. Cyrus fut élevé [66] chez Mitradate [12].

THÈME DE RÉCAPITULATION

Enfance de Cyrus (*suite*).

Un jour (*quadam die*) que (*quum*) Cyrus, âgé (*natus, acc.*) de dix ans [1], jouait [2] (*subj.*) avec d'autres enfants [3], ceux-ci l'élurent [4] [pour leur] roi [5]. Il distribua [6] les charges [7], comme (*ut*) le roi [5] de Médie avait coutume [8] [de le faire] aux principaux [9]

— 35. Vidēre, eo, es, vidi, visum. — 36. Inquam. — 37. Celāre, o, as, avi, atum. — 38. Iter, itineris, n. — 39. Facĕre, io, is, feci, factum. — 40. Cognoscĕre, o, is, cognovi, cognitum. — 41. Famulus, i, m. — 42. Comitari, or, aris, atus sum, *dép.* — 43. Nasci, or, eris, natus sum, *dép. intr.* — 44. Mandana, æ, f. — 45. Cambyses, is, m. — 46. Princeps, principis, m. — 47. Persæ, arum, m. — 48. Mulier, is, f. — 49. Misereṭ, misertum est. — 50. Parvulus, i, m. — 51. Petĕre, o, is, ivi *ou* ii, itum. — 52. Vir, i, m. — 53. Parcĕre, o, is, peperci, parcitum *ou* parsum. — 54. Deferre, defero, defers, detuli, delatum. — 55. Afficĕre, io, is, affeci, affectum. — 56. Sepultura, æ, f. — 57. Regius, a, um. — 58. Vivĕre, o, is, vixi, victum. — 59. Sequi, or, eris, secutus sum, *dép.* — 60. Consilium, i. — 61. Fieri, fio, fis, factus sum. — 62. Certus, a, um. — 63. Res, rei, f — 64. Confectus, a, um. — 65. Docēre, eo, es, ui, doctum. — 66. Educare, o, avi, atum.

1. Annus, i, m. — 2. Ludĕre, o, is, lusi, lusum. — 3. Puer, i, m. — 4. Eligĕre, o, is, elegi, electum. — 5. Rex, regis, m. — 6. Describĕre, o, is, descripsi, descriptum. — 7. Munus, muneris, n. — 8. Solēre, eo, es, solitus sum. — 9. Princeps, principis, m. —

du royaume [10]. Le fils d'Artembarès [11], homme [12] de-distinction [13] (adj.), refusant [14] d'obéir (tournez : l'obéissance [15]), fut battu [16] de verges [17]. Artembarès [11], transporté [18] de colère [19], alla-trouver [20] Astyage [21]. « Seigneur, dit-il [22], il vous importe [23] de protéger [24] les hommes libres [25] et nobles [26] contre (ab, abl.) l'insolence [27] de vos esclaves [28]. Le fils d'un de vos bouviers [29] a châtié [30] mon fils d'une-façon-ignominieuse (indigne). » Astyage [21] fit-appeler [31] Mitradate [32] et Cyrus, et reprocha [33], à l'enfant une telle [34] audace [35]. — « Seigneur, dit Cyrus, les enfants du village [36], en jouant (tournez : dans [leurs] jeux [37]), m'avaient nommé [4] [leur] roi [5] et exécutaient [38] mes ordres [39]; le fils d'Artembarès [11] aussi (quoque) devait obéir [40] (tournez par le partic. en dus). J'ai puni [30] sa désobéissance [41] ; si (si) cette action (tournez : cela) mérite (tournez : est digne d' [42]) un châtiment [43], je suis prêt [44] à le subir [45]. » Cette fière [46] réponse [47] parut [48] à Astyage [21] s'accorder peu (tournez : être peu, parum) conforme [49]) avec une si-humble [50] naissance [51]. L'enfant lui (ipse, a, um) ressemblait (tournez : était semblable [52]) ; il avait l'âge qu'aurait eu (tournez : il était du même âge [53] duquel aurait été) le fils de Mandane [54]. Il menaça [55] Mitradate [32] de la torture [56], s' (nisi) il [n']avouait [57] (subj.) la vérité [58]. Mitradate [32] découvrit [59] tout (plur. neut.) et implora [60] du roi [5] [son] pardon [61].

---

10. Regnum, i. — 11. Artembares, is, m. — 12. Vir, i, m. — 13. Nobilis, e. — 14. Abnuěre, o, is, i, abnuitum ou abnutum. — 15. Obsequium, i. — 16. Cæděre, o, is, cecidi, cæsum. — 17. Virga, æ, f. — 18. Percitus, a, um. — 19. Ira, æ, f. — 20. Adire, eo, is, ivi ou ii, itum. — 21. Astyages, is, m. — 22. Inquam. — 23. Referre, refert, retulit. — 24. Tuěri, eor, eris, itus sum, dép. — 25. Ingenuus, a, um. — 26. Nobilis, e. — 27. Protervitas, tatis, f. — 28. Servus, i, m. — 29. Bubulcus, i, m. — 30. Castigare, o, as, avi, atum. — 31. Vocare, o, as, avi, atum. — 32. Mitradates, is, m. — 33. Vitio vertěre, o, is, i, versum. — 34. Ille, a, ud. — 35. Audacia, æ, f. — 36. Vicus, i, m. — 37. Ludus, i, m. — 38. Exsequi, or, eris, exsecutus sum, dép. — 39. Jussum, i. — 40. Parěre, eo, es, ui. — 41. Contumacia, æ, f. — 42. Dignus, a, um. — 43. Pœna, æ, f. — 44. Paratus, a, um. — 45. Pati, ior, eris, passus sum, dép. — 46. Ferox, ferocis. — 47. Responsum, i. — 48. Viděri, eor, eris, visus sum, dép. — 49. Congruens, entis. — 50. Ignobilis, e. — 51. Genus, generis, n. — 52. Similis, e. — 53. Ætas, ætatis, f. — 54. Mandana, æ, f. — 55. Minari, or, aris, atus sum, dép. — 56. Tormenta, orum, n. — 57. Confitěri, eor, eris, confessus sum, dép. — 58. Verum, i. — 59. Aperire, io, is, aperui apertum. — 60. Precari, or, aris, atus sum, dép. — 61. Venia, æ, f.

THÈME DE RÉCAPITULATION

Enfance de Cyrus (*fin*).

Astyage [1] fut violemment (*vehementer*) irrité [2] contre Harpagus, mais il dissimula [3] sa colère [4]. « Harpagus, dit-il [5], par quel genre [6] de mort [7] as-tu fait-périr [8] l'enfant [9] de Mandane [10] ? » Apercevant [11] Mitradate [12], Harpagus ne cacha [13] rien [14] au roi [15], et il lui affirma [16] que ses plus fidèles [17] serviteurs [18] avaient vu (*tournez : ses plus fidèles serviteurs, acc.,* avoir vu [19]) l'enfant mort [20] sur la montagne [21]. Astyage [1] lui apprit [22] ce qui (*plur. neut.*) était arrivé [23]. « L'enfant vit [24], dit-il [5], et j'en suis content [25]. Ma fille me reprochait [26] sans cesse (*continuo*) ma cruauté [27], et j'avais regret [28] d'être privé [29] de postérité [30]. Je veux [31] célébrer [32] par un festin [33] et par des sacrifices [34] le recouvrement de mon petit-fils (*tournez : mon petit-fils [35] recouvré [36]*). Envoie [37] ton fils au palais [38] ; qu'il joue [39] avec Cyrus. » Harpagus s'en retourna [40] chez lui se félicitant [41] de l'heureuse [42] issue [43] de sa désobéissance [44] ; Il envoya [37] son fils, âgé [45] de treize ans au palais [38] d'Astyage [1]. A peine (*vix*) entré [46], l'enfant fut égorgé [47] et coupé [48] en morceaux [49], dont les uns furent bouillis [50], d'autres

.1. Astyages, is, m. — 2. Irasci, or, eris, iratus sum, *dép. intr.* — 3. Dissimulare, o, as, avi, atum. — 4. Ira, æ, f. — 5. Inquam. — 6. Genus, generis, n. — 7. Mors, mortis, f. — 8. Afficěre, io, is, affeci, affectum. — 9. Filius, i, m. — 10. Mandana, æ, f. — 11. Adspicěre, io, is, adspexi, adspectum. — 12. Mitradates, is, m. — 13. Celare, o, as, avi, atum. — 14. Nihil, n. — 15. Rex, regis, m. — 16. Confirmare, o, as, avi, atum. — 17. Fidus, a, um. — 18. Famulus, i, m. — 19. Viděre, eo, es, vidi, visum. — 20. Mortuus, a, um. — 21. Mons, montis, m. — 22. Docěre, eo, es, ui, doctum. — 23. Evenire, io, is, eveni, eventum. — 24. Vivěre, o, is, vixi, victum. — 25. Contentus, a, um. — 26. Vitio vertěre, o, is, i, versum. — 27. Inhumanitas, tatis, f. — 28. Pigěre, et, uit *ou* pigitum est. — 29. Orbatus, a, um. — 30. Progenies, ei, f. — 31. Velle, volo, vis, volui. — 32. Celebrare, o, as, avi, atum. — 33. Convivium, i. — 34. Sacrificium, i. — 35. Nepos, nepotis, m. — 36. Recipěre, io, is, recepi, receptum. — 37. Mittěre, o, is, misi, missum. — 38. Regia, æ, f. — 39. Luděre, o, is, lusi, lusum. — 40. Reverti, or, cris, reversus sum *ou* reverti, *dép.* — 41. Gratulari, or, aris, atus sum, *dép.* — 42. Felix, felicis. — 43. Exitùs, ûs, m. — 44. Contumacia, æ, f. — 45. Natus, a, um. — 46. Ingredi, ior, eris, ingressus sum, *dép.* — 47. Jugulare, o, as, avi, atum. — 48. Conciděre, o, is, concidi, concisum. — 49. Pars, partis, f. — 50. Elixare, o, as, avi, atum. —

rôtis [51]. Quand (*ubi*) les convives [52] furent [53] à table [54], on servit [53] à Astyage [1] et aux autres [seigneurs] de la viande [56] de-mouton [57] (*adj.*), à Harpagus le corps [58] de son fils, excepté (*præter, acc.*) la tête [59], les mains et les pieds [60]. « Es-tu content (*tournez : est-ce que tu es content, contentusne es*) de ce repas [61] ? » demanda [62] Astyage [1]. « Très content », répondit [63] Harpagus. Or lui apporta [64] alors (*tunc*) une corbeille [65], dans laquelle il reconnut [66] la tête [59] de son fils.

LE PARTICIPE

231ᵉ EXERCICE

Anc. Gr. § 329. — Nouv. Gr. § 327

Ambulat legens. — Injurias ferendo laudem merebere.

1. Cotta est tué [1] en combattant [2], avec la plus grande partie [3] des soldats.

1. Interficĕre, io, is, interfeci, interfectum. — 2. Pugnare, o. — 3. Pars, partis, f.

2. Tantôt (*alias*) par la menace (*tournez : en effrayant* [1]), tantôt par les exhortations (*tournez : en exhortant* [2]), César maintint [3] dans le devoir [4] une partie [5] de la Gaule [6].

1. Territare, o. — 2. Cohortari, or, aris, atus sum, *dép.* — 3. Tenēre, eo, es, ui, tentum. — 4. Officium, i. — 5. Pars, partis, f. — 6. Gallia, æ, f.

3. L'un des Romains, considérant [1] de près (*e propinquo*) le mur [2], en évalua [3] la hauteur [4] en comptant [5] de] les pierres [6].

1. Contemplari, or, aris, atus sum, *dép.* — 2. Murus, i, m. — 3. Permetiri, ior, iris, permensus sum, *dép.* — 4. Altitudo, dinis, f. — 5. Numerare, o. — 6. Lapis, lapidis, m.

---

51. Torrēre, eo, es, ui, tostum. — 52. Conviva, æ, m. — 53. Accumbĕre, o, is, accubui, accubitum. — 54. Mensa, æ, f. — 55. Apponĕre, o, is, apposui, appositum. — 56. Caro, carnis, f. — 57. Ovillinus, a, um. — 58. Corpus, corporis, n. — 59. Caput, capitis, n. — 60. Pes, pedis, m. — 61. Epulæ, arum, f. *pl.* — 62. Quærĕre, o, is, quæsivi, quæsitum. — 63. Respondēre, eo, es, i, responsum. — 64. Afferre, affero, affers attuli, allatum. — 65. Corbis, is, f. — 66. Agnoscĕre, o, is, agnovi agnitum.

4. Au-siège-d' (*ad, acc.*) Ambra-cie[1], les Romains avaient découvert[2] une partie[3] (*aliquantum, gén.*) de la ville en battant[4] les murs[5] à [coups de] bélier[6] (*plur.*).

5. Les soldats firent[1] une mine[2]; ils ne furent pas entendus des enne-mis (*tournez* : ils trompèrent[3] les ennemis) non seulement (*non solum*) tandis qu'ils creusaient (*tournez* : en creusant[4]) sous le sol[5], mais même *sed etiam*) quand ils rejetaient (*tour-nez* : en rejetant[6]) la terre.

6. Les Saliens[1], prêtres[2] de-Mars[3] (*adj.*), portaient[4] par la ville[5], en chantant[6] et en dansant[7], les bou-cliers[8] tombés[9] du ciel[10].

7. Sextus Tarquin[1] alla[2] à Ga-bies[3], se-plaignant[4] de la dureté[5] de son père envers (*in, acc.*) lui; en se-conciliant[6] peu à peu (*paulatim*) l'affection[7] des Gabiens[8] il se fit nommer[9] (*tournez* : fut nommé) général de leur armée.

8. Marius, en accusant[1] son gé-néral Métellus, obtint[2] le consulat[3].

9. Cécilius, chevalier[1] romain, adopta[2] Atticus en mourant[3].

10. Le vaisseau de Chabrias[1] ayant commencé[2] à couler[3], les soldats se sauvèrent (*tournez* : parvinrent[4] en [lieu] sûr[5]) à la nage (*tournez* : en nageant[6]); mais (*at*) Chabrias[1] fut percé[7] de traits[8] en combattant[9] de près (*cominus*).

1. Ambracia, æ, f. — 2. Nu-dare, o. — 3. Pars, partis, f. — 4. Quatère, io, is, quassum. — 5. Murus, i, m. — 6. Aries, arietis, m.

1. Agère, o, is, egi, actum. — 2. Cuniculus, i, m. — 3. Fal-lère, o, is, fefelli, falsum. — 4. Fodère, io, is, fodi, fossum. — 5. Terra, æ, f. — 6. Egerère. o, is, egessi, egestum.

1. Salii, orum, m. — 2. Sa-cerdos, dotis, m. — 3. Martius, a, um. — 4. Ferre, fero. — 5. Urbs, urbis, f. — 6. Canère, o, is, cecini, cantum. — 7. Sal-tare, o. — 8. Ancile, is, n. — 9. Delabi, or, eris, delapsus sum, *dép. intr.* — 10. Cælum, i.

1. Sextus, i, Tarquinius i. m. — 2. Se conferre, confero, confers, contuli, collatum. — 3. Gabii, orum, m. — 4. Queri, or, eris, questus sum, *dép trans.* — 5. Sævitia, æ, f. — 6. Allicère, io, is, allexi. — 7. Benevolentia, æ. f. — 8. Gabini, orum, m. — 9. Eli-gère, o, is, elegi, electum.

1. Criminari, or, aris, atus sum, *dép.* — 2. Adipisci, or, eris, adeptus sum, *dép.* — 3. Consulatüs, ûs, m.

1. Eques, equitis, m. — 2. Adoptare, o. — 3. Mori, ior, eris, mortuus sum, *dép.*

1. Chabrias, æ, m. — 2. Cœ-pisse, cœpi. — 3. Sidère, o, is. — 4. Pervenire, io, is, per-veni, perventum. — 5. Tutus, a, um. — 6. Nare, o. — 7. Con-fodère, io, is, confodi, confos-sum. — 8. Telum, i. — 9. Pu-gnare, o.

232ᵉ EXERCICE

Anc. Gr. § 351, 352. — Nouv. Gr. § 329, 330

Fertur medios moriturus in hostes.
Bellum scripturus sum.

1. Les Athéniens[1] envoyèrent[2] des députés[3] consulter[4] l'oracle[5].

1. Athenienses, ium, m. — 2. Mittĕre o, is, misi, missum. — 3. Legatus, i, m. — 4. Consulĕre, o, is, consului, consultum. — 5. Oraculum, i.

2. Cæcina[1] fut envoyé-en-avant[2], pour explorer[3] les forêts[4].

1. Cæcina, æ, m. — 2. Præmittĕre, o, is, præmisi, præmissum. — 3. Scrutari, or, aris, atus sum, dép. — 4. Silva, æ, f.

3. Ayant vu[1] (tournez : lorsque, quum, il eut vu, plus-que-parf. subj.) en songe[2] (plur.) son ami[3] blessé[4], l'Arcadien[5] sauta[6] du lit[7] pour [aller] le secourir[8].

1. Vidĕre, eo, es, vidi, visum. — 2. Somnus, i, m. — 3. Amicus, i, m. — 4. Saucius, a, um. — 5. Arcas, cadis, m. — 6. Prosilire, io, is, prosilui. — 7. Lectus, i, m. — 8. Auxiliari, or, aris, atus sum, dép., dat.

4. Au jour[1] fixé[2], Damon[3] revint[4] mourir[5] et délivrer[6] ainsi (ita) son ami[7].

1. Dies, ei, m., f. — 2. Dictus, a, um. — 3. Damon, is, m. — 4. Redire, eo, is, ivi, itum. — 5. Mori, ior, eris, mortuus sum, dép. — 6. Liberare, o. — 7. Amicus, i, m.

5. Le vainqueur[1] monta[2] au Capitole[3], sacrifier[4] un taureau[5] à Jupiter[6].

1. Victor, is. — 2. Ascendĕre, o, is, i, ascensum. — 3. Capitolium, i. — 4. Immolare, o. — 5. Taurus, i, m. — 6. Jupiter, Jovis, m.

6. Quand le consul[1] allait entrer[2] (tournez : le consul, abl., allant entrer) dans une maison[3], le licteur[4] frappait (tournez : avait coutume[5] de frapper[6]) la porte[7] avec sa verge[8].

1. Consul, is, m. — 2. Intrare, o. — 3. Domŭs, ûs. f. — 4. Lictor, is, m. — 5. Solĕre, eo, is, itus sum. — 6. Percutĕre, io, is, percussi, percussum. — 7. Fores, ium, f. — 8. Virga, æ, f.

7. Quand (quando) devez-vous partir[1]?

1. Proficisci, or, eris, profectus sum, dép.

8. Paros[1] allait être prise[2], quand (*quum*) la flotte[3] persane (*tournez :* des Perses[4]) arriva[5] pour secourir[6] la ville[7].

1. Paros, i, f. — 2. Capĕre, io, is, cepi, ceptum. — 3. Classis, is, f. — 4. Persa, æ, m. — 5. Adventare, o. — 6. Auxiliari, or, aris, atus sum, *dép.*, *dat.* — 7. Oppidum, i.

233ᵉ EXERCICE

Anc. Gr. § 335. — Nouv. Gr. § 333

Pueris sententias ediscendas damus.

1. César[1] donna[2] à son lieutenant[3] Fabius l'une des légions[4], pour la conduire[5] dans le pays des Morins (*tournez :* chez les Morins[6]).

1. Cæsar, is, m. — 2. Dare, o, as, dedi, datum. — 3. Legatus, i, m. — 4. Legio, onis, f. — 5. Ducĕre, o, is, duxi, ductum. — 6. Morini, orum, m.

2. Judas[1] présenta[2] au bourreau[3] sa langue[4] et ses mains pour qu'il les coupât[5].

1. Judas, æ, m. — 2. Proferre, profero, profers, protuli, prolatum. — 3. Carnifex, carnificis, m. — 4. Lingua, æ, f. — 5. Amputare, o.

3. Faustulus donna[1] les enfants à Acca Laurentia pour qu'elle les élevât[2].

1. Dare, o, as, dedi, datum. — 2. Educare, o.

4. La récolte[1] (*abl.*) [ayant été] mauvaise[2], Coriolan[3] fit[4] donner[5] au peuple du blé[6] acheté[7] très cher (*magno pretio*) en Sicile.

1. Annona, æ, f. — 2. Gravis, e. — 3. Coriolanus, i, m. — 4. Curare, o. — 5. Dare, do. — 6. Frumentum, i. — 7. Emĕre, o, is, emi, emptum.

5. Scipion[1] fit[2] conduire[3] par tout le camp[4] des espions[5] (des) ennemis surpris[6] dans le camp[4] même.

1. Scipio, onis, m. — 2. Curare, o. — 3. Deducĕre, o, is, deduxi, deductum — 4. Castra, orum. — 5. Explorator, is, m. — 6. Deprehendĕre, o, is, deprehensum.

6. Diomédon[1] de Cyzique[2], [sur] la prière[3] (*abl.*) d'Artaxerxès[4], se chargea[5] de corrompre[6] Épaminondas[7] à prix-d'argent[8].

1. Diomedon, Diomedontis, m. — 2. Cyzicenus, a, um. — 3. Rogatŭs, ûs, m. — 4. Artaxerxes, is, m. — 5. Suscipĕre, io, is, suscepi, susceptum. — 6. Corrumpĕre, o, is, corrupi, corruptum. — 7. Epaminondas, æ, m. — 8. Pecunia, æ, f.

7. Un complot[1] (*abl.*) ayant été formé[2] contre Pompée[3] et son fils

1. Conjuratio, onis, f. — 2. Facĕre, io, is, feci, factum. — 3. Pompeius, i, m. —

Ci___, un compagnon-de-tente[4] de Cnœus se-chargea[5] de tuer[6] celui-ci.

4. Contubernalis, is, m. — 5. Suscipĕre, io, is, suscœpi, susceptum. — 6. Interficĕre, io, is, interfeci, interfectum.

8. Alexandre encore (adhuc) enfant dis___[1] que son père ne lui laisserait pas (tournez : son père, acc., ne devoir pas lui laisser[2]) de nations[3] à vaincre[4].

1. Dictitare, o. — 2. Relinquĕre, o, is, reliqui, relictum. —3. Gens, gentis, f. — 4. Bello superare, o.

9. Marius fit[1] construire[2] le temple[3] de l'Honneur[4] en pierre[5] commune[6], par un architecte[7] romain.

1. Curare, o. — 2. Exstruĕre, o, is, exstruxi, exstructum. — 3. Ædes, is, f. — 4. Honor, is, m. — 5. Lapis, lapidis, m. — 6. Vulgaris, e. — 7. Architectus, i, m.

10. Des chevaliers[1] recevaient-àferme[2] des (de, abl.) censeurs[3] la perception (tournez par le verbe percevoir[4]) des impôts[5].

1. Eques, equitis, m. — 2. Conducĕre, o, is, conduxi, conductum. — 3. Censor, is, m. — 4. Cogĕre, o, is, coegi, coactum. — 5. Vectigal, is, n.

11. Régulus (tournez : de Régulus en.) étant absent[1], le Sénat afferma[2] la culture (tournez par le verbe cultiver[3]) de [son] petit champ[4].

1. Absens, absentis. — 2. Locare, o. — 3. Colĕre, o, is, colui, cultum. — 4. Agellus, i, m.

234° EXERCICE

Anc. Gr. § 336, 337. — Nouv. Gr. § 334, 335

Mihi colenda est virtus. — Obtemperandum est legibus.

1. Les Hébreux[1], pour entrer (tournez : devant entrer[2]) dans la terre[3] promise[4], devaient traverser[5] le Jourdain[6].

1. Hebræi, orum, m. — 2. Ingredi, ior, eris, ingressus sum, dép. — 3. Terra, æ, f. — 4. Promittĕre, o, is, promisi, promissum. — 5. Trajicĕre, io, is, trajeci, trajectum. — 6. Jordanes, is, m.

2. Pontius Herennius dit[1] à son fils : « Ou (aut) il faut tuer[2] tous les Romains, ou (aut) il faut les laisseraller[3] tous. »

1. Dicĕre, o, is, dixi, dictum. — 2. Occidĕre, o, is, occidi, occisum. — 3. Dimittĕre, o, is, dimisi, dimissum.

3. César[1] devait traverser (tournez : faire[2] route[3] par) le pays[4] des Atrebates[5].

1. Cæsar, is, m. — 2. Facĕre, io, is, feci, factum. — 3. Iter, itineris, n. — 4. Fines, ium, m. — 5. Atrebates, um, m.

4. Les Romains ne devaient pas supporter[1] plus longtemps (*diutius*) la tyrannie de Tarquin (*tournez :* Tarquin[2] tyran[3]).

5. Cicéron dut accuser[1] Catilina[2] [en] plein[3] sénat[4] (*abl.*), pour (*ut*) le forcer[5] (*imparf. subj.*) à quitter[6] Rome.

6. Il [ne] faut entreprendre[1] les guerres[2] [que] (*tournez :* seulement, *tantummodo*) pour vivre (*tournez :* pour que, *ut,* nous vivions[3]) dans la paix[4]; la victoire[5] (*abl.*) obtenue[6], il faut épargner[7] les vaincus[8].

7. Le tribun[1] Pomponius dut se désister[2] de (*ab, abl.*) l'accusation[3] intentée[4] à (*adversus, acc.*) Manlius.

8. Il fallait ou défendre[1] la ville, ou la livrer[2] à l'ennemi[3] et céder[4] à la fortune[5].

9. [Pour combattre] (*tournez :* contre, *adversus, acc.*) un serpent[1], il fallut avoir-recours[2] aux (*ad, acc.*) machines-de-guerre[3]; et les soldats[4] durent abattre[5] cet ennemi[6] nouveau[7] à [coups de] balistes[8], comme (*tanquam*) une citadelle[9] fortifiée[10].

10. Les ressources[1] (*abl.*) de Carthage[2] étant épuisées[3], Asdrubal[4] dut ne (ne... plus... que, *tantummodo*)-plus-songer[5]-qu'à la paix[6].

11. Celui-là doit être loué[1] et aimé[2] par tout le monde[3], qui délivre la république d' (*tournez :* qui écarte[4] de la république[5] un...) mauvais[6] citoyen[7].

---

1. Ferre, fero, fers, tuli, latum. — 2. Tarquinius, i, m. — 3. Tyrannus, i, m.

1. Accusare, o. — 2. Catilina æ, n. — 3. Frequens, frequentis. — 4. Senatus, ūs, m. — 5. Adigĕre, o, is, adegi, adactum. — 6. Relinquĕre, o, is, reliqui, relictum.

1. Suscipĕre, io, is, suscepi, susceptum. — 2. Bellum, i. — 3. Vivĕre, o, is, vixi, victum. — 4. Pax, pacis, f. — 5. Victoria, æ, f. — 6. Adeptus, a, um. — 7. Parcĕre, o, is, peperci, parcitum ou parsum. — 8. Victus, i, m.

1. Tribunus, i, m. — 2. Desistĕre, o, is, destiti, *intr.* — 3. Accusatio, onis, f. — 4. Institutus, a, um.

1. Tuĕri, eor, eris, itus sum, *dép.* — 2. Dedĕre, o, is, dedidi, deditum. — 3. Hostis, is, m. — 4. Cedĕre, o, is, cessi, cessum, *intr.* — 5. Fortuna, æ, f.

1. Serpens, entis, f. — 2. Confugĕre, io, is, confugi, confugitum. — 3. Machina, æ, f. — 4. Miles, militis, m. — 5. Dejicĕre, io, is, dejeci, dejectum. — 6. Hostis, is, m. — 7. Novus, a, um. — 8. Balista, æ, f. — 9. Arx, arcis, f. — 10. Munire, io.

1. Facultas, tatis, f. — 2. Carthago, ginis, f. — 3. Exhaurire, io, is, exhausi, exhaustum. — 4. Asdrubal, is, m. — 5. Servire, io, is, ii, itum, *intr. dat.* — 6. Pax pacis, f.

1. Laudare, o. — 2. Diligĕre, o, is, dilexi, dilectum. — 3. Omnes, ium. — 4. Removĕre, eo, es, removi, remotum. — 5. Respublica, reipublicæ, f. — 6. Improbus, a, um. — 7. Civis, is, m.

12. La proposition[1] de Maharbal[2] ne fut pas approuvée[3] par Annibal[4].

1. Consilium, i. — 2. Maharbal, is, m. — 3. Approbare, o. — 4. Annibal, is, m.

13. La résolution[1] de Mucius[2] fut approuvée[3] par les sénateurs[4].

1. Consilium, i. — 2. Mucius, i, m. — 3. Probare, o. — 4. Patres, um, m.

235ᵉ EXERCICE

Anc. Gr. § 339. — Nouv. Gr. § 337

Partibus factis, sic locutus est leo.

1. Ayant établi[1] des ateliers[2] (*tournez* : des ateliers... ayant été établis) d'armes[3] à Éphèse[4], Agésilas[5] prépara[6] la guerre avec une grande activité[7].

1. Constituĕre, o, is, i, constitutum. — 2. Officina, æ, f. —3. Arma, orum. — 4. Ephesus, i, f. — 5. Agesilaüs, i, m. — 6. Parare, o. — 7. Industria, æ, f.

2. Les armées ayant été rangées-en-bataille[1] de part-et-d'autre (*utrinque*), une violente[2] pluie-d'orage[3] mêlée[4] de grêle[5] tomba[6] tout à coup (*repente*).

1. Instruĕre, o, is, instruxi, instructum. — 2. Ingens, ingentis. — 3. Imber, imbris, m. — 4. Miscĕre, eo, es, ui, mixtum *ou* mistum. — 5. Grando, grandinis, f. — 6. Effundi, or, eris, effusus sum, *passif.*

3. Ayant enroulé[1] son manteau-de-général[2] (*tournez* : le manteau... ayant été enroulé) autour de (*circa*) son bras[3] gauche[4], Gracchus s'élance[5] sur les ennemis.

1. Intorquĕre, eo, es, intorsi, intortum. — 2. Paludamentum, fi. — 3. Brachium, i. — 4. Lævus, a, um. — 5. Impetum facĕre, io, is, feci, factum.

4. Les Syracusains[1], après s'être d'abord assurés des dispositions (*sing.*) de Marcellus (*tournez* : les dispositions[2] de Marcellus ayant été d'abord éprouvées[3]), lui envoient[4] des députés[5] pour traiter de la reddition de la ville (*tournez* : au sujet, *de*, la ville devant être rendue[6]).

1. Syracusani, orum, m. — 2. Voluntas, tatis, f. — 3. Explorare, o, *trans.* — 4. Mittĕre, o, is misi, missum. — 5. Legatus, i, m. — 6. Dedĕre, o, is, dedidi, deditum.

5. Quand Atinius et (*cum, abl.*) [ses] soldats eurent été conduits[1] (*tournez* : Atinius et ses soldats ayant été conduits, *sing.*) à la mer[2] et à leurs vaisseaux[3], les Tarentins[4] reçurent[5] les Carthaginois[6] dans leur ville.

1. Deducĕre, o, is, deduxi, deductum. — 2. Mare, is, m. — 3. Navis, is, f. — 4. Tarentini, orum, m. — 5. Accipĕre, io, is, accepi, acceptum. — 6. Pœni, orum, m.

6. Codrus, ayant quitté[1] les insignes[2] (*tournez* : les insignes... ayant été quittés) du commandement[3], prit[4] les habits[5] (*sing.*) d'un simple[6] soldat[7].

7. Les juges[1] demandant[2] [à] Socrate[3] quelle peine il avait méritée[4] (*subj.*), « D'être nourri (*tournez* : que, *ut*, la nourriture[5] me soit fournie[6]), dit-il, dans le prytanée[7], aux-frais-de-l'État (*publice*). »

8. Les ressources[1] de [sa] patrie étant épuisées[2], Annibal[3] désira[4] faire[5] la paix[6] avec Scipion[7].

9. L'armée lacédémonienne (*tournez* : des Lacédémoniens[1]) commença[2] à lâcher[3] pied[4], puis (*et*), l'ennemi [la] pressant[5], à prendre ouvertement (*apertius*) la fuite[6].

10. Quand (*quum*) les soldats voulaient se soulever[1], ils ne le pouvaient pendant quelque temps (*diu*), parce que (*quia*), [leurs] muscles[2] étant engourdis[3] par le froid[4], ils pouvaient à peine (*vix*) mouvoir[5] leurs membres[6].

11. Mithrobarzane[1], beau-père[2] de Datame[3], désespérant[4] des affaires[5] (*tournez* : les affaires... ayant été désespérées) de [son] gendre[6], passa[7] à l'ennemi (*plur.*).

12. Le champ[1] sur lequel campait[2] Annibal fut vendu[3], sans que le prix[4] en fût diminué[5] (*tournez* : le prix n'ayant pas été diminué) pour (*ob*) cela.

13. Timoléon[1] pouvait occuper[2] le trône[3] sans que personne s'[y]-opposât[4] (*tournez* : personne ne s'opposant); mais il aima mieux (*ajoutez* : soi, *acc.*) être aimé que craint[5].

---

1. Deponĕre, o, is, deposui, depositum. — 2. Insigne, is, n. — 3. Imperium,i. — 4. Induĕre, o, is, i, indutum. — 5. Vestitŭs, ûs, m. — 6. Gregarius, a, um. — 7. Miles, militis, m.

1. Judex, judicis, m. — 2. Interrogare, o. — 3. Socrates, is, m. — 4. Commerĕre, eo. — 5. Victŭs, ûs, m. — 6. Præbĕre, eo. — 7. Prytaneum, i.

1. Facultas, tatis, f. — 2. Exhaurire, io, is, exhausi, exhaustum. — 3. Annibal, is, m. — 4. Cupĕre, io, is, ivi ou ii, itum. — 5. Componĕre, o, is, composui, compositum. — 6. Pax, pacis, f. — 7. Scipio, Scipionis, m.

1. Lacones, um, m. — 2. Cœpisse, cœpi. — 3. Referre, refero, refers, retuli, relatum. — 4. Pes, pedis, m. — 5. Urgĕre, eo, es, ursi. — 6. Fugĕre, io, is fugi, fugitum.

1. Attollĕre, o, is. — 2. Nervus, i, m. — 3. Torpĕre, eo, es, *intrans.* — 4. Frigus, frigoris, n. — 5. Movēre, eo, es, movi, motum. — 6. Artŭs, ûs, m.

1. Mithrobarzanes, is, m. — 2. Socer, i, m. — 3. Datames, is, m. — 4. Desperare, o, *transit.* — 5. Res, rei, f. — 6. Gener, i, m. — 7. Transfugĕre, io, is, i.

1. Ager, agri, m. — 2. Castra habēre, eo. — 3. Venire, eo, is, ivi ou ii, *intrans.* — 4. Pretium, i. — 5. Deminuĕre, o, is, i, deminutum.

1. Timoleon, ontis, m. — 2. Obtinēre, eo, es, ui, obtentum. — 3. Regnum, i. — 4. Recusare, o, *intr.* — 5. Metuĕre, o, is, i.

19

236ᵉ EXERCICE

Anc. Gr. § 340. — Nouv. Gr. § 338

Cicerone consule.

1. Sous le consulat d'Appius Claudius commença[1] la première guerre contre (*adversus*) les Carthaginois[2].

2. Varron[1] disposa-en-bataille[2] son armée[3], malgré son collègue (*tournez : son collègue*[4] ne-voulant-pas[5]).

3. Néron[1] ayant traversé[2] presque (*pæne*) toute l'Italie, à l'insu[3] d'Annibal[4], arriva[5] au camp[6] de Livius.

4. Les Romains croyaient[1] (*ajoutez : soi, acc.*) n'être (*fut.*) jamais à-l'abri-des (*sine*) surprises[2], tant qu'Annibal vivrait (*tournez : Annibal*[3] étant vivant[4]).

5. Les magistrats[1] (des) Thébains[2] furent tués[3] par les exilés[4], dont Pélopidas était le chef (*tournez : Pélopidas*[5] étant chef[6]).

6. Le même jour, César[1] rejoignit (*tournez : arriva*[2] vers) Cicéron[3], sans que ses troupes eussent éprouvé du mal (*tournez : ses troupes*[4] étant saines-et-sauves[5]).

7. Les instruments manquant pour cet usage (*tournez : les instruments*[1] étant nuls[2], qui fussent propres[3] à cet usage[4]), les Nerviens[5] coupaient[6] les-mottes-de-gazon[7] avec leurs épées[8].

8. La fuite[1] étant difficile[2] (*ajoutez : comme, ut*) dans les lieux pleins-d'obstacles[3], les Romains massa-

---

9. Cœpisse, cœpi, *au passif*.
2. Pœni, orum, m

1. Varro, Varronis, m. — 2. Instruĕre, o, is, instruxi, instructum. — 3. Acies, ei, f. — 4. Collega, æ, m. — 5. Invitus, a, um.

1. Nero, Neronis, m. — 2. Emetiri, ior, iris, emensus sum, *dép.* — 3. Inscius, a, um. — 4. Annibal, is, m. — 5. Pervenire, io, is, perveni, perventum. — 6. Castra, orum, n.

1. Existimare, o. — 2. Insidiæ, arum, f. — 3. Annibal, is, m. — 4. Vivus, a, um.

1. Magistratŭs, ûs, m. — 2. Thebani, orum, m. — 3. Interficĕre, io, is, interfeci, interfectum. — 4. Exsul, is, m. — 5. Pelopidas, æ, m. — 6. Dux, ducis, m.

1. Cæsar, is, m. — 2. Pervenire, io, is, perveni, perventum. — 3. Cicero, Ciceronis, m. — 4. Copiæ, arum, f. — 5. Incolumis, e.

1. Ferramentum, i. — 2. Nullus, a, um. — 3. Idoneus, a, um. — 4. Usŭs, ûs, m. — 5. Nervii, orum, m. — 6. Circumcidĕre, o, is, i, circumcisum. — 7. Cæspes, cæspitis, m. — 8. Gladius, i, m.

1. Fuga, æ, f. — 2. Difficilis, e. — 3. Impeditus, a, um. —

crent[4] la plupart[5] des Macédoniens[6].

4. Obtruncare, o. — 5. Plerique, pleræque, pleraque. — 6. Macedones, um, m.

9. Tandis que les Romains n'-é-taient-pas-sur-leurs-gardes[1] et étaient occupés[2] à fortifier le (*tournez* : dans la fortification[3] du) camp[4], les Bretons[5] s'élancèrent[6] tout à coup (*subito*) hors de la forêt[7].

1. Imprudens, entis. — 2. Occupari, or, aris, atus sum, *passif*. — 3. Munitio, onis, f. — 4. Castra, orum, n. — 5. Britanni, orum, m. — 6. Se ejicěre, io, is, ejeci, ejectum. — 7. Silva, æ, f.

237° EXERCICE

Anc. Gr. § 341. — Nouv. Gr. § 339

Alcibiades, patria pulsus, Lacedæmonem fugit.

1. Annibal, cherchant[1] un moyen de faire naître la guerre (*tournez* : une cause[2] de guerre), détruisit[3] Sagonte[4], ville alliée[5] des Romains (*dat.*).

1. Quærěre, o, is, quæsivi, ou ii, quæsitum. — 2. Causa, æ, f. — 3. Evertěre, o, is, i, eversum. — 4. Saguntus, i, f. — 5. Federatus, a, um.

2. Anaxagore[1], en apprenant[2] la mort de son fils, dit : « Il était né[3] mortel[4]. »

1. Anaxagoras, æ, m. — 2. Audire, io. — 3. Nasci, or, eris, natus sum, *dép. intr.* — 4. Mortalis, e.

3. En quittant (*tournez* : s'éloignant[1] de) la Syrie[2], Pompée[3] désira[4] entendre[5], à Rhodes[6], le philosophe Posidonius.

1. Disceděre, o, is, discessi, discessum. — 2. Syria, æ, f. — 3. Pompeius, i, m. — 4. Cupěre, io, is, ivi ou ii, itum. — 5. Audire, io. — 6. Rhodus, i, f.

4. Le roi de Perse (*tournez* : des Perses) en voyageant[1] dans son royaume (*tournez* : dans, *intra*, les limites[2] de son royaume[2]), recevait[4] des présents[5] de tous les habitants[6].

1. Iter facěre, io, is, feci, factum. — 2. Fines, ium, m. — 3. Regnum, i. — 4. Accipěre, io, is, accepi, acceptum. — 5. Munus, muneris, n. — 6. Incola, æ, m.

5. M. Antonius, ayant été dépouillé[1] de tous ses biens[2], s'écria[3] : « Je n'ai [plus] que (ne... que, *tantummodo*) ce que j'ai donné[4]. »

1. Spoliare, o. — 2. Bonum, i. — 3. Exclamare, o. — 4. Dare, o, as, dedi, datum.

6. Sisygambis[1], ayant pris Ephestion pour le roi (*tournez* : ayant cru[2] Ephestion[3], *acc.*, être le roi), se-prosterna[4] [devant] lui (*acc.*).

1. Sisygambis, is, f. — 2. Rěri, reor, reris, ratus sum, *dép.* — 3. Hephæstio, Hephæstionis, m. — 4. Venerari, or, aris, atus sum, *dép. trans.*

7. Denys[1], admirant[2] la fidélité[3] de Damon[4] et de Pythias[5], leur demanda[6] de le recevoir (*tournez :* qu'ils, *ut, subj.*, le reçussent[7]) en tiers (*tournez :* troisième) dans [leur] amitié[8].

8. Auguste, après être arrivé au (*tournez :* ayant acquis[1] le) souverain[2] pouvoir[3], apprit[4] à lire (*tournez :* les lettres[5]) à ses petits-fils[6].

9. Alexandre, ayant été blessé[1] de la franchise[2] de Callisthène[3], le fit-mourir[4] dans les tourments (*tournez :* tourmenté[5]).

10. Périclès[1], ayant été accablé[2] d'injures[3] tout[4] un jour par un mauvais[5] citoyen, ordonna[6] à un de ses esclaves de le reconduire[7] (*tournez :* qu', *ut, subj.*, il le reconduisît) chez lui (*domum*) avec un flambeau[8] allumé[9].

1. Dionysius, i, m. — 2. Admirari, or, aris, atus sum, *dép.* — 3. Fides, ei, f. — 4. Damon, is, m. — 5. Pythias, æ, m. — 6. Postulare, o. — 7. Accipĕre, io, is, accepi acceptum. — 8. Amicitia, æ, f.

1. Adipisci, or, eris, adeptus sum, *dép. trans.* — 2. Summus, a, um. — 3. Imperium, i. — 4. Docĕre, eo, es, docui, doctum. — 5. Littera, æ, f. — 6. Nepos, nepotis, m.

1. Offendĕre, o, is, i, offensum. — 2. Libertas, tatis, f. — 3. Callisthenes, is, m. — 4. Necare, o. — 5. Excruciare, o.

1. Pericles, is, m. — 2. Impetĕre, o, is, ivi *ou* ii, itum. — 3. Contumelia, æ, f. — 4. Totus, a, um. — 5. Improbus, a, um. — 6. Imperare, o. — 7. Deducĕre, o, is, deduxi, deductum. — 8. Lumen, luminis, n. — 9. Ac census, a, um.

238ᵉ EXERCICE

Anc. Gr. § 342. — Nouv. Gr. § 340.

Urbem captam hostis diripuit.

OBSERVATION. — Dans cet exercice et dans les suivants, les élèves devront tourner en participes les verbes précédés des conjonctions **quand, lorsque, comme, tandis que,** ou de la préposition **après.** Ex. : Quand la ville eut été prise, *tournez :* la ville ayant été prise... Les participes passés à la voix active devront être tournés en participes passés passifs. Ex. : Ayant pris la ville, l'ennemi la pilla, *tournez :* la ville ayant été prise..

1. Ayant réuni[1] ses soldats, Scipion[2] les conduit[3] sur une hauteur[4].

2. Après avoir lu[1] [des yeux] la lettre[2] de César[3], Cicéron[4] la-lit-à-haute-voix[5] dans l'assemblée[6] des soldats.

1. Colligĕre, o, is, collegi, collectum. — 2. Scipio, onis, m. — 3. Subducĕre, o, is, subduxi, subductum. — 4. Tumulus, i, m

1. Perlegĕre, o, is, perlegi, perlectum. — 2. Litteræ, arum, f. — 3. Cæsar, is, m. — 4. Cicero, onis, m. — 5. Recitare, o. — 6. Conventûs, ûs, m.

8. Antiochus, ayant fait-recher-cher[1] les livres saints[2] des Hébreux[3], les brûla[4].

4. Une femme ayant saisi[1] une tuile[2] et l'ayant balancée[3] des deux[4] mains (*sing.*), la lança[5] sur la tête[6] de Pyrrhus.

5. Tandis qu'Artaban[1] défaisait (*tournez :* se-dépouillait[2] de) sa cuirasse[3], Artaxerxès[4] le perça[5] de son épée[6].

6. Après avoir réduit[1] les pirates[2] à se rendre (*tournez :* à, *ad,* la soumission[3]), César[4] les fit-mettre[5] en croix[6] (*dat.*).

7. Alcibiade[1] étant sorti[2] de la maison en-feu[3], les barbares[4] le tuèrent[5] de loin (*eminus*) [à coups] de flèches[6].

8. Comme les Grecs se-préparaient[1] [à] s'-éloigner[2] de Salamine[3], Xerxès[4] les entoura[5] pendant la nuit (*noctu*).

9. A la bataille de Marathon[1], les Perses ayant poursuivi[2] avec trop d'acharnement (*acrius*) le centre[3] des Grecs, les deux ailes[4] les prirent[5] à dos (*a tergo*) et les taillèrent-en-pièces[6].

10. Après avoir embaumé[1] et peint[2] les corps des morts[3], les Éthiopiens[4] les conservaient[5] dans des colonnes[6] de-verre[7].

11. Tandis que Pausanias[1] s'-entretenait[2] avec un esclave du (*de*)

---

1. Conquirĕre, o, is, conquisivi *ou* ii, conquisitum. — 2. Sacer, cra, crum. — 3. Hebræi, orum, m. — 4. Comburĕre, o, is, combussi, combustum.

1. Corripĕre, io, is, corripui, correptum. — 2. Tegula, æ, f. — 3. Librare, o. — 4. Uterque, utraque, utrumque. — 5. Demittĕre, o, is, demisi, demissum. — 6. Caput, capitis, n.

1. Artabanus, i, m. — 2. Exuĕre, o, is, i, exutum, *trans.* — 3. Lorica, æ, f. — 4. Artaxerxes, is, m. — 5. Transfigĕre, o, is, transfixi, transfixum. — 6. Gladius, i, m.

1. Redigĕre, o, is, redegi, redactum. — 2. Prædo, prædonis, m. — 3. Deditio, onis, f. — 4. Cæsar, is, m. — 5. Affigĕre, o, is, affixi, affixum. — 6. Crux, crucis, f.

1. Alcibiades, is, m. — 2. Egredi, ior, eris, egressus sum, *dép.* — 3. Incensus, a, um. — 4. Barbarus, i, m. — 5. Interficĕre, io, is, interfeci, interfectum. — 6. Sagitta, æ, f.

1. Parare, o. — 2. Discedĕre, o, is, discessi, discessum. — 3. Salamina, æ, f. — 4. Xerxes, is, m. — 5. Circumvenire, io, is, circumveni, circumventum.

1. Maratho, onis, f. — 2. Insequi, or, eris, insecutus sum, *dép.* — 3. Acies, ei, f., medius, a, um. — 4. Cornû, ûs, n. — 5. Aggredi, ior, eris, aggressus sum, *dép.* — 6. Cædĕre, o, is, cecidi, cæsum.

1. Condire, io. — 2. Pingĕre, o, is, pinxi, pictum. — 3. Defunctus, i, m. — 4. Æthiops, Æthiopis, m. — 5. Servare, o. — 6. Columna, æ, f. — 7. Vitreus, a, um.

1. Pausanias, æ, m. — 2. Loqui, or, eris, locutus sum, *dép.*

projet[3] [qu'il avait] formé[4], les épho-
res[5], cachés[6] tout près de (*juxta*)
[lui], l'entendaient.

   — 3. Consilium, i. — 4. Intre,
eo, is, ivi *ou* ii, itum. —
5. Ephorus, i, m. — 6. Abděre,
o, is, abdidi, abditam.

239e EXERCICE

Anc. Gr. § 343, 344. — Nouv. Gr. § 340

**Curio ad focum sedenti Samnites aurum attulerunt.
Pausaniæ mortui corpus procul a templo infossum fuit.**

1. Ayant envoyé-en-avant[1] Cécina[2]
avec des cavaliers, Germanicus lui
recommanda[3] d'explorer (*tournez :*
qu', *ut,* il explorât[4]) les profondeurs
(*tournez :* les [parties] cachées[5], *plur.
neut.*) de la forêt[6].

   1. Præmittĕre, o, is, præmisi, præmissum. — 2. Cæ-
cina, æ, m. — 3. Præcipĕre, io,
is, præcepi, præceptum. —
4. Scrutari, or, aris, atus
sum, *dép.* — 5. Occultus, a,
um. — 6. Saltŭs, ûs, m.

2. Quand Cléopâtre[1] fut morte[2],
Auguste la fit ensevelir avec Antoine
(*tournez :* lui donna[3] un tombeau[4]
commun[5] avec Antoine[6]).

   1. Cleopatra, æ, f. — 2. Mori,
ior, eris, mortuus sum, *dép. intr.*
— 3. Tribuĕre, o, is, i, tributum.
— 4. Sepulcrum, i. — 5. Communis, e. — 6. Antonius, i, m.

3. Tandis que le consul combattait[1],
exhortait[2] ses soldats (*tournez :* les
siens) et s'offrait[3] au danger, un In-
subre[4] lui perça[5] le flanc[6] droit[7]
[d'un coup] de pique[8].

   1. Pugnare, o. — 2. Hortari,
or, aris, atus sum, *dép.* —
3. Offerre, offero, offers, obtuli, oblatum. — 4. Insuber,
Insubri, m. — 5. Transfigĕre,
o, is, transfixi, transfixum. —
6. Latus, lateris, n. — 7. Dexter, dextra, dextrum. —
8. Lancea, æ, f.

4. Quand Thémistocle[1] entra[2] dans
le stade[3], aux jeux[4] olympiques[5],
tous[6] les Grecs se-levèrent[7] pour lui
[faire honneur] (*cette idée est marquée par le datif de la personne*).

   1. Themistocles, is, m. —
2. Intrare, o. — 3. Stadium,
i. — 4. Ludus, i, m. — 5. Olympicus, a, um. — 6. Universi,
æ, a. — 7. Assurgĕre, o, is,
assurrexi, assurrectum.

5. Quand les enfants sont fatigués[1]
par le travail[2], nous leur donnons[3]
quelque[4] relâche[5].

   1. Fatigatus, a, um. — 2. Labor, is, m. — 3. Dare, o, as,
dedi, datum. — 4. Aliquis, a,
od. — 5. Laxamentum, i.

6. Quand Diogène[1] fut mort[2], les
Corinthiens[3] lui élevèrent[4] une colonne[5].

   1. Diogenes, is, m. — 2. Mori, ior, eris, mortuus sum,
dép. intr. — 3. Corinthii, orum,
m. — 4. Ponĕre, o, is, posui,
positum. — 5. Columna, æ, f.

7. Comme Eurybiade[1] levait[2] sa canne [3] [sur] Thémistocle [4] (dat.), « Frappe[5], lui dit Thémistocle, mais écoute. »

8. Tandis que Fabricius s'-entretenait [1] avec Pyrrhus, on fit approcher de lui par derrière (a tergo) un éléphant (tournez : un éléphant[2] fut approché [3] de lui, dat.).

9. Quand Aristide[1] fut mort[2], les Athéniens entretinrent [3] et marièrent[4] ses filles.

10. Quand Tibérius Gracchus eut été tué[1], on jeta[2] son corps dans le Tibre [3].

1. Eurybiades, is, m. — 2. Intentare, o. — 3. Baculum, i. — 4. Themistocles, is, m. — 5. Percutĕre, io, is, percussi, percussum.

1. Loqui, or, eris, locutus sum, dép. intr. — 2. Elephantus, i, m. — 3. Admovēre, eo, es, admovi, admotum.

1. Aristides, is, m. — 2. Mori, ior, eris, mortuus sum, dép. intr. — 3. Alĕre, o, is, alui. — 4. Collocare, o.

1. Occidĕre, o, is, occidi, occisum. — 2. Abjicĕre, io, is, abjeci, abjectum. — 3. Tiberis, is, m.

L'ADVERBE

(On trouvera, dans le 2e cours, des exercices plus nombreux sur les adverbes de quantité.)

240e EXERCICE

Anc. Gr. § 352. — Nouv. Gr. § 347

Multum aquæ. — Magna eloquentia. — Multi milites.

1. Un enfant[1], dit[2] Pline [3], donnait [4] tous-les-jours (quotidie) un peu de pain[5] à un dauphin [6].

2. Le malade[1] a pris [2] peu de nourriture[3] aujourd'hui (hodie); il [en] avait pris[2] trop hier (heri).

3. Les fleuves[1] roulent[2] plus d'eau[3] au printemps [4], moins d'eau [3] en été [5].

4. Combien cet enfant[1] blessé[2] a montré[3] de courage[4] !

5. Trop de babil [1] nuit[2] quelquefois (aliquando).

6. Jamais peuple (tournez : aucun[1] peuple [2] jamais, unquam) [ne] montra[3] autant de constance[4].

1. Puer, i, m. — 2. Aio. — 3. Plinius, i, m. — 4. Dare, do, das, dedi, datum. — 5. Panis, is, m. — 6. Delphinus, i, m.

1. Ægrotus, i, m. — 2. Sumĕre, o, is, sumpsi, sumptum. — 3. Cibus, i, m.

1. Fluvius, i, m. — 2. Vehĕre, o, is, vexi, vectum. — 3. Aqua, æ, f. — 4. Ver, is, n. — 5. Æstas, tatis, f.

1. Puer, i, m. — 2. Vulneratus, a, um. — 3. Præbēre, eo. — 4. Patientia, æ, f.

1. Loquacitas, tatis, f. — 2. Nocēre, eo.

1. Nullus, a, um. — 2. Gens, gentis, f. — 3. Præbēre, eo. — 4. Constantia, æ, f.

7. Achille avait (*tournez :* dans Achille[1] était[2]) plus de bravoure[3], Ulysse[4] (*même tournure*) plus de sagesse[5].

1. Achilles, is, m. — 2. Inesse, insum. — 3. Virtus, tutis, f. — 4. Ulysses, is, m. — 5. Prudentia, æ, f.

8. Xerxès[1] conduisait[2] beaucoup d'hommes[3], mais peu de soldats[4].

1. Xerxes, is, m. — 2. Agĕre, o, is, egi, actum. — 3. Homo, minis, m. — 4. Miles, litis, m.

9. Quelques soldats[1] essayèrent[2] de traverser-à-la-nage[3] le lac[4] [de] Trasimène[5].

1. Miles, litis, m. — 2. Conari, or, aris, atus sum, *dép.* — 3. Tranare, o. — 4. Lacŭs, ûs, m. — 5. Trasimenus, i, m.

10. Les Athéniens[1] avaient[2] plus de vaisseaux[3], les Lacédémoniens[4] plus de soldats-d'infanterie[5].

1. Athenienses, ium, m. — 2. Habere, eo. — 3. Navis, is, f. — 4. Lacedæmonii orum, m. — 5. Pedes, ditis, m.

241° EXERCICE

Anc. Gr. § 353. — Nouv. Gr. § 348

**Themistocles nimis libere *ou* liberius vivebat.
Multo præstas ceteris.**

1. Cicéron[1] était très railleur[2]. Il fut trop souvent (*sæpe*) hésitant[3] [dans sa conduite], mais combien il fut courageux[4] dans les derniers[5] moments[6] (*sing.*) de sa vie[7]!

1. Cicero, onis, m. — 2. Dicax, cacis. — 3. Dubius, a, um, *ajoutez* consilii. — 4. Fortis, e. — 5. Ultimus, a, um. — 6. Tempus, poris, n. — 7. Vita, æ, f.

2. Les sources[1] semblent[2] être moins froides[3] en hiver[4].

1. Fons, fontis, m. — 2. Vidĕri, eor, eris, visus sum. — 3. Gelidus, a, um. — 4. Hiems, hiemis, f.

3. Tu es un peu plus grand que moi.

4. J'arriverai[1] peu-de-temps après (*post, acc.*) toi; mon frère[2] sera arrivé longtemps auparavant (*ante*).

1. Venire, io, is, veni, ventum. — 2. Frater, tris, m.

5. Les Alpes[1] l'emportent[2] de beaucoup en hauteur[3] [sur] les Pyrénées[4] (*sing.*).

1. Alpes, ium, f. — 2. Superare, o, *trans.* — 3. Altitudo, dinis, f. — 4. Pyrenæus, i, m.

6. Les éclaireurs[1] précédaient[2] de peu l'armée[3].

1. Explorator, is, m. — 2. Antecedĕre, o, is, antecessi, antecessum. — 3. Agmen, minis, n.

7. Combien une médiocrité[1] tranquille[2] [n'] est-elle [pas] préférable[3] à une puissance[4] entourée-de-dangers[5] !

1. Mediocritas, tatis, f. — 2. Tutus, a, um. — 3. Anteponendus, a, um. — 4. Potentia, æ, f. — 5. Periculosus, a, um.

242ᵉ EXERCICE

Anc. Gr. § 354. — Nouv. Gr. § 349

Multum me delectat musica. — Parvi facere divitias. Hæc domus magno constat.

1. Vous aimez trop (*tournez :* vous êtes trop charmé[1] par) le jeu[2], et (*vero*) trop peu (*ajoutez :* par) l'étude[3].

2. Combien vous avez appris[1] et retenu[2] (*présent*) !

3. Retirez-vous[1] un peu.

4. Faisons[1] peu de cas de la puissance[2] (*acc.*), si (*nisi*) elle [n'] est jointe[3] (*parf. subj.*) à (*cum, abl.*) la vertu[4].

5. Souvent (*sæpe*) la foule[1] fait[2] moins de cas d'un mérite[3] (*acc.*) modeste (*tournez :* sans, *sine, abl.*, présomption[4]) que d'une présomption[4] sans mérite[5].

6. Ce citoyen[1] est plus estimé[2] pour (*propter, acc.*) ses grandes[3] qualités[4] que pour sa naissance[5].

7. Nous estimons[1] trop les dons[2] de la fortune[3].

8. Combien as-tu acheté[1] cette maison[2] ? — A bon compte (*tournez :* peu).

9. Le blé[1] se-vend[2] cher cette[3] année[4].

1. Delectare, o. — 2. Ludus, i, m. — 3. Studium, i.

1. Discĕre, o, is, didici, discitum. — 2. Memoriā tenēre, eo, es, ui.

1. Recedĕre, o, is, recessi, recessum.

1. Facĕre, io, is, feci, factum. — 2. Potentia, æ, f. — 3. Conjungĕre, o, is, conjunxi, conjunctum. — 4. Virtus, tutis, f.

1. Vulgus, i, n. — 2. Facĕre, io, is, feci, factum. — 3. Virtus, tutis, f. — 4. Arrogantia, æ, f.

1. Civis, is, m. — 2. Æstimare, o. — 3. Magnus, a, um. — 4. Animi dos, dotis, f. — 5. Genus, neris, n.

1. Facĕre, io, is, feci, factum. — 2. Munus, neris n. — 3. Fortuna, æ, f.

1. Emĕre, o, is, emi, emptum. — 2. Domŭs, ûs, f.

1. Frumentum, i. — 2. Venire, eo, is, ivi *ou* ii, itum, *intr.* — 3. Hic, hæc, hoc. — 4. Annus, i, m.

19.

243ᵉ EXERCICE

Anc. Gr. § 351, 352, 353. — Nouv. Gr. § 351, 352, 353

**Nē proficiscaris. — Duos tantummodo famulos abduxit.
Id ne ipse quidem negat.**

1. Que vos oreilles[1] ne soient pas ouvertes[2] à (*ad, acc.*) la médisance[3] (*plur.*).

1. Auris, is, f. — 2. Patēre, eo, es, ui, *intrans.* — 3. Crimen, minis, n.

2. N'ajoutons[1] pas foi[2] aux paroles[3] de celui qui a une fois (*semel*) menti[4].

1. Adhibēre, eo. — 2. Fides, ei, f. — 3. Verbum, i. — 4. Mentiri, ior, iris, itus, sum, *dép.*

8. Ne rejetez[1] pas ma prière[2].

1. Aversari, or, aris, atus sum, *dép.* — 2. Preces, um, f.

4. Régulus[1] n'avait[2] qu'un champ[3] de sept (*septem*) arpents[4].

1. Regulus, i, m. — 2. Habēre, eo. — 3. Agellus, i, m. — 4. Jugerum, i, *plur.* jugera, um.

5. Philoctète[1], abandonné[2] dans l'île[3] de Lemnos[4], n'avait[5] qu'un pot[6] de-bois[7] (*adj.*) et quelques[8] habits[9] déchirés[10].

1. Philoctetes, æ, m. — 2. Desertus, a, um. — 3. Insula, æ, f. — 4. Lemnos, i, f. — 5. Habere, eo. — 6. Vas, asis, *plur.* vasa, orum, n. — 7. Ligneus, a, um. — 8. Pauci, æ, a. — 9. Vestis, is, f. — 10. Lacer, a, um.

6. Il n'est de biens véritables (*tournez :* aucuns[1] biens[2] ne sont véritables[3]) que la vertu[4] et la science[5].

1. Nullus, a, um. — 2. Bonum, i. — 3. Verus, a, um. — 4. Virtus, tutis, f. — 5. Doctrina, æ, f.

7. Les esclaves[1] non plus n'abandonnèrent[2] pas leur maître[3] proscrit[4].

1. Servus, i, m. — 2. Deserēre, o, is, ui, desertum. — 3. Dominus, i, m. — 4. Proscriptus, a, um.

8. Vous non plus, vous n'écoutez[1] pas mes leçons[2].

1. Audire, io, is, ivi, itum. — 2. Præceptum, i.

9. Le tyran[1] Denys[2] n'avait pas confiance[3] même en ses proches-parents[4] (*dat.*).

1. Tyrannus, i, m. — 2. Dionysius, i, m. — 3. Fidēre, o, is, fisus sum. — 4. Propinquus, i, m.

10. Ne souhaitons[1] pas du mal (*male, adv.*) même à [nos] ennemis[2].

1. Precari, or, aris, atus sum, *dép.* — 2. Inimicus, i, m.

244ᵉ EXERCICE

Anc. Gr. § 363. — Nouv. Gr. § 358

Legisti ne librum?

1. As-tu achevé [1] [ton] travail [2] ? — Oui.

1. Conficĕre, io, is, confeci, confectum. — 2. Opus, operis, n.

2. Ton frère est-il arrivé [1] ? — Non.

1. Advenire, io, is, adveni, adventum.

3. Aimez-vous la musique (tournez : êtes-vous charmé [1] par la musique [2] ?) — Non.

1. Delectare, o. — 2. Musica, æ, f.

4. Le terrain [1] que vous avez acheté [2] est-il déjà (jam) planté [3] d'arbres [4] ?

1. Ager, agri, m. — 2. Emĕre, o, is, emi, emptum. — 3. Consitus, a, um. — 4. Arbor, is, f.

5. Ma lettre [1] vous a-t-elle été remise [2] ?

1. Epistola, æ, f. — 2. Perferre, fero, fers, tuli, latum.

6. Viendrez-vous à Paris [1] le mois [2] prochain [3] ?

1. Lutetia, æ, f. — 2. Mensis, is, m. — 3. Proximus, a, um.

7. Avez-vous lu [1] le livre que je vous ai prêté [2] ?

1, Legĕre, o, is, i, lectum. — 2. Commodare, o.

8. Ce récit [1] vous a-t-il plu [2] ?

1. Narratio, onis, f. — 2. Delectare, o, trans.

9. La maison que vous faites construire [1] est-elle achevée [2] (parf.) ?

1. Exstruĕre, o, is, exstruxi, exstructum. — 2. Peræedificare, o.

10. Marius, voyant l'esclave public, Cimbre [1] de nation [2], venir [3] à lui l'épée [4] haute [5], « Oseras-tu [6], toi, dit-il, tuer [7] Marius ? »

1. Cimber, Cimbri, m. — 2. Natio, onis, f. — 3. Venire, io, is, i, ventum. — 4. Gladius, i, m. — 5. Strictus, a, um. — 6. Audĕre, eo, es, ausus sum. — 7. Occidĕre, o, is, i, occisum.

11. Sur le point de mourir [1] (part. en rus), Épaminondas demanda [2] à ses compagnons [3] : « Les ennemis sont-ils en fuite [4] (parf. passif) ? Mon bouclier [5] a-t-il été sauvé [6] (prés.) ? »

1. Mori, ior, eris, mortuus sum, part. fut. moriturus. — 2. Quærĕre, o, is, quæsivi, quæsitum. — 3. Commilito, onis, m. — 4. Fugare, o. — 5. Clipeus, i, m. — 6. Salvus, a, um.

245ᵉ EXERCICE

Anc. Gr. § 364. — Nouv. Gr. § 359

Num pretiosius virtute aurum est?

1. Croirons[1]-nous un homme [2] (*dat.*) qui a une fois (*semel*) menti [3] ?

1. Credĕre, o, is, credidi, creditum. — 2. Ille, a, ud. — 3. Mentiri, ior, iris, itus sum, *dép.*

2. L'Iliade [1] et l'Odyssée [2] ont-elles été écrites [3] par deux poètes [4] [différents] ?

1. Ilias, adis, f. — 2. Odyssea, æ, f. — 3. Conscribĕre, o, is, conscripsi, conscriptum. — 4. Poeta, æ, m.

3. Brutus [1], qui tua [2] César [3], dont il avait reçu [4] des bienfaits [5], est-il digne [6] de louange [7] (*plur.*) ?

1. Brutus, i, m. — 2. Interficĕre, io, is, interfeci, interfectum. — 3. Cæsar, is, m. — 4. Accipĕre, io, is, accepi, acceptum. — 5. Beneficium, i. — 6. Dignus, a, um. — 7. Laus, laudis, f.

4. Alexandre [1] était-il dans son bon sens (*tournez :* d'un esprit [2] sain [3]), quand (*quum*) il voulut [4] être adoré (*tournez :* soi, *acc.*, être adoré [5]) comme (*ut*) un Dieu [6] ?

1. Alexander, dri, m. — 2. Mens, mentis, f. — 3. Sanus, a, um. — 4. Velle, volo. — 5. Colĕre, o, is, colui, cultum. — 6. Deus, i, m.

5. Apprenant (*tournez :* après que, *postquam*, elle apprit [1]) que Socrate [2] était condamné [3] (*tournez :* Socrate, *acc.*, avoir été condamné [4]) à mort [4], sa femme Xantippe [5] s'-écria [6] : « Ainsi (*ergo*), tu mourras [7] injustement (*injuste*) ! — Aimerais-tu mieux [8] répondit-il [9], que je mourusse (*tournez :* moi, *acc.*, mourir) justement (*juste*) ? »

1. Cognoscĕre, o, is, cognovi, cognitum. — 2. Socrates, is, m. — 3. Damnare, o. — 4. Caput, capitis, n. — 5. Xantippe, es, f. — 6. Exclamare, o. — 7. Mori, ior, eris, mortuus sum, *dép.* — 8. Malle, malo. — 9. Respondĕre, eo, es, i, responsum.

6. Un homme [1] présentait [2] une supplique [3] à Auguste, et, par (*præ, abl.*) crainte [4], tantôt (*nunc*) avançait [5], tantôt retirait [6] sa main. « Crois-tu [7] donc, dit Auguste, (*ajoutez :* toi, *acc.*) donner un as [8] à un éléphant [9] ? »

1. Quidam. — 2. Porrigĕre, o, is, porrexi, porrectum. — 3. Libellus, i, m., supplex, supplicis. — 4. Metŭs, ûs, m. — 5. Proferre, profero. — 6. Retrahĕre, o, is, retraxi, retractum. — 7. Putare, o. — 8. As, assis, m — 9. Elephantus, i, m.

7. Véturie[1] dit à Coriolan[2] : « Pourras-tu ravager[3] cette terre qui t'a nourri[4] ? »

1. Veturia, æ, f. — 2. Coriolanus, i, m. — 3. Populari, or, dép. — 4. Alĕre, o, is, alui.

8. La lune[1] a-t-elle une lumière[2] [qui lui soit] propre[3] ?

1. Luna, æ, f. -- 2. Lux, lucis, f. — 3. Proprius, a, um.

9. Est-il permis[1] de faire-du-mal[2] à ses ennemis[3] ?

1. Licet, uit. — 2. Nocĕre, eo. — 3. Inimicus, i, m.

246ᵉ EXERCICE

Anc. Gr. § 365. — Nouv. Gr. § 360

Canis nonne similis est lupo ?

1. N'est-il pas plus agréable[1] [de] donner[2] que [de] recevoir[3] ?

1. Jucundus, a, um. — 2. Dare, do, das, dedi, datum. — 3. Accipĕre, io, is, accepi, acceptum.

2. Cambyse[1] n'a-t-il pas été [un] insensé[2] ?

1. Cambyses, is, m. — 2. Amens, amentis.

3. Le sort de Crésus ne nous montre-t-il pas (tournez : ne sommes-nous pas instruits[1] par le sort[2] de Crésus[3]) que les choses humaines sont (tournez : les choses[4] humaines[5], acc., être) inconstantes[6] ?

1. Docĕre, eo, es, ui. — 2. Sors, sortis, f. — 3. Crœsus, i, m. — 4. Res, rei, f. — 5. Humanus, a, um. — 6. Mutabilis, e.

4. N'admiriez-vous pas auparavant (prius) les actes[1] que vous condamnez[2] aujourd'hui (nunc) ?

1. Ea, pl. n. — 2. Vituperare, o.

5. Alexandre[1] dit à Porus : « Taxile[2] n'était-il pas un exemple[3] de ma clémence envers[4] (in, acc.) ceux-qui-se-rendent[5] (part. passé) ?

1. Alexander, dri, m. — 2. Taxiles, is, m. — 3. Exemplum, i. 4. Clementia, æ, f. — 5. Dedĕre, o, is, dedidi, deditum.

6. N'admirons-nous[1] pas plus la défaite de Léonidas (tournez : Léonidas[2] vaincu[3]) que toutes les victoires d'Alexandre (tournez : Alexandre[4] tant de fois, toties, vainqueur[5]).

1. Mirari, or, dép. — 2. Leonidas, æ, m. — 3. Vincĕre, o, is, vici, victum. — 4. Alexander, dri, m. — 5. Victor, is, m.

7. Les femmes[1] n'ont-elles pas donné[2] à Rome d'aussi beaux[3] exemples[4] de courage[5] que les hommes[6] ?

1. Mulier, is, f. — 2. Edĕre, o, is, edidi, editum. — 3. Insignis, e. — 4. Exemplum, i. — 5. Fortitudo, dinis, f. — 6. Vir, i, m.

8. Les animaux [1] mêmes ne défendent [2]-ils pas leurs petits [3] (*sing.*) ?

1. Bestia, æ, f. — 2. Propugnare, o, pro, *abl.* — 3. Partŭs, ûs, m.

247° EXERCICE

Anc. Gr. § 366, 367. — Nouv. Gr. § 361, 362

Mortalis ne an immortalis animus humanus est ?
Uter dignior est laudibus, Themistocles ne an Aristides ?

1. Vaut-il mieux [1] vivre [2] riche [3] et inquiet [4], ou pauvre [5] et tranquille [6] ?

1. Præstare, præstat. — 2. Vivĕre, o, is, vixi, victum. — 3. Dives, vitis. — 4. Sollicitus, a, um. — 5. Pauper, is. — 6. Securus, a, um.

2. Amènerez [1]-vous votre frère [2] ou votre sœur [3] ?

1. Adducĕre, o, is, adduxi, adductum. — 2. Frater, tris, m. — 3. Soror, is, f.

3. Chasserez [1]-vous ou voyagerez [2]-vous l'été [3] prochain [4] ?

1. Venari, or, aris, atus sum, *dép.* — 2. Peregrinari, or, aris, atus sum, *dép.* — 3. Æstas, tatis, f. — 4. Proximus, a, um.

4. Lequel est le plus utile [1], un ennemi [2] qui critique [3] [nos] défauts [4], ou un ami [5] qui veut les ignorer (*tournez :* qui ferme les yeux [6] sur, *in*, *abl.*, eux).

1. Utilis, e. — 2. Inimicus, i, m. — 3. Carpĕre, o, is, carpsi, carptum. — 4. Vitium, i. — 5. Amicus, i, m. — 6. Connivēre, eo, es, connivi ou connixi.

5. Par quoi Fabricius [1] s'est-il le plus illustré [2], par ses victoires [3] ou par son honnêteté [4] ?

1. Fabricius, i, m. — 2. Nobilitari, or, aris, atus sum, *passif.* — 3. Victoria, æ, f. — 4. Honestas, tatis, f.

6. Entreprendrez [1]-vous cet ouvrage [2], ou non ?

1. Suscipĕre, io, is, suscepi, susceptum. — 2. Opus, operis, n.

7. La mort est-elle un bien [1] ou un mal [2] ?

1. Bonum, i. — 2. Malum, i.

Aimez-vous mieux [1] lire [2] ou jouer [3] ?

1. Malle, malo. — 2. Legĕre, o, is, i, lectum. — 3. Ludĕre, o, is, lusi, lusum.

9. Quel est le plus digne d'admiration [1], Damon [2], qui, au péril [3] (*abl.*) de sa vie, se porta [4] garant [5] du (*pro*, *abl.* retour [6] de Pythias [7], ou Pythias

1. Admiratio, onis, f. — 2. Damon, is, m. — 3. Periculum, i. — 4. Dare, do, das, dedi, datum. — 5. Vas, vadis, m. — 6. Reditŭs, ûs, m. — 7. Pythias, æ, m.

qui revint pour mourir[8], afin de (ad, part. en dus) délivrer[9] son ami?

10. Laquelle [des deux choses] était la plus utile[1] aux Siciliens[2], être-esclaves[3] de leurs tyrans, ou obéir[4] au peuple romain?

11. « Nous défendrons[1]-nous [derrière] nos murs[2] (abl.), ou irons-nous au-devant[3] des ennemis[4]? »

12. Est-ce pour (causâ, gén.) les animaux ou pour les hommes que la terre produit[1] si-abondamment[2] (superl.) les céréales[3], les légumes[4] et les fruits[5]?

13. Qu'estimerons[1]-nous le plus l'argent que Pyrrhus offrait (tournez: l'argent[2] offert[3] par Pyrrhus) à Fabricius, ou le désintéressement[4] de Fabricius qui [le] refusa[5] (part. prés.)?

14. Ne te rappelles-tu[1] pas bien (ne... pas bien, parum) ce que tu as écrit[2], ou ai-je mal (non satis) compris[3], ou as-tu changé[4] [d'] avis[5]?

15. Paieras-tu[1] ta dette[2] (tournez: les [choses] dues, neutre), ou non?

16. Cambyse[1] était-il méchant[2] ou fou[3]?

17. Mérite[1]-t-il d'être blâmé (tournez: le blâme[2]) ou non?

8. Mori, ior, eris, mortuus sum, dép. — 9. Morte vindicare, o.

1. Utilis, e. — 2. Siculi, orum, m. — 3. Servire, io, dat. — 4. Obtemperare, o.

1. Defendĕre, o, is, i, defensum. — 2. Mœnia, um. — 3. Obviam, dat. — 4. Hostis, is, m.

1. Fundĕre, o, is, fudi, fusum. — 2. Large. — 3. Fruges, um, f. — 4. Legumen, leguminis, n. — 5. Fructŭs, ûs, m.

1. Æstimare, o. — 2. Pecunia, æ, f. — 3. Offerre, offero, offers, obtuli, oblatum. — 4. Abstinentia, æ, f. — 5. Recusare, o.

1. Commeminisse, commemini. — 2. Scribĕre, o, is, scripsi, scriptum. — 3. Intelligĕre, o, is, intellexi, intellectum. — 4. Mutare, o, trans. — 5. Sententia, æ, f.

1. Solvĕre, o, is, solvi, solutum. — 2. Debĕre, eo.

1. Cambyses, is, m. — 2. Malus, a, um. — 3. Demens, dementis.

1. Sum dignus, a, um. — 2. Vituperatio, onis, f.

LA PREPOSITION

248ᵉ EXERCICE

Nouv. Gr. § 366-371

Pour la traduction de **pour, avant de, après** suivis d'un infinitif, voir dans le 2ᵉ cours, les Exercices sur les propositions circonstancielles.

Malgré. — Pour, avant de, après, sans, suivis d'un infinitif.

1. Il est parti[1] malgré une pluie violente (*tournez :* quoique la pluie[2] tombât-à-verse[3]).

1. Proficisci, or, eris, profectus sum. — 2. Imber, bris, m. — 3. Effundi, or, eris, effusus sum, *passif*.

2. Alexandre[1] gravit[2] le rocher[3] le premier[4], malgré ses amis[5] et ses généraux[6].

1. Alexander, dri, m. — 2. Subire, eo, is, ivi, itum. — 3. Rupes, is, f. — 4. Primus, a, um. — 5. Amicus, i, m. — 6. Præfectus, i, m.

3. [C'] est une tâche[1] pénible[2] [que d'] instruire[3] des enfants[4] malgré eux.

1. Officium, i. — 2. Molestus, a, um. — 3. Erudire, io, is, ivi, itum. — 4. Puer, i, m.

4. César[1] soumit[2] la Gaule[3] en huit (*octo*) ans[4], malgré la résistance[5] acharnée (*tournez par l'adverbe* très opiniâtrément, *acerrime*) des Gaulois[6].

1. Cæsar, is, m. — 2. Domare, o, as, ui, itum. — 3. Gallia, æ, f. — 4. Annus, i, m. — 5. Repugnare, o. — 6. Galli, orum, m.

5. Il travaille[1] pour vivre (*tournez :* se-procurer[2] des moyens-d'existence[3], *sing.*).

1. Laborare, o. — 2. Parare, o. — 3. Victus, ûs, m.

6. Les Grecs[1] s'embarquèrent[2] pour [aller] assiéger[3] Troie[4].

1. Græci, orum, m. — 2. Conscendere, o, is, i, conscensum. — 3. Oppugnare, o. — 4. Troja, æ, f.

7. Réfléchis[1], avant de parler[2].

1. Cogitare, o. — 2. Loqui or, eris, locutus sum, *dép.*

8. Les Grecs[1] chantèrent[2] un hymne[3] avant d'engager[4] le combat[5].

1. Græci, orum, m. — 2. Canere, o, is, cecini. — 3. Hymnus, i, m. — 4. Committere, o, is, commisi, commissum. — 5. Prœlium, i.

9. Après être rentré[1] à Babylone[2]

1. Redire, eo, is, ivi, itum. — 2. Babylon, is, f, —

Alexandre[2] se-livra[4] sans retenue
(*intemperanter*) à la boisson[5].

10. Après avoir brûlé[1] Athènes[2],
Xerxès[3] s'assit[4] [sur] un trône[5] (*dat.*),
sur le rivage[6], pour contempler[7] le
combat[8].

11. Le fils[1] de Manlius[2] combattit[3] sans avoir consulté[4] son père[5].

12. Les esclaves[1] révoltés[2] massa-
crèrent[3] leurs maîtres[4], sans épargner[5]
les enfants[6].

13. Cyrus[1] porta[2] la guerre [chez]
les Scythes[3] (*dat.*), sans avoir été provoqué[4] [par eux].

14. Socrate[1] but[2] le poison[3] sans
changer[4] de visage[5].

3. **Alexander, dri**, m. — 4. In-
dulgēre, eo, es, indulsi, *intr.*,
dat. — 5. **Merum, i.**

1. Incendĕre, o, is, i, incensum. — 2. **Athenæ**, arum, f.
— 3. **Xerxes, is**, m. — 4. In-
sidĕre, o, is, insedi, insses-
sum. — 5. **Sollum, i.** — 6. Litus, toris, n. — 7. Spectare,
o. — 8. **Prœlium, i.**

1. **Filius, i**, m. — 2. **Manlius, i**, m. — 3. Pugnare,
o. — 4. Consulĕre, o, is,
ui, consultum. — 5. **Pater,
tris**, m.

1. **Servus, i**, m. — 2. Rebellis, e. — 3. Trucidare, o. —
4. **Dominus, i**, m. — 5. Parcĕre, o, is, peperci, parcitum *ou* parsum, *dat.* —
6. **Puer, i**, m.

1. **Cyrus, i**, m. — 2. Inferre,
infero, infers, intuli, illatum.
— 3. **Scythæ**, arum, m. —
4. Lacessĕre, o, is, ivi, itum.

1. **Socrates, is**, m. — 2. Haurire, io, is, hausi, haustum.
— 3. **Venenum, i.** — 4. Mutare, o, *trans.* — 5. Vultŭs,
ŭs, m. .

TABLE DES MATIÈRES

PREMIERE PARTIE

DEUXIÈME PARTIE

SYNTAXE

Paris. — Typ. Pn. RENOUARD, 19, rue des Saints-Pères. — 44534

CPSIA information can be obtained
at www.ICGtesting.com
Printed in the USA
BVHW042238190219
540705BV00005B/14/P